LE
COSTUME HISTORIQUE.

TOME VI.

PLANCHES ET NOTICES *incomplet*

401 à 500.

FRANCE. — XVIIIe SIÈCLE

COSTUMES ET INTÉRIEUR, 1794.

Les vêtements de cette époque furent ceux des dernières années de la monarchie, et les modes ne reprirent leur cours capricieux qu'avec le Directoire. — On portait alors les dernières perruques, un gilet qui n'avait plus de basques et un habit qui, depuis 1789, avait les pans effilés en queue de morue, avec deux devants rabattus garnis de boutons ; l'habit et le gilet différaient de couleur; les souliers n'avaient plus de boucles d'or et d'argent, mais des rosettes ou de simples cordons. Les hommes qui se respectaient n'avaient pris ni le veston ou carmagnole des ouvriers, ni le pantalon des sans-culottes. — Les femmes portent ici un costume local, celui de la Catalogne, pays voisin de celui où résidait la famille représentée.

Peinture de l'époque, signée Jacques Maurin, de Perpignan. — L'enfant sur les genoux de sa mère est M. Ant. Maurin, qui s'est fait un nom dans la lithographie. — Dans le fond se trouvent M. Gamelin, peintre de batailles, et son fils.

Nous devons à l'obligeance de M. Valentin la communication de ce charmant tableau d'une famille d'artistes pendant la crise révolutionnaire. — Il a figuré au musée historique du costume, organisé en 1874 par l'Union centrale.

FRANCE. — XVIIIᴱ SIÈCLE

COSTUMES DE FEMMES. — 1794-1800

Ces représentations proviennent des journaux de modes de l'époque, et leur rapprochement avec la date immédiate permet de suivre les modifications successives apportées principalement dans la longueur et la garniture des corsages dans un espace de temps fort restreint. L'acheminement vers les modes du premier empire, c'est-à-dire vers une réminiscence de l'antiquité grecque, est très-sensible dans les figures de 1799 et 1800.

Reproductions en fac-simile.

FRANCE. — XVIIIᴱ SIÈCLE

COSTUME FÉMININ. — PARURE DE LA TÊTE ET DU CORSAGE. — MODES. — 1794-1800.

La tournure du costume des femmes est restée jusqu'en 1794 ce qu'elle était devenue dès 1790. Le buste continue à s'allonger comme alors sous la compression d'un corps baleiné. Les manches étroites de la robe descendent jusqu'au poignet. Les *postiches* rejettent encore en arrière le développement de la jupe, tandis que le vaste fichu de linon, le *fichu menteur*, engonçant le cou, amplifiant la poitrine, se projette de plus en plus en avant. (Voir les figures en pied, représentées à la planche dont le signe distinctif est le *binocle*.) On portait encore aussi le crépon de Chine, et le caraco par dessus ce fichu. La modification réelle n'existe que dans l'emploi des étoffes, souvent rayées, qui devinrent, ainsi que les linons, de la plus grande simplicité. On évitait l'emploi de la soie, on recourait aux toiles de Jouy, et les boucles de ceinture étaient en cuivre et en acier.

La chevelure resta disposée en frisures pendantes avec un chignon retombant dans le dos, ce qui constituait une coiffure basse que Marie-Antoinette avait mise à la mode dès 1785, et sur laquelle on portait les chapeaux ou les bonnets.

En 1794, sur ces chevelures abaissées, les bonnets se ressentaient encore de l'ampleur exagérée qui avait été donnée aux coiffures peu d'années auparavant; ils étaient devenus d'un usage à peu près général; on ne portait plus les chapeaux élevés, droits, empruntés au costume masculin, que les modes anglaises avaient introduits en France en 1786.

La physionomie de ce costume disparut presque tout à coup. Sauf, en effet, l'arrangement de la chevelure, on ne retrouve plus en 1796 ni le corps baleiné, ni le buste allongé, ni la robe juste; le postiche et le fichu menteur sont portés ensemble. Les couleurs tendres, le blanc qui domine, les ceintures en rubans, la robe plissée à la poitrine, rappellent, non comme forme, mais moralement et aussi comme couleur dominante, cette époque du règne de Marie-Antoinette où tout était *à l'enfant*.

Cette révolution dans le costume des femmes fut le triomphe des efforts des médecins de la dernière partie du siècle. C'était, en réalité, une réforme tardive, poursuivie par eux avec tant d'insistance et de force, que des corps constitués leur avaient prêté leur concours, et que l'on vit des Instituts comme celui de Schnepfenthal (1), proposer des prix pour ceux qui éclaireraient la question. Or, la réponse, publiée en 1788, avait dès cette époque dessillé les yeux du public.

La raison et la mode ne marchent guère de conserve pendant longtemps. A ce costume aisé, dont la ceinture était placée à une hauteur normale, succéda bientôt la robe collante dont la ceinture fut remontée sous le sein, et la coiffure empruntée à la statuaire antique.

La chevelure basse que nous avons décrite n'avait guère subi de modifications que lorsque, pour ressembler aux victimes dressées pour la guillotine, on affecta de porter les cheveux coupés sur la nuque, *à la sacrifiée*; mais cela fut passager. On continuait d'user de la perruque abondante, au chignon plus ou moins tombant, ou même dénoué, avec des toupets plus ou moins prononcés, et des frisures latérales plus ou moins nombreuses, « perruque blonde le matin, brune le soir, » dit le *Journal des Dames et des Modes*, en 1812, dans un article rétrospectif. C'était le dernier lien avec les modes du passé. Lorsque le goût du grec et du romain se dessinait de plus en plus, on adopta les cheveux courts et frisés de *la Titus*, et toutes les variétés de la torsade antique et des bandelettes dont les Athéniennes aimaient à se parer. A partir de ce moment, on ne porte plus de perruque avouée et on fait teindre ses cheveux. La coiffure se complète de chapeaux de paille, d'étoffe, noués sous le menton, comme le chapeau à *la lucarne*, ou d'une capote nouée sur le haut de la tête, ombrant le front, emprisonnant les yeux, cachant l'oreille, mais laissant le cou à découvert.

Quant au reste du costume, de 1796 à 1800, on dirait qu'il a pour but de répondre à l'étrange aphorisme émis à l'époque : « Les femmes n'ont de bon que ce qu'elles ont de beau (2). » La robe collante, en étoffe légère, avec la fine ceinture placée sous le sein, appliquée sur une simple chemise de batiste, épousa toutes les formes; les appas grenadiers sont produits alors, recouverts ou non, sans le moindre mystère. « Vos mamans, dit encore en 1812 le journal « que nous venons de citer, faisaient un peu plus que laisser soupçonner leur gorge. »

(Les documents proviennent des divers journaux des modes de l'époque.)

(1) *L'Ami des femmes, ou Lettres d'un médecin*, par J.-P.-Marie de Saint-Ursin ; Paris, 1805.
(2) *Journal des Dames et des Modes*. Portraits rétrospectifs, 1812.

FRANCE — XVIIIᵉ SIÈCLE

TYPES DE LA MODE A L'ÉPOQUE DU DIRECTOIRE.

AGIOTEURS ET FILOUS.

1795 — 1797.

Nº 1. La Folie du jour.

Nº 2. Les Merveilleuses.

Nº 3. La rencontre des Incroyables.

Nº 4. Les Croyables au Perron.

Nº 1. — La Folie du jour.

Cette folie du jour, c'est la danse, et cette danse c'est la valse, toute nouvelle débarquée d'Allemagne. Sous leur *nudité gazée*, les femmes deviennent des *sabots tournants*, selon l'expression du Dict. néologique. Dans le courant de la mode, de fête en fête, le costume de ces danseuses s'allège de plus en plus ; les *Impossibles* de la *nouvelle France* gagnent tout doucement le vu ; uns sont les bras jusqu'à l'épaule, celles qui les habillaient jusqu'au coude étant suspectées de les avoir vilains et de les envelopper dans une robe *à l'hypocrite*. Il en advient de même pour les pieds et pour les jambes; on n'y voit plus que l'enroulement des fines lanières de la sandale antique, souvent gommées, les parant sans les cacher, marchant avec les anneaux d'or cerclant parfois les doigts du pied. Une culotte de soie rose ajustée au plus près, moulant les formes, avait d'abord été portée sous une chemise de linon clair qui permettait d'entrevoir ces formes avec une certaine sincérité ; mais il arriva un beau jour que la chemise et l'empois furent supprimés. « La chemise dépassait la taille, s'arrangeait gauchement; un juste bien fait perdait de sa grâce et de sa précision par les plis ondulants et maladroits de ce vêtement antique.... on laisse donc dire l'ironie et chanter la poésie. Voilà plus de deux mille ans que les femmes portaient des chemises, cela était d'une vétusté à périr..... » (*Paris*, décembre 1796.)

D'après Carle Vernet, la danseuse vêtue en *aile de papillon*, n'aurait plus caché sa nudité qu'à partir de la moitié environ de la cuisse. En 1796-97, la robe à la Flore, à la Diane, au lever de l'aurore, se taillait en cœur; elle était lacée dans le dos. Dans cette guerre à tout pli, à tout drapé, la poche est rayée du costume féminin. On passe l'éventail à la ceinture, on met la bourse dans son sein, et le mouchoir que la dame confie d'abord à l'un de ses favoris, ce qui était incommode lorsque par une circonstance fortuite, on s'en trouvait séparée, le mouchoir finit par se réfugier dans une escarcelle suspendue à de longs cordons de soie comme une sabretache. Cette escarcelle qui vécut quelques années sous le nom de ridicule, corrompu du romain réticule, en passant par la bouche des marchandes, qui porta aussi le nom de *balantine*, tiré du grec par le citoyen Gail, afin de mettre les choses en harmonie avec l'*anticomanis* régnante.

Le cavalier du *Sabot tournant* porte un costume tout empreint de l'*anglomanie* de l'époque, mouvementé par le goût du jour. L'habit est carré, la cravate *écrouélique*; la culotte, tendue et longue, est ornée à sa fermeture d'un flot de fins rubans en longues boucles et à bouts pendants. L'escarpin plat est très découvert et à bouts très pointus. Le gilet, remonté par le mouvement, laisse apparaître la batiste de la chemise à la hauteur de la ceinture; il est légèrement boutonné par le bas de manière à s'étaler en une bouffissure sentant le négligé. C'était là une affectation de la mode. « Les hommes visent au chiffonné ; ils demandent aux ciseaux des ouvriers de manquer telle chose de telle façon, » dit le *Messager des dames* de l'an V. « Seul, Heyl sait établir ces habits carrés dont les boutons se touchent par derrière au bas des reins, et dont les basques retombent en lambeaux de mandilles (*Étages des perruques*). Seul, Heyl donne à ses pratiques l'aspect « de bustes revêtus d'un sac et montés sur des échasses » (*Censeur des journaux*, oct. 1795.) « Mon cher, vous êtes une mode ambulante, un miracle de goût, votre habit est carré comme quatre planches ». (Henrion, *Incroyables et Merveilleuses*, an V). Les cheveux de cet élégant sont tondus à la Titus, à la Brutus, et il porte un anneau d'or à l'oreille.

« Violons, réveillez-vous ! voilà six écus de six livres et une bouteille de vin pour votre nuit ! Bienheureux le ci-devant riche qui sait râcler ; il vit en faisant sauter les nouveaux riches (*Le Nouveau Diable boiteux*, par Champier, an VII). » La perruque poudrée du ci-devant, avec laquelle Vernet montre son ménétrier, est d'accord avec cette donnée. Il a terriblement soif ce vieux musicien; car il a déjà vidé au moins deux bouteilles et tire encore la langue.

N° 2. — Les Merveilleuses, en costumes de ville.

Les *Merveilleuses*, les femmes se plaisant aux exagérations de la mode, faisaient pendant aux *Incroyables*. Ces élégantes ne recherchaient pas le laid, le négligé apparent, comme le faisaient les hommes. L'anglomanie et l'engouement pour l'antique se combinaient dans leurs ajustements. Les chapeaux, turbans, châles, spencers, devaient être à l'anglaise pour faire honneur.

Les bras nus en toute saison tenaient de l'antique, ainsi que la suppression des jupons. La *stola* traînante, à la *Flore*, à la *Diane*, à l'*Omphale*, dont la queue se ramenait à la ceinture, de manière à bien montrer, non seulement le pied dans son soulier découvert à bout pointu, le bas marqué de coins hauts bien accusés, mais encore le mollet en majeure partie, cette robe tenait également de l'antique. La manière de la porter était générale. « Pas une petite maîtresse, dit Mercier dans son *Nouveau Paris*, pas une grisette qui ne se décore le dimanche d'une robe athénienne de linon, et qui n'en ramène sur le bras droit les plis pendants, pour se dessiner à l'antique, ou du moins égaler Vénus Callipyge. »

Les deux Merveilleuses que Vernet s'est plu à faire rencontrer, opposant la sécheresse de la maigreur aux rotondités d'une opulence exubérante, n'ont, en réalité de commun dans leur toilette que la longueur de leur robe, et la manière d'en relever la jupe, pour montrer le pied chaussé de même, la finesse de la jambe ou la richesse du mollet.

La robe de la maigre, beaucoup moins étoffée que l'autre, est décorée d'une large bordure de goût classique; la poitrine est enveloppée par le double tour d'une écharpe longue, légère comme un voile, dont un seul bout dégagé flotte au vent; c'est la partie antique. Pour le reste, on rencontre la haute cravate prenant le menton, du genre écrouélique. Le chapeau de type anglais, dit à la *jockey*, était en effet la casquette du coureur avec sa calotte ronde et son bouton, la visière ayant acquis le développement qu'on lui voit.

La chevelure, sans chignon, est toute ramenée par devant en une touffe libre, auvent capillaire d'un certain désordre, ombrageant le front; le visage se trouvant enfoui, en outre, par les masses latérales s'étendant jusqu'à la nuque. Les gants demi-longs sont à montants lâches.

La Merveilleuse plus replète que répète est plutôt à l'anglaise. La garniture de son abondante jupe rappelle les anciens falbalas. Sa chevelure frisée est une perruque poudrée, divisée sur le front, retombant bas de chaque côté du visage sur les épaules nues ; le bonnet posé par là-dessus, et disposé en larges avancées de dentelles de manière à encadrer le tout, est surmonté d'un nœud de rubans offrant la figure d'un colimaçon sortant ses cornes. Le corsage de la robe, très bas, est à peu près nul ; les épaules et la poitrine ne sont guère protégées que par la soie étroite d'une espèce de mantille dont la majeure partie est d'un tulle noir, si transparent qu'il ne cache en aucune façon le bras si démesurément dodu dont il fait valoir la blancheur. Tout gros qu'il est, ce bras se joue comme l'autre dans l'ampleur du gant.

Les *Incroyables* ne sont pas les *Muscadins*, auxquels

leur gourdin noueux, leur *pouvoir exécutif*, comme ils le disaient, qu'ils échangèrent contre la badine en 1794, valut le haut du pavé après Thermidor. Les *Incroyables*, successeurs de cette *jeunesse dorée*, qui, selon Mercier, reçut plus de coups de poing qu'elle ne donna de coups de bâton, furent une race plus répandue, et ce sont vraiment les fashionables de l'époque du Directoire. Il y avait de l'étrangeté dans le goût d'un Incroyable ; de propos délibéré, il se donnait les apparences d'un être disgracié de la nature et du sort ; d'énormes lunettes sur le nez, le binocle devant les yeux, faisaient croire à sa myopie ; ses cheveux, abattus le long des tempes, en oreilles de chien tombant comme éplorés sur ses yeux, étaient relevés par derrière pour former un chignon retenu par un peigne courbe, à l'instar des condamnés que l'on conduisait naguère à la guillotine.

L'oreille portait souvent un très grand anneau ; la cravate de mousseline blanche, grande affaire, plus haute que jamais, ensevelissait non seulement le menton, mais encore la bouche, semblait joindre aux soins de la cravate écronélique ceux d'une précaution contre le mal de dents. Plus de jabot ni de manchettes ; on ne voyait guère de la chemise que la place où se montrait avec quelque peine la tête de bijouterie d'une épingle d'or. Le gilet, ridiculement court, de la plus mauvaise tournure, ne se trouvait retenu que par un seul bouton ; entre ce gilet et la chemise était interposée une pièce de dessous, se croisant en fichu entr'ouvert, comme aurait pu s'en prémunir un souffreteux craignant le froid. Le pantalon, culotte longue, qui, quoique montant haut n'avait pas les boutons de son petit pont recouverts, était aussi d'allure disgracieuse ; il fallait qu'il donnât l'aspect cagneux ; les boutons du bas de cette culotte n'étaient pas attachés sur le côté, mais se trouvaient presque au devant du tibia ; ce pantalon se terminait en oblique sur la jambe. L'Incroyable demandait encore à son tailleur que son habit carré, presque de la forme d'une redingote, fît des plis partout, de façon que sur son corps il produisît l'effet de celui d'un bossu ; quand un élégant de cette sorte était en escarpins, les raies horizontales de ses bas tournés en tire-bouchons complétaient sa mise biscornue ; s'il était en bottines, les bouts de cette chaussure étaient comme ceux de l'autre, pointus et relevés, semblables à ceux des anciennes poulaines. Généralement les Incroyables portaient la cocarde tricolore à leur chapeau ; l'exiguité de ce couvre-chef, et l'énormité du revers de l'habit complétaient la physionomie de l'élégant blondin, c'est-à-dire, poudré à blond, telle que nous l'a léguée le crayon spirituel de Carle Vernet. Il donne le bras à une Merveilleuse en tenant la main dans son gilet délabré, et en s'appuyant de l'autre, couverte par la manche de l'habit, sur un bâton assez fort pour soulager toutes les infirmités accumulées que son extérieur annonce. Cette célèbre satire de la mode, où le maître, en accusant le comique des formes, fait valoir la tournure des choses, par le mouvement, le geste, en chargeant à peine les travers, sentant bien que l'exagération diminuerait la surprise et nuirait à la probabilité, est peut-être la meilleure peinture du ridicule qui ait jamais été faite. L'intention est bien caricaturale, et cependant, ainsi que le remarque M. Charles Blanc, « ces figures paraissent avoir vécu réellement, avoir été prises sur le fait, en flagrant délit, au moment où elles passaient dans la rue. »

N° 3. — *La Rencontre des Incroyables.*

Cette rencontre n'est pas celle des deux Incroyables que Vernet a représentés arrêtés l'un devant l'autre, le plus pincé lorgnant son vis-à-vis d'un air protecteur, en faisant une petite moue fort à la mode en ce temps-là. Ces deux premiers n'ont entre eux d'autre différence que celle de la coiffure et de la chaussure. Il y a ici une autre teinte, une autre intention ; pas de dédain : nos Incroyables sont deux amis, et cependant il y a entre eux beaucoup plus de disparate. Leur tournure n'a pas la suprême disgrâce de l'Incroyable du genre bossu et cagneux qui fut, sans doute, un progrès de la mode ; ils sont vêtus correctement et les larges revers du gilet rayé en travers de l'un d'eux sentent encore le *muscadin*, ainsi que le bâton sur lequel s'appuie ce solide gaillard ; pour n'être pas noueuse cette canne n'en n'est pas moins forte, et avec sa dragonne, c'est l'arme sérieuse d'un bâtonniste. Ces deux Incroyables sont donc vraisemblablement d'un temps intermédiaire. Sous leur aspect si différent, il ne faut cependant voir, comme cela est dit, rien autre chose que des amis du même bord. Ils s'abordent en se donnant la main, c'est-à-dire chacun en accrochant son petit doigt au petit doigt de l'autre ; le langage n'est pas moins précieux que le geste, c'est ce parler grasseyé si connu, le *zarnisme*, dont l'*r* et le *rh* étaient supprimés, le *z* y remplaçant le *j* : « hé ! bon zou mon ser, comme tu es cang'aissé depuis que jen t'aie vu ; ma pa'ole d'honneu, c'est incoucevable ». On disait aussi ma pa'ole d'oseille; c'était la plus sûre. »

L'Incroyable d'humeur paisible avait renoncé à la perruque poudrée pour ne pas se trouver compromis par la ressemblance qu'elle donnait avec les émigrés rentrés qui l'affichaient. Cet air de parenté avec les gens de noble souche ne déplaisait pas à tous les Incroyables, et particulièrement à ceux dont les lourdes épaules et la carrure de toucheurs de bœufs pouvaient facilement déceler l'origine. Ceux-là, en conservant la perruque poudrée, quelque chose de la mise et quelque peu de l'air matamore des muscadins royalistes, n'étaient pas fâchés que l'on pût les confondre avec ceux dont le gourdin avait eu affaire aux Jacobins. Cette figure du rustre en Incroyable est utile à retracer. Quant à son partenaire, aux cheveux naturels et tenus courts, sa tournure est beaucoup plus pacifique et de caractère plus anglais; il est aussi plus fin. Son vêtement est une redingote dont le revers forme un collet ininterrompu, sans bec; cette redingote, selon le goût du temps est bordée d'un méandre grec soutaché ou brodé. Son chapeau est le vaste tremblon semblable à ce que furent sous la restauration les *bolivars*. La cravate est la même pour tous deux : l'écrouélique, la cravate *à la Laignadier*.

Cette gravure, signée *Bunbiry invenit*, ne porte pas le nom de Carle Vernet comme dessinateur, quoiqu'elle soit de la même suite que les deux précédentes et la quatrième signée seulement par le graveur.

N° 4. — Les *Croyables* au Perron.

Le Perron du Palais-Royal qui est en face de la rue Vivienne était, en plein air, une bourse d'agioteurs de tous les degrés que l'on appelait le Perron, tout court. Des décrotteurs, des commissionnaires, des porteurs d'eau, se trouvaient là avec des gens qui agiotaient sur les bons de rentes payables le lendemain, leur gain consistant dans la différence de la livre au franc; d'autres vendaient des *sols*. En même temps on y vendait des maisons et des terres sur échantillons, dit Prud'homme. Le nom de *Croyables* appliqué aux tripoteurs de cet endroit ne paraît pas avoir fait grande fortune. Des deux qui sont représentés ici, l'un échange contre de l'or des mandats territoriaux destinés à rembourser les assignats à raison de trente capitaux pour un, papier discrédité avant même de sortir des presses nationales, tandis qu'un deuxième larron (bandit à la mine sinistre), *fait* tout simplement le mouchoir de l'innocent, persuadé par le croyable. La mine de ces spéculateurs dont l'un sent la soldatesque d'Augereau en rupture de ban, et dont l'autre est encore affublé du bonnet rouge, aurait dû ce semble mieux préserver les gens les plus crédules; mais comment résister à la tentation et ne pas échanger son or contre du papier, lorsque par exemple on voyait comme il en fut à la bourse de Paris, le 1er mars 1796, le louis d'or valant sept mille deux cents francs en assignats ? ce fut, il est vrai, leur chant du cygne. « On agiote pour vivre, et l'on vit pour agioter. » (*Paris*, nov. 1795.) C'était une maladie du temps, dont le spectacle des fortunes faciles, des opulences improvisées, entretenait la fièvre.

C'était d'ailleurs un terrible temps que celui de la *cascade de discrédit* qui roula sur le papier. Un mendiant sollicitait une aumône de 230 fr. pour acheter des souliers, les siens prenant l'eau. (*Censeur de journaux*, Brumaire, an IV.)

En somme, de cette année 1797 commence l'invasion du costume militaire dans le civil. Le collet noir, tenu comme un signe de ralliement des royalistes, disparut pour un temps après le coup d'État du 18 Fructidor (septembre 1797). Sa présence ici indique que ces gravures sont antérieures à cette date, tout en étant plus ou moins proches. M. Charles Blanc assigne aux Merveilleuses l'année 1797 même.

Voir pour le texte : L'Histoire de la Société française pendant le Directoire, *par MM. de Goncourt;* — Les peintres français au XIX⁰ siècle, *par M. Charles Blanc;* — L'Histoire du costume en France, *par M. Quicherat.*

FRANCE XVIII SIÈCLE. FRANKREICH XVIII. JAHRH.

FO

EUROPE. — XVIIIE SIÈCLE

LES MODES DE LA FIN DU SIÈCLE
D'APRÈS LES JOURNAUX SPÉCIAUX DE L'ALLEMAGNE.
L'INFLUENCE FRANÇAISE.

N°s 21, 22, 23, 24 et 26.
1783-1789.

N°s 3, 4, 5, 6, 7, 10, 11, 15, 16, 20, 21, 22, 23, 24, 26, 27, 28, 30, 31, 32, 33, 34, 35, 36 et 37.
1794.

N°s 1, 2, 12, 13 et 14.
1795.

N°s 29 et 38.
1800.

N°s 8, 9, 17, 18, 19 et 25.
1803.

Pendant la Révolution, il n'existait plus en France de journal de mode; mais l'ancienne clientèle du goût de Paris, toute cette Europe du dix-huitième siècle, amoureuse de notre art, l'*Europe française*, ainsi que la nommait Carraccioli, eut son *Cabinet de la Mode* édité à Harlem, en 1793, la *Galerie de la Mode*, qui paraissait à Londres en 1794 et pendant ces mêmes années et celles qui suivirent, les almanachs de Berlin, de Goëttingue et de Leipzig. C'est à ces trois dernières publications que la majorité des types composant cette planche ont été empruntés; ils forment le tableau d'une période se terminant en plein Consulat.

Ce qui est représenté sur les modes françaises de 1791 en la planche ayant pour signe la Brosse, marque le temps d'arrêt subi dans presque toute l'Europe pendant les années de grande crise de la Révolution. L'influence des modes nouvelles ne commence guère à se faire franchement sentir que dans l'année 1794 ; la notice de la planche la Main en résume les diverses évolutions jusqu'en 1800.

On retrouve les principaux caractères du costume qui se maintint jusqu'au dénouement de la Terreur, dans plusieurs exemples de cette planche. Indépendamment de la dame de Francfort (n° 29) coiffée du *bonnet à la laitière* et vêtue du caraco du règne de Louis XVI, c'est toujours pour les dames n°s 5, 7, 11, 16, 27, 30, 32, 35 et 37, les *fichus menteurs*, les *gorges anglaises* ; en fait de robes, celle dite *coupée* rappelant la redingote, la *chemise* de tarlatane, les jupes droites, etc., tous vêtements au buste allongé, aux manches étroites et pour lesquels on évitait l'emploi de la soie. Comme coiffure, on voit encore chez la dame représentée au n° 27, le bonnet de taffetas bouillonné ceint d'un large ruban et garni d'un panache de plumes ; ou bien, comme dans les exemples 16 et 32, ces hauts chapeaux de satin noir couvrant des cheveux légèrement frisés qui retombent tantôt en *catogan*, tantôt en chignon *en poire* (voir la planche la Brosse, France XVIII° siècle) ; c'est aussi ce chapeau-casque garni d'une crinière de cheveux (n° 11), éclos à une époque où les dames françaises n'avaient plus de complaisances, de regards que pour l'uniforme national ; ce sont enfin d'autres figures coiffées du bonnet orné de plumes ou du chapeau de forme ronde (n° 27) également porté par les hommes de la même époque.

Après le neuf thermidor, le luxe reparut ; les modes, régentées par les dames françaises émigrées à Londres, revinrent sur le continent après avoir été accommodées à l'opulence anglaise. Les robes, les ceintures, les couleurs en vogue rappelèrent cette époque où tout était *à l'enfant*; les coiffures s'abaissèrent ; la poudre disparut de la tête des femmes et le goût général fut aux perruques blondes. C'est alors que se firent jour toutes les excentricités des merveilleuses et des incroyables, et que l'*anticomanie*, combinée avec l'*anglomanie*, devinrent la véritable mode.

Les dames allemandes n°s 8, 17 et 25 appartiennent à l'époque du Consulat, à un moment où commençaient à disparaître les *cheveux à la Titus* et où l'on voyait poindre les coiffures *à l'Antinoüs*. Le chapeau-bonnet porté par la figure n° 7 est un échantillon de la plus pure *anglomanie*.

On vit alors reparaître les robes de soie avec celles de mousseline, de percale et de gaze. La généralité des femmes recevait les modes de celles qui tenaient un rang distingué à la cour du premier consul ; celles-ci consultaient les plus célèbres modistes revenues en France, et qui s'étaient faites les conseillères du rédacteur du *Journal des modes*, La Mésangère.

La nouveauté pénétra dans le costume des hommes à plus fortes doses que dans celui des femmes.

Les élégants de 1790 avaient abandonné les chapeaux *à la suisse* que l'on voit dans plusieurs de nos figures, les laissant aux soldats ; la tête, poudrée ou non, s'accommoda du chapeau rond à forme élevée, entouré d'un cordon de soie dit *bourdalou* (voir les n°s 2, 12, 14, 15, 20, 31 et 33). L'habit à basques allongées, la redingote demi-carrée (n°s 12, 32, 33, 34 et 37) disparurent pour faire place au frac de drap, effilé par derrière en queue de morue, garni sur le devant de deux courts revers, qui découvraient la plus grande partie du gilet remplaçant la veste. Une cravate garnie de dentelle formait un gros nœud sur la gorge. La culotte de daim ou de casimir, à grand pont, serrée à *l'écuyère*, descendait jusqu'au mollet et s'attachait avec des rosettes sur des bas rayés en long. On portait avec ce costume de fines bottes à revers ou des souliers à cordons sans talon, et à la main une grosse canne ficelée d'une corde à boyau.

Les progrès du pantalon sont attestés par l'apparition du commerce des bretelles qui eut ses annonces à Paris dans les journaux de 1792. Les pantalons furent larges ou collants (n°s 2, 10, 14 et 31).

L'ancienne lévite (n°s 20 et 24) était une espèce de surtout qui tombait presque jusqu'aux talons, et dont faisaient usage ceux qui se promenaient le matin ou allaient faire des visites de peu d'importance ; ce vêtement appartenait au monde élégant.

On peut constater que beaucoup de jeunes gens de cette époque adoptèrent la veste de chasse ou celle de postillon comme costume de cheval (n°s 1 et 14) ; cette mode existait encore à Paris en 1802.

L'habit militaire, porté par les figures n°s 21, 22 et 28, est celui qui, depuis 1789, devint à peu près universel.

Les perruques à queue nattée et à *catogan* furent religieusement conservées par un certain nombre d'hommes esclaves de l'habitude ; mais elles parurent bientôt si surannées qu'on ne les vit plus que sur la tête des vieillards incorrigibles ou sur celle de certains militaires. Les hommes à la mode eurent tantôt les cheveux longs, tantôt les cheveux à la Titus, d'autres, les cheveux courts et légèrement poudrés.

L'habitude de porter des bottes était invétérée ; on les gardait constamment, même au bal ; plusieurs de nos figures montrent la botte unie, ou celle à revers, ou encore la bottine échancrée par derrière.

Tous ces hommes ont une attitude qui reflète surtout les champs de bataille et l'engouement du militarisme si général à cette époque. Ce n'était plus l'outrance du maintien qui faisait porter la tête en saint-sacrement (selon l'expression de Camille Desmoulins) et telle que Saint-Just la porta sur l'échafaud, avec cette attitude « bien ferme, bien prononcée qui », dit Chalier dans le traité qu'il soumit à la Convention, « est l'image de la liberté. »

Sous le régime de la Terreur, les modes masculines s'acheminèrent graduellement vers la transformation qui se montre accomplie quand vient le Directoire. A sa première époque appartiennent les muscadins, d'où sortirent les petits-maîtres, les précieux dits *incroyables* dont cette planche offre plusieurs types, — notamment les n°s 9, 10, 18 et 19.

Les figures 9, 18 et 19 sont des modes du Consulat. Les chapeaux d'alors étaient de forme haute et garnis de bords qui ne s'arrêtèrent jamais de justes proportions, s'il faut en croire leurs changements constants. Il y eut également de ces chapeaux bas du genre de celui qui semble être cloué sur la tête du personnage n° 18. En soirée (voir n° 19), la coiffure de rigueur était un chapeau-claque, un nouveau *bicorne* auquel on donna les noms de chapeau à la russe, à la Vintimille, etc. Dans la suite, ces chapeaux firent partie du costume de ville.

Les formes d'habit variaient à l'infini; certains étaient confectionnés en deux heures et ne se trouvaient portés que douze. C'est à ce moment que les petits maîtres mettaient beaucoup d'importance à faire saillir carrément sur leur joue les deux extrémités du col de leur chemise et à tirer deux pointes aiguës du col de leur cravate.

La mode des guêtres d'étoffe fut plusieurs fois tentée; pendant un moment, il y en eut autant que de bottes. Elles disparurent complètement en 1805.

En regard de ces quelques types des modes de la fin du dix-huitième siècle, on voit ici (n° 38) une dame d'Augsbourg dans sa toilette du dimanche; en 1800, elle est restée étrangère aux transformations qui se sont accomplies, et a conservé, dans son costume national, la robe, le corsage aux manches garnies de dentelles qui rappellent encore, par certains côtés, les modes à la Pompadour.

Les modes françaises, sur lesquelles les modes anglaises eurent tant d'influence pendant les dernières années du règne de Louis XVI, forment le fonds des costumes de cette suite. La publication de ces types par les journaux périodiques des modes en Allemagne, reproduits par eux comme des modèles, montre assez que l'engouement pour les modes françaises n'y avait point été arrêté par la Révolution; on en trouve ici un témoignage certain, selon les almanachs de Berlin, de Gœttingue et de Leipzig. Nos ridicules mêmes étaient l'objet d'une imitation suivie de très près en Allemagne; les n°^{s} 17, 18, 19 et 25, particulièrement, nous font voir au delà du Rhin nos *incroyables* et nos *merveilleuses* de 1803 dans toute leur intégrité, avec cette grâce allemande que Chodowiecki, le graveur de Lavater, a si finement esquissée dans ses figurines et dont on peut juger par les exemples présents, remontant jusqu'à 1783; n°^{s} 21, 22, 23, 24 et 26. A voir ces attitudes sans gêne, ce caporalisme, cette politesse d'une facilité si peu légère, même quand le bon vouloir y est, on peut reconnaître qu'il ne suffit pas toujours d'adopter plus ou moins les modes d'une nation ni même ses ridicules pour lui ressembler.

Les figures 29 et 30 sont tirées d'une série de gravures intitulée Vorstellungen von deutschen national trachten; *Augsbourg, 1800.*

Tous les autres exemples proviennent des almanachs de Gœttingue, de Berlin et de Leipzig, dont les figures sont de Chodowiecki, Dieterich, Rupenhausen, Dorriheim, etc.

Voir, pour le texte: Pujoulx (J.-B.), Paris à la fin du dix-huitième siècle, an IX. — Caillot (Antoine), Mémoires pour servir à l'histoire des mœurs et usages des Français, 1827. — Le Journal des modes, année 1803. — Quicherat, Histoire du costume en France. — Paul Lacroix, Directoire, Consulat et Empire, Didot, 1884.

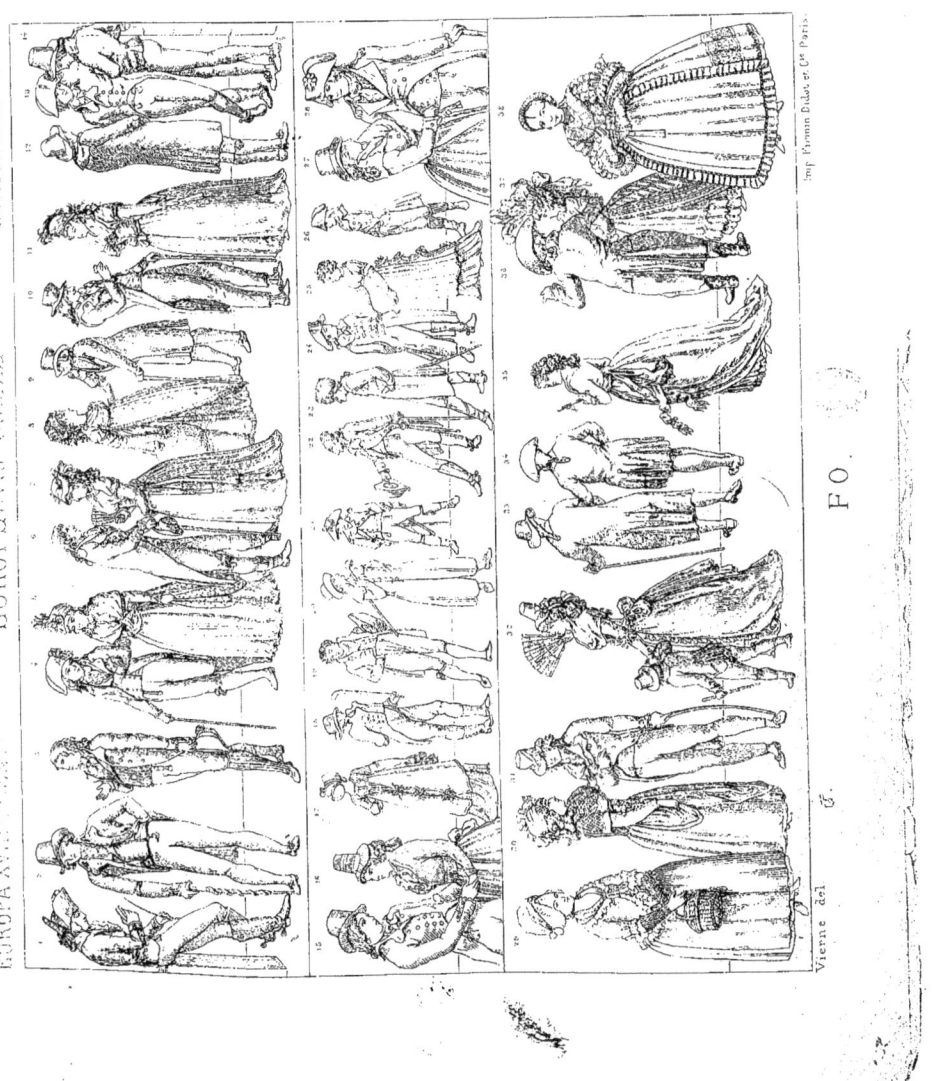

FRANCE. — XVIIIᴱ SIÈCLE

LA *GRÉCOMANIE*.
MODES DU DIRECTOIRE ET DU CONSULAT.

DIRECTOIRE.

Nº 9.

« Une héroïne d'aujourd'hui. »

Tunique antique aux bords garnis de broderies avec des glands aux coins ; deux broches relient sur les épaules les deux parties de ce vêtement de la famille de l'*hémidiploïdion*. Les seins reposent sur une large ceinture, la *zona*, dont les bords supérieurs épousent par devant les formes qu'ils ont à soutenir. Le lé du devant de la jupe est retroussé et fixé par une broche sur la jambe couverte d'un maillot couleur de chair. Cothurnes. Les doigts de pied sont cerclés de *carlins* d'or. Ceux de la main sont tous ornés de bagues. Le bras gauche, seul, a des bracelets : ils sont formés de lames élastiques recouvertes de perles, selon le mode ancien. Résille de soie, enveloppant les cheveux arrangés en *frisons d'ébène*. Larges anneaux aux oreilles.

Nº 11.

« Modes et manières du jour. »

Cet exemple, tiré d'une estampe intitulée *le Prétexte*, montre une élégante renouant les bandelettes de ses petits souliers à pointe. Les cheveux aux longues mèches frisottées, recouverts par un bonnet garni de dentelles dans les rubans duquel est fixé un long voile de tulle noir. *Tunique* courte à corsage ou *canezou* largement échancré ; jupe à demi-queue, transparente, couvrant la tunique à partir de la taille.

Nº 13.

« La jalouse Aminte, coiffée d'un chapeau-bonnet, rubans croisés sur une robe unie, schaal brodé, ridicule, au jardin d'Idalie. »

Dans la coiffure de cette personne, les mèches de cheveux se prolongent au delà des sourcils, faisant à l'œil droit comme un auvent capillaire. Robe à demi-queue, garnie de rubans nakara ; manches courtes couvrant la moitié de la main. Petits souliers à pointe.

CONSULAT.

1800.

Nº 3.

Toilette de ville.

Capote imitant la coiffure antique ; cet exemple de coiffure offre des réminiscences du *sphendone*, bandeau, et du *cecryphale*, filet ou réseau à l'aide duquel les dames grecques contenaient la masse de leurs cheveux sur le derrière de la tête ; le même arrangement se retrouve dans les nᵒˢ 1 et 2 (1801). Robe à demi-queue, couverte par une *tunique* fixée à une ceinture à fermoir orfévri ; cette tunique, qui s'ouvre en arrière, a ses bords garnis de losanges brodés. Corsage, très court, sans manches, et laissant les bras seulement couverts par celles de la chemise. Écharpe posée en fichu.

Nº 4.

Toilette de ville.

Chapeau de velours nakara, couvert d'un voile de dentelle. *Tunique* à queue, échancrée sur le devant de la jupe. Gants longs dépassant l'avant-bras. Fichu-châle, dont les pans sont réunis dans un *coulant* d'orfèvrerie.

Nº 5.

Costume de bal.

Capote garnie d'une plume d'autruche. *Tunique* à bordure brodée, formant un nœud bouffant au-dessous du corsage à l'aide des plis ramenés sur le côté. Robe à queue ornée d'une bordure grecque. Les bras sont nus.

Nº 6.

Costume d'intérieur.

Coiffure grecque, formée d'un réseau enserrant toute la chevelure et ne laissant dépasser que les touffes de cheveux du chignon et celles qui sont rabattues sur les tempes et le front. Robe longue aux manches tailladées en rond que des camées viennent orner dans les intervalles. Gants montant au-dessus du coude.

Nº 7.

Toilette de soirée.

Cheveux ornés d'un large ruban et un chignon traversé par une épingle d'or. Collier de perles à plusieurs rangs. *Tunique* de crêpe noir à corsage décolleté très bas. Les manches courtes forment deux pièces indépendantes du corsage auquel elles se rattachent. Les bras sont nus. Ceinture de mousseline blanche nouée sur le côté.

Dans chaque appartement du beau monde de cette époque, il y avait toujours un piano d'Érard ou de Pleyel, une harpe et même une guitare. Mais l'instrument auquel on donnait la préférence était la harpe, qui permettait aux musiciennes de faire valoir la beauté de leurs bras; toutes les dames qui en jouaient étaient plus ou moins des Corinnes au cap Misène.

Nº 12.

Costume de ville.

Capote de satin formant la coquille antique; ses plis sont couverts de nattes de cheveux, reliées entre elles au-dessus de la tête et formant des petits frisons. *Esprit* ou aigrette passé dans un croissant d'or. Tu-

nique coupée dont le corsage, découvrant largement la poitrine, est orné sur le côté d'un pan triangulaire de même étoffe qui se trouve rabattu. Gants de même couleur que la jupe. Larges boucles d'oreilles.

Nº 18.

Le *volubilis*.

Bonnet noué en marmotte; ses pointes sont ornées de glands d'or; des volubilis s'entortillent sur le dessus de cette coiffure. Tunique rappelant la *chlæne* grecque, espèce de manteau léger et court garni ici de glands à chaque pointe; un des côtés du corsage est rabattu et également orné d'un petit gland d'or. Gants de même couleur que la jupe.

Nº 20.

Toilette d'intérieur.

Chlæne croisée sur la poitrine; la pointe de l'un des pans se termine par un gland de même couleur que la bordure de ce vêtement. Jupe blanche.

1801.

Nº 1.

Capote en madras, qu'une bandelette de satin maintient sur les cheveux. Tunique croisée en mousseline, garnie d'une bordure d'étoffe bleue. Jupe rose dont le corsage a des manches bouffantes. Gants blancs dépassant le coude.

Nº 2.

Toilette de ville.

Coiffure de mousseline, laissant voir l'extrémité du chignon enveloppé d'une *résille*. Robe de dentelle à longue queue. *Tunique* sans corsage; de légères bretelles en tiennent lieu. Le haut du bras est orné de bracelets de cheveux garnis de pierres fines.

Nº 8.

Toilette à la *vestale*.

Coiffure en cheveux recouverte d'un voile léger et ample. *Tunique* simple à queue traînante.

Nº 10.

Costume de soirée.

Dans les cheveux, une couronne de corimbes. Canezou

blanc à cordons lacés sur le devant et aux manches courtes garnies de lisérés bleus. Sous ce corsage passe une large bretelle qui se relie à la jupe de même couleur.

Nos 14, 15, 16 et 19.
Bonnets-calottes de Paris et de Londres.

Tous ces bonnets ont la forme de la *vesica* (vessie), espèce de coiffe en usage chez les dames grecques. Le bonnet n° 19 a de plus une fanchon de couleur rose, venant se nouer sous le menton.

N° 17.
Phaéton du haut duquel une dame tient les rênes de deux petits chevaux.

Le *Courrier des Modes* constatait dès 1786 que les dames venaient d'adopter l'usage d'aller en cabriolet sans cavaliers : « Elles y vont seules, elles y vont deux, mais point d'hommes. » Elles conduisaient elles-mêmes, ordinairement accompagnées par un seul jockei qui criait aux passants de se garer.

Pendant le régime de la Terreur, quelques artistes, David à leur tête, avaient déjà préconisé le costume grec et le costume romain comme les deux types que les hommes et les femmes devaient s'appliquer à imiter et à reproduire dans la République française. Quelques essais en ce genre avaient été faits, avec plus ou moins de goût ou d'excentricité, parmi les classes appartenant aux arts, au théâtre, à la politique; mais ce ne furent que des essais isolés.

C'est du Directoire que date l'adoption du costume grec ou du costume romain. Ce dernier convenait mieux aux femmes grasses qui, par leurs formes opulentes, se rapprochaient plutôt des matrones de Rome ; l'autre costume appartenait de droit aux femmes plus jeunes, sveltes et bien faites, ayant une taille élégante, et n'ayant rien à redouter des indiscrétions d'un costume léger. Ces *merveilleuses* à la grecque s'appliquèrent dès lors à copier les statues antiques et n'eurent que l'embarras du choix entre les robes à la Flore et à la Diane, les tuniques à la Cérès et à la Minerve, les voiles à la Vestale, etc. Les couturières qui confectionnaient ces vêtements archéologiques se faisaient aider par des peintres ou des sculpteurs : c'était Nancy pour les modes grecques ; Raimbaut pour les romaines. Le cothurne avait remplacé, pour les vraies merveilleuses, le soulier en peau de chèvre rose, brodé en soie verte ou bleue.

La plupart des étoffes légères, exclusivement blanches, qu'on employait à la confection des costumes de femmes, étaient anglaises et provenaient des prises maritimes que le gouvernement faisait vendre à Brest et à Lorient, où les marchands se disputaient des milliers de pièces de mousseline, de linon et de batiste, que l'industrie nationale ne pouvait fournir. Le satin et le taffetas, le velours et les plus riches soieries ne trouvaient pas d'usage dans la toilette des femmes, insoucieantes des intempéries de l'air et de la rigueur des saisons. C'est à peine si une merveilleuse se décidait à endosser, au cœur de l'hiver, une redingote de satin sans manches, et si, dans les chaleurs de l'été, elle consentait à mettre son teint à l'abri du soleil sous un chapeau de paille dont la passe allongée se dressait en l'air de manière à ne rien cacher du visage ni de la perruque frisottée. (Voir la planche AH.)

A ces restaurations archéologiques, on avait doucement gagné le nu. La robe s'était retirée peu à peu de la gorge ; et les bras habillés jusqu'au coude, suspectés d'être de vilains bras, accusés de s'envelopper dans une robe à *l'hypocrite*, se dénudaient jusqu'à l'épaule. On apprit tout à coup que les merveilleuses ayant jugé les chemises absolument inutiles, n'en portaient

plus. La chemise, d'après la théorie des costumes étroits et collants, « déparait la taille et s'ar-
« rangeait gauchement ; un *juste* bien fait perdait de sa grâce et de sa précision par les plis
« ondulants et maladroits de ce vêtement antique. »

C'est l'*anglomanie* qui corrigea l'audace des merveilleuses que leurs excentricités avaient fait appeler des *impossibles*, en leur apportant des vêtements qui les couvrirent au lieu de les découvrir, de véritables châles qui n'étaient plus des écharpes, des redingotes et des spencers. Les chapeaux de paille et les turbans réussirent encore mieux, parce qu'on les accommoda avec les exagérations de la frisure et du chignon.

Vers la fin du Directoire, la forme des robes, était encore celle de la tunique à manches courtes ; si les manches étaient longues, on les rehaussait d'une légère bordure en soie de couleur ou en broderie d'or. Les femmes se résignèrent à porter des bonnets ou des cornettes en crêpe ou en tulle avec ruches, dentelles et fleurs artificielles, et même des chapeaux et des capotes plus ou moins fermées en étoffe de soie. Elles s'enveloppèrent aussi d'immenses châles qui tombaient jusqu'à terre et leur permettaient de conserver une toilette légère.

La mode des perruques se maintenait toujours, quoiqu'elle fût vivement blâmée et critiquée par les partisans des coiffures *à la Titus*, chez beaucoup de capricieuses qui se plaisaient à changer de physionomie en changeant de perruques qu'elles prenaient tantôt blondes et tantôt brunes. D'autres femmes refusaient d'abandonner leur longue chevelure, mais la mode vint à bout de leur résistance. Vers 1798, la Titus avait fait de tels ravages, qu'on ne voyait pas dix femmes sur mille qui eussent conservé leur chevelure ; elles regrettèrent amèrement ce sacrifice, quand on revint aux boucles frisées et aux chignons nattés. Voir, au sujet des *postiches*, des *tours* ou *cache-folie*, la notice de la planche ayant pour signe le Pied de cheval.

Pendant le Consulat, les révolutions perpétuelles des modes étaient tempérées par la liberté que chaque femme s'attribuait de choisir la toilette qui lui seyait ou lui convenait le mieux. Pujoulx raconte dans son *Paris à la fin du dix-huitième siècle* (1801), que le même salon lui avait offert à la fois trois femmes habillées, ou plutôt costumées, comme en carnaval, à la grecque, à la turque et à l'anglaise. « Je suis bien aise de faire observer », dit-il en terminant, « que ces trois êtres amphibies, franco-turco-anglico-grecs, étaient des Françaises. »

Le n° 9 est tiré d'une estampe où sont représentées deux merveilleuses : « *Les Héroïnes*
« *d'aujourd'hui*, » Doret del. et Blondeau sculp.

Le n° 11 provient d'une suite de gravures intitulée « *Modes et manières du jour*, »
sans nom d'artiste.

Le n° 13 a pour original une de ces estampes enluminées qui se vendaient chez Basset,
rue Jacques, n° 670.

Les autres figures proviennent du « *Journal des modes*, » de la Mésangère, années 1800 et 1801.

Voir, pour le texte : MM. de Goncourt, la Société française pendant le Directoire. — *Quicherat*, Histoire du costume en France, — et *Paul Lacroix*, Directoire, Consulat et Empire.

FRANCE XVIIIth CENT. FRANCE XVIIIe SIÈCLE FRANKREICH XVIIItes JAHR.

FP

FRANCE. — XVIIIᴱ-XIXᴱ SIÈCLE

COSTUMES FÉMININS. — LE CHALE.

1	2	3	4	5	6	7	8	9	10	11	12	13
1805	1811	1807	1805	1804	1811	1804	1811	1809	1809	1803	1808	1810
14	15	16	17									18
1803	1802	1814	1804									1794
19		20	21	22	23	24	25	26				
1803		1803	1804	1803	1804	1803	1807	1804				

Le châle ou *schall* est une longue pièce d'étoffe dont les Asiatiques s'enveloppent la tête et qui entre aussi de diverses manières dans leur vêtement. Sa forme rectangulaire ne subit aucune des modifications qui constituent le costume façonné ; c'est la personne portant le châle qui lui donne sa tournure particulière.

Comme enveloppe saine et chaude, recouvrant les épaules et les bras, attachée par une broche sur la poitrine, l'emploi du châle a persisté. Carré long, on le replie en quatre ; carré régulier, on le double en le repliant par le travers, d'un angle à l'autre : il est alors de forme triangulaire ; ou on le plie simplement par le milieu, en carré droit. Enfin, on le replie encore par le travers des angles, mais en deux parties inégales, formant ce qu'on appelle le six quarts (voir les nᵒˢ 11 et 13). C'est en général pour répondre à des dispositions particulières de la broderie que l'on plie le châle en six quarts. Le châle boiteux est un châle carré qui n'a de palmes qu'à l'un de ses bouts. C'est à l'emploi des merveilleux tissus de Cachemire, adopté par la mode dans les dernières années du XVIIIᵉ siècle, que remonte l'usage du châle en Europe. Il n'y avait guère eu jusqu'alors que les amples fichus de crépon, encore noués sur la poitrine en 1794 (voir nᵒ 18), qui s'en rapprochassent.

L'*Ermite de la chaussée d'Antin*, M. de Jouy, a raconté jadis, dans un de ses articles les plus piquants, l'*histoire d'un schall*. Nous n'avons pas à relater les pérégrinations de son héros, natif de la vallée de Cassemira, surnommée par les Persans *la vallée bienheureuse* ; c'est un des plus riches et des plus fins tissus qui se font là avec le poil des chèvres ou des moutons du Thibet. M. de Jouy raconte qu'en 1775, où il le fait arriver à Paris, on y ignorait même le nom de ce tissu asiatique ; qu'offert par le duc d'Aiguillon à Mme du Barry, toutes les dames de la cour vinrent l'essayer à sa toilette, et décidèrent, d'une voix unanime, que cette parure n'avait aucune espèce de grâce. Bref, après une éclipse totale, ce ne fut guère qu'à l'époque de la campagne d'Égypte qu'il reparut en grande loge à l'opéra. La mode en vint alors avec une véritable fureur.

« Il fut un temps, dit le *Journal des dames et des modes de* 1815, que les dames et sur-
« tout les maris se rappellent, temps fortuné pour les unes, désastreux pour les autres, où la
« mode introduisit l'usage des cachemires. On sait quelles furent alors les prévenances, les
« caresses mises en usage pour obtenir ces tissus précieux..... Vos belles inventèrent mille
« motifs pour déterminer à satisfaire ce goût-là...... Les plus riches n'eurent besoin que
« de prononcer ces mots si absolus dans leur bouche : *c'est la mode* ; les femmes du second
« ordre insistèrent sur la nécessité de faire *comme tout le monde* ; celles d'une classe inférieure
« prétextèrent des raisons de santé et d'économie : *Un cachemire, disaient-elles, dure très-*
« *longtemps et dispense de la toilette.* Enfin, les personnes qui n'avaient aucune raison plau-
« sible pour en décider l'achat, s'en tinrent à ce refrain, toujours si puissant sur les gens
« faibles ou amoureux : *Si vous ne me donnez pas un cachemire, c'est que vous ne m'aimez pas.* »

D'autres tissus que ceux de Cachemire furent bien vite employés pour le nouveau vêtement entré dans l'usage. On fit des châles de toute grandeur et variant selon les saisons. On en mettait un assortiment dans les trousseaux, depuis les plus amples jusqu'au châle fichu. On en fit en drap, en laine, en soie, en coton, en percale, en mousseline, en dentelle. Il y eut des cachemires longs et étroits, recherchés pour leur extrême finesse, que les femmes éprouvaient, dit-on, en les faisant passer dans leur bague.

Dans la première période de l'engouement que l'on eut pour le châle, les femmes ne s'en séparaient plus ; on s'en parait, non-seulement pour les promenades publiques, mais encore au bal, tantôt drapé à l'antique, sauvant, disait-on, par son ampleur, la liberté du costume grec, ou simplement replié sur le bras ; il y avait, en même temps, ces châles longs, étroits comme des écharpes, dont il s'agit plus haut, qui servaient à se parer sans se couvrir, accompagnant le nu, sans amoindrir le décolleté. Les uns et les autres se prêtaient à des attitudes variées, d'un aspect tout autre que ce que l'on avait vu jusqu'alors. Le châle occupait toujours au moins une main pour le soutenir, et c'était un avantage très-apprécié à une époque où l'on recherchait volontiers dans la statuaire antique des modèles de noble et de gracieux maintien. L'apogée de la gloire du châle se place au moment où on le vit figurer dans une danse spéciale faite en son honneur : le pas du schall, prétendu alors renouvelé des Grecs, et qui dut à la grâce de la belle comtesse Hamilton l'un des plus vifs succès mondains signalés par les contemporains. On dansait ce pas avec un léger châle de soie (voir n° 6).

A l'époque du Consulat et pendant la majeure partie de l'Empire, les châles de grande parure étaient en général à fond uni, avec de larges bordures enrichies de palmes ou de fleurs sur un fond différent. On les dénommait alors des châles turcs. La mode fut tour à tour aux fonds jaune, vert, blanc; elle fut souvent au rouge-ponceau, et vers 1811 elle était au fond bleu à la Marie-Louise, avec de grandes palmes sur une bordure blanche.

On mettait des glands aux châles de drap qui furent de mise élégante en 1803 (voir n°s 11-22-24). On portait souvent les châles de moyenne et de petite dimension avec une négligence affectée. Notre n° 12, datant de 1808, montre l'exemple disgracieux d'un châle-écharpe simplement replié dans sa longueur couvrant les épaules, les deux bouts retombant d'un seul côté. Le n° 25, de dimension plus restreinte, est porté avec la même affectation; enfin le n° 16, qui n'est qu'un châle fichu, est, selon le ton de la mode en 1814, plié négligemment et jeté sur les épaules.

Le châle est entré dans nos mœurs et paraît devoir y demeurer. Les chauds tartans rayés à l'écossaise seront longtemps portés dans toutes les classes. Quant aux cachemires de l'Hindoustan, dont la grande fureur s'atténuait déjà en 1812 (1), ils trouvent encore place dans les riches corbeilles de mariage. Si la présence, maintenant traditionnelle, de ce luxueux vêtement ne cause plus les mêmes enthousiasmes, et si la mode en a notablement restreint l'usage, il est néanmoins fort probable que le goût des femmes pour ces merveilleux produits de l'industrie humaine ne les leur fera jamais entièrement abandonner.

Les documents proviennent des divers journaux de modes de l'époque.

(1) *Journal des dames et des modes*, 1812.

FRANCE

LES MODES A L'ÉPOQUE DU CONSULAT. — PROMENADE
DE LONGCHAMP. — AN X (1802).

PLANCHE DOUBLE.

A cette époque, dit Delécluze (*Souvenirs de soixante années*), l'aristocratie pour les hommes était le talent, pour les femmes la beauté. Il convient de se reporter dans le courant de ces idées pour apprécier les caractères de la toilette vers la fin du XVIIIe siècle et le début du siècle présent. La sobriété du costume masculin se trouve acquise dès ce moment; l'homme moderne s'habille, mais ne se pare plus, dans le sens étroit du mot. » Les rossignols s'étant aperçus, disait-on en 1802 (*Ésope au bal de l'Opéra*), que les dindes faisaient la roue comme les paons, on ne reverra plus ces galants de cour vêtus des mêmes étoffes que leurs rivales, leur empruntant leurs rubans, leurs dentelles, leurs plumes, leurs joyaux, et jusqu'à leurs mouches. La parure, proprement dite, ayant pour but franchement avoué de faire valoir les avantages physiques, reste désormais le monopole des femmes. Le spectacle offert, dans une société en travail, par l'application de ces deux principes si différents, fut, au début du siècle, des plus singuliers. En regard d'hommes gourmés dans des vêtements étriqués, hermétiquement clos, on voit des femmes vêtues de robes légères, sans jupons, parfois même sans chemise pour plus d'accentuation des formes voilées, parées principalement de la nudité de leur cou, de leur poitrine, de leurs bras, de la révélation du reste, la beauté plastique étant leur principal mérite. Les deux manières de se produire sont si différentes que les gens du même monde ne semblent même pas accoutrés pour aller ensemble, et, tandis que les élégants sont pour la plupart bottés, ont le talon ferré pour la marche, les dames ont un soupçon de soulier sans talon, à si étroite semelle que le pied foule l'étoffe traversée par la moindre humidité; aussi, comme l'affirme le

Journal des dames et des modes en 1801, « on ne saurait être une petite-maîtresse sans avoir une voiture. » Enfin, les gens qui se rencontrent et devisent ensemble n'ont même pas l'air d'être vêtus pour la même saison ; non-seulement les délicats attraits des dames sont exposés à la bise, mais tout le corps féminin n'est le plus souvent protégé que par de frêles linons à simples lés, tandis que les hommes sont abrités sous le drap du frac boutonné sur le gilet, portent la culotte doublée, de la façon qu'on appelait alors *juponnée*, et tiennent leur menton dans la haute cravate *écrouélique*, léguée par les incroyables du Directoire.

Le Longchamp que nous reproduisons, témoignant de ce spectacle singulier, est justement de cet an X. dont l'hiver, exceptionnellement rigoureux, venait de démontrer ce que ces modes inconséquentes pouvaient avoir de meurtrier ; les médecins du temps, « attestant le dieu de la santé, » citaient en vain « les roses moissonnées avant d'être épanouies, » « les victimes de la mode inscrites fatalement sur les tables de la mortalité du temple d'Esculape. » Mᵐᵉ Ch. de Noailles, morte à dix-neuf ans, au sortir d'un bal, Mˡˡᵉ de Juigné, à dix-huit ans, Mˡˡᵉ Chaptal, à seize ans, la princesse Tufaïkin, morte à dix-sept ans à Saint-Pétersbourg de l'épidémie des modes françaises, rien n'y faisait. Bien qu'il y eût des spencers frangés de duvet de cygne, des châles de laine, des douillettes, presque toutes les femmes sortant du bal, « même au fort de l'hiver vêtues à se croire dans la canicule, » dit La Mésangère, ne s'enveloppaient guère que d'un simple voile de mousseline jeté sur les épaules et ramené sur la poitrine. Il semble que la beauté, « qui équivalait alors à une dot, » selon Delécluze, ne pouvait consentir à s'éclipser.

Le costume paré des femmes du Consulat, de si curieuse physionomie lorsqu'on avait à exhiber des « appas grenadiers, » offre cependant plus de modération que celui de l'époque du Directoire, lors de la première ferveur de la grécomanie, à ce moment où, selon de Ségur (*Galerie morale et politique*), la nudité fut sur le point de devenir la mode favorite des dames et où l'on délibérait sur le costume à la sauvage. — Toute adhérente qu'elle fût, la robe ajustée au corsage, à étroite épaulette, à longue jupe traînante, était assurément moins osée que la tunique de gaze, ou la jupe de linon ouverte sur la hanche, mettant au jour la culotte de soie rose collante, quand la jambe n'était pas simplement nue, comme chez les *Inconcevables*, chaussées de la sandale à lanières gommées ; néanmoins les contemporains ne paraissent pas avoir beaucoup apprécié les différences et reprochaient aux dames, comme le fait encore Prud'homme en 1807, dans son *Miroir de Paris*, « d'avoir l'air de sortir de leur baignoire, d'affecter de faire apercevoir leurs formes à travers des vêtements diaphanes. » L'habitude rendit-elle les choses moins choquantes ? Les yeux s'étaient-ils blasés en voyant, à la suite des triomphes des Tallien et des Récamier, la foule des imitatrices signalées par de Ségur, « longues, maigres, grosses, courtes, sèches, jaunes ou noires, les bras sans manches, la gorge nue, se croyant des Aspasies, » dont plus d'une recourait même aux gorges factices « imitant la nature dans toute sa beauté et sa fraîcheur, » et aux mollets artificiels dont on trafiquait ouvertement, que l'on voyait aux étalages des marchandes de modes de la galerie de bois, le *camp des Tartares*, cette *contrée* où se passaient et se voyaient tant de choses étranges ? ou bien, malgré ce tableau, y eut-il victoire réelle de la beauté, « les salons de Paris n'ayant jamais compris un si grand nombre de belles personnes qu'en ce temps, » affirme encore Delécluze ? Ce qui est certain, c'est que, malgré les mordantes saillies des satiriques, les choses marchaient sans encombre, sans que l'on vît se renouveler des protestations du genre de celles qui s'étaient produites sous le Directoire. « Les femmes de Paris, dit un écrivain de l'époque, veulent enchanter tout le monde, excepté leurs maris. » Tout le monde semblait approuver cela ; on traitait, d'ailleurs, les femmes avec plus de dignité ; le nom de *madame*, dès 1800, avait été substitué à celui de *citoyenne*, sur l'initiative du premier consul qui avait introduit cette réforme dans le cérémonial autour de sa personne ; l'abandon du tutoiement républicain en était la conséquence.

Quoique l'amour du grec fût toujours dans tous les cœurs, et que, plus que jamais, le goût de l'antique tînt la corde, « les tapissiers empruntant tour à tour aux Grecs, aux Romains, aux Égyptiens, etc., de nouveaux dessins de meubles et d'ornements (*Miroir de Paris*) ; » quoique le coiffeur à la mode, « cet artiste qui, dit l'*Ésope de* 1802, a commenté Tite-Live, Quinte-Curce, Homère, Ovide, a réuni dans son atelier tous les bustes antiques, depuis les Vestales jusqu'aux Gorgones, depuis Cornélie jusqu'à Messaline, » fût encore loin d'être au bout de ses conceptions, bien des influences nouvelles tendaient, chaque jour, à dénaturer la grécomanie ; la tunique, « inventée par les belles et portée par les Grâces, » n'était déjà plus reconnaissable en 1800, avec le petit corsage à pièces ; le chapeau, la capote, le turban et son aigrette, n'appartenaient pas à l'antique ; l'ensemble perdait de plus en plus le caractère déterminé qu'on avait essayé de lui donner.

La mobilité des modes était d'ailleurs extrême ; on jugera de leur inconstance par le seul changement des coiffures ; une caricature de l'époque, *l'embarras des capotes*, indique la gravité de la question et l'importance d'un choix qui n'avait cependant qu'une durée éphémère. On lit dans le *Journal des dames et des modes* de 1801 : « La coiffure presque générale est le *voile*, sur le devant duquel s'aperçoit une grosse fleur qui appartient à une coiffure en cheveux ou une touffe en crêpe. Les voiles se portent sur la tête, pendants des côtés ; fixés par derrière, ils laissent le visage tout à fait à découvert. » En 1802, « presque toutes les femmes bien mises portent le *turban* avec l'*aigrette*, turban bien ramassé, rasant toujours le cou, et ne laissant voir que les cheveux de la tempe droite et quelques crochets huilés : c'est la coiffure nommée « à *serpenteaux* » (cette épithète avait été appliquée au XVIIe siècle à un autre arrangement de la chevelure : genre de répétition fréquent dans l'histoire des modes). Puis les plumes remplacent les aigrettes. Le *Journal des Débats*, de cette même année 1802, dit de son côté : « Dans les modes toujours un peu bizarres de Longchamp, on a distingué des *chapeaux de sparterie*, à jour, ornés de plumes, et des *capotes hongroises*, imitées des bonnets des hussards. » Ce à quoi le journal de La Mésangère réplique presque immédiatement : « Les chapeaux de sparterie, les capotes de crêpe *ramoneur* et *serin*, *serin* et *bleu-barbeau*, ne sont plus en usage que dans le commun. » Enfin, toujours en 1802, « les *chapeaux de paille* jaune sont très nombreux : on en distingue plus de vingt sortes; ceux à haute forme et à bord retroussé sont en vogue cette année : ce sont les chapeaux à *l'anglaise*; ils sont quelquefois retroussés du côté droit au lieu de l'être par devant. »

Les cheveux conservant leur couleur naturelle sont aussi, à ce moment, un élément d'autant plus varié de la parure, que ceux que l'on voit, combinés selon la toilette, n'appartiennent pas à la personne qui s'en affuble. « Les femmes de tous les états, depuis quinze ans jusqu'à soixante, dit Prud'homme, portaient des perruques blondes ou brunes; elles changeaient de couleur selon les sociétés qu'elles fréquentaient. » Les blondes, pour paraître brunes par intervalles, mettaient des tours de cheveux très-noirs; on appelait *cache-folie* cette perruque qui se posait sur une tête presque rase, à la *Titus*, dont l'origine remonte à ces coiffures *à la sacrifiée* qui, quelques années auparavant, avaient figuré dans les bals *des victimes*. Ce temps était déjà loin ; on ne se cachait pas, d'ailleurs, de la coupe de ses cheveux, et dès 1801 une douzaine d'élégantes se montraient dans les promenades avec leur chevelure tondue (*Le Bon Genre*, *journal des dames et des modes*). Les coiffures de grande parure ne se faisaient qu'en cheveux, et avaient toutes une forme antique; leurs ornements consistaient en diamants, perles ou fleurs; les perruques étaient un présent de noces; la fille de Lepelletier-Saint-Fargeau, mariée par la République, en reçut douze de cette manière. « Il est telle femme, dit Mercier en 1800, qui en compte jusqu'à quarante dans sa garde-robe; cela permet de changer chaque jour de physionomie. » Chacune de ces inventions était baptisée d'un nom particulier pris dans la mythologie ou l'histoire ancienne; il y en avait tant, que par moments les listes paraissaient épuisées, et qu'on ne savait plus comment les nommer, témoin ce *lycophron* des coiffeurs, M. Palette, dont parle La Mésangère en 1811, auteur d'une coiffure nouvelle admirable, mais sans nom, invoquant les archéologues pour savoir sous quel consul ou quel empereur il convenait de la classer.

Telles étaient ces Malvina du Consulat qui, « s'habillant en divinités et dansant comme des anges » *waltzaient* de si bon cœur, le buste et les bras nus, sans souliers ou à peu près, avec une robe en fourreau et à longue jupe dont les ondulations faisaient valoir successivement tous les trésors; celles qui avaient les bras de Corinne, les faisaient jouer sur la harpe.

La voiture, on l'a vu, était le complément indispensable de la toilette de ces dames; il en fallait plusieurs, chacune étant affectée à un service différent, selon l'heure de la journée et le motif de la sortie. Tantôt hautes, tantôt basses, les voitures ne duraient pas plus que les autres modes. « On est obligé de faire remonter sa voiture aussi souvent que son chapeau, » dit La Mésangère.

Les modes à l'antique, celles du temps du Directoire comme celles du Consulat, eurent leur retentissement à l'étranger et figurèrent alors dans toutes les sociétés européennes; on avait, en quelque sorte, été préparé à la hardiesse avec laquelle les vêtements à la grecque furent disposés par ces chemises *à l'enfant*, d'étoffe transparente doublée de ton rosé simulant la chair, inaugurées dans les dernières années de la monarchie. De la forme simple de ces chemises à la coupe des vêtements antiques il n'y avait qu'un pas à faire; le succès de cette évolution fut consacré à la reprise de Longchamp en 1796. C'est par suite d'une erreur trop longtemps et trop généralement répandue que l'adoption des modes à l'antique a été tenue pour une des manifestations républicaines de l'époque; s'il est vrai que des essais de ce caractère se trouvaient en harmonie avec les prédilections affichées en France par les hommes du jour, il n'est pas moins certain que le goût de l'antique était général à cette époque. Rien ne peut mieux l'établir, en ce qui concerne la conversion du costume des femmes, que la participation décisive à ce mouvement des dames françaises de l'ancienne cour, émigrées à Londres. Lorsque la Bertin, la Terreur étant passée, rouvrit ses ateliers et reprit cette importance de grande faiseuse, qui lui faisait dire d'elle-même, sous Marie-Antoinette, qu'elle était le *ministre de la mode*, c'est de ces dames de l'émigration, avec lesquelles elle était en correspondance suivie, qu'elle recevait ses principales inspirations. Les artistes, comme les littérateurs, contribuèrent aussi par leur influence à ce mouvement qui, encore une fois, ne fut pas plus républicain qu'il ne fut local; si la France avait son David avec des disciples fervents comme ce Maurice Quay, cité par Delécluze, « allant se promener dans les rues de Paris vêtu en Agamemnon », on doit se souvenir que l'Angleterre avait son Flaxman, l'Italie son Canova, et ces maîtres, des imitateurs partout.

A vrai dire, le temps de la grécomanie fut de moindre durée pour l'ensemble du costume des dames que pour le cadre où les toilettes se produisaient; l'architecture, le mobilier la bijouterie étaient à l'antique en 1800; mais des gens affublés comme les deux élégantes que nous reproduisons, n°s 11 et 12, pouvaient-ils s'y croire eux-mêmes? Ces *merveilleuses*, dont l'une porte ce bonnet à grandes ruches avancées, en forme de capote, que l'on retrouve encore aujourd'hui sur la tête de quelques portières, avec leurs petits gigots à l'épaule, le châle-fichu, le petit corsage à pièces, les gants longs, ne devaient, ce semble, se faire que peu d'illusions sur le caractère de leurs modes. La réalité c'est que le costume féminin était rapidement devenu un ensemble composite, que nous ne saurions mieux faire connaître qu'en citant un « *Courrier de Londres* » inséré dans le *Journal de Paris*, du mois d'avril 1802, au moment même de notre Longchamp. « Robe longue à la *Philomèle*, dont le corsage par derrière est à l'*Étrurie* (ce nom lui venait de la présence à Paris, cette année, du duc de Parme créé, roi d'Étrurie); les manches sont courtes et enjolivées, partie à l'*espagnole* et à la *grecque*; à défaut de la robe à la Philomèle, la robe ronde à la *Glaonice* sera seule admise : sa coupe est partie à la Glaonice et à la *Romaine*. Voilà le résultat du *comité* pour les trois jours de Longchamp. » (Ce comité était une réunion des plus jolies femmes de la capitale, qui décrétaient alors les caprices de la mode ; ce n'étaient pas les actrices, comme avant la révolution.) « La mise même des femmes à pied sera très élégante, continue notre courrier; le luxe a gagné je ne dis pas toutes les classes, car il n'y en a plus, mais toutes les fortunes. » L'opulence était nécessaire, en effet, car « la chose allait vite, » comme le dit la duchesse d'Abrantès, dans ses mémoires. « Une belle toilette pouvait alors revenir à six ou huit mille francs. Un cachemire coûtait au moins quinze cents ou deux mille francs ; les canezous très brodés, quatre ou cinq cents francs, en raison de la dentelle qui était autour du cou, presque toujours en malines, valenciennes, et souvent en point d'Angleterre ou point à l'aiguille ; le voile, mille francs, et souvent bien au delà lorsqu'il était dans une corbeille de mariage ; la montre (une de ces montres de Leroy que toutes les mariées dans une grande position trouvaient toujours dans leur corbeille), deux mille francs ; la toque, deux cents francs, etc., etc. » Le comité, toujours suivant le *Courrier de Londres*, allait jusqu'à régler l'emploi du temps. A huit heures, une *belle* devait se rendre aux bains chinois en peignoir à la *Galathée* ; après le bain, pour déjeuner au chocolat, on prenait le tablier à la *créole*. Le chocolat bu, on passait la robe à la *Pomone*, « aussi jolie pour monter à cheval que pour sortir le matin à pied. » Trois sortes de vêtements étaient adoptés pour le repas et la promenade : la robe ronde à la *Rusina*, la redingote à *la Naxos*, « charmante pour le négligé, » enfin, le surtout à *la grecque*, qui se mettait par-dessus les robes blanches, et était enjolivé sur les devants ; la coupe en était variée.

Ajoutons que le *Journal des dames et des modes* dit qu'en 1802 la grande vogue fut aux robes coupées à la *Psyché* ; elles étaient toutes très décolletées, et il était de mode d'en laisser traîner la queue ; les manches étaient courtes à toutes les robes de grande parure. Les femmes bien mises faisaient usage de châles longs, de cachemires ou de châles carrés à cinq quarts, dont une pointe descendait jusqu'aux talons. Le turban, orné de ces aigrettes que l'on appelait *esprits*, était la coiffure de la plupart des élégantes ; pour la demi-parure, on le faisait avec des châles de couleur foncée. Le nombre des sacs appelés *ridicules* avait diminué dès 1801 ; le mouchoir, ou un éventail de très petite dimension, servait de contenance. Les perles étaient en faveur pour toute espèce de bijoux ; on avait grand soin de les assortir pour la robe. Avec les robes bleues on mettait toujours des perles bleues, en lapis. Les serpents étaient de mode ; ils avaient l'avantage de devenir tour à tour bracelets longs ou courts et colliers ; on les employait pour le bras, le poignet, le cou. La pierre le plus fréquemment employée était la cornaline. Les *chefs-d'argent* non seulement entraient dans les coiffures à l'antique, mais servaient encore de bordure aux fichus de couleur et aux voiles unis, comme, quelquefois aussi, de garniture à des robes. En 1801, les robes du dernier goût sont de mousseline *bleu-turc*. Le châle est en coton ou en soie, fond *ramoneur*, broderie blanche, ou fond *bleu-turc*, broderie orange; ceux à fond *boue du Nil* n'ont qu'une simple bande blanche cannelée pour bordure. Les robes de grande parure sont de crêpe noir; on porte beaucoup de fichus noirs; quelques-uns sont croisés en X sur le sein. Les fichus carrés, selon la mode de 1800, ne se posaient pas droit, mais de côté, « en sorte que la pointe du milieu remonte vers une des épaules. » En 1803, les cheveux à la Titus étaient grandis, *moutonnés*; souvent on en cachait une partie avec le voile flottant sur les épaules. Enfin, en 1802, quoique le rose fût encore de mode, ce n'était plus la couleur dominante, et, à l'aigrette, quelques élégantes substituaient au devant de leur coiffure un gros plumet, blanc ou rose, de plumes *follettes*.

Les petites-maîtresses en *carrick* découvert, celles qui aimaient, selon l'expression de la *Décade philosophique* de l'an X, « à faire galoper leurs attraits, »

« Sous un mince et léger costume
« Elle cherchait des compliments,
« Et revenait avec un rhume. »

se faisaient suivre d'un jockey à l'anglaise. Une caricature du *Bon Genre*, intitulée *le choix du jokey*, fait ressortir les exigences du goût à son sujet; on voulait à ce garçon-là une jolie physionomie. « Vous connaissez la charmante femme de chambre de Mme *** et même son charmant jockey? — Je le crois bien, c'est la même personne; à la toilette le matin, derrière le cabriolet l'après-midi. »

Parmi les divers exemples empruntés aux journaux de l'époque avec lesquels nous avons complété notre planche, nous relevons encore : N° 1. Capote de *perkale*, pas de linge apparent. — N°s 2 et 3. Bonnets de négligé, dont la garniture de tulle ne se plissait pas; le fichu en marmotte figurait souvent sur les bonnets du matin. — N° 4. Turban avec crochets de cheveux. — N° 5. Chapeaux de sparterie. — N° 6. Costume à *la vestale*. — N° 7. Spencer de satin bordé de duvet de cygne. — N° 8. Pas de linge apparent, manche ouverte à *l'athénienne*. — N° 9. Grand bonnet d'intérieur. — N° 10. Capote par dessus un bonnet de tulle en *battant l'œil*. — Les n°s 11 et 12 sont cités plus haut. — N° 13. Exemple de la manière dont, sans modifier la coupe du corsage, les gens de la bourgeoisie ou des petites classes paraient au découvert de la poitrine. — N° 14. Turban, avec les plumes follettes remplaçant l'aigrette. — N° 15. Coiffure de grande parure, à l'antique. — N° 17. Chapeau à *la hongroise*.

Le compositeur anonyme de notre promenade à Longchamp s'est appliqué non seulement à représenter les costumes adoptés par les hommes du monde en 1802, mais aussi à faire ressortir le caractère de ceux qui les portaient, avec des attitudes dont les sources étaient multiples. Malgré la gaucherie de la composition, cette tentative, qui n'est pas le fait d'un dessinateur vulgaire des costumes de mode, donne à notre estampe semi-populaire, relevée par un simple enluminage, exécutée avec la rapidité qu'exige le mouvement des nouveautés, où cependant l'excès caricatural est évité, un intérêt tout exceptionnel. On reconnaît le mérite de cet essai, trop rarement tenté, lorsqu'on s'aperçoit qu'il suffit de se reporter à l'époque, dans le courant de ses idées et de ses mœurs passagères, pour retrouver, sans indécision, parmi la foule, les types accentuant alors la société. Sauf l'élément militaire tenant ailleurs à ce moment une si large place, mais naturellement de peu d'importance dans le milieu des modes fugitives, on peut, en effet, examiner dans ce petit cadre, les portraits variés et bien frappés de l'homme du jour (1).

La froideur même de la scène, dans son ensemble, est une chose voulue. « On ne voit plus dans les Parisiens cette aménité et cette gaîté qui les distinguaient il y a vingt-cinq ans, disait encore Prud'homme en 1807; leur visage n'est plus si riant, leur abord n'est plus si ouvert... embarras des affaires, servitudes, projets, tout cela se lit sur les visages... chacun est sur la réserve... tout le monde se soupçonne... tout le monde se regarde... » Que devait-ce être en 1802? au moment où les émigrés radiés de la liste rentraient en masse, et venaient figurer dans un monde qui, à cette époque de transition, n'était, dit la duchesse d'Abrantès, « qu'une bigarrure mal composée, n'offrant à l'œil qu'un assemblage choquant des couleurs les plus opposées. »

L'atmosphère ambiante de cette année 1802 où la France se trouve en paix avec tous ses voisins, avec l'Angleterre elle-même, de cet instant d'une beauté et d'une rapidité d'arc-en-ciel, où tous les partis se flattent d'espérances, contribue à donner à la société une tournure toute particulière. Les divers courants de la littérature n'y contribuent pas moins. Le goût général du grec se rencontre avec l'admiration des chants d'Ossian; Girodet illustre Anacréon, et crayonne des cartons inspirés par les poèmes du barde de Fingal; le soleil hellénique et la lune gaëlique vont de pair. En face des romans niais, ou machinés à l'Anne Radcliffe, se produisent des coups d'aile, le *Génie du Christianisme*, les amertumes de René, la désespérance mortelle de Werther. « Les vents, dit Sainte-Beuve, étaient alors favorables aux romans. » Tout le monde qui figure là, dans ce panorama de Longchamp, vient de lire *Atala*, sauf peut-être l'agioteur, et aussi quelques-uns de ces faiseurs de calembours, si fréquents en ce moment parmi « l'essaim des jeunes gens du bon ton. » Toutefois ceux de ces jeunes gens qui, dans la fièvre de son apparition n'avaient pas au moins parcouru en feuilles, au Palais-Royal, ce dernier roman en vogue, se seraient bien gardés d'omettre de parler de *chaque tasse* au moment du thé, « la feuille de l'arbrisseau chinois » en style « de gardien du bercail d'Apollon. »

Les productions du jour inspiraient les devises de toute espèce, les bijoux symboliques que portaient ostensiblement les élégants des deux sexes. Les amateurs des sentimentalités

---

(1) C'est probablement l'éditeur de cette époque, Martinet, fils d'un graveur célèbre, et, dit Prud'homme « excellent dessinateur lui-même, » qui est l'auteur de cette scène. Nul n'était plus au courant des caprices du jour que ce libraire de la caricature et de la mode, dont la boutique, constamment garnie de *gobe-mouches* ou *musards*, dits *de la rue du Coq* (aujourd'hui de Marengo) était signalée en ce temps comme une des curiosités de Paris. L'estampe enluminée que nous reproduisons, dont l'achat était alors à la portée de toutes les bourses, ne se vend pas aujourd'hui moins de quatre cents francs.

niaises adoptaient naturellement des devises en harmonie avec leurs prédilections; à une époque où, rappelons-le, la beauté pour les femmes équivalait à une dot, où l'éducation s'acquérait moins facilement que la fortune, où Prud'homme, sortant du théâtre, entendait dire à une nouvelle marquise, ex-blanchisseuse : « *laquais, aveignez l'escalier que je monte dans ma carriole,* » on devine aisément que, malgré l'inégalité des œuvres, les plus plates avaient néanmoins un nombreux public. L'influence des plus relevées se décelait principalement par la modification qu'elles amenaient dans l'allure naturelle des gens; la contagion fort étendue, causée par la lecture de Werther, se montrait dans l'air de simple et froid spectateur, affecté par un certain nombre de jeunes gens affichant le dégoût de la vie; ou bien, variante d'un thème fort analogue, ayant comme Châteaubriant, « le culte de la jeunesse et de la beauté, mais ne jouissant de la vue de ces dons divins qu'avec une ivresse troublée par l'idée qu'ils étaient passagers. » (Sainte-Beuve.) Terminons ce tableau, nécessaire pour se reconnaître dans cet ensemble bigarré en rappelant que, sous le Consulat, il n'y avait plus ni titres nobiliaires officiels, ni distinctions honorifiques. La légion d'honneur n'était encore qu'en projet; parmi les puissants du jour les créations de ce genre rencontraient de l'hostilité. Les armes d'honneur distribuées aux soldats n'étaient pas approuvées par tout le monde, et Moreau, voulant en combattre l'institution par le ridicule, venait, au milieu d'un repas pompeux, à la suite d'un plat réussi, de faire comparaître son cuisinier pour lui décerner une casserole d'honneur (Montgaillard, *Histoire de France*). Enfin, et en réalité, commençait l'indifférence du costume; dès 1800, une proclamation du préfet de police entrant en fonctions disait aux habitants de Paris « Vous aurez la liberté des cultes,... celle du costume... » et, de fait, depuis ce temps il est loisible à chacun de se produire à sa guise.

L'exercice de ce droit est affirmé dans notre tableautin. C'est un ci-devant qui est là-bas, au second plan ; il porte le collet noir que rasaient jadis les sabres des hussards d'Augereau; sa tenue ne laisse d'ailleurs aucun doute sur son caractère; les émigrés rentrés affectaient de conserver la chevelure en queue, la perruque poudrée; ils tenaient leur chapeau sous le bras, à l'ancienne mode; beaucoup d'entr'eux, pour faire parade de leur caste, de leur opinion, pour braver le pouvoir, ce qui était leur ton, se produisaient avec des costumes propres aux pays étrangers où ils avaient séjourné. Parfois on conservait même les guêtres du voyage.

L'élégant assis, d'allure britannique semblable à un gentleman d'Hyde-park, écoutant une dame surannée de même ton, est un de ces royalistes qui revenaient sur la terre de l'égalité pour y faire montre de leur aristocratie et de leur résistance aux événements accomplis. Le plaidoyer en faveur des vieilles causes qui s'appelle le *Génie du Christianisme*, alors dans tout l'éclat de sa récente apparition, prêtait à ces idées une certaine grandeur. L'isolement, l'attitude de notre homme au collet noir, permettent de penser que l'observateur a voulu peindre l'un de ceux qui revenaient en promenade à Longchamp, après y

avoir figuré jadis dans le défilé du pèlerinage, en ce temps des dernières années du règne de Louis XVI où cette fête de la mode, plus animée et plus brillante que jamais, avait tant de retentissement. La traversée du bois de Boulogne, coïncidant avec le renouveau de la nature, avait alors pour but la vieille abbaye, où des voix empruntées au chœur de l'Opéra faisaient entendre l'office de Ténèbres. De tradition, malgré la gravité de la semaine sainte, la mode impatiente, devançait la joyeuse et si proche résurrection de Pâques, pour inaugurer les nouveautés de la saison. Toutes les beautés de la capitale venaient s'y montrer. La foule s'y portait pour voir les toilettes, les équipages; les princes y conduisaient leurs coursiers, au milieu d'une presse si grande, qu'eux-mêmes, par ordre de police, ne pouvaient rompre le défilé. Le public malicieux prenait plaisir à contempler les assauts d'élégance qui se livraient, à cette occasion, entre les maisons d'Artois et d'Orléans, indices de la rivalité ardente qui devait avoir tant de conséquences. Tout cela avait fini en 1792....
— Cet autre, ce galant à l'allure emphatique, est un de ces déclamateurs de rien, déclarant « qu'il aurait payé de sa vie » l'entretien dont on lui voit la bonne fortune. C'est encore l'*incroyable*, c'est le *charmant* du jour... — Celui-ci debout, avec une raideur germanique, son chapeau sous le bras, une courte badine à la main, ne se mêlant point à la foule pour laquelle il pose comme s'il avait dans sa poche le pistolet de Werther, ce jeune beau qui, en somme, se fait plutôt voir qu'il ne contemple lui-même, est peut-être un de ceux qui succomberont sous la contagion à la mode, comme ce peut-être aussi celui que l'on appelait tout bonnement *le godiche*. Les timides, les inexpérimentés, les débarqués des départements, venus souvent en trois bateaux, formaient, la catégorie de ceux auxquels on appliquait cette épithète ayant cours au Palais-Royal, où les *déesses* du lieu, les filles de boutique, les *Mesdames Angot*, savaient si facilement les circonvenir. En 1807, les trois jeunes et jolies bouquetières de l'endroit, avec leurs jupons violets et leur grand bonnet rond, à la *désespérée* disaient encore, en faisant payer à des messieurs de ce genre sept ou huit fois la valeur d'une fleur : *Ah! que cet homme est godiche!* (*Miroir de Paris*). — Cet autre à la courte et forte charpente, aux larges épaules, à la panse rebondie, qui, au dessous de son frac à l'aise, étale des breloques, et promène en se redressant, la tenant sous le bras, une reine de beauté plus grande que lui, ajustée au dernier goût et avec un luxe écrasant pour ses voisins, représente l'homme d'argent, l'agioteur, le nouveau riche « ayant fait ses premières études au perron du Palais-Royal, » éclaboussant aujourd'hui des camarades moins heureux, réduits à vendre, au même endroit, la liste des jolies femmes de Paris, les bulletins, la liste des numéros sortis de la loterie, les journaux... Sa tenue, ses broderies d'argent annoncent que le cavalier à pied, armé de l'éperon et de la cravache est un de ces commissaires des guerres, jouissant alors d'une réputation d'aussi bonne qualité que celle des agioteurs. Le plumet dont le grand bicorne de cet officier est surmonté n'est nullement d'ordonnance; mais ce ne fut qu'en 1803 que le règlement sur l'uniforme des généraux, officiers, etc., en activité de service ou réformés, vint réprimer les abus de ce genre. Jusqu'alors, à quelque

catégorie qu'ils appartinssent, réformés avec ou sans traitement, ceux qui, rentrés dans la vie civile, se plaisaient à conserver l'habit militaire, le faisaient souvent avec des licences dans le goût de celle-ci. Le port du plumet fut interdit, par le réglement du 1er vendémiaire an XII, à tout officier réformé en uniforme, y compris les généraux, et le port de l'uniforme lui-même fut défendu aux réformés sans traitement, et à ceux ayant donné leur démission. Notre glorieux *riz-pain-sel*, qu'à l'irrégularité de sa tenue on peut tenir pour un officier réformé sans un traitement dont il a probablement conquis le moyen de se passer, est en compagnie de deux amis avec lesquels, d'un pas alerte, il se promène bras dessus, bras dessous. C'est encore un des caractères de l'époque que cette manière d'aller en bandes ; Prud'homme se plaint des jeunes gens qui se tenaient ainsi par cinq ou six dans les promenades, ne s'embarrassant pas de femmes. Ce trio est formé de Parisiens de moyenne condition : ce ne sont pas des élégants à outrance ; à leur physionomie il est facile de voir que ces agiles compagnons, de ceux qui voient tout, colportent tout, doivent préférer aux rêveries sentimentales les *Brunetiana* ; ils marchent dans un nuage de calembours. La galanterie sans affectation a aussi sa place dans ce petit tableau ; elle est représentée par cet homme de stature moyenne qui, la tête découverte, debout, penché sans minauderie vers deux dames assises, semble les entretenir avec la mesure parfaite en usage dans la société véritablement distinguée.

Tous nos jeunes gens, dit le *Journal des dames et des modes* en 1801, sont en frac écourté, de drap gros-bleu, gros-vert, ou brun-foncé, garni de boutons de métal, de forme ronde, tant soit peu bombés; chapeau rond à grand bord, culotte courte, bas blancs, ou pantalon large, bottes *à la russe*, à tige haute. En 1802, selon le *Journal des Débats*, tous les élégants sont en frac, brun foncé ou noir. La forme de ce frac n'a pas changé depuis plusieurs mois ; le collet des habits d'hommes est extraordinairement étroit. Ce ne sont pas seulement les gilets écarlates à liserés d'or, qui ont la partie inférieure taillée en *veste prussienne*; on donne la même forme aux gilets blancs, et ils n'ont, comme les gilets écarlates qu'une rangée de boutons. Les jeunes gens quittent les bottes larges à la *Souvarow* pour prendre des bottes collantes auxquelles s'adapte à volonté un retroussis jaune, verni. « Le *Journal de Paris*, même année, dit de son côté : « Aux pantalons de drap ont succédé des culottes de nankin. La mode des boucles d'argent sur les souliers se généralise ; on les fait ovales ou carrées, à coins arrondis, plus grandes du double qu'elles ne l'étaient il y a trois mois. Les jabots deviennent partie essentielle de la toilette des hommes; ils se plissent toujours à plis ronds. » « Les manchettes, d'après le *Journal des modes*, 1801-1802, tiennent au costume d'étiquette; les jabots sont de la moyenne parure. Le bord des chapeaux s'agrandit tous les jours. Plusieurs jeunes gens portent de très grands *chapeaux-claques* que l'on nomme *à la Vintimille* ; ces chapeaux n'ont que deux cornes; le devant est aussi plat que le derrière, et la calotte, pliée par le milieu, tient si peu de place que l'on dirait deux planches l'une sur l'autre. A ces *chapeaux-*

claques on substitue, un peu plus tard, les *chapeaux-français*, à cornes saillantes que l'on met sous le bras sans les plier et qui, en dedans, sont garnis d'un plumet noir. A ces chapeaux, les élégants riches font mettre une ganse d'acier. » Enfin *le Publiciste*, toujours en 1802, ajoute : « Les couleurs des habits d'hommes sont gros-bleu, noir, tête de nègre, brun foncé, le collet moins haut monté que ci-devant. Les tailles sont toujours étroites et courtes. Les boutons les plus nouveaux sont de soie à neuf carreaux. Les gilets sont blancs, plus longs que de coutume, coupés carrément par le bas, par conséquent, sans basques. Les culottes de nankin sont larges du haut, et justes depuis le genou jusqu'à la jarretière. » Le *Journal des modes* affirme qu'à cette époque on *juponnait* les pantalons, les manches et le collet de l'habit d'un jeune homme, « aujourd'hui on ne juponne plus rien, dit-il en 1812, mais tout se matelasse. »

Les hommes qui ne portaient pas la chevelure en queue étaient tondus à la *Titus*, ou frisés à la *Caracalla*.

L'habit bleu voulait des boutons jaunes. Quant au vert, qui, comme on le sait, était la couleur de la maison du premier consul, il devint de plus en plus la couleur dominante ; en 1811 « les petits-maîtres de Paris ressemblaient à une vaste prairie, » dit le journal de La Mésangère. Il y en avait de toutes les variétés : vert-pré, vert-épinard, vert-pin, vert-saule, vert-chêne, vert d'if, vert-pomme, etc., etc.; quand les boutons de l'habit vert étaient de métal, on les portait surtout blancs. Les bottes étaient cirées à l'œuf, *à l'anglaise*, et ce n'étaient rien moins que des *artistes-décrotteurs!* ouvrant des salons spéciaux, qui accomplissaient cette tâche importante. Le ton militaire était en si grande faveur sous le Consulat que les hommes en bottes étaient reçus partout ; quant aux fers des talons, en forme de fer à cheval, dont elles étaient ornées et dont la mode semblait devoir se perpétuer, une piquante caricature les fit tout d'un coup disparaître en 1811. On y voit un jeune homme arrêté devant la porte d'un maréchal-ferrant, le pied en l'air, paraissant dire à l'artiste expert : « Hé! l'ami, mettez-moi deux ou trois clous, je vous prie, mon fer tombe. » « C'est de la gaieté française, » dit le *Journal des dames et des modes*, applaudissant à cette gaie caricature; ajoutons : c'est le sort de toutes les modes de tomber dans le ridicule, fondé ou non, et de disparaître.

FRANCE

COSTUMES DES HOMMES SUIVANT LA MODE, 1801, 1805.

L'HABILLEMENT SELON LA PROFESSION.

LES *COURSES DU MATIN*; *LA PORTE D'UN RICHE*; (DEBUCOURT, VENTOSE AN 13, 1805.)

Les tableaux ayant pour effet de rapprocher en une action commune des gens de conditions différentes, dans la physionomie desquels le costume a une si large part, offrent par leur nature des sujets d'études comparatives des plus intéressantes pour l'usage véritablement historique du costume. Ces tentatives sont malheureusement restées trop rares, quoiqu'elles fussent plus faciles aux époques des édits somptuaires, des privilèges de castes, des maîtrises et des corporations d'artisans, divisant souvent les groupes avec des particularités fort sensibles, qui se retrouvèrent longtemps dans quelque pièce du costume, quand ce ne fut plus dans son ensemble même.

Pour notre dix-neuvième siècle et dans une société égalitaire où, le choix étant libre, c'est le goût personnel et professionnel des gens qui détermine, pour la plupart, leur physionomie, ce genre d'études est plus compliqué; il exige une observation plus étroite de l'être de l'homme, car depuis la révolution ce n'est plus, comme l'assurait l'ancien aphorisme : « l'habit qui fait l'homme, » mais bien « l'homme qui fait l'habit. » Debucourt, étudiant en quelque sorte sur la limite des deux mondes, gravant en 1787 et 1792 les élégances de la foule hantant le Palais-Royal, et réunissant en 1805 les éléments divers de l'habillement usuel, avait cette double bonne fortune d'artiste, d'avoir rencontré d'abord le spectacle d'une société corrompue, mais d'un pittoresque dont sa pointe spirituelle a fait ressortir la grâce et le charme, puis de retrouver encore quelque peu de ce pittoresque des anciennes formules de la toilette, comme la culotte, la perruque poudrée, l'habit de couleurs variées, et de pouvoir en les mélangeant avec les modes du jour, composer cette foule qui se presse à la porte d'un riche.

L'original du sujet inférieur de notre planche, où l'artiste a groupé une foule de personnages avec une invraisemblance un peu choquante dans sa simultanéité, est une de ces gravures coloriées dont la bourgeoisie de l'époque ornait ses salles à manger.

Le personnel en a été fourni à Debucourt (sauf quelques artisans dont l'industrie se rattache à la toilette) par *l'Almanach perpétuel des pauvres diables*, paru en 1803. Ce recueil donne un état des gens qui, selon son auteur, composent cette classe ; il y comprend : les peintres d'histoire et les musiciens ; les maîtres de langues, de mathématiques, de géographie et d'histoire ; les poètes, depuis le modeste auteur d'une charade et d'un logogriphe, jusqu'à celui qui s'élève à la hauteur d'une tragédie ; les historiens, les romanciers, les compilateurs, les traducteurs..... A l'énumération de ces nécessiteux, il faut joindre les intrigants que de Jouy, *l'Ermite de la chaussée d'Antin*, signalait quelques années plus tard comme encombrant chaque matin l'antichambre du riche. « Les uns se donnent pour d'illustres malheureux, victimes de la Révolution ; d'autres pour des plaideurs de distinction, revendiquant leurs dépouilles détenues par quelque famille puissante. Ici, ce sont des auteurs de découvertes, de martingales, de procédés infaillibles pour gagner à la loterie, qui tous n'ont besoin que de légères avances..... »

On voit avec quel dédain les auteurs du temps, pris d'ailleurs de compassion pour ce *pauvre riche*, confondaient volontiers des nécessiteux plus ou moins respectables avec les purs intrigants, et c'est à ce courant qu'il faut attribuer l'amalgame composant la vague humaine qui vient battre la muraille du riche de 1805.

On est dans la Chaussée-d'Antin, et il est environ dix heures du matin ; car, ainsi que le dit Mairant dans son *Tout Paris en vaudevilles*... Pour voir lever le soleil, chez nous on se lève à dix heures. Quelques hommes ont déjà été reçus et sortent. Il y a quelques perruques de ci-devant, parmi eux. Un jeune homme qu'on entrevoit dans la cage de l'escalier, et qui semble de cette même farine, droit et ferme, s'apprête à monter. La beauté dans sa fleur et parée de toutes les hardiesses de la mode, accompagnée d'un cavalier en carrick élégant, est une solliciteuse qui, d'avance, est sûre de sa victoire. Puis vient à pas lents le poète, vêtu de noir, gouverné en proue par sa forte tête que semble supporter avec quelque peine un corps chétif. Il a dans sa main une *épître dédicatoire*, et en poche *un roman noir sur la vertu récompensée*. Celui qui, le manteau sur l'épaule, un grand carton de documents antiques sous le bras, marche sur le même rang, est le statuaire ou le peintre des grands paravents héroïques. Sa superbe est de celles qui dénoncent l'élève de l'école de David ; du costume grec, porté le col nu et avec la sandale à lanières aux pieds, il ne lui reste plus que la coiffure à l'Antinoüs et le manteau savamment drapé. La dame accompagnée de ses trois enfants, un de chaque côté d'elle, le troisième dans les bras d'une nourrice, est une mère de vingt-cinq à trente ans ; sa robe d'une simplicité recherchée, mais que l'on ne saurait qualifier de sévère, n'est pas faite pour nuire à l'épanouissement de ses formes, dont on peut apprécier toutes les grâces. Cette dame a trop de bon goût pour se faire accompagner par son mari dans ses démarches. Entre la figure de cette mère coiffée en odalisque, et le bonnet de la nourrice fraîche et jolie, on aperçoit la silhouette de l'exploiteur dans le rôle de la niaiserie, l'un des plus commodes pour l'homme fin qui sait abuser de la naïveté pour casser brutalement l'encensoir sur le nez des gens. On plante le haut tricorne de vieux modèle la pointe en avant par dessus les cheveux qui, néanmoins, persistent à paraître sur le front à la paysanne, on dit : *Je demandons*, et quand la détente est trop dure, l'imbécile pousse jusqu'au *Monsigneu* d'Antonio, oubliant et la révolution et l'ascension de l'ex-croquant auquel il s'adresse.

Après, viennent en une nouvelle rangée un musicien, un peintre de chevalet, un architecte. Le *modulator* à la prestance d'un maestro, l'habit bleu à boutons d'or, des breloques, du beau linge, de fins escarpins à boucles ; il est chargé de symphonies concertantes, de duos, de trios, de quatuors ; c'est peut-être un italien de talent auquel il ne manque qu'un éditeur ; peut-être n'a-t-il de son compatriote Cherubini que sa célèbre amabilité. Le peintre qui apporte une toile à vendre, en aidant sa marche sénile d'une haute canne qui semble l'appui-main de son travail, est-il un des fils de ce peintre montré par Jeaurat, ayant passé la bretelle et se mettant lui-même dans les brancards de la charrette à bras avec laquelle il opère son déménagement, c'est-à-dire le transport de son chevalet, de sa femme, de son chien et de son chat, ses élèves poussant le véhicule par derrière ? Éternels nécessiteux vieillissant comme ils ont vécu. N'est-ce pas plutôt, avec son habit d'un tendre vert-pomme, son jabot fourni, ses manchettes plissées, et surtout avec sa tête penchée, juvénile encore sous les rides, un de ces survivants du siècle dernier, attardé de la mode, ayant su adorablement casser les cruches et présenter adroitement les cages désertées, maintenant tout dérouté avec ses minois, fussent-ils toujours chiffonnés avec la même prestesse, au milieu des héros d'Homère ou d'Ossian dont les glaives semblent tirés contre lui. Les choses légères, quand elles seraient les plus gracieuses du monde, n'ont plus de place dans les appartements où l'on dispose des *alcoves à l'étrusque*, comme celle dont le long voisin du vieux peintre, l'architecte armé de ses lunettes, apporte le *plan*, la *coupe*, et l'*élévation*.

La série se complète par une suite de types variés, ébauches d'une certaine indécision. Il y a des jeunes gens et des hommes murs ; un faraud portant le bicorne à la Vintimille, crânement incliné de côté, se projetant en avant du visage ; tel autre, type suranné, est coiffé du tricorne bas des temps passés, posé droit, en homme correct ; cet autre sent son provincial ; celui-ci, sans en avoir le rabat, présente une tête d'abbé ; son voisin, tête nue, n'affecte peut-être pas la jobarderie que son visage annonce, etc., etc. Le plus important de cette kyrielle secondaire, à en croire du moins son attitude, sa tête renversée et portée en saint-sacrement, sa jambe de danseur fermement tendue en avant, c'est celui qui apporte le *recueil de ses valses morales*, dédié aux *amateurs de bals*.

Un trio composé d'un bottier, d'un tailleur avec sa toilette sous le bras, et d'un *costumier intimé*, occupe un coin du tableau où ils se délectent à priduiser un tabac offert par Furet, l'homme portant un tablier de valet de chambre convenant à sa besogne, coquettement coiffé de la perruque poudrée, en habit de soie de ton tendre, vêtement de fantaisie au revers rose, dont l'étoffe est rayée comme le sont ses bas ; chevalier du Printemps de la coulisse, dont le nom est indiqué sur la boîte qu'il tient sous le bras, avec cette mention que Furet, artiste chimiste renommé *pour la toilette, fournit les corsets à ressorts, les bretelles élastiques pour les deux sexes, les maillots pour les faux mollets, toutes choses de son invention*.

L'artiste coiffeur qui part en conduisant son tilbury, n'est pas de ceux qui attendent. Ils prennent chaque jour plus d'importance, dit le *Journal de Paris* du 24 octobre 1805 (1er brumaire an XIV), et depuis que nos dames ne portent plus de poudre, les coiffer est bien plus difficile que jadis ; souvent telle *Titus*, telle *Caracalla*, qui paraît un effet du hasard et de la' nature, où les cheveux semblent disposés avec négligence, sans apprêt, a exigé plus d'une heure de travail et de combinaisons à l'artiste. Ne fait pas qui veut, un *épi* antique ou un *chou* étrusque. Aussi les fameux, ceux qui prennent 12 fr. par cachet, font-ils mettre pour enseigne à leur boutique, non pas *un tel, coiffeur*, mais *école de coiffure antique*. Ce coiffeur qui a dans ses cartons des *coiffures en tondu* pour dames, des *perruques à l'enfant* pour les mères, se dirige vers l'hôtel de Mme Malvina Fricot.

La voiture du financier figure au fond de cette scène. Bonaparte avait rendu aux voitures bourgeoises toute leur liberté et tout leur éclat. Il était devenu à la mode de les décorer d'un écusson, d'un manteau, ou d'un chiffre.

Quant aux affiches que Debucourt a pris soin de rendre lisibles (on les lit à la loupe dans notre réduction), elles donnent bien l'idée de l'*humour* un peu enfantin qui, à cette époque de médiocre liberté, remplaçait la satire et faisait le fond des Brunetiana.

Ces affiches annoncent, en dehors des *ventes après faillite, des remèdes infaillibles, des fantasmagories une fête de nuit*, rue de la Lune ; *un rouge pour le teint*, rue Poupée ; *une maison de prêt*, rue des Juifs ; *une découverte importante*, nouveau cirage pour les bottes ; *une réunion des plaisirs*, bal, concert et feu d'artifice ; glaces ; restaurant chaud et froid ; billards, etc., rue Vuide-Gousset.

Le suite des quinze figures d'hommes, costumés selon les modes successives de 1801 à 1805, qui occupe le haut de la planche, permet, sans entrer dans des détails que ne comporte pas la dimension des figures, d'apprécier la marche constante du costume masculin vers la correction qui fait la règle du vêtement moderne. Le pantalon, tenu très court, commence à y faire son apparition dans le costume de ville élégant.

Ainsi qu'il est dit dans la notice de la pl. AH., France, XVIII° siècle, à propos des Merveilleuses et de l'Incroyable de leur compagnie en 1797, on voit, par les exemples présents, que l'étrangeté du goût qui dirigeait l'Incroyable cherchant dans le costume fashionable les aspects les plus disgracieux, et jusqu'à l'apparence de certaines infirmités, persistait non seulement en 1801 (voir les n°s 1, 3, 4 et même le n° 2, ayant en main le lorgnon avec lequel on simulait la myopie), mais encore en 1803 (voir le faux bossu, n° 9).

Le Journal de Paris montre que cette manie singulière durait encore en 1805. « Un homme à la mode doit avoir le dos *rond* et la figure *carrée*, la vue *basse* et la taille *haute*, la main *courte* et le pied *long*. Qui n'est pas ainsi constitué, s'abandonne aux artistes en crédit; c'est leur affaire; dans deux jours, ils vous font ressembler au grand modèle. (28 novembre 1805.) »

1801. — N°s 1. — Costume d'un jeune homme.
— 2. — Costume paré.
— 3. — Costume du matin.
— 4. — Costume parisien.
— 5. — Mise d'un jeune homme.
1803. — N°s 6. — Costume habillé.
— 7. — Redingote à l'écuyère. Gilet en duvet de cygne.
— 9. — Costume parisien.
— 15. — Costume français, mode anglaise.

1804. — N°s 8. — Capote d'alpaga.
— 10. — Habit brun savoyard, culotte abricot.
— 12. — Costume parisien.
— 13. — Costume négligé d'un jeune homme.
1805. — N°s 11. — Costume parisien.
— 14. — Costume parisien.

Ces figures sont extraites du *Journal des dames et des modes*.

Ouvrages consultés : L'art du XVIII° siècle, Debucourt, par *MM. de Goncourt*. — *La Mésangère*, Journal des dames et des modes. — *Delécluze*, Louis David, son école et son temps, 1855. — *De Jouy*, l'Ermite de la chaussée d'Antin, 1812-1814. — *Prud'homme*, Miroir de l'ancien et du nouveau Paris, 1807. — *Et parmi les feuilles publiques* : Le Journal des Débats ; Le Journal de Paris ; La Semaine ou le Souvenir hebdomadaire ; L'Observateur français.

BT

SUÈDE.

LES LAPONS.

TYPES DE LEURS COSTUMES ET DES OBJETS A LEUR USAGE.
L'HABITATION, LE TRAINEAU, etc.

Avis. Cette notice comporte des exemples qui figurent dans plusieurs planches. — Planche ayant pour signe le Chien de fusil, n°s 13, 14, 15, 16 et 17. — Planche BR, n°s 40, 41, 43, 44, 45, 46 et 47. — Planche BS, n°s 62 et 68. — Tous les n°s de la planche BT.

Nous en donnons ci-dessous la nomenclature complète qui facilitera la consultation et les rapprochements.

N°s 13 et 14. Lapons du Nordlandens norvégien; deux époux. Costumes d'été.

N°s 15, 16 et 17. Femmes de la Laponie suédoise.

N° 40. Homme de Kaitum. Lappmark.

N° 41. L'*akkja*, le bateau de neige, attelé.

N°s 43 et 44. Costume de mariage de Karasjok, dans le Finmark. Le *mossan*, l'homme n° 44 ; la *mossa*, la femme n° 43.

N° 45. La mère s'occupant, dans la tente, de l'enfant au berceau, le *katkem*, suspendu aux solives. Lappmark.

N° 46. Le *Fjäll-lapp*, le Lapon montagnard, armé du *spaggok*, le grand épieu à ours. District de Lule, Lappmark.

N° 47. Une mère portant l'enfant au berceau, et tenant la houlette en forme de bêche, la *klakka* de Arvidsjaur, district de Lule.

N° 62. Le Lapon chaussé des *suksi*, les raquettes ou longs patins. Kaitum.

N° 68. Pipe en métal, dont le tuyau est prolongé par un bout en corne.

N° 96. La *njalla*, le garde-manger des solitudes.

N°s 97 et 98. Le *mjölk-kagge*, tonnelet portatif avec sa cuiller. On y renferme la provision de lait, et, pour suspendre la boîte, on passe un cordon par les deux œillets. Le lait de renne est la base de la nourriture des Lapons. Il y a deux manières de l'assaisonner,

on l'arrange selon la saison ; l'été on le fait cailler et l'on y mélange une sorte d'oseille.

N°s 99, 101, 102 et 104. Gravures des manches de couteau en corne de renne.

N°s 100 et 113. Le *suksi*, et le long bâton du patineur. La raquette mesure 2 m. 76 cent.

N° 106. Le *knif*, le couteau dans sa gaîne.

N° 103. La monture de la *kata*, la tente laponne.

N° 105. La *klakka*, fragment de la houlette en forme de bêche. — Cette pelle en bois est incrustée de corne de renne et gravée des deux côtés. Celui qui est représenté montre un renne; l'autre, au sommet d'un bouleau, un coq de bruyère.

N° 107. Le *qvinno-balte*, la ceinture de femme, avec tout l'appareil pour coudre, une pelote à aiguilles, des poinçons, des ciseaux, etc. Les n°s 110, 111 et 120, complètent cet exemple; l'un est la rondelle ajourée par laquelle passent les cordons de suspension; les autres sont des agrafes qui ferment la ceinture, terminée à l'autre bout par un anneau. Ces agrafes et rondelles sont tantôt en corne de renne gravée, tantôt en métal.

N°s 108 et 123. *Skedars*, petites cuillers en corne de renne. — Elles sont peu creuses; on les sculpte et on les grave.

N° 109. Femme du district de Lule portant le *kladd*, espèce de grand capuce enserrant le visage, maintenu sur la tête par le bonnet noué. On voit la tresse des cheveux qui dépasse.

N° 112. Le *pulke*, traîneau d'hiver, de 1m,42 de longueur, aménagé pour le transport d'un homme et d'un colis : l'un et l'autre s'incorporant en quelque sorte au véhicule par des courroies transversales. Le *kerres*, de même nature, ne reçoit que des marchandises à découvert sous les courroies. Le *lakkeh* est recouvert, hermétiquement fermé.

N° 114. *Orslef*, cure-oreilles en corne de renne de 0m,08 cent. de longueur. Des anneaux métalliques et mobiles y résonnent. La corne est gravée, et ajourée ; on y remarque un cœur. En certains endroits, les Laponnes portent ce cure-oreille dans leurs tresses ; les hommes dans une bourse, ou attaché avec d'autres petits objets.

Nos 115 et 116. *Lerpipa* et *tobaksdosa*, pipe d'une espèce de terre-glaise et blague en forme d'étui en bois, ayant une chaînette pour la suspension, et portant le débourre-pipe. Le porte-pipe, en bois coquettement travaillé s'ouvre comme ceux de la Hollande.

N° 117. Le *kor-kupp*, le bâton du cocher du traîneau, dont il se sert pour gouverner l'unique guide du renne, la faisant passer de la gauche à la droite de l'animal, et *vice-versa* en la soulevant. À l'aide de ce bâton. La partie supérieure est en corne de renne, ornée de quelques gravures.

N° 118. Fille de la Laponie suédoise, dont les cheveux, nattés en une tresse unique, sont, selon la coutume ramenés sur le devant.

N° 119. *Vinter-skor*, bottes d'hiver, dont les cordons s'entrelacent en tresses. Forme tartare, chinoise.

N° 121. *Kokse af bjork*, cuiller à soupe en bois de bouleau ; le manche paré par une applique en corne de renne, ornée de dessins.

N° 122. Lapon du district de Lule.

Le *seite* ou bonnet varie beaucoup ; les noms sont à l'infini, et depuis le *vinter-cautar* en fourrure, allant en se rétrécissant ou, au contraire, en s'évasant, porté dans le district de Lule, on en voit de toutes sortes, les uns mous, la plupart rigides ; en général de forme élevée. *Kulla passe-rare, kulla dem Passe, saivo-uimo, saivo-olmak*, le *haltia*, en forme de vase, le *raralde-olmai*, dont le principe est celui du *Rodien*. Il y a des *seitars* de tous les caractères ; beaucoup ont la signification de certaines affiliations religieuses, comme le turban des Orientaux ; les *raralde-leib* ou *tjatse olmak*, les *biagga-gallas*, etc., dont nous ne pouvons d'ailleurs donner que les noms, sont signalés comme ayant particulièrement ce sens.

N° 124. *Peningpungar*, porte-monnaie en forme de bourse se suspendant comme une aumônière, et s'ouvrant par des cordons de tirage ; en cuir brodé de soie, mesurant environ cinq centimètres. Au lieu de les suspendre à la ceinture, ces petites bourses, brodées en étain et munies de longs cordons, étaient selon la mode ancienne, suspendues au cou. Le Lapon ne porte que très peu d'argent sur lui ; son trésor est enterré dans un endroit connu de lui seul. S'il meurt sans en avoir révélé le secret, le trésor est presque toujours perdu pour les héritiers.

N° 125. *Sommar skor*, bottes d'été, avec les longs cordons qui s'enroulent au-dessus du cou-de-pied.

N° 126. Bague en argent doré, avec les petits anneaux mobiles qui font bruire le bijou, selon le goût asiatique.

Les tribus laponnes occupent les parties les plus septentrionales de la péninsule scandinave, terre ingrate, couverte de neige pendant neuf mois de l'année ; la chaleur y est excessive en juillet et août. Pendant six semaines le soleil ne se couche pas. Les aurores boréales sont fréquentes, et de nature à frapper vivement les imaginations. L'hiver est rude, la température moyenne descendant à vingt degrés centigrades de froid.

Les Lapons, pour la plupart, se livrent à la chasse et à la pêche. Forcément nomades, vivant, en général, sous la tente, ils offrent, en Europe, le dernier exemple de populations menant une existence quasi sauvage, qui se rapproche de celles de leurs ancêtres des âges de la pierre et du bronze. Il y a cinquante ans à peine, couramment, on rencontrait encore aux mains du Lapon des pointes d'épieu et des grattoirs en schiste et en silex. Les archéologues du nord ont dû créer, au sujet de ce peuple retardataire, un âge spécial de la pierre, dit « de la pierre arctique. »

La curiosité dont ces peuples sont l'objet depuis qu'on les connaît, s'est singulièrement ravivée de nos jours; les données de ces derniers temps ne signalent plus le nomade Lapon, comme un autochtone, repoussé des bords de la Baltique vers les zones glacées; on croit reconnaître que les peuplades laponnes chassées du continent européen, se seraient réfugiées dans les contrées qu'elles occupent aujourd'hui.

Les Lapons, premiers occupants de ce continent, seraient de ces gens issus de la race jaune, à la face mongolique, à la taille exiguë, les « nains » dont on retrouve les traces dans l'ancien et le nouveau monde, et qui, à des époques que nul ne peut mesurer, ont marqué leurs stationnements sur tant de points divers par l'érection des pierres levées, des monolithes juxtaposés sans ciment ni lien d'aucune sorte, et demeurés en équilibre : monuments que, par le fait de leur dispersion et de leur antériorité, il ne conviendrait plus d'appeler druidiques, les druides ne pouvant en avoir fait usage qu'en les trouvant établis. (M. A. de Gobineau, *Essai sur l'inégalité des races humaines*.)

L'homme qui paraît avoir été le plus ancien habitant de ces contrées, est le Fenne ou Finnois dit « de la Baltique », le *Zoumi*, ou Scythe d'Europe. Le Lapon, que dans leurs grandes classifications les naturalistes font provenir d'une souche commune, la famille finnoise, ouralienne ou *tchoude*, diffère sensiblement du Finnois pur. Au lieu de la chevelure blonde, rougeâtre ou entièrement rouge du Finnois, le Lapon a la chevelure noire, et de plus il est reconnu que ce n'est pas au climat qu'il faut attribuer l'exiguïté générale de la taille des Lapons. Le Finnois des mêmes contrées, le Norvégien, le Suédois, y vivant dans des conditions analogues, ne perdent rien de leur stature, tandis que les gens de la race trapue, comme les *quâmes* ou *quaners*, dont la tribu peuple en grande partie la Laponie norvégienne, sont d'une taille encore moindre que celle de leurs pères. Ce n'est point qu'il n'y ait des Lapons de stature élevée; M. X. Marmier avait pour guide un Lapon haut de six pieds « ferme et droit comme un pin; » mais ces hommes sont tellement rares parmi eux, dit M. Léopold de Buch, que sur plusieurs centaines d'individus on en voit à peine qui aient cinq pieds quatre pouces.

La plupart des Lapons habitent la tente; certains d'entre eux se font des huttes. Les *Graanlaper*, littéralement Lapons de sapin, sont ceux qui vivent, particulièrement dans les parties boisées, sous des huttes faites en planches. Sédentaires, ils cultivent la terre. Souvent il leur suffit d'arbres pour construire leur édifice; le toit est fait de branches, d'écorces de bouleau cuites et pliées, parfois recouvertes de peaux, de cuirs tannés, et même de gazon sec. Lorsqu'on décampe, ces demeures restent à la disposition de qui les veut occuper.

Dans les grandes rigueurs de l'hiver, lorsque rôdent les loups rassemblés, le Graanlaper déserte la hutte pour se jucher dans les arbres mêmes; c'est un véritable nid qu'il y construit, choisissant pour cela des troncs rapprochés, et passant de fortes perches dans la bifurcation des branches. De ce perchoir, l'homme regarde la neige s'amonceler. Le Lapon cependant, au milieu des privations de toute espèce qui sembleraient devoir assombrir sa vie, conserve un *haumour*, qui l'a toujours préservé de la consomption qui, pendant si longtemps a fait de profonds ravages chez le Suédois, surtout celui des villes ; sa gaieté à peu près inaltérable, véritable trait de race, se communique jusqu'à son chien, le spitz aux oreilles pointues, à l'œil éveillé, au poil long, touffu, à la queue frétillante.

Le Lapon côtier, le Lapon montagnard, le Lapon nomade vivent sous la tente, mais avec la plus grande instabilité. Leur petite troupe, ordinairement de quatre ou cinq familles, se transporte continuellement d'un point à un autre, où, sans titre ni contrat, la seule prise de possession du sol suffisant, la tribu vivra un temps indéterminé, sans aucune contestation, avec son voisin. On sait de chaque côté ce qu'il faut d'espace pour la vie du troupeau et les limites nécessaires sont toujours respectées.

Ces mœurs semblent une survivance de cet ancien âge, appelé « d'or » par les mythologues. Dans la tribu laponne, organisée comme le clan écossais, le chef est en quelque sorte le père de tous. Lorsque deux familles, ce qui est fréquent, occupent la même hutte, la *boume guatte*, le foyer, la batterie de cuisine, sont en commun. Les rapports sont généralement des plus cordiaux ; les désaccords, les disputes, très rares.

Le n° 103 représente la charpente en bois de bouleau de la tente laponne, la *kata*. Le drap qu'on y tend pour l'envelopper est en deux parties jointes ensemble par des fiches de bois. L'hiver, c'est une sorte de feutre imperméable, résistant, de couleur sombre ; l'été on se contente de grosse serge. Le haut reste ouvert pour le dégagement de la fumée.

Pour établir sa tente d'hiver, le montagnard commence par écarter la neige qui, repoussée, devient une sorte de muraille circulaire entourant l'habitation. On y enfonce les pieux de fondation qui, s'infléchissant par paire, forment vers le haut une courbe conique maintenue par de la corde ; à leur sommet ces pieux sont reliés par une solive qui les soutient, et dont les bouts dépassant reposent sur une fourche formée par l'entrecroisement de deux longs pieux. Ces deux forts pieux, écartés par le bas, et obliqués des deux côtés pour joindre le sommet de manière à établir des contreforts puissants, défient la tempête, et assurent l'édifice contre tout dévers. L'étoffe tendue sur toute la charpente en complète la solidarité.

La porte est faite d'un pan d'étoffe, que des traverses placées en forme d'échelons maintiennent assez rigide ; elle est coupée en forme de pyramide. Le haut est fixé à la tente par un morceau de cuir ; les côtés s'appuient sur quelques légers bâtons qui, fixés dans le sol, forment comme les deux montants de la porte. La porte est si basse que le Lapon, tout petit qu'il est, ne peut la franchir qu'en se baissant.

La kata a ordinairement six pieds de hauteur, une largeur de seize à dix-huit pieds. Le fourneau qui se trouve au milieu, au-dessous du trou de fumée, consiste en un cercle de petites pierres recueillies sur place. Le chaudron est suspendu au-dessus de l'âtre par une crémaillère dont la chaîne est fixée à la solive supérieure. L'échelle, indispensable pour monter au haut de la tente, d'un emploi journalier, mais embarrassante, se loge à une hauteur intermédiaire ; on la hisse comme on la descend, au moyen d'une corde qui y demeure fixée, et passe par-dessus la haute solive faisant office de poulie ; des traverses la maintiennent dans une position horizontale. Le Lapon n'éteint point le feu de sa tente ; le foyer est seulement modéré pour les heures de sommeil, et comme, alors, la fumée est moins intense, on monte rétrécir l'issue de celle-ci avec une planche. Dans les ouragans de neige, il faut encore recourir à l'échelle.

Les gens s'accroupissent en rond sur des peaux de renne autour du foyer ; c'est ainsi que la famille mange. Chacun, du bout du couteau (les Lapons n'emploient pas de fourchettes), pique au plat un morceau de viande, qu'il trempe dans la graisse écumée de la marmite, puisant de temps en temps une cuillerée du bouillon qu'on y laisse. Chaque convive, lorsqu'il a soif, quitte sa place pour aller boire à la sébille de bois.

Pour le coucher, également disposé sur des peaux de renne, les places sont réglées. Le mari et la femme occupent le fond de la tente, en face de l'entrée. Cet endroit, le plus honorable se nomme *bashiv-kiaeshia* ; les enfants couchent dans le *kask-loido*, la partie du milieu, près du foyer ; les domestiques du côté de l'entrée.

Tout ce qui peut être suspendu l'est à des traverses assez peu élevées et assez nombreuses pour qu'en général, sauf dans le milieu de la tente, il soit difficile de s'y tenir debout. On accroche à ces traverses des peaux de renne, des poteries, des ustensiles de ménage, des pièces de venaison, des poissons fumés ; au milieu de lambeaux de vêtements de toutes sortes, les bottes s'y balancent. On y suspend aussi le berceau de l'enfant, le *kalkem*, pour lequel la mère n'a pas trop de coquetteries.

Ce berceau, de forme ovale, élégamment allongée en pointe, ressemble assez à un sabot. On le fait de diverses matières légères, le plus généralement on y emploie des racines flexibles, tressées comme notre osier ; l'intérieur est tapissé de mousse et de duvet ; les bords sont garnis de fourrures de martre, d'écureuil bleu, de loup blanc, dont on assortit coquettement les nuances.

L'enfant est enfoui sans langes dans ce nid, les jambes à l'abri : enveloppé de toutes parts, retenu par des liens délicats, il n'en saurait tomber. La mère porte le berceau partout où il lui faut aller. Elle le tient accroché par une bretelle sur son dos, de manière à laisser ses mains libres. A chaque mouvement, le berceau étant orné de plaquettes et d'anneaux passés au bout de chaînettes de laiton, plaques, anneaux et chaînettes résonnent. Dans la tente on attache encore au katkem suspendu les emblèmes de la vie et ceux des travaux futurs, de petits arcs, des flèches microscopiques ; les rames et les filets du pêcheur, et, si c'est un garçon, des cornes de renne ; ou bien si c'est une fille, les pieds et les ailes, également blancs, du lagopède, symbole de la diligence et de la pureté que l'on doit toujours trouver chez la femme.

La mère porte longtemps le berceau ; quand l'enfant est assez grand pour n'y être plus ficelé comme une petite momie, il s'y tient assis, y commençant, en quelque sorte, l'apprentissage du traîneau. Que ne voit-on pas encore dans la tente d'hiver, depuis l'eau de neige dans son vase de cuivre, depuis les tonneaux de lait caillé du renne, jusqu'à la petite hache indispensable pour briser le glaçon, lorsque ce lait, ce qui le rend meilleur, est gelé, etc., etc. !

sans compter ce qu'on n'y saurait voir, comme, par exemple, le tambour runique, qu'on y cache et qu'en général toute grande famille garde encore dans le réduit le plus secret de son habitation, avec un soin extrême. Ce tambour n'est visible que lorsqu'on le consulte, ce que tout bon Lapon ne manque jamais de faire avant de se mettre en route pour la pêche, la chasse, ou pour toute entreprise de quelque importance. C'est le guide et le conseil dans toutes les occasions extraordinaires, la maladie, une mortalité parmi les bestiaux, etc.

La surface de ce tambour est tendue à l'ordinaire; le bois qui le cercle est chargé d'une suite d'anneaux de cuivre si rapprochés qu'ils résonnent au moindre choc. La peau est couverte de caractères peints, d'animaux mystiques formant de nombreux symboles.

Pour la consultation, on pose sur la peau un anneau libre, et d'un coup sec du petit marteau fait d'une corne de renne, on le fait vibrer. L'anneau se déplace; selon la direction qu'il prend le présage est bon ou mauvais; c'est un oracle infaillible. On peut, dit M. Leouzon le Duc, regarder le tambour runique comme un abrégé de tout ce qu'offre la croyance des anciens Lapons.

La sorcellerie et la magie, parties en quelque sorte du culte aux temps païens, ne sont point faciles à déloger de la Laponie. Les Lapons croient à leur puissance; on ne peut les détourner de recourir à leur efficacité. Le missionnaire chrétien passe bien de temps à autre dans la tente: lorsqu'il y couche on ne manque pas de lui céder la place d'honneur, mais le Lapon est-il malade, ses animaux lui donnent-ils quelque inquiétude, on appelle le *biétaja*, le mage ou sorcier, le *puojumala*, le demi-dieu, le *noaaid*, l'homme de la bonne aventure, l'unique médecin du maître et du troupeau, apportant le vieux tambour runique légué par toute une lignée de magiciens (plus le tambour est vieux, mieux il vaut), sans compter les fameuses et terribles mouches ganiques renfermées dans une boîte, et que personne n'a jamais vues. Ce sont des sacrifices sur sacrifices, dont le renne, que l'on mange, fait les frais. Le sorcier se repaît, s'enivre, fume; il grimace et hurle hideusement. Pour peu que les alarmes durent, qu'il faille renouveler les immolations, il arrive que le Lapon se trouve entièrement ruiné, dépouillé du dernier animal de son troupeau. L'échec ne le dissuadera pas; s'il lui restait encore quelques ressources, immanquablement il les emploierait pour s'adresser à un autre magicien. On peut supposer que le dernier Lapon verra encore passer dans la fumée de sa pipe la sorcière à califourchon sur un manche à balai ou sur un os de tibia, chevauchant vers le prince de Blakulla, le satan de la « *colline bleue* » auquel le « main jaune » attribue la face blanche du Germain, en l'affublant maintenant, dit-on de l'habit noir des civilisés.

Ces traces d'ironie rancunière s'affirmaient hier encore par de certains *runots*, comme ceux qui redisaient cette histoire fantastique du temps des Eddas, dans laquelle un homme de la race trapue, astucieux et brave, triomphe de l'homme grand, fort et bien armé « c'est-à-dire du Scandinave, personnifié par le géant monstrueux Stallo. » Le pêcheur lapon et son trophée, la tête coupée du géant, ont égayé pendant des siècles les veillées de la tente.

Le Lapon s'est d'ailleurs fait un paradis si lapon, qu'un peu plus on pourrait supposer qu'il s'en réserve un emploi exclusif. Semblable en ceci aux Esquimaux qui vivent dans des conditions analogues, le lieu de la délectation n'est point pour lui le ciel. Pour le Lapon le séjour des bienheureux, de ceux qui ont accompli des actions grandes, héroïques, est dans le monde souterrain; il y fait chaud, le gibier y est abondant. La femme, croyance d'une touchante sensibilité, la femme morte en couches y va tout droit.

Les Lapons montagnards ou côtiers ont l'habitude d'établir à quelque distance de la tente une petite cabane, juchée à une certaine distance du sol, composée d'un plancher de traverses et d'une toiture de branchages soutenus par des pieux; c'est un magasin et un garde-manger, appelé *njalla*. On y met des peaux de renne, des ustensiles de ménage qui ne sont point d'un besoin journalier, des vivres. Les côtiers placent cette réserve près de leur domicile, les montagnards dans les bois. La *njalla* établie dans les solitudes y rend de touchants services; elle est à la disposition de quiconque a besoin d'y recourir. Le n° 96 représente ce garde-manger; le tronc d'arbre qui porte la petite cabane bien close est poli, rendu glissant, pour empêcher les fauves d'y grimper. Le passant n'a qu'à dresser l'échelle qui est au pied, la couchant lorsqu'il s'éloigne. Qui a des vivres, en met; qui en a besoin, en prend.

Le renne, au corps gros, bas et trapu, aux jambes courtes et massives, dont le pied est large, le poil épais, fauve et rude, joue un grand rôle dans la vie du Lapon. On se nourrit de son lait et de sa chair; on s'habille de sa peau; on tire de ses nerfs un fil solide avec lequel on coud; de son bois on fabrique toutes sortes de menus objets; on l'attelle ou on l'emploie comme une bête de somme, que l'on charge légèrement, avec précaution, en couvrant ses reins d'une housse, et en mettant les paquets dans des caisses étroites placées le long des flancs de l'animal. Souvent le renne docile porte ainsi deux ou trois enfants dans leurs berceaux. On le mène en file, un Lapon guidant par un licou le premier de la bande, auquel le second est attaché, et ainsi de suite, comme en usent les Arabes avec leurs chameaux. C'est le renne qui transporte la tente avec son bagage.

Le renne que l'on attelle est, de préférence, issu du renne sauvage. Dans la saison du rut, on lâche les femelles privées à travers les bois; elles en reviennent avec des produits robustes, plus vigoureux que les autres, que l'on emploie après la castration, le renne entier étant intraitable. Les Lapons prennent le renne au *lazzo* avec l'adresse des Gauchos; même pour la traire, la femelle choisie au milieu du troupeau est capturée ainsi, muselée par le cordon.

Le traîneau, le *pulka* d'hiver, de son nom particulier l'*akkja*, le bateau de neige, est fait de minces planches de sapin, jointes de façon à ce que l'eau n'y pénètre pas. Ainsi que pour leurs barques légères, les Lapons ne s'y servent pas de clous, mais tiennent les pièces réunies par des liens d'un bois flexible, tordus comme des cordes de chanvre; parfois les ais sont cousus comme des étoffes, avec des cordelettes en fibres de renne.

L'akkja, long de dix pieds, large de deux environ, a la quille d'une pirogue, amincie pour sillonner la neige; c'est un patin dont l'équilibre est fort instable, difficile à maintenir; et, quoique le renne attelé ne coure véritablement jamais (sa vitesse est de deux à trois lieues à l'heure), vu son trot sec, brusque et soutenu, il faut au traîneau un conducteur expérimenté. Quelque habile qu'il soit, d'ailleurs, on chavire souvent, mais les chutes sont sans danger.

Le harnachement ordinaire du renne attelé est des plus simples ; son collier de tirage supporte un seul trait qui, en avant comme en arrière, passe entre les jambes de l'animal, et est attaché à la proue du traîneau. On conduit avec une seule guide, une corde qui, de la corne gauche, est rejetée tantôt sur le flanc droit, tantôt sur le gauche. Pour cette évolution de la guide le cocher se sert d'un court bâton, le *kor-kapp*, n° 117. La difficulté consiste à empêcher les écarts de l'animal ; il faut toujours être en mesure d'opposer une résistance égale à sa force ; c'est un éveil constant ; à la moindre erreur, au moindre heurt, le traîneau se retourne. La culbute est même parfois un expédient ; quand le renne mal disposé lance des ruades, le conducteur fait lui-même chavirer le traîneau.

Ce que l'on peut appeler la toilette du renne attelé, se compose d'une pièce de cuir s'ajoutant au collier de tirage, et couvrant largement le garrot. Cette pièce se trouve au n° 41 ; elle est frangée tout autour de laines de diverses couleurs. Les parures les plus riches de ce genre sont en cuir rouge brodé de dessins en fils d'étain, et frangées comme ci-dessus ; on y ajoute une grappe de clochettes qui pend au cou, et produit un son argentin. Le renne qui a traîné l'ours tué, partage la gloire du chasseur ; et, de même qu'on coud au vêtement de l'homme une petite croix d'étoffe en souvenir du trophée, on suspend une croix pareille au cou de l'animal. Autant d'ours tués, autant de ces croix, que l'homme porte en outre, suprême honneur, en fils de métal à son bonnet.

Lorsque, en temps de neige, le Lapon veut faire une course rapide, ce n'est point de son traîneau qu'il se sert ; il chausse ses *suksi*, les longs patins, et prend le haut bâton indispensable pour l'impulsion à leur donner, surtout en gravissant les côtes. Comme il a éprouvé que plus les raquettes sont grandes, plus la vitesse est certaine, les patins qu'il emploie sont parfois deux fois plus longs que l'homme.

Le *suksi* est une planche de bouleau large de six pouces, longue de 2 mètres à $2^m,50$ et plus, un peu relevée à son extrémité antérieure. Cette planche assez épaisse et taillée en biseau par dessous forme une étroite semelle, garnie d'une peau de renne à laquelle on laisse son poil. Ce poil, mis dans le sens de la marche, laisse glisser facilement le suksi dans la marche en avant, mais aussi, par la rudesse de son contre-sens, et quelle que soit la rapidité imprimée au patin lancé, même sur un terrain en pente où cette rapidité devient vertigineuse, il permet, par la résistance du rebrousse-poil, à l'homme, évoluant du talon, en une simple demi-volte, de s'arrêter net, immobile, au bord d'un précipice.

On chausse le suksi en passant le pied dans les brides d'une sandale dont la semelle de cuir est fixée sur la planche (voir, n° 62). Le Lapon en marche porte le bâton à pique d'épieu, utile pour les mauvaises rencontres, l'ours, le loup, le glouton. Les n° 109 et 113 représentent le patin isolé, et le bâton nécessaire pour le gouverner.

Le Lapon, vivant de chair, buvant de l'huile de phoque et de baleine, activant outre mesure les fonctions de ses poumons afin de produire la somme de calorique nécessaire pour résister à une froidure excessive, possède un thorax énorme, une grande énergie musculaire, une charpente osseuse très prononcée en égard à sa petite taille, des jambes courtes, des bras longs. Il a les pommettes saillantes et les yeux obliques du Mongol; il en a aussi le teint jaunâtre, moins rembruni qu'il ne le paraît cependant, par suite du séjour dans la tente toujours enfumée. Les cheveux sont raides et noirs; la barbe peu fournie, en petites touffes. La race est d'une remarquable agilité : sur les patins à neige, un Lapon atteint à la course le loup et le renard. Ces tributaires de la Suède n'ont point de politique commune. Pêcheurs, chasseurs, pasteurs, ils ont tous besoin de grands espaces pour assurer leurs moyens d'existence; chaque famille reste donc isolée des autres, absorbée par ses occupations. Ces épaves du monde préhistorique sont donc un peuple qui n'a aucune espèce d'histoire dans les sociétés modernes. On a vu que le Lapon est foncièrement gai; est-il besoin de rappeler l'amour qu'il a pour un pays où la vie est si dure, et loin duquel il lui est impossible de vivre?

Le Lapon se préserve des rigueurs de la température par un système de clôture hermétique, s'enveloppant de doubles et triples vêtements où la fourrure et la laine se combinent de façon à ne point admettre l'air extérieur, et à concentrer autour du corps le calorique qui s'en dégage. A quelques coiffures près, l'homme et la femme portent les mêmes costumes, et l'on ne sait pourquoi la *kapte* des hommes, s'appelle *vuolpo* pour les femmes. Les uns et les autres portent également la botte-pantalon, en deux tiges indépendantes qui s'arrêtent à mi-cuisse quand elles ne montent pas jusqu'aux hanches, et que l'on met par-dessus deux autres chaussures; les deux sexes font usage de la même blouse, et endossent la même pelisse; également encore les petites pièces de vêtement intime, les espèces de corps de fichu en laine, posés sur les épaules, tombant court par devant, serrés sur la poitrine par un double cordon qu'on y noue et qui vient du dos, et cette autre enveloppe qui prend le torse par-dessous les bras et l'enferme comme dans un étui. Toutes ces petites pièces sont d'un usage commun, la lingerie étant généralement invisible, par la bonne raison que bien peu en usent. Les gants, n'ayant d'autre division que celle du pouce, couvrent les mains féminines comme les autres, les mêmes bottes chaussent tous les pieds. Il nous reste à passer la revue de nos figures.

Les n°s 13 et 14 sont des époux lapons du Finmark; leur costume de laine indique la saison d'été : on y voit des cravates blanches, qui paraissent de la lingerie, ce qui est rare. Tous deux portent une blouse de même coupe, ne différant que par la couleur. Cependant celle de l'homme a un collet droit que l'on ne voit pas à l'autre. Sur les deux, par une disposition de bandes d'applique particulière, on voit se dessiner comme un grand collet rabattu à la marinière; ce collet n'est que figuré. La femme porte une coiffure que le bonnet à cimier de la mariée de Karasjok, n° 43, fera mieux comprendre; celui-ci ne cache pas entièrement les cheveux comme l'autre ni comme l'islandais du même genre. A la ceinture de la taille, en tissu rose, finement brodée en noir, s'attache une autre ceinture en châtelaine, d'où pendent des cordons portant quelques ustensiles de la ménagère. Les chaussures sont de très fines bottines en peau conservant son poil : leur forme en pointe élégante est asiatique, et plutôt persane, indienne, que chinoise ; les cordons qui serrent les tiges de ces bottines sur le bas de la jambe sont des tresses à dessins d'une couleur unique. Les chaussures de l'homme sont exactement du même caractère ; la ceinture également. Quant au bonnet haut, c'est absolument le bonnet carré du Polonais ; voir à ce sujet la façon dont on le soutient, n° 44.

Le n° 15, est un exemple de la façon de s'accroupir, tout orientale, et de la facilité des mouvements que les Lapons conservent dans cette position ; cette femme puise quelque aliment pour la coupe qu'elle tient d'une main. Peut-être est-ce du café, la boisson favorite des dames laponnes ; elle ne s'occupe pas de préparations culinaires ; c'est le maître qui s'en charge, en général ; les femmes sont assez surchargées pour qu'on les dispense de ce souci.

Ce sont elles qui taillent et cousent les habits, qui confectionnent les souliers et les gants. Elles fabriquent le harnais des rennes, le collier, les selles, les traits. Elles préparent les nerfs du renne, les nettoient, les font sécher, les divisent, et les filent comme le lin, les trempant dans l'huile de poisson, pour les rendre plus souples, moins cassants. La laine des brebis, le poil des lièvres blancs, c'est encore elles qui les filent et les tissent pour en faire des bonnets chauds, soyeux et doux comme le duvet des cygnes. Les rubans avec broderies et dessins dans la trame, elles les font sur un métier en os, sans compter le fil d'étain qui joue un si grand rôle dans les parures laponnes, et qu'elles ont l'adresse et la patience de tréfiler en le faisant passer successivement dans des trous de diverses dimensions pratiqués dans la corne, puis de l'évider de façon à ce qu'il reçoive le nerf qu'il doit revêtir. Alors naissent sous leur aiguille et sur les vêtements de fête, sur les gants, les souliers, comme sur le harnais du renne, les arabesques, les dessins géométriques, des étoiles, des fleurs, des oiseaux, des quadrupèdes, et principalement des rennes. Çà et là, au milieu des broderies, on sème de petits morceaux d'étain, aplatis avec le marteau, paillettes qui reluisent et miroitent.

Les Laponnes ne brodent jamais sur la peau ayant conservé son poil ; elles y font des compartiments avec des morceaux de laine, de coupes et de couleurs différentes.

Les n°s 16 et 17, sont deux autres femmes de la Laponie suédoise, à propos desquelles il est inutile d'insister ; le *silfverkrage* (voir n° 45) avec sa garniture en orfèvrerie est ici fort compréhensible. La ceinture de la mère est chargée de tout l'attirail ordinaire. Cette femme porte le berceau de son enfant, assez grand pour y être assis ; de sa main libre, elle soutient sa pipe ; ses gants sont attachés à ce poignet dégagé et pendent de chaque côté du bras.

Les ornements en argent doré la plupart du temps, sont d'un goût si répandu en Laponie, que les orfèvres y sont payés des prix énormes. Très fréquentes sont les ceintures d'argent, divisées en plaques que l'on fixe sur le ruban de laine, et qui se suivent en l'avoisinant au plus près, de manière à en conserver la souplesse, ou bien encore en plaques à charnières. Le n° 4 et particulièrement le n° 13, de type très ancien, de la pl. de bijouterie BQ, sont de ces genres usités en Laponie; le dernier, avec ses petits anneaux pendants, et il est fort possible que les Norvégiens aient emprunté ce type aux Lapons.

On ne saurait douter que les Lapons, si singulièrement adroits à sculpter le bois et la corne, à les décorer si finement et avec tant de mesure, donnant à leurs cuillers, leurs boucles, leurs manches de couteaux, etc., des formes si souvent charmantes, parfois d'une si véritable élégance, n'aient un goût beaucoup plus sûr que le paysan norvégien. Les broderies des femmes, seules, les rapprochent sous ce rapport.

Le Lapon de Kaitum, n° 40, est en costume d'été. Bourse de laine à collet, comprimée bas par une ceinture où pendent la blouse, et quelques menus objets. Le haut de la blouse, largement étoffée, déborde par-dessus la ceinture, et ce qui est dedans fait bouffer le vêtement, car le Lapon en fait un véritable magasin; il y fourre toutes sortes de choses, le briquet, le porte-pipe, la blague à tabac, son couteau, du fromage et autres provisions. La femme remplit cette partie de sa blouse de ses seins épandus. Cependant sa ceinture est placée plus haut, et c'est cette ceinture qui porte tout l'attirail de la ménagère, comme on l'a vu du *gvinno-balte*, n° 107. Les bonnets sont les mêmes, de forme conique.

Les n°s 43 et 44, la fille et le garçon de Karasjok en costumes de mariage appartiennent à des régions où l'homme est obligé de faire un usage si ordinaire de la pelisse d'ours, que l'on désigne le Lapon de ces altitudes *l'ours blanc*, renversant ainsi cet autre dicton qui fait appeler l'ours, *le Lapon à la pelisse*. Dans cette tenue nuptiale, il se trouve que, contrairement à ce que l'on voit chez nous, c'est l'homme qui est en blanc, et il est bien en effet un ours par excellence, avec ses gros gants, boutonnés au vêtement pour ne point échapper, et cette pelisse dont l'épaisseur empêche les plis, faisant un paquet informe, malgré la ceinture de cuir, et le collet qui ne peut s'y dessiner. Les souliers sont relevés à la chinoise. Le bonnet de laine et fourrure est d'une forme qui le rapproche du bonnet carré polonais; pour assurer sa rigidité on porte dans cet édifice un petit coussin, indépendant de la coiffure même. L'ouverture de la pelisse est fermée par un cordon. Le collet et les poignets sont ornés de quelques passements en laine rouge.

La fille est affublée dans le même genre, mais sa pelisse brune est en peau de renne; la décoration sommaire de ce vêtement est du même genre que celle de la pelisse d'ours; les gants épais sont blancs; la ceinture est de laine de couleurs diverses; le soulier a aussi la forme chinoise. Le bonnet, ayant la figure d'un casque surmonté du cimier, cache entièrement la chevelure; la coiffe et la crête sont en laine; c'est une variante de la coiffure islandaise portée par la fille de Reykiarik, n° 48. La *brud* de Karasjok tient en main un livre d'offices, ce qui donne à supposer qu'elle sait lire: le *brudgom* n'en porte pas, ce qui peut vouloir dire qu'il ne le sait pas.

Le n° 45 est une mère de la Laponie suédoise s'occupant du berceau suspendu dans la tente. Sa blouse de laine est assez largement ouverte sur la poitrine, découvrant les bords du *silfverkrage*, espèce de faux col droit, à corps de fichu, noir, aux bords richement décorés de broderies métalliques, dont on fait montre en laissant la blouse ouverte, et en faisant épouser au vêtement de dessous la forme de l'ouverture; c'est ce col, brodé de fil d'étain, ou même de fil d'or dans le tour du cou, dont nous avons parlé ci-dessus. Le bonnet de cette femme n'a point la forme conique de celui de Kaitum; il est haut, d'une certaine rigidité; le renfoncement qu'on lui imprime lui donne par devant l'aspect d'une spatule. Le costume est d'été, le vêtement en laine.

Le n° 46 est le Lapon chasseur, armé du grand épieu, dont il paraît porter le fourreau sur son dos. Selon la loi de la superposition indiquée, il a mis par-dessus la blouse de laine une autre blouse un peu plus courte, serrée sur l'antre par une ceinture; toutefois le bonnet de feutre à haute forme et les bottes, dites d'été, annoncent que ce costume n'est que celui de la demi-saison. Les proportions de ce Lapon du district de Lule sont à observer: c'est un portrait fait d'après nature, un Fjall-Lapp, *mossan* Peter Olof Amundsson Lauta.

Le n° 47, Eva Brita Mulka, est une *mossa* dont le costume est de la même époque de l'année, et dont, probablement, le portrait a été fait en même temps. Sa pelisse est beaucoup plus longue que la blouse du chasseur; le berceau de l'enfant est aussi d'une autre forme que le katkem suspendu, c'est presque comme un petit tonneau, où l'enfant est enfoui, sauf la tête, et ligaturé avec profusion. L'instrument que cette femme tient des deux mains est la *klakka* dans son entier, dont le n° 105 ne représente que la partie supérieure.

Le n° 62 représente le Lapon du Lappmark dans son costume d'hiver, et en pleine activité. La pelisse, au poil en dedans, est assez courte; l'homme qui mène le patin de neige a besoin d'être alerte. La pelisse, fendue latéralement à partir des hanches, ne fatigue pas les jambes. Le pantalon est de peau, les bottines, fortement serrées par le cordon en tresses enroulé de manière à former une jambière, la casquette de peau d'ours protégeant le cou, ne laissant à l'air que ce qu'il en faut pour voir et respirer; les gros gants qui sont de ceux que l'on attache derrière l'épaule et qui ne sauraient tomber, complètent ce costume. Les peaux sont principalement celles du renne.

Les fourrures préférées sont celles des petits rennes, tués au moment où, le premier duvet tombé, un poil noir, épais, soyeux, maniable et délicat, le remplace; on en fait les mitaines et les bottes d'hiver montant jusqu'au milieu des cuisses et bourrées de foin bien séché d'une sorte d'herbe mince, longue, particulière à la Laponie.

BR

SUÈDE

SUÈDE, ISLANDE ET LAPONIE.

COSTUMES ET USAGES POPULAIRES.

Voir, au sujet des n°ˢ 40, 41, 43, 44, 45, 46 et 47, la notice de la pl. B T, concernant les Lapons.

N° 33. — Sudermanie, paroisse de Wingåker.

Marchande ambulante. — Cette femme porte le pardessus d'hiver, vêtement en peau de mouton conservant son poil, très bien coupé et maintenu par une ceinture de drap rouge. La coiffure, arrangée par-dessus le bonnet cachant entièrement les cheveux, est, selon l'usage local, en laine frangée, pittoresquement disposée. C'est une marchande de tissus et de laine en pelote.

N°ˢ 34, 35 et 36. — Dalécarlie, paroisse de Leksand.

Famille en toilette du dimanche (costume d'été). — L'homme, un *Danneman*, le paysan libre et propriétaire du sol qu'il cultive, porte le costume le plus riche de la contrée. Il se compose d'une espèce de redingote à assez larges épaulettes, bien coupée, retenue à la hauteur de la ceinture de manière à laisser voir le gilet de même drap, bleu bordé de rouge. Une broderie de soie jaune simule une grande agrafe sur l'épaulette, et on la retrouve de même là où s'attache le vêtement. A cette toilette appartient une cravate blanche, longue comme un cache-nez, dont les bouts sont mis au dedans du gilet. La culotte et les bas sont blancs ; la jarretière fine, de couleur vive, est, selon l'usage le plus général, à bouts pendants. Forsell en représentant ce costume, donne à ce paysan une coiffure qui diffère de celle que l'on voit ici. Le chapeau droit tronqué assez bas, a, dans son dessin, d'assez larges bords, et en place du bourdalou simple, des

ganses fins et blancs s'entrecroisant en plusieurs tours sur le noir du chapeau.

La femme porte le corsage bas, lacé sur le devant, d'un usage général en Dalécarlie. (Voir le détail pl. B S, n° 64.) La chemise, retenue au-dessus du corsage par une boucle en cuir, s'ouvre en deux larges revers décorés d'une broderie en couleur faite avec de la laine ; un fichu de lingerie, enveloppant le cou, est pris sous cette chemise. Le bonnet bordé de dentelle, couvrant toute la tête et cachant entièrement la chevelure, est celui de la femme mariée. Le corsage est de couleur éclatante, magnifiquement brodé, laine sur laine, parfois soie sur soie. Le tablier de chaloug rayé est de ceux dont il est parlé n° 26, pl. A couronné, et dont la couleur désigne la saison. La ceinture, qui paraît appartenir au tablier, est un long ruban noué sur le côté, y formant un nœud à bouts pendants ; quelque gaine ou sac de cuir brodé en couleurs, pend d'ordinaire à cette ceinture, sous le tablier. La jupe, assez courte, généralement rayée, est de couleur sévère ; les bas sont blancs ; le soulier, dont le détail est fourni par le n° 36, rappelle le brodequin chinois dont il est parlé n° 26, pl). A couronné.

Le bonnet en béguin de la petite fille se rapproche par la coupe du bonnet blanc de la *Kallarna*, la fille non mariée ; il est ouvert sur la nuque de façon à laisser passer les nattes de cheveux. L'enfant paraît tenir à la main le livre de cantiques dont la mère porte l'enveloppe, un mouchoir à carreaux bleus, nommé *bakloppen*, ou enveloppe du livre.

La garde-robe d'un ménage dalécarlien est considérable, car les costumes changent selon les solennités. La couleur des habits, ordinairement blancs ou noirs, est dans les grandes circonstances, le bleu. A la mort d'un parent les femmes prennent le tablier jaune; c'est un signe du deuil chinois. Quant à la coutume des jeunes filles de porter des bonnets ouverts par derrière pour laisser passer leurs cheveux en tresses, et de renoncer à cette parure dès qu'elles se marient, elle est dans les mœurs écossaises. Walter Scott, dans son poème de la *Dame du lac*, montre une jeune fille qui, en se mariant, supprime ses tresses de cheveux ornées de rubans.

N° 37. — Province de Bleking.

Toilette de jeune femme, costume d'été. — Les coiffures féminines sont souvent compliquées: elles exigent de l'adresse et de l'habitude; aussi les jeunes femmes se rendent-elles le service de se coiffer l'une l'autre. Autrement on s'adresse à une paysanne que l'on rencontre dans chaque village, où elle fait profession de coiffer; elle en a appris le métier, et vient procéder à la toilette de tête.

La coiffeuse dispose ici la natte circulaire qui s'ajuste au haut de la tête et borde le bonnet de lingerie sur le devant. Le petit corsage, non encore fermé, que l'on voit à la patiente qui se considère en un petit miroir, est ordinairement de soie noire ou de velours, bordé de larges rubans de soie blanche ou d'argent; clos, ce corsage prend bien la taille, de manière à la faire valoir. Les manches assez volumineuses de la chemise restent apparentes; le corsage replié est fermé par une agrafe d'orfèvrerie, double bouton du genre des n°s 19 et 20 de la planche de bijouterie. La pièce de soie frangée que cette femme tient sur ses genoux est un grand fichu qui se pose sous le corsage, se croise sur la poitrine un peu au-dessous de cette agrafe, et dont les bouts, dépassant le corsage, se prolongent sous le tablier. Ce dernier, fort large, cache en grande partie la jupe, ordinairement grossie d'un certain nombre de jupons. Le soulier mignon n'est décoré que d'un léger nœud en coque divisé par une très petite boucle d'argent.

Les femmes mariées portent des bagues, mais les jeunes filles n'en ont jamais, même quand elles sont fiancées; on ne leur en voit en public que lorsque leurs bans sont publiés à l'église. En revanche, elles font usage de colliers en perles et de jolies aiguilles.

Les femmes de la province de Bleking passent pour être les plus jolies de la Suède. Leur costume, qui ne contrarie pas la liberté des mouvements, ajoute à leurs grâces naturelles. Le col dégagé, le fichu pris sous le corsage, le bonnet ajusté, rapprochent ce costume de celui des matelots.

Le mariage, dans cette contrée, donne lieu à des scènes singulières. Lorsque la fiancée entre dans la chambre nuptiale accompagnée de flambeaux, au son de la musique, des chants, elle trouve le lit au milieu de la chambre sur un grand trépied. Le marié, pris dans le rond des garçons d'honneur qui se mettent autour de lui, doit franchir ce cercle, pour arriver à sa fiancée, en sautant par-dessus les mains jointes de ces jeunes gens. C'est en commun que les mariés reçoivent le lendemain les cadeaux de noce: du bétail pour la ferme, un cheval avec son équipage, et des armes de toute sorte servant de symbole pour rappeler à la femme qu'elle doit suivre son mari dans le combat aussi bien que dans la paix, et qu'il lui appartient de défendre avec lui l'honneur de toute sa génération.

N°s 38 et 39. — Dalécarlie, paroisse de Rattvik.

Paysan et fille endimanchés. — Dans cette localité de mineurs, le paysan a beaucoup de rapport avec ceux de Mora, de Leksand, etc. La physionomie de l'homme diffère peu, et sa toilette, toutefois plus sévère, est d'un caractère analogue à celle de l'habitant de Leksand. Habit, gilet et bas de même couleur, d'un noir violacé ou brun; culotte semblable ou couleur de peau de daim. Le bourdalou du chapeau brun est un cordon dont les bouts se terminent en glands. Le vêtement est bordé de rouge, y compris le petit collet droit.

La coiffure féminine est d'un caractère particulier. Par-dessus le bonnet de lingerie bordé d'une dentelle, le béguin de Mora, les femmes portent un bonnet de laine noire, gansé de rouge, dont la forme en pointe rappelle certains *pileus* asiatiques, et dont la figure se conserve lorsque ce bonnet superposé est en toile blanche. Le béguin, selon l'usage en Dalécarlie, clos par derrière pour la femme mariée, est ouvert sur la nuque pour le passage de la double natte des cheveux de la fille non mariée.

Le costume des Dalécarliennes de Rattvik est peut-être celui qui, dans sa rusticité, conserve le plus purement le caractère original. Le corsage est la ceinture franche, lacée sur le devant, soutenue par de véritables bretelles attachées de chaque côté; un large nœud s'étale par-dessus le mouchoir de cou non croisé, mais retenu par deux boutons ; la couleur de ce nœud tranche sur le blanc de la chemise. Un tablier étroit en châlong, dans le genre et le goût italien ; une jupe assez courte, peu gonflée, d'étoffe unie et de couleur sévère, des bas rouges très épais et formant comme un pli de pantalon sur le soulier noir à forte semelle, dont la patte retombante se termine en pointe, montrant son revers orné de quelque broderie, et ses cordons non attachés, selon la coutume dalécarlienne, tel est le costume de haut caractère. Les femmes en cérémonie le complètent par une paire de gants en mitons, laissant les doigts à nu, et ayant le haut poignet du gant de cheval ; souvent une ceinture, étroite comme une lanière, fort longue, s'enroule à la taille, laissant retomber bas sur le côté du tablier ses bouts terminés en petites floches. Le corsage est le même pour les femmes mariées ou non ; mais il est de couleur rouge pour les épousées, et les filles, qui le portent bleu pour tous les jours, et le prennent noir dans le costume de toilette.

N° 42. — Scanie, district de Jerrestad.

Cet exemple fragmentaire complète les figures de fiancés, n° 18, pl. ayant pour signe le Chien de fusil, et n° 29, pl. A couronné. La jaquette, vue de dos, est ornée d'une broderie en couleurs représentant un panier de fleurs ; le col vidé, de forme pure, bordé de dentelle, nécessite le pli particulier du bord du chapeau, relevé par derrière. Cette toilette nuptiale, ainsi que le montre le fond tenu sous le bras, et que nous reproduisons d'après Forsell, est le type originaire des deux exemples dont nous le rapprochons ; l'artiste suédois ne montre pas ce fiancé botté, mais chaussé de souliers légers, ornés d'un petit nœud de rubans ; les bas sont blancs, et la jarretière de laine qui fixe la culotte courte, est ornée de floches de couleurs variées, indépendamment des bouts pendants terminés en un petit gland de même sorte.

N° 48. — Islande.

Jeune fille de Reykiavik, en costume de cérémonie. — Les jours de fête, le corset en drap, de couleur toujours foncée, souvent noir, est enrichi de galons de velours, brodés d'argent par devant et par derrière. Au bas de la robe sont disposées quatre fines rangées de bandes de velours rouge. Un collet noir en carcan, rappelant le collet monté du seizième siècle, enserre et cache entièrement le cou ; il est décoré d'une broderie d'argent à dessin régulier. Un second collet, issu du corsage de la robe, s'élevant par derrière comme le col vidé, mais dont la raideur est tempérée par la courbure en dehors de son évasement, est orné de la même façon. (Le détail de ces broderies typiques se trouve en fragments au bas de la planche, où l'on voit aussi l'exemple de la chaussure portée par cette fille en grande toilette : chaussure qui n'est qu'un morceau de peau ayant une couture sur le pied et derrière le talon, le tout retenu au moyen d'une lanière passant par des œillets. Ce soulier islandais, fait avec une peau de phoque, est peu dispendieux ; la paire coûte cinquante centimes.)

Les Islandaises, qui, les jours ordinaires, ne cachent point leur chevelure blonde, la font disparaître entièrement dans leur grande toilette ; elles s'enveloppent étroitement la tête d'un mouchoir en soie noire, bordé de rouge, au haut duquel s'élève un morceau de toile fortement empesée, se recourbant comme le cimier d'un casque. On présume que c'est de cette vieille coiffure scandinave que proviennent certaines coiffures normandes.

Le poignet de la manche est orné d'un galon d'argent dans le genre de ceux du corsage, et cette manche, fendue assez haut, à l'orientale, aux revers de l'avant-bras, a toute une rangée de boutons pour clore cette ouverture, lesquels boutons ont toute la figure de grelots en or, dans le genre des n°s 81 et 87, pl. B S. La ceinture, fixée par une boucle, est chargée d'ornements d'argent ou d'or, ayant la figure de feuilles de chêne, de plaques taillées en cœur et en losanges, sur lesquelles les jeunes filles font graver leurs initiales et celles de leur fiancé. (Le n° 79, pl. B S, qui est un ornement de ceinture filigrané, montre combien ces décorations sont souvent d'un goût byzantin très prononcé.) Un collier d'or, posé sur le collet monté, et aboutissant à une châtelaine qui soutient un médaillon en pendeloque sur la poitrine, achève cette parure, dont le cérémonial se complète par le grand mouchoir tenu à la main.

L'industrie manufacturière étant à peu près nulle en Islande, la plupart des objets usuels sont fabriqués dans l'intérieur des familles ; la femme y foule le drap, *vadmal*. La vie des pêcheurs islandais, lutte contre la nature et les éléments, est une existence de privations et de souffrances continuelles ; la terre aux montagnes de glace, aride et volcanique, souvent battue par une mer orageuse, est sans fleurs :

l'homme n'est jamais certain d'y faucher assez d'herbe, sa seule récolte, pour n'être pas réduit à tuer lui-même une partie de ses vaches et de ses chevaux, faute de foin pour les nourrir. Il a donc fallu, ainsi que le remarque M. Xavier Marmier, bien des jours de pêche et bien des livres de poisson pour payer toutes ces broderies de velours et ces ceintures d'argent dont se parent les Islandaises. Ces parures se transmettent d'une génération à l'autre ; le dimanche, quand les filles de pêcheurs, portant ainsi l'héritage de deux siècles, s'en vont à l'église, on les prendrait d'autant plus facilement pour de grandes dames, qu'elles font grand usage du cheval dont l'emploi est commandé par l'état du pays.

(*Voir*, pour ce qui se rattache à *l'Islande*, les nos 65, 67, 69, 72, 74, 79, 83, 86 et 87, *pl.* B 8.)

(*Voir*, pour la provenance des documents et les renseignements bibliographiques, la notice de la pl. B 8.)

BS

SUÈDE

SUÈDE, NORVÈGE, ISLANDE ET LAPONIE.

COSTUMES ET COUTUMES, COIFFURES, PARURES, OBJETS USUELS, ETC.

Laponie. — Au sujet des n°ˢ 62 et 68, le Lapon chaussé des raquettes, et la pipe de métal à bout de jonc, voir la notice, pl. B T.

Islande. — Ce qui la concerne ici se rapporte aux n°ˢ 65, 67, 69, 72, 79, 83, 86 et 87, à rapprocher du n° 48, pl. B R.

En Islande, les hommes avaient autrefois un costume national; ils l'ont modifié peu à peu, et maintenant leur jaquette de vadmâl, leur long gilet de drap, paraissent taillés sur le même modèle que la veste et le gilet des paysans de l'Alsace. Nous ne montrons donc l'Islandais, qu'avec les pièces de son costume intime, ou avec son vêtement de pêche.

N° 72. — **Famille de Hnappavellir.** — L'homme porte une épaisse chemise de molleton de laine, une culotte de feutre soutenue par des bretelles se croisant sur la poitrine, des bas de laine montant par-dessus les genoux de la culotte, des souliers de cuir dont les lanières s'enroulent au bas de la jambe.

Le costume de la femme complète l'exemple n° 48, pl. B R; c'est une robe du même genre que celle de la jeune fille, avec le même collet s'évasant en col vidé. On y voit les galons décorant le dos, couvrant la couture de la manche, et encore des galons de laine disposés en cinq rangées au bas de la jupe (le n° 72 *bis* indique le genre des broderies de ces galons); cette femme porte le gant épais en laine, sans autre division que celle du pouce, dont on orne le dessus de quelque broderie en couleur. Sa chevelure, de peu de longueur, flotte librement; elle est coiffée d'un bonnet de feutre dont la pointe se replie sous le poids d'un gland long et fourni rappelant le *puskul* du fez oriental. (Exemple isolé, n° 65.) Les Islandaises s'entendent à poser coquettement cette coiffure originale, en la faisant incliner de côté.

N° 74. — **Costume de pêche**, fait de peau de phoque c'est-à-dire imperméable. — La blouse courte a un capuchon; les pantalons, serrés à la cheville, sont soigneusement reliés à la chaussure. La coiffure est un bonnet de feutre du genre napolitain, ou un chapeau rond, tronqué bas, à bords peu larges.

N° 86. — **Selle de femme** en cuir, garni tout autour d'une laine frangée. — Le dessus, qui reste uni, est recouvert d'un coussin. L'arçon et le côté circulaire du siège sont en bois sculpté; les rinceaux d'ornement s'y combinent avec des figures fantastiques d'hommes et d'animaux. La femme s'y tient les deux pieds posés sur la planchette suspendue. Toutes les Islandaises montent à cheval; l'emploi en est commandé par l'état du pays et les longues distances qui séparent généralement les localités. Le n° 69 montre la tournure que la haute coiffure en cimier donne à l'Islandaise équestre.

N° 67. — **Tabatière** en cuir à monture de cuivre, dont la forme élégante rappelle certaines formes de pulvérins d'arquebusier.

N° 79. — Ornement de ceinture en bronze, d'un filigrane grossier, dont le décor régulier est bien réparti.

N°ˢ 83 et 87. — Boutons ajourés, à figures de grelots, terminés par un pendant mobile, dans l'un desquels on rencontre comme un rappel de la clé du Nil des anciens Égyptiens.

Ces exemples, s'ajoutant à ceux des fragments de broderie de la pl. B R, permettent de reconnaître que le peuple grave et silencieux des Islandais, signalé comme étant celui qui est peut-être le plus dépourvu du sentiment de la musique, est du moins pourvu de ce que l'on peut appeler l'œil rythmique, ainsi qu'en témoignent ses ornementations régulières, bien ordonnées. L'Islandais montre une aptitude particulière pour tous les ouvrages d'industrie; obligé de pourvoir lui-même aux choses dont il a besoin, il fabrique avec de la corne fondue des boucles pour les brides et des cuillers. Il tisse les draps, tresse ses cordes avec la laine que, dans la même chambre, la femme carde, foule et teint. Il fabrique avec des os de baleine des aiguilles, des boutons, des manches d'instruments. Un morceau de lave lui sert de marteau, un bloc de pierre, d'enclume. À force de patience il sculpte fort bien et fait des œuvres d'orfèvrerie remarquables. Les meubles témoignent parfois d'un vrai talent; aussi, l'œuvre finie, le paysan la signe volontiers.

Suède et Norvège.
Figures d'ensemble, n°ˢ 80, 81 et 95.

N° 80. — Scanie, district de Jerrestad.

Jeune femme portant la toilette des relevailles. — Selon une coutume chrétienne, la femme relevant de ses couches doit être de nouveau reçue dans l'église, ce qui donne lieu à une cérémonie pour laquelle elle revêt une grande toilette, rappelant la nuptiale, mais cependant d'un caractère spécial.

La bijouterie orfèvrée est celle du jour des noces, mais la coiffure n'est point la couronne; c'est une pièce d'étoffe blanche dont les deux bouts volumineux et raides tombent des deux côtés, en s'écartant; cette coiffure est d'un arrangement compliqué, de ceux qui nécessitent l'intervention de la paysanne coiffeuse. Avec cette enveloppe de la tête on porte une cape ou manteau, qui n'est autre qu'un jupon posé sur les épaules, la taille formant le col. (Voir au sujet de cette cape, le n° 81.) C'est dans cette toilette pour sa nouvelle réception, que la femme se tient dans la salle d'armes où l'on vient la chercher en cérémonie.

La salle d'armes est une pièce inhérente à tout temple suédois. Personne ne devant entrer armé dans l'église, on y déposait jadis les armes; aujourd'hui on y met les cannes, exclues à titre d'armes, et qui s'y trouvent en quantité au moment des offices. C'est en effet une arme véritable que la canne garnie de sa dragonne que porte tout paysan suédois. L'usage de l'escorte armée, conservée dans les processions, particulièrement dans celles du deuil, où les hommes et même les petits garçons doivent porter leur canne, est un dernier vestige de la protection dont le clergé eut souvent besoin à de certaines époques. C'est une tradition analogue que celle des *chevaliers de la noce* qui figurent au nombre de huit ou dix, en Dalécarlie, dans le cortège nuptial, y précédant les demoiselles d'honneur, la mariée étant elle-même conduite par le *rudiman* ou soldat du quartier. Ces cannes défensives sont une survivance de ces temps du moyen âge où le rapt et le viol ne passant pas, en Suède, pour un crime, une fiancée ne pouvait être conduite en sécurité à l'autel que sous une nombreuse escorte de paranymphes.

N° 81. — Scanie, district de Torna härad.

Femme dans le costume du grand deuil. — Le jupon noir fait exprès, en prévision du deuil, est posé sur la tête, cachant le visage de manière à n'en laisser guère voir qu'un œil; il a la figure d'une longue cape. Forsell dit malicieusement que ce système a du bon, surtout pour une veuve jeune pleurant un vieux mari, et ayant quelque difficulté à montrer ses larmes.

Quelquefois les femmes donnent à cette espèce de manteau la forme d'un jupon sur lequel le corsage, sans manches, est cousu, et elles le disposent de manière que la partie visible du visage l'est par le trou d'emmanchure.

Lorsque la parenté est assez éloignée, les femmes, tout en portant le corsage et le tablier noir, ne mettent point de cape et se contentent d'une toile blanche bordée de dentelle de forme rectangulaire, dont la tête est couverte, qui est simplement agrafée sous le menton, en encadrant étroitement le visage des deux côtés et qui s'étale sur les épaules.

La cape verte, bleue ou noire, selon les circonstances, que l'on voit toujours aux femmes de Saillé, dans la Loire-Inférieure, offre, par la nature de ses divers emplois, une analogie frappante avec le jupon porté en cape par les femmes de la Scanie.

A Saillé, toute Bretonne devenue mère doit se présenter à l'église pour la cérémonie des relevailles, et cette femme, qui revêt alors la parure et les vêtements de ses noces, y doit ajouter l'*er-ventel*, le plus souvent bleu pour cette circonstance, enveloppant tout le haut du corps.

L'er-ventel noir sert aussi de cape de deuil comme la jupe noire de la Suédoise. Les Bretonnes le portent à la suite d'un convoi, et le dimanche à la grand'messe, pendant toute la durée du deuil d'un proche parent.

« L'usage de cet emblème de deuil, dit M. Léon Bureau (*la Mélusine*, 1878) est évidemment antérieur à toute tradition, mais le plus surprenant, c'est que la provenance des *manteaux* est elle-même inconnue. »

L'er-ventel n'enveloppe que la partie supérieure du corps ; il est épais, d'un tissu extrêmement grossier, garni en dehors et surtout au bord supérieur de longs poils de laine peignée. Ce lourd manteau hyperboréen d'une signification si précise, et d'un poids si gênant en Bretagne, nous paraît d'autant plus y avoir été apporté de l'ancienne Scandinavie, qu'il est encore une autre tradition propre à appuyer cette donnée : la coutume de faire servir en signe de deuil quelque pièce du costume ordinaire, simplement changée de place et disposée d'une façon particulière, dans le genre de ce que l'on voit ici du jupon de la Scanienne.

Dans la presqu'île de Rhuys, au débouché du Morbihan, les femmes de Kerner, ainsi que celles d'Arzon, ne portent en toute saison que des robes et des corsages noirs ; rien de plus facile pour elles que de se mettre en deuil. Les Arzonnaises détachent simplement leur tablier noir et se l'attachent sur la tête comme un voile de religieuse qui ne laisse apparaître autour du visage que le filet blanc d'une coiffe encaissée (M. de Saint-Juirs, dans *J'ai tué ma femme*).

A Torna-Härad, les hommes ne portent pas le noir pour le deuil, mais la couleur bleue qui est aussi celle des bas et des jupes de la femme en deuil, qui n'a de noir que ses vêtements supérieurs, le tablier, le corsage et la cape. En Dalécarlie, il doit y avoir du jaune dans le deuil. Dans la Sudermanie, le manteau noir du deuil de la veuve est doublé de rouge.

N° 95. — Sudermanie, paroisse de Wingåker.

Costume d'hiver ; femme et son enfant après quelques années de mariage. — La coiffure portée par la *sjelfran*, la femme mariée (*sjelfen* pour l'homme) est un bonnet couvrant toute la tête, au-dessus duquel est posé un second bonnet rouge brodé d'une soie jaune vif, nommé *charlakans-mossa*. Ce dernier est tout à fait plat et, par derrière, le fond reste visible ; le dessus est recouvert par une espèce de fichu qui l'enveloppe et se noue sur la nuque (voir les n°s 49, 50 et 63). En hiver, ces femmes portent la pelisse de peau de mouton, garnie de son poil tenu à l'extérieur, et étroitement close sur la poitrine par une ceinture en drap rouge.

L'enfant est enveloppé d'une pelisse de même sorte, s'agrafant au col et à la hauteur de la taille ; elle est garnie de poches pour les mains. Le bonnet de laine à la couleur rouge du *Love* norvégien, et quelque aspect du bonnet phrygien.

Coiffures.

N°s 49, 50, 63. — Divers aspects du double bonnet recouvert d'un fichu transparent. Sudermanie, paroisse d'Orteratha, district d'Oppunda. Même genre à Wingåker.

N° 51. — Bonnet de lingerie ; diocèse de Bergen.

N° 52. — Profil du bonnet porté dans l'Aggerhus, à Hallingdall ; mousseline, soie et dentelle.

N° 53. — Bonnet de femme, noir, brodé en couleurs. Suède.

N° 55. — Coiffure de mariée, en mousseline montée sur fil d'archal ; dentelle, fleurs artificielles, ruban de soie. Suède.

N° 56. — Coiffure de Hallingdal, diocèse de l'Agerrhus.

N° 57. — Bonnet du genre de ceux que l'on voit portés par les fiancées, dans la Scanie. Coiffe de toile, larges brides ornées de dentelles qu'on n'attache pas. Fond plat en laine, brodé de laine, entremêlé de perles, ayant la forme d'un disque d'une légère profondeur ; le bord en retour est orné de petites plumes d'oiseau ; au bas pendent deux rubans de soie à dessus. L'avancée du fond du bonnet, disposée en coques, est d'un tissu d'argent.

N° 58. Bonnet de mariée suédoise, du genre de ceux que l'on appelle *la couronne de laiton* ; il est vu par derrière. La coiffe, recouverte de mousseline et de carton, est richement décorée en bandes horizontales de monnaies d'or, de perles d'argent, de verroteries de couleur ; de chaque côté de la partie supérieure du bonnet, une plume de coq s'épanouit, des fleurs artificielles sont posées au-dessous, de chaque côté. Au bas de la coiffe, aux angles, pendent des touffes de rubans de soie brochée de dessins et de diverses couleurs tendres.

N° 59. — Bonnet de Sogn, diocèse de Bergen, partie nord.

N° 60. — Bonnet de feutre, dont la partie supérieure est en disque plat. Cette curieuse coiffure est de Valden, dans le Romsdal.

N° 61. — Bonnet de femme ; le nœud se trouve au-dessus du front. Nummédal, bailliage de Buskerud, diocèse de Drontheim.

N° 66. — Fond de bonnet en soie, décoré par des rubans de soie, et par un flot de rubans tombant dans le dos. Suède.

N° 70. — Bonnet de lingerie ; Hardanger, diocèse de Bergen.

N° 71. — Bonnet vu par derrière, noir, brodé en couleurs, orné de rubans de soie brochée. Suède.

N° 73. — Bonnet en petit béguin, noir, brodé en couleurs. Suède.

N° 75. — Coiffure de mariage. Le fichu noué sur la tête est en laine ; la couronne n'est qu'un fond décoré de monnaies d'or en rangées serrées, formant quatre cercles brillants. Stœrdalen, partie nord du diocèse de Drontheim.

N° 76. — Léger bonnet de lingerie, orné d'un large ruban de soie de couleur tendre. Cette coiffure est un des caprices familiers aux femmes de Warend, particulièrement élégantes. Province de Smaland.

N° 77. — Béguin en soie brodée. Suède.

N° 78. — Profil du bonnet à ailes porté à Vos, diocèse de Bergen.

N° 82. — Bonnet porté à Nordmore ; bailliage de Romsdal, diocèse de Drontheim.

N° 90. — Bonnet de Sogn ; diocèse de Bergen.

N° 91. — Bonnet de lingerie, même diocèse.

N° 93. — Coiffure de Flesberg, dans le Nummédal, bailliage de Buskerud.

N° 94. — Bonnet de noce à l'usage des hommes à Stœrdalen, diocèse de Drontheim. Il accompagne le n° 75.

Le n° 64 offre le détail des agrafes de cuivre fixées au corsage ou à la ceinture lacée des Dalécarliennes.

Le n° 54 qui reproduit la configuration de la maison d'Ornas, célèbre par l'abri d'une nuit qu'y trouva Gustave Wasa, au milieu les plus grands périls, offre le type de l'extérieur du châlet. Ce manoir rustique, conservé avec soin, est un spécimen que son ancienneté certaine rend d'autant plus intéressant. (Voir la notice pl. B P.)

Flambeaux et candélabres.

N° 84. — Flambeau en cuivre. Hauteur, 0^m,30.

N° 85. — Trépied en fer peint à deux becs, surmonté d'un coq. Hauteur, 0^m,45.

N° 88. — Candélabre en cuivre à trois becs et un montant central pour ficher une grosse chandelle. Hauteur, 0^m,40.

N° 89. — Candélabre très ancien à quatre branches, portant cinq bougies ; orné de pendants en facettes.

N° 92. — Trépied très ancien ; fer peint arrondi en spirale ; deux becs. Hauteur, 0^m,25.

CONSIDÉRATIONS GÉNÉRALES.

ESSAI SUR LA PHILOSOPHIE DU COSTUME, DÉDIÉ A M. LE Dr ARTUR HAZELIUS, DIRECTEUR DU MUSÉE ETHNOGRAPHIQUE DE STOCKHOLM.

A la suite des huit planches à réunir concernant les costumes, les parures, l'habitation typique et les objets en usage en Suède, Norvège, Islande et Laponie, ayant pour signes distinctifs la Corde, le Chien de fusil, A couronné, B P, B Q, B R, B S, et BT, et dont tous les éléments appartiennent aux classes rustiques, nous croyons devoir immédiatement rattacher les considérations générales auxquelles cet ensemble donne lieu, en ce qui concerne le Germain, « cette race qui ne ressemble qu'à soi, » dit Tacite, et dont le Scandinave représente l'un des types supérieurs.

Le royaume de Suède, configuré en une hauteur étendue de la Baltique au cap Nord, contient deux éléments principaux de population : 1° les tribus laponnes, fort réduites (voir à leur sujet, la notice spéciale pl. BT) ; 2° le Germain, le dernier conquérant demeuré vainqueur, dont le chef conserve encore au dix-neuvième siècle le titre significatif de roi des Goths et des Vandales. (Proclamation du duc de Sudermanie, Charles XIII ; 1809.)

Le Germain de la Suède, qui se présente sous la forme agricole et pastorale qui le caractérise aujourd'hui, est encore, à beaucoup d'égards, le vieux Scandinave guerrier, dont la réapparition devait se produire dans les temps modernes avec l'éclat que l'on sait, en apportant au protestantisme allemand le poids décisif de son épée.

Les costumes sous lesquels nous le voyons représenté, à la veille même de l'ère des confections à la grosse qui, en Suède comme dans toutes les autres parties de l'Europe, font aujourd'hui disparaître les derniers vestiges des choses traditionnelles, ces costumes, disons-nous ferment, en réalité, le cycle de tout un passé, dont il importe d'autant plus de rechercher le caractère, au point de vue du costume et de la parure, que les paysans du royaume de Suède sont en nombre relativement beaucoup plus considérable par rapport aux autres parties de la population qu'on ne les trouve généralement dans les autres États de l'Europe ; par leur importance et leur caractère, ils sont la nation même.

Physiquement, le Germain de la Suède, sans rien conserver de l'air féroce que lui attribue l'historien latin, est généralement resté le Germain montré par Tacite « aux yeux bleus, à la chevelure d'un blond souvent ardent, au grand corps. » Il est principalement de cette race *teutone* ou *tudesque* que les naturalistes désignent comme *indo-germaine*. La peau est très blanche, vermeille ; les formes sont robustes et massives ; le caractère est flegmatique, tenace et froid.

Le mélange des races s'accuse de plus en plus en avançant vers le nord ; la nuance distinctive de la chevelure des peuples scandinaves se rembrunit, selon que l'on se dirige vers le pôle. A Hernœsand, dans l'Angermanie, on ne voit plus que des cheveux châtains ou tout à fait noirs, des traits bruns ou basanés.

De catholique, le Suédois est devenu un ferme protestant. Tout paysan sait lire et écrire, et sa lecture la plus ordinaire, c'est la Bible. Cela n'empêche point que chacun connaisse l'histoire nationale, et garde le souvenir des anciens mythes illuminés des noms de Thor et d'Odin. Pour le Norvégien à la mémoire tenace, malgré les objurgations du clergé et le sermon du missionnaire, le mysticisme des époques des hauts faits, survivant en grande partie, continue à se transmettre. Conséquence du climat et du mode d'existence, tendance native de l'imagination, ou encore effet de la contagion de l'esprit de ceux qui occupaient auparavant le sol, sous ce ciel si fréquemment nébuleux, de lumière avare, où les nuits longues s'enveloppent de voiles mystérieux, où la famille vit, ordinairement, dans un isolement presque absolu, toutes les choses de la nature ont comme une vie propre, à laquelle chacun est initié pour tout ce qui concerne l'entourage immédiat.

Au commencement de ce siècle, alors que dans cette Suède aujourd'hui sillonnée de chemins de fer et largement entrée dans le mouvement industriel contemporain, les paroisses séparées par de longues distances ne communiquaient que par des chemins fréquemment rendus impraticables par le climat, l'homme antique était encore, sous bien des rapports, si peu modifié, celui du jour se liait si étroitement aux hommes du passé des plus anciens âges, par une sorte d'imagination propre à la ténacité de ces gens froids, que, malgré le rationalisme du protestant, les voyageurs constataient généralement la persistance en de certaines croyances. Pour le paysan de cette première moitié du siècle, les montagnes ne continuent pas seulement à recouvrir toujours les géants, ennemis de la lumière et des dieux qui les ont vaincus ; les entrailles de la terre ne continuent pas seulement à être peuplées de nains industrieux et actifs, les *Trolles*, qui fabriquent les armures de fer et cisèlent les glaives d'acier ; l'entrée des golfes ne demeure pas seulement gardée par *Nak*, la divinité à laquelle il faut des sacrifices sanglants ; mais chaque montagne, chaque torrent, chaque forêt, le lac comme la plaine, toute chose de la nature enfin avec laquelle l'homme se trouve en contact, a son génie propre, hostile ou propice, etc., etc.

C'est ce paysan que la Suède a surtout montré dans les expositions internationales depuis 1867 ; il forme une division capitale dans l'importante galerie ethnographique fondée en 1872 à Stockholm, par M. le Dr Artur Hazélius. Les types, consacrés par l'élection des nationaux, sont de véritable valeur ethnographique ; dans leurs moindres détails ces représentations sont d'une précision qui en forme des documents dont la valeur ne saurait guère être surpassée. Le seul titre de la qualité exceptionnelle de ces effigies expliquerait l'attention apportée ici à leur examen ; mais un autre motif nous a déterminé, en outre, à poursuivre notre étude.

Les exhibitions internationales de la plupart de ces figures ont été accompagnées de répertoires si laconiques, n'indiquant guère que les localités, que le spectacle, entr'autres, offert par les couples de fiancés, est resté comme une espèce d'énigme dont il est regrettable que la Suède ne nous ait pas elle-même fourni le mot.

La plupart de ces paysans sont montrés, et très judicieusement, dans la parure des jours de fêtes, avec l'habit dont on entend tirer honneur, en costume de choix, le seul qui soit véritablement de nature à révéler quelque chose du caractère de l'homme. Comment se fait-il qu'un couple de fiancés présente invariablement le singulier spectacle d'une fille en costume d'ancêtre, mettant sa main dans celle d'un garçon dont l'habit, donnant parfois à ce paysan les allures d'une prétention propre au sexe fort, est immanquablement d'une coupe plus ou moins rajeunie, se rattachant au grand courant des modes européennes des deux derniers siècles, courant dans lequel les femmes ne se seraient point engagées ?

En recherchant les causes d'un état si particulier des choses en Suède, nous avons pu reconnaître comment les effets des traditions peuvent se manifester diversement. Tantôt la transmission de certaines pièces du costume en usage démontre matériellement la durée des traditions ; tantôt la déviation même des choses du costume, l'abandon total des vieilles formules, s'annonce comme une conséquence non moins certaine de la persistance des traditions dans leur essence morale, peut-être la plus indélébile de toutes.

S'il existe une philosophie du costume (et un essai de ce genre est à sa place dans un ouvrage comme le nôtre), l'étude faite ici pourra n'être pas inutile pour la compréhension de la double marche des traditions sur bien d'autres points que le vieux sol scandinave. En tout cas, nous ne pouvions laisser passer sans en rechercher les causes, le contraste flagrant que l'on nous montre, entre des femmes restées les mêmes, et des hommes flegmatiques, lents, mesurés, réfléchis, chez lesquels la gravité est une marque de race, et pour qui, au contraire, toutes les vieilles formules du costume ont disparu.

En examinant les choses de près, on retrouve sous le rajeunissement des costumes paroissiaux le vieil homme des traditions, conservant encore à bien des égards son caractère natif, presque non moins que s'il se présentait toujours affublé de vêtements absolument identiques pour l'homme et la femme que portaient les anciens Scandinaves : l'habit court, les pantalons, les bottes, les gants, le capuchon enveloppant toute la tête, à l'exception du visage.

Pour les femmes il n'en est pas de même. Malgré le préjugé d'élection signalé par Tacite dans ses indications générales sur la Germanie : « Ils supposent aux femmes je ne sais quoi de saint et de prophétique, et ils ne méprisent pas leurs conseils, ni ne négligent leurs réponses, » malgré les adulations prodiguées, surtout aux filles vierges, parmi les populations de sang germanique pendant le moyen-âge, la condition de la femme dans la famille agricole chez les Germains de la Suède s'est trouvée ravalée dans une telle mesure, que des voyageurs modernes ont pu écrire avec justesse, comme l'a fait M. Louis Enault traversant le Guldbrandsdal : « Les femmes ont l'air de n'être que les servantes de leurs maris. »

On peut, en effet, observer chez les Suédois que plus les nécessités de l'existence maintiennent dans la famille l'organisation patriarcale, plus la prépondérance d'un chef mâle est dans les mœurs, plus l'élément féminin est subordonné. Dans l'oligarchie de cette communauté (voir le Gaard, notice pl. B P), chaque homme participe de l'importance de celui d'entre eux qui, dirigeant un vaste domaine agricole, ou des populations clairsemées sur d'immenses pâturages, est souvent obligé, par suite de son éloignement de toute chose, de cumuler certaines fonctions du culte et de la magistrature. En de pareils milieux, où le génie féodal se mélange avec les mœurs républicaines, c'est surtout l'homme qui compte, celui dont la famille est fière.

La *bravoure* du paysan endimanché, avec le sens de ce vieux mot français appliqué à l'accoutrement, est significative. L'unité locale de la toilette paroissiale ne sert pas seulement à faire montre de l'importance et de la prospérité de la paroisse ; l'affectation des divergences, souvent si sensibles entre voisins immédiats, est d'une source plus noble, bien caractéristique. Sous l'étendard de la paroisse, la toilette du paysan continue à représenter l'indépendance de l'ancienne tribu, dont l'esprit apporté par les Germains « aux bataillons formés de membres de la même famille, » dit Tacite, est toujours si facile à reconnaître dans l'exploitation agricole de la paroisse, exercée avec une solidarité tenant à la parenté, à la propriété, au culte, au sol, et qui persiste, en Suède, comme une marque indélébile de la race.

Ainsi s'expliquent les divergences si obstinément voulues qui n'ont cessé de se produire entre voisins, et qui se retrouvent dans tous les rajeunissements des costumes masculins. La diversité des costumes paroissiaux, si remarquable en Suède, est, assurément, une conséquence de ces temps où, divisés en tribus innombrables commandées chacune par un roi (*la foule des petits rois,* disent les chroniqueurs), le territoire occupé par chaque groupe prenait le nom de royaume, et affichait une indépendance complète. Le port du costume paroissial emprunte à cette indépendance une signification particulière et explique que nous rencontrions les toilettes masculines toutes rajeunies, en conséquence de traditions imperturbables, que nous avons désignées comme d'ordre moral : d'accord d'une part avec l'assertion de Tacite que « le Germain se donnait à voir, dominant par l'admiration, » et d'autre part, avec ce que se montre le Germain de la Suède, imbu d'un tel sentiment d'égalité que le paysan, celui du Dovre-field comme celui de la Dalécarlie, tutoie indifféremment tous les gens, quel que soit leur rang, et y compris le souverain. Les rajeunissements de la parure masculine ont été une conséquence très directe du caractère traditionnel de cet homme; l'histoire de cette parure le démontre.

Si jamais les restrictions des lois somptuaires, qui ne manquèrent pas plus à ce pays qu'à d'autres, durent être sensibles, paraître odieuses, aux gens sans titre ayant à les subir dans leurs conséquences les plus vexatoires, ce fut surtout à ce paysan égalitaire qui vient d'être montré. Le fait est là pour le prouver. Tandis que la femme se pare de ses antiques toilettes, il ne subsiste rien, dans les habits parés à l'usage de l'homme, qui remonte au delà des premiers affranchissements de la classe des paysans, admise à faire partie de la représentation nationale vers la fin du quinzième siècle, sous Sten-Sture l'ancien, les paysans formant depuis ce temps l'un des quatre ordres fondamentaux de la nation.

A cette première indication en succèdent d'autres ; la mode des édits somptuaires ayant continué à sévir en Europe pendant le seizième siècle, et même pendant une bonne partie du dix-septième, il ne semble pas très probable que le paysan suédois, malgré la première importance politique acquise, ait été tout de suite beaucoup plus indépendant au sujet du costume que, selon sa classe, il lui était licite de porter. Sa véritable émancipation, sous ce rapport, paraît surtout se rattacher à son affranchissement définitif, qui ne date, en fait, que du dix-huitième siècle, et particulièrement de la révolution de 1772, pour le succès de laquelle Gustave III sut rallier à la cause royale les ordres inférieurs de l'État, les paysans ayant décidé le triomphe du monarque dans une lutte qui divisait alors la noblesse, partagée en en deux partis, celui des *bonnets* (bonnets de coton) et celui des *chapeaux*, du nom dont on les distinguait depuis 1728. Dans ce heurt, où devait disparaître à jamais la Suède oligarchique, les paysans s'étaient rangés du côté des chapeaux, et peut-être le souvenir d'une victoire qui valut tant de flatteries du souverain au paysan, n'est-il point étranger à la présence du chapeau glorieux que tant de villageois portent dans leur costume paré.

En somme, les toilettes paroissiales des paysans, si souvent étrangères par leur aspect à ce qui semblerait devoir convenir à des gens menant la vie rustique, agriculteurs, pasteurs, mineurs et marins, en quelque sorte déguisés les jours de fête, doivent leur caractère de fond au sentiment d'égalité si profondément empreint chez le Germain de la Suède. Les gens de cour, en Suède, suivaient avec d'autant plus d'affectation les modes exotiques qu'elles n'avaient aucun rapport avec les costumes agrestes de leur pays; l'imitation de ce que l'on voyait de plus beau dans les villes, devint l'objectif du campagnard affranchi; de là ces habits que leur coupe rapproche si souvent de ceux des seigneurs. Enfin, toute idée de distinction des classes par l'habit étant abandonnée, une partie des accoutrements représentés tiennent leur principal caractère (en Scanie, particulièrement) d'un costume national, imité de l'espagnol, dont Gustave III fit, en 1778, la proposition au sénat, et dont, par une circulaire adressée à tous les gens du royaume, l'adoption fut vivement recommandée. On remarqua que tous les hommes s'en affublèrent, tandis que le beau sexe compris dans cette nouveauté, y demeura à peu près étranger.

Pour ce qui concerne les femmes, continuant à se parer de leurs modes séculaires, conservant à leurs toilettes le même caractère qu'aux époques où les prescriptions restrictives étaient la marque de la sujétion de la classe à laquelle on appartenait, persistance qui semblerait annoncer que pour leur propre compte elles sont restées étrangères aux événements, à l'émancipation du paysan, on doit faire remonter la cause principale de cette immobilité au rôle effacé qui est le leur dans la famille agricole.

Malgré l'apparence, il n'est point exact que ces femmes, ayant dans la vie ordinaire « l'air d'être les servantes de leurs maris » soient restées étrangères aux évolutions publiques; ce sont elles qui sont les auteurs des toilettes masculines, et c'est avec des soins particuliers que la fiancée pare elle-même l'homme sur le bras duquel doit s'appuyer son bras d'épousée. Rien de trop glorieux (et ce sentiment montre combien elle a accepté son rôle si fatalement secondaire), rien de trop beau pour le mâle représentant de la tribu, portant ostensiblement les marques de l'affranchissement, lesquelles, qu'on le remarque, ne pouvaient consister que dans des rajeunissements significatifs. Quant à elles, si éloignées de l'importance de l'homme, de sa prépondérance, leurs toilettes n'avaient pas à prendre de signification nouvelle; elles sont d'un intérêt secondaire aux yeux de la tribu, et d'ailleurs, d'un usage si rare. La grande parure de la paysanne, le vêtement d'honneur, légué par la mère à sa fille depuis des siècles et qui se trouve dans toutes les familles, n'est point l'habit du villageois endimanché. Ce vêtement d'honneur n'est d'usage qu'en des jours comptés : les fiançailles, les baptêmes, les grandes circonstances de la vie.

On cite souvent, comme ayant dû contribuer à la conservation des costumes et parures à l'usage des femmes, des ordonnances que l'on empruntait en Suède à l'Allemagne et qui, comme le montre, par exemple, l'arrêté du conseil de Spire de 1356, concernant les dames, font ressortir combien, particulièrement, la fille non mariée, était l'objet de privilèges en même temps que de surveillance dans la société germaine.

Les Suédoises ayant dû reconnaître depuis longtemps, combien pour elles c'étaient là des privilèges de surface, tout en constatant qu'elles n'avaient point les mêmes motifs pour répudier tous les vestiges du moyen-âge, nous croyons surtout à l'efficacité des causes, d'un ordre bien autrement décisif, qui sont signalées, et qui découlent de l'organisation patriarcale de la famille agricole.

En résumé, et puisque nous avons parlé de philosophie du costume, et des traditions différentes qui peuvent en expliquer la conservation ou l'abandon, le problème posé par l'exhibition des toilettes rustiques de la Suède, nous paraît devoir aboutir à cette conclusion : l'homme antique, le *compagnon* de la *bande guerrière*, le soldat qui choisissait son chef, est d'autant plus resté semblable à lui-même, que l'habit, parfois d'aspect baroque, mais d'intention égalitaire, porté par le paysan, avec sa gravité naturelle et son allure sans vivacité, a été rajeuni. Cet abandon si complet des anciennes formules du costume masculin, est l'un des effets d'une tradition morale, d'autant plus certaine que la race est plus réfléchie et, généralement, peu empressée au changement, comme le montrent les grandes toilettes féminines, dont la conservation semble là toute naturelle, étant donné le rôle, insignifiant en politique, subordonné même dans la famille, auquel la femme se trouve réduite dans la tribu agricole.

Historiquement, il semble que l'emprunt, l'adoption des choses exotiques, soit la loi du costume des Scandinaves. C'est à la lointaine influence de la grande masse des marchandises importées en Suède, à l'époque où la Russie fut tombée sous la domination des Varègues, que l'on fait remonter les rapports essentiels qui existent entre la parure des femmes du royaume de Suède et celle des Slaves orientaux. C'est dire que dans les choses du costume qui paraissent les plus originales en Suède, il n'y en aurait pas dont l'originalité lui appartienne autrement que par l'adoption.

Y eut-il une originalité véritablement scandinave, qu'elle aurait eu de la peine à résister à l'invasion qui se produisit vers l'an 1000, époque de l'envahissement du christianisme. Les missionnaires allemands furent alors comme une avant-garde d'une armée de commerçants et d'ouvriers de toutes sortes qui, sous la protection d'un clergé très puissant, vinrent remplir le rôle d'ouvriers spéciaux, cordonniers, tailleurs, etc., parmi des populations qui en avaient été à peu près dépourvues jusqu'alors. Ce sont ces Allemands qui fondèrent Wisby, en l'île de Gothland, Bergen, en Norvège, restés comme des marchés importants, où ces marchands apportèrent leur goût qui détermina un mouvement décisif. La vieille habitude où étaient les femmes de confectionner elles-mêmes tous les vêtements nécessaires à leurs proches, alla se perdant peu à peu. Vers la fin du douzième siècle, la coupe du vêtement des hommes était devenue la *germano-franque*. Dès le début du quatorzième siècle, l'ancien costume se trouve remplacé par le costume allemand. L'originalité propre ne paraît exister réellement en Suède, que dans le for intérieur de l'homme. Tout au plus signale-t-on que lorsque les Scandinaves connurent les fins tissus de laine, de coton, de soie, tous importés, on remarqua que les hommes ne se servirent de ces étoffes fines pour leurs vêtements, que lorsqu'elles étaient de couleur sombre, grise ou brune. Pour les femmes et les enfants, la plupart du temps c'était le contraire; leurs couleurs préférées étaient le vert, le bleu, le rouge, clairs, vibrants. Les Suédoises qui, par ce goût, se seraient déjà distinguées de celui de leurs maris, offrent encore d'autres contrastes. Tous les voyageurs ont parlé de leur beauté, de leurs formes gracieuses et sveltes, de leur tournure d'une élégance naturelle. Rien n'égale, selon l'enthousiaste Daumont, l'éclat de leur teint, la beauté de leur chevelure, l'expression de leur physionomie douce et animée. Les dons de la nature, selon ce même auteur, ont été surtout répandus avec profusion sur les femmes d'une condition inférieure. Ce contraste devient tout à fait piquant, lorsqu'on entend M. Louis Enault s'exclamer : « Comment avouerai-je que la coquetterie féminine reste en Norvège beaucoup au-dessous de la magnificence de la moins belle moitié du genre humain ? »

Les exemples répartis dans nos diverses planches provenant de localités situées dans des conditions fort différentes, d'un bout à l'autre de la surface du pays, il est nécessaire d'en indiquer les grandes divisions régionnaires pour que l'on puisse se rendre compte de la nature des costumes, selon les nécessités climatériques, et aussi selon la nature des milieux plus ou moins prospères.

Le royaume de Suède, par une répartition qui remonte à l'époque de l'invasion des Germains, se divise en trois régions qui sont, en allant du sud au nord : la Gothie, la Suède proprement dite, le Nordland comprenant la Laponie. La Norvège compte également trois divisions régionnaires; le Sœndenfields, le Nordenfields, le Nordlandens, que l'on désigne encore sous les noms de zone pastorale, zone aride, et zone sauvage.

La Laponie *norvégienne*, presque toute au delà du cercle polaire est composée du Finmark. La Laponie *suédoise*, riveraine en grande partie du golfe de Bothnie, prend le nom de Lappmark. L'Islande la « terre de glace » se rattache étroitement par sa population au groupe scandinave. On parle le danois dans cette île soustraite à la domination de la Norvège depuis 1397, mais l'Islandais n'en a pas moins conservé dans toute sa pureté l'ancienne langue de ses ancêtres.

Nos exemples provenant de la Scanie, du Halland, de Bleking, de Smaland et de la Westrogothie, sont de la Gothie; ceux fournis par la Sudermanie et la Dalécarlie, sont de la Suède proprement dite.

Le diocèse d'Aggerhus est de la zone pastorale de la Norvège. Les diocèses de Bergen et de Drontheim sont de sa région centrale, la zone aride.

La Suède a un climat sévère, un air pur, et non pas les brouillards de la Norvège où la pluie est fréquente. Le ciel norvégien, presque toujours nébuleux, couvre le pays d'un jour pâle, terne, triste, dû aux golfes innombrables et aux abondants cours d'eau de cette « terre des lacs, » comme l'appelle Ossian.

Les documents proviennent principalement du Musée d'ethnographie scandinave, fondé à Stockholm, par M. le Dr Artur Hazelius, qui en est le directeur. Les parures orfévries et l'intérieur de l'habitation qui font partie de ce musée, figuraient dans la section suédoise de l'exposition universelle de 1878. Nous avons emprunté à Forssell, les figures qu'il a publiées dans l'*Ett ar i Sverige* (*Une Année en Suède*, Stockholm, 1836); et une partie des figures lapponnes ainsi que leurs ustensiles sont tirés de « *Om Lappland och Lapparne* », par M. Gustaf von Düben.

Voir pour le texte: Le catalogue de l'Exposition ethnographique (*section suédoise*), *Exposition universelle de 1878*. — *La brochure publiée cette même année sur le Musée d'ethnographie scandinave de Stockholm*, par M. J.-H. Kramer. — Les ouvrages cités ci-dessus de Forssell et de M. Gustaf von Düben. — A. de Humboldt, Introduction du Voyage en Norvège et en Laponie, par Léopold de Buch. — Alex. Daumont, Voyage en Suède. — Carteri, Voyage en Suède, 1873. — Twinning, Voyage en Norvège et en Suède. Revue suisse, 1877, Chronique scandinave. — J.-J. Ampère, Esquisses du Nord. — M. Xavier Marmier, Lettres sur le Nord. — De Sève, Le Nord industriel et commercial, 1862. — M. Louis Enault, La Norvège, 1857, et Un Amour en Laponie. — M. Paul Riant, Voyage dans les États scandinaves (*Tour du monde*, 1860). — M. Jules Defontaines, La Suède au XIXe siècle. — M. de Saint-Blaise, Voyage dans les États scandinaves (*Tour du monde*, 1861). — Toilette de la fiancée en Norvège (*Magasin Pittoresque*, 1862). — Ph. Le Bas, Suède et Norvège (*Univers pittoresque*). — M. Léouzon le Duc, La Fille du sorcier (*Paris, K. Nilson*, 1875). — Hermann Weiss, Korstümkunde.

SUÈDE

COSTUMES LAPONS, NORVÉGIENS ET SUÉDOIS.

13 14 15 16 17
18 19 20 21 22

Les n°s 13, 14, 15, 16, 17 proviennent du Finmark et du Lappmark. Voir à leur sujet la notice de la pl. B T. concernant les Lapons.

N°s 18 et 19. — Scanie, district de Jerrestad.

Garçon et fille en toilette nuptiale. — L'homme est en jaquette courte, ornée de boutons d'argent à ombilic très saillant, pressés les uns contre les autres de manière à former bande. La garniture des boutons du gilet est disposée de même. Ce gilet est en laine ainsi que la culotte, et tous deux sont de même couleur. Le col de la chemise, haut, évasé, fortement empesé, se tenant droit, porté sans cravate, rappelle la corolle du col vidé que l'on voit dans toute sa pureté n° 12, pl. B R. Chapeau en feutre mou ; bottes de cavalier, cuir noirci ; bas montrant leur blancheur au-dessus de la tige de la botte, et parés par une jarretière brodée en couleurs où le rouge domine ; les bouts pendants se terminent en une espèce de petits glands. Sur le ruban de la jarretière on dispose de distance en distance des floches de laines en bouquets. En somme, costume de cheval, dont ces paysans font un large usage.

La parure orfévrie de la mariée est du caractère le plus rustique : argent doré, sans pierres de couleur ni filigranés. Les n°s 14, 25 et 26 de la pl. B Q appartiennent à cette figure. La grande pendeloque en forme de croix dont les disques concaves et mobiles qui se superposent produisent un bruissement métallique à chaque mouvement de la fille en marche, est un des types de ce genre de bijouterie dont la sonorité est assurément fort agréable aux oreilles de la mariée de Jerrestad, puisque les grands boutons en argent qui entrent généralement dans sa toilette, sont très souvent, au poignet particulièrement, de véritables clochettes. Au-dessus de la croix de suspension, on voit fréquemment figurer sur la poitrine quelque grande agrafe portant des initiales sacrées comme celles de J.-C.

La masse des jupons attachés sous le bras (il y en a au moins cinq) fait disparaître la taille et cache les formes. (Dans le Vermland les filles riches portaient parfois jusqu'à dix jupons pour montrer leur opulence ; elles avaient soin d'en faire toujours paraître les bords afin que l'on pût les compter ; cet usage était encore courant vers 1820). Le corsage de notre mariée est en laine, il est souvent en soie. Sa ceinture, en laine rouge, a de longs bouts pendants terminés en floches et, tombant sur le large tablier blanc, toile de lin finement travaillée en ajours d'un dessin régulier formant une bande horizontale à sa partie inférieure.

Une pièce fort caractéristique de cette toilette est celle que l'on voit suspendue un peu au-dessous des hanches ; cette pièce, formée de parties indépendantes pour la facilité du jeu, est une espèce de matelas qui sert pour s'asseoir.

Loin de dissimuler cette pièce préservatrice, on voit ici que la mariée lui donne au contraire l'importance d'un décor orné avec une richesse qui lui est propre : de la dentelle d'argent, des disques métalliques sur un fond de laine rouge.

La coiffure est en forme de couronne pleine, à fond

plat, à bouts pendants par l'arrière ; elle est faite de laine, ornée de dentelle et laisse la chevelure assez à découvert sur l'avant. Le col de la chemise, moins ample que celui de l'homme, participe du même mode ; il est droit, également fixé par un bouton à la base du cou, et porté sans cravate.

Le mouchoir, tenu à la main ou accroché à la ceinture, est un cadeau du fiancé. Les bas sont invariablement noirs ou bleus foncés, contrairement à ceux des hommes qui les portent blancs. Le soulier, découvert, est simple et sans talon.

La Scanie, ainsi que le Bleking et le Halland sont d'anciennes provinces danoises, devenues suédoises depuis moins de deux cents ans.

N° 20. — Dalécarlie ; paroisse de Mora.

Paysan mineur, en costume d'hiver. — Le vêtement supérieur, d'un drap grossier, est noir ou blanc suivant le canton ; ce qui fait distinguer les habitants en Dalécarliens *noirs* ou Dalécarliens *blancs*.

La pièce la plus caractéristique du costume de Mora est le large tablier de cuir pris sous la ceinture appelé *forskinn*, que l'homme de ce pays de mines semble ne jamais quitter ; on n'y voit même guère d'enfant, quelque petit qu'il soit, qui n'ait son grand tablier de cuir brun. Les deux couteaux renfermés dans un étui de cuir appendu à la ceinture, accompagnent d'ordinaire le forskinn ; et il en est de même pour les femmes dont le couteau de ceinture sert également pour éplucher les pommes de terre en robe de chambre que l'on mange avec des harengs pendant presque toute l'année.

Le Germain de la Suède ne diffère point, sous ce rapport, du paysan batave, ni du Norvégien. Dans toute la Norvège c'est la coutume de voir porté au côté, attaché à la ceinture de cuir, le couteau poignard, appelé là le *dolkknif*.

L'épaisse redingote ou pelisse est doublée en dedans d'une peau de mouton conservant son poil. Le soulier fort, à double semelle, a une large patte coupée en carré, retombant sur le cou-de-pied, et munie aux angles de cordons, comme si cette patte devait se relever et être fixée à la jambe par ces cordons. Il ne semble point que, dans l'usage, on la relève jamais, et dans la chaussure parée, de même configuration, cette patte montre son revers en couleur, souvent brodé, avec les cordons terminés en petits glands, retombant librement.

Le chapeau à bords exigus, tronqué bas, est celui du travail ; on l'emploie de même aux champs. Dans la saison chaude, l'homme est le plus souvent sans habit, en manches de chemise.

N°^{os} 21 et 22. — Diocèse de Bergen ; bailliage de Sondre-Bergenhus ; paroisse de Voss.

Mariée et fille d'honneur. — Les détails de la parure orfévrie de ces deux femmes, qui portent une joaillerie de même caractère, se trouvent en la pl. B Q, n°^{os} 4, 9, 12, 17, 20, 23 et 24 ; ces deux derniers montrant la couronne de la mariée sous deux aspects.

Le corsage, très ajusté, de la demoiselle d'honneur est à épaulettes ; la laine en est bordée de velours noir, et il laisse voir assez largement un plastron orné de broderies en couleurs d'un dessin régulier et d'un style tout oriental, se rapprochant des sévérités de l'antique mosaïque.

Ces femmes mettent une cravate basse au petit col droit de la chemise, et souvent portent quelque chaîne de cou. Quoique la coiffure de la mariée soit fort différente de la couronne rayonnante de l'usage le plus répandu, ce carton plat est néanmoins regardé aussi comme une couronne ayant son prix, puisque c'est par cette coiffure que la *fiancée couronnée*, ainsi qu'on l'appelle, montre qu'elle est vierge. La chevelure tombant en liberté, flottant sur les épaules, est de celles qui doivent être volumineuses, pour répondre à la largeur du plateau dont la tête de la mariée se trouve couverte ; on la *nourrit* donc, au besoin, de quelques éléments postiches, et parfois même on la remplace par une perruque de lin en guise de chevelure d'or.

Le mouchoir non déplié que cette fiancée tient à la main semble être le mouchoir dont elle fait présent à son fiancé, et qui sera enfermé dans une boîte après la cérémonie du mariage, en souvenir de ce jour. (La mariée de Hardanger, dans la même province, pl. ayant pour signe la Corde, n° 9, porte avec plus de cérémonial ce même mouchoir finement brodé en couleurs.)

(*Voir, pour la provenance des documents et les renseignements bibliographiques, la notice de la pl.* B S.)

SUÈDE

COSTUMES DES PAYSANS DE LA SUÈDE ET DE LA NORVÈGE.

23 24 25 26 27
28 29 30 31 32

N° 23. — Scanie, district de Jerrestad.

Fille à l'époque de la moisson. — Ce costume, d'un usage encore assez général il y a une trentaine d'années, consiste en un vêtement unique, une blouse appelée *hoste sarken*, chemise d'automne. On ne porte pas de bas avec cette blouse, le col en est fermé par un bouton, le vêtement restant entr'ouvert sur la poitrine, et étant retenu à la taille par une ceinture en laine faite au crochet. La tête est préservée par une étoffe enroulée dont les bouts retombent largement en arrière. Cette coiffure, tantôt rouge, tantôt noire, est égayée aux jours de fête par des rubans de couleurs. Les pieds sont chaussés d'un soulier assez découvert. Cette blouse est un vêtement de haute antiquité, à l'usage des anciens Scandinaves méridionaux qui avaient l'habitude, les hommes comme les femmes, de ne porter souvent dans l'intérieur de la maison que ce vêtement unique, assez étroit, avec de larges manches et un trou pour passer la tête.

Les gens de haut rang en avaient en étoffe de soie, descendant jusque sur les pieds, se terminant en une longue traîne qui balayait le sol, et qui, sur les bords, était souvent ornée de broderies d'or. La longueur du vêtement unique caractérisait celui des femmes opulentes. La blouse ou chemise féminine différait encore de celle des hommes (cette dernière ne descendant guère, le plus généralement, que jusqu'aux genoux), par de certains détails, comme le trou d'ouverture pour le passage de la tête, plus large dans le vêtement féminin, découvrant plus ou moins la poitrine, ce qui nécessitait l'emploi d'un mouchoir de cou. Les femmes avaient alors l'habitude de ne ceindre cette blouse que pour y assujettir un vêtement superposé. Les gens aisés avaient cette chemise de lin ; les pauvres la portaient en toile grossière de chanvre.

N°s 24 et 25. — Diocèse de Bergen. Hardanger.

Fermier endimanché. Fille en costume d'honneur. — L'homme, d'un âge mûr, porte un grand habit en vadmal, de couleur claire, à boutons blancs, à gansés de laine noire. Ce grand habit ainsi que le gilet à basques orné de fleurs brodées, la culotte en peau, souvent brodée, les bas blancs, et, si ce campagnard ne portait pas les bottes du cavalier, les souliers à boucle d'argent, sont autant de pièces du costume marquées au coin du siècle dernier. Le bonnet a un haut revers en fourrure qui rappelle celui de Franklin. Le col de la chemise, replié sur une cravate offrant un nœud brillant de couleurs vives, est du dix-neuvième siècle. Ce costume national se portait toujours les dimanches, selon M. X. Marmier, visitant la Norvège vers 1840. Ce type représente le maître du gaard du Nordenfields.

La fille d'honneur qui assiste au mariage est généralement une femme mariée elle-même. Le groupe de ces deux figures semble représenter une demande en mariage, faite par une ambassadrice en grande toilette, pourvue de la boîte en bois peint, la *boîte du prétendant*, dans laquelle on renferme les boutons et les rubans, et qui, pour le moment de la demande où elle est acceptée en marque d'acquiescement, est garnie de grandes monnaies d'argent. Cette femme montre le bas foncé se terminant en un pied blanc, comme en usent les Dalécarliennes au bout de leur bas rouge. Un anneau de laine brodée en couleurs et fixé à la hauteur du cou-de-pied fait supposer que ce pied blanc est une chaussette superposée sur le bas. Le soulier, assez découvert et se terminant en pointe, est sans cordon ni rosette.

N° 26. — Dalécarlie, paroisse de Leksand.

Femme et son enfant; costume d'hiver. — Le bonnet en forme de béguin à fond plat, fait de laine et brodé, bordé de dentelle, cachant entièrement les cheveux, est la coiffure de la femme mariée. En été ce bonnet est de lingerie, mais de même caractère. Les filles non encore mariées le dégagent par derrière, de manière à laisser passer des nattes joliment ornées de rubans à couleurs voyantes. Cette distinction de la coiffure de la femme mariée ou non, qui existe dans toute la Dalécarlie, se retrouve également dans d'autres contrées de la Suède; à Viugaker il en est de même qu'à Mora et à Leksand, où, en outre de la coiffure, le tablier porte le nom de « fille », avec un sens particulier, dit Forsell, concernant les couleurs qui désignent les différentes saisons et les grands jours de fête.

Il est vraiment curieux de retrouver chez les descendants du Scandinave d'origine asiatique des coutumes qui se rapportent encore à celles de l'extrême Orient. Les mois bourgeonnant, fleurissant, etc., qui se reflètent dans les toilettes des femmes au Japon (voir la notice de la pl. ayant pour signe la Babouche) et le soulier au talon central, donnant au pied de la Dalécarlienne de Leksand une inclinaison qui le rapproche du brodequin du pied mutilé de la Chinoise, sont autant d'indications qui rappellent les origines. (Voir le détail de la chaussure, pl. B R., n° 36.) L'emploi de ce soulier est si difficultueux, qu'il exige un usage contracté dès le bas âge; il a du reste la patte repliée et retombant sur le cou-de-pied lacé du soulier dalécarlien.

Le corsage de cette Dalécarlienne est bas, il recouvre un fichu épais serré au cou et protégeant la poitrine. Le vêtement supérieur est une veste de laine, blanche comme la peau de mouton conservant son poil qui lui sert de doublure, et forme les parements. Le costume se complète d'une jupe brune finement rayée dans le sens vertical, et d'un tablier en « chalong » tissu local qui est une espèce de tapis, souvent rayé, de l'emploi le plus ordinaire. Les couleurs les plus habituelles du chalong sont le vert et le bleu, fréquemment rayés. Dans le deuil on porte du jaune. Les Dalécarliennes, ainsi qu'en usent les Laponnes pour conserver la liberté de leurs mains, portent leur enfant sur leur dos, assis dans une espèce d'étui suspendu par une bretelle. Le béguin de l'enfant est semblable à celui de la mère; sa chaude enveloppe est de la même nature que la veste fourrée de celle-ci. Cet enfant si jeune est déjà chaussé d'un soulier à talon.

N°s 27 et 28. — Diocèse de Drontheim, bailliage de Romsdal, prévôté de Sondmor.

Garçon et fille en costumes nuptiaux. — La mariée porte la couronne rayonnante en cuivre doré. (Voir le détail, pl. B Q, n° 21.) Cette couronne, qui appartient à l'église selon la coutume la plus générale, n'est remise par le pasteur à la fiancée que lorsque la fille est de vertu irréprochable; aucune de celles sur le compte de qui il y aurait quelque chose à dire n'oserait la porter. Les fleurs naturelles que l'on y ajoute, et qui dans d'autres localités se mettent au corsage, sont le symbole de l'innocence. Des rubans de couleurs, enrichis de dentelle noire, tombent de chaque côté de la tête, par-dessus la chevelure divisée sur le front, et s'épandent librement en masses qui doivent paraître opulentes. On la grossit, s'il le faut, avec des cheveux postiches ou même avec du foin; on la remplace, au besoin et comme on l'a vu, par une perruque de lin.

Un fichu-pèlerine prenant le cou, couvrant la poitrine où il forme plastron, sert, avec la couronne, de parure principale. Le fond, de laine, est décoré de rubans de soie posés sur une large dentelle travaillée, faisant le tour du cou et servant de bordure au fichu. Le milieu, de figure triangulaire, a son fond rouge presque entièrement couvert par une bijouterie orfévrerie reliée par des chaînettes, joaillerie rehaussée par des pierres de couleur. Le n° 9 de la pl. B Q est un spécimen du genre de cette orfévrerie, où les petits disques mobiles alternent avec des petites croix également mobiles. Le bas du fichu est fixé au corsage par une broche. Le petit manchon est orné de dentelles et de rubans, de même sorte et couleur que le fichu, et porte aussi, sur son fond de laine, quelques petites pièces isolées de bijouterie simplement métallique. La ceinture de laine, se prolongeant en un long bout tombant, est un ruban où sont espacées régulièrement des espèces d'agrafes orfévries. Le tablier, assez court et de peu de largeur, est d'une étoffe légère, à transparence de mousseline, sans broderie.

La robe, de couleur foncée, est simple ; jupe assez longue, volume modéré ; un double rang soutaché forme vers le bas une bande horizontale assez large. Bas très foncés ; soulier à boucle d'argent.

Le marié porte un chapeau droit, de forme haute, à bords exigus ; le tuyau de poêle du dix-neuvième siècle. C'est un castor de soie brillant dont le bourdalou étroit est maintenu par une boucle légère en argent, laquelle se porte, non de côté, mais de front.

Le col de la chemise, droit, empesé, cassé aux angles, appartient, ainsi que le nœud d'une cravate à vives couleurs, à ces mêmes dernières époques. Le surplus de la toilette est d'un caractère un peu moins moderne. Le frac court est d'une coupe qui le rapproche de l'espagnol, mais porté sans la ceinture méridionale, il est surtout de goût français. L'habit écarlate, doublé de blanc, garni de boutons blancs, est conforme aux *lois qu'il faut suivre* édictées en France, en 1785, par le cabinet des modes.

La prévôté de Soudmor est formée d'îles en grande partie. Ce farand' avec sa culotte ajustée, ses bas blancs, ses souliers à boucle, est-il un marin ou un terrien ? A quelle classe rustique appartient réellement ce paysan ? Rien ne le décèle dans ce costume habillé.

Nos 29 et 30. — Scanie, district d'Ingelstad.

Garçon et fille en costumes de mariage. — La parure orfèvrie de la mariée est en argent doré, du même caractère que celle du nº 19, pl. ayant pour signe le Chien de fusil, et dont on voit les détails pl. B Q; nos 14, 25 et 26. Le costume est moins riche que celui de la mariée de Jerrestad ; il y a moins de jupons, la jupe est un peu plus longue ; les principes sont les mêmes.

Le costume de l'homme annonce au contraire, plus de coquetterie. C'est aussi une tenue d'équitation comme à Jerrestad ; mais le paysan prend ici une tournure de cavalier d'une certaine grâce qui manque à l'autre. Jaquette courte à épaulettes, fermée sur la poitrine, de caractère espagnol du seizième au dix-septième siècle. On brode à toutes couleurs une petite corbeille de fleurs dans le dos de ce vêtement (le voir par derrière, pl. B R, nº 42) ; cela rappelle certaines broderies bretonnes, et pourrait être un souvenir commun du celtique. Le col de la chemise est aussi une survivance du col en entonnoir.

Le fiancé, selon l'usage, porte un fouet qui n'est pas, dit Forsell, pour montrer qu'il veut avoir le premier mot dans la maison. Il témoigne seulement que l'homme d'Ingelstad aime le voyage. On retrouve la même coutume à Wingåker, dans la Sudermanie.

Nos 31 et 12. — Sudermanie, paroisse du Wingåker occidental.

Garçon et fille, fiancés. — L'homme a la tête nue pour montrer sa chevelure coquettement divisée en deux par une raie médiane ; son chapeau serait un brillant castor droit, de hauteur moyenne, avec des bords assez larges relevés aux ailes, et orné d'un haut bourdalou de velours à grande boucle d'argent se présentant au-dessus du front. Le vêtement supérieur est une espèce de lévite blanche en toile écrue appelée *walmar*. Cette enveloppe d'été, à petit collet droit en ruban de velours noir, est sans boutons ; elle se ferme au haut de la poitrine par une patte dont le bout dépasse en dehors, et qui est de la couleur rose pourpre de la doublure. Le gilet est un tricot qui forme plastron en s'attachant sur le côté. Culotte étroite ; bas blancs. Le col replié de la chemise est bordé de dentelle. Le soulier de cuir a une patte carrée retombante, cachant le lacet de la chaussure, comme en Dalécarlie. La lévite, toute longue qu'elle est, convient à l'équitation, car elle n'est retenue que vers le haut de la poitrine. Le fouet dont on voit le manche à dragonne tenu sous le bras du fiancé, a la même signification que ci-dessus. Il marche avec les gants de cheval dont la fiancée fera hommage à son futur.

La toilette des fiançailles que porte la fille n'est point celle du jour de la noce, où l'épousée reçoit la couronne en cuivre doré, de forme rayonnante. Le contraste est grand entre cette parure pudique et modeste, et la mariée de cette localité montrée par Forsell, qui apparaît dans son décolleté comme une espèce de parodie des choses du temps de la Pompadour, c'est-à-dire avec les paniers à large envergure, le corsage droit, les demi-manches avec le flot des engageantes, l'esclavage de perles au cou, au pied la mule à talon, blanche, brodée en couleurs, l'éventail à la main, le bouquet au côté.

La fiancée porte ici le haut bonnet de toile, prenant le front, s'élevant comme une mitre à double pointe, cachant entièrement les cheveux, remplacés à la hauteur par de longs rubans de couleurs diverses dont la masse tombe dans le dos. Le col replié de la chemise est bordé de dentelle. Une espèce de spencer noir à manches en laine fine, ne recouvrant que le haut du corsage y est fixé, par une large et double agrafe d'orfèvrerie; une ceinture assez haute, à fermeture également orfévrie, s'agrafant sur le devant, par-dessus le tablier de soie, une jupe en laine écarlate, un soulier de cuir à patte, complètent cet ajustement. On attache à la ceinture les fichus de laine, frangés, donnés par le fiancé, et aussi le cordon, nommé *pangtrossen* supportant plusieurs sacs en cuir brodé qui contiennent la petite cuiller en argent à manche court, le couteau, la fourchette, de petits étuis à aiguilles, et des objets menus à l'usage de la ménagère.

Le moment choisi est celui de l'échange des cadeaux entre les fiancés. Le garçon vient d'offrir quelque joyau, et observe en souriant le succès de la surprise. La fille, nantie de son petit livre de prière qui, probablement, lui a été donné de même, va offrir à son tour les gants de cheval en peau de Suède et l'ample mouchoir, brodé de sa main.

(*Voir, pour la provenance des documents et les renseignements bibliographiques, la notice de la pl. B 8.*)

SUÈDE ET NORVÈGE

PAYSANS.

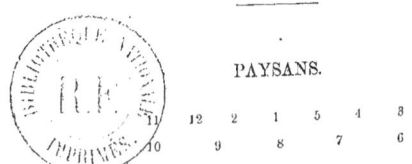

Les n°s 1, 2, 3, 4, 5 représentent des habitants de la Dalécarlie, en suédois *Dalarne* (pays de vallées); c'est une province septentrionale, montagneuse et sauvage, au climat rude, où l'on exploite des mines de cuivre, de fer, de plomb et des carrières de porphyre. — La population de cette partie de la Suède est malheureuse et émigre souvent dans les parties plus fertiles du royaume.

Les n°s 1, 2 représentent des habitants de Mora en costume de travail; ce sont des horlogers vendant leurs produits; l'horlogerie est une des principales industries de la Suède.

N°s 3, 4, 5. — Famille de Leksand en habits du dimanche; ces vêtements sont les mêmes dans tout le pays environnant; la couleur d'une seule pièce du costume, comme le tablier, par exemple, suffit pour distinguer une commune de l'autre.

Le n° 6 appartient également à la Suède, mais dans la partie la plus méridionale : la Scanie, où les habitants sont beaucoup plus aisés. — Le charmant costume représenté est celui d'une riche paysanne de cette province.

Les numéros suivants représentent des Norvégiens en habits de cérémonie.

Les n°s 7 et 8, deux habitants de Sätherdalen en costumes de mariés.

Le n° 9, une mariée d'Hardanger, le n° 10, la fille d'honneur de la mariée.

Les n°s 11 et 12 figurent aussi des mariés dans leur costume ; ce sont des paysans d'Hitterdalen.

Ces costumes proviennent de la magnifique collection de mannequins en grandeur naturelle, reproduisant les nationaux des diverses provinces de la Suède et de la Norvège, dont une partie a figuré à l'Exposition universelle de 1867, à Paris.

BQ

SUÈDE.

PARURES ORFÉVRIES A L'USAGE DES PAYSANNES SUÉDOISES ET NORVÉGIENNES.

N° 1. Plaque centrale d'un collier de suspension dont le tour de cou se compose de cinq rangées de cordons finement tressés. — Plaque rectangulaire, dorée, couverte d'un filigrane d'argent, mêlé de perles et de pierres de couleurs taillées en brillants, c'est-à-dire, en relief, avec une table ou facette principale, quelle que soit leur dimension, et fixées par un sertissage. Une pierre de couleur forme immédiatement une pendeloque centrale mobile; elle est encadrée par une chaînette en demi-cercle suspendant une autre pendeloque, du jeu le plus élastique. Ce joyau est norvégien.

Tous les bijoux de cette planche, sauf les couronnes, étant régulièrement réduits de moitié, cette plaque dans sa plus grande largeur, mesure environ 8 centimètres.

N° 2. Couronne de mariage. — Forme rayonnante; cuivre doré et argent. Filigrane en ajouré. Rubis et émeraude. Des pendants en facettes, rapprochés et mobiles, tombent du cercle supérieur, et brillent d'un éclat changeant au moindre mouvement. Type norvégien. Cette couronne est du genre de celle, encore plus évasée, que porte la mariée de Hardanger, n° 9, pl. ayant pour signe la Corde.

Cette fleur d'oranger du pays, la couronne de mariage, que la Suédoise ou la Norvégienne ne porte qu'une fois dans sa vie, ne pare pas le front de la vierge seulement le jour de la cérémonie nuptiale. Dans le Hardanger, par exemple, d'où est tiré cet exemple, les fêtes du mariage durent une huitaine de jours, pendant lesquels la « fiancée couronnée, » comme on l'appelle, reste parée de tous ses atours, bagues, colliers, chaînettes, épingles et couronne. Cette dernière est faite de façon qu'en appuyant sur un ressort secret on la détache de la tête. Le huitième jour, c'est la mariée qui donne elle-même le signal de la fin des réjouissances; elle touche du doigt le point invisible qui fait ouvrir la couronne, et rend à la chevelure d'or toute sa liberté, pour la dernière danse joyeuse à laquelle elle se livre avec son époux. Puis la musique se tait, et tout le monde disparaît; chacun s'en va sans saluer personne.

N° 3. Broche, argent doré.

N° 4. Ceinture de laine rouge, bordée de vert, sur laquelle est fixée l'orfévrerie, en plaques rectangulaires et accotées, de manière à ne pas en empêcher la souplesse. — Mode de très haute antiquité, familier au moyen âge, et à l'usage des Lapons; aux approches de l'agrafe, le tissu est plus dégagé. L'agrafe est en crochet. De petits disques, présentant leur concavité et suspendus à un anneau mobile, donnent un éclat mouvementé à cette ceinture étroite, le mouvement les fait entrechoquer. Les plaques dorées sont de l'estampage; l'agrafe et la rondelle qui l'avoisine sont filigranées d'argent et ornées d'une pierre de couleur. Cette ceinture, très typique, est celle de la mariée de Vos et de sa « fille d'honneur, » laquelle, en général, doit être une femme mariée. (Voir n°s 21 et 22, pl. ayant pour signe le Chien de fusil.)

N° 5. Plaque centrale d'un collier du genre n° 1, mais de proportion moindre. — Quatre rangées de chaînettes forment le tour de cou; deux sont agrémentées de perles de verre soufflé, les deux autres de fusées de laiton en figures de bobines. Pierres de couleurs taillées en briolettes. Bijou norvégien.

N° 6. Bague en or, type norvégien, islandais, et aussi lapon, dans son principe. Les petits glands mobiles sont ronds comme des grelots et s'entrechoquent avec une certaine résonance. Dans la bague laponné, n° 126, ce sont des anneaux tordus qui tiennent la place des grelots.

N° 7. Cet exemple comporte deux pièces indépendantes formant parure, telles qu'elles se trouvent disposées sur la poitrine. La broche attache la chemise, le collier s'étale au dessous sur le corsage. Le système de suspension du collier assure l'étalage du bijou, les plaques intermédiaires et régulièrement espacées servant à maintenir les trois chaînettes à distance et sans mélange possible. Cette jolie parure est Suédoise. Fond doré, filigranes d'argent, rubis et émeraudes.

N° 8. Boucle d'oreille en argent ajouré, ayant la figure d'un croissant. — Le cercle fin se passe dans le lobe de l'oreille. Une chaînette y soutient intérieurement une étoile en pendant, à jeu libre. Dans les rinceaux du filigrane, de petits brillants en rosettes, deux rubis, tout encastrés, et de petites étoiles mobiles en argent se trouvent appendus. Le goût de ce bijou délicat le rapproche beaucoup de la joaillerie persane, telle qu'elle se montre dans la pl. ayant pour signe le Seau, n°ˢ 20 et 21. Type norvégien.

N° 9. Broche de corsage, argent doré ou cuivre. — Cette parure, d'un métal unique, se trouve sur la poitrine de la mariée de Hardanger. Son mode est des plus typiques ; le fond est occupé par deux rangées de petits ronds en bossage, de chacun desquels pend une pièce mobile, un disque concave, ou une croix byzantine ; la mobilité les fait briller tour à tour, comme elle les fait bruire.

N° 10. Pendeloque en forme de cœur, avec pendants à disques mobiles se superposant. — On porte les bijoux de ce genre, suspendus au cou par un cordon, assez bas au devant du corsage. Celui-ci, qui est norvégien, est à fond doré, filigrané d'argent et orné de rubis.

La pendeloque, en forme de médaillon ou en figure de cœur, s'ouvre souvent, et, reliquaire de l'amour, elle renferme quelque tendre souvenir. Parfois ce qu'elle contient est un présent symbolique, comme la minuscule éponge, remise par le fiancé, qui est un emblème de la propreté que la femme doit apporter dans son ménage.

La forme du cœur, si nettement accusée encore dans les agrafes des ceintures, n°ˢ 4 et 19, dans le contour des pierreries centrales de la plaque du collier, n° 1, ainsi que sur le plat de la coiffure de la mariée de Vos, n° 28, semé d'ornements d'applique dont l'intention n'est point douteuse, la forme du cœur, disons-nous, donnée au médaillon de cou contenant le gage le plus cher, et qui est toujours celle du joyau dont la fiancée bretonne orne sa poitrine, est depuis longtemps une des plus affectionnées parmi les populations du Nord. Ce symbole, si généralement adopté par les septentrionaux, semble être une originalité qui leur fut propre pendant un certain temps ; et il y a apparence que c'était pour la faire ressortir que le Danois Alfred le Grand, roi d'Angleterre, fit inscrire sur le filigrane d'un émail, d'industrie byzantine, conservée à l'Ashmolean Museum d'Oxford, que ce joyau, qui a la forme d'un cœur : « Alfred le Grand l'a fait faire. » Le Frank Charlemagne est le roi de cœur dans le jeu de cartes.

N° 11. Pendeloque en forme de croix, portée aussi par une chaîne de cou. — Fond doré, filigrane d'argent, rubis et émeraude ; perles aux angles intérieurs des bras ; à leurs extrémités et en bas, disques dorés concaves, mobiles, se superposant. Type norvégien.

N° 12. Autre pendeloque en forme de médaillon, légèrement convexe, également supportée par un cordon de cou. — Fond doré, filigrane d'argent, sans pierreries. Le centre des différents disques est occupé par une perle métallique ou forme de grelot mobile ; les pendants se prolongent par des pièces de monnaie du pays, attachées à un anneau, et soutenant chacune trois lamelles à jeu libre, qui se superposent et bruissent. Le filigrane en compartiments réguliers, et les grelots brillants tenant lieu de pierreries, font de ce bijou l'un des plus originaux du genre. Il est norvégien ; la mariée de Hardanger le porte.

N° 13. Ceinture composée d'appliques sur cuir de plaques en cuivre estampé, reliées entre elles par des charnières à fiche. — Chacune de ces plaques soutient deux anneaux mobiles. Cette ceinture est norvégienne ; le système en est très ancien, et toujours conservé chez les Lapons.

N° 14. Grande croix de suspension que la mariée de la Scanie porte à la hauteur de la ceinture, et dont les nombreux disques concaves, appendus, mobiles, superposés, doivent bruire, d'autant plus que le cordon de cou est plus prolongé. (Voir le n° 6 de la pl. ayant pour signe la Corde).

N°ˢ 25 et 26. Rondelles qui se portent par paires et qui entrent dans la parure de la mariée de la Scanie, avec la croix précédente. — Les grandes, en simple bossage, sont en cuivre ou en argent doré, et fixées sur un fond de laine rouge plissé en rayonnement. Elles s'attachent de chaque côté du corsage au-dessus de l'autre point de moindre dimension et fixée sur un même fond de laine ; les petites rondelles sont un peu plus ornées que les grandes ; à leur centre se balance le petit disque concave.

N° 15. Double bouton servant d'agrafe au col de la chemise. — Du centre de chacun de ces boutons d'une certaine convexité tombe une chaînette en pendant, supportant une croix byzantine, dont chaque bras et la partie inférieure se terminent à leur tour par de petits anneaux mobiles affectant la forme d'une bague à gros chaton ; quelques nielles décorent l'argent de ce bijou. La fille de Hardanger, n° 25, pl. A couronné, porte ce double bouton. Parfois cette agrafe est mise en double, une de chaque côté de la poitrine.

N° 16. Broche en argent, en disque légèrement convexe, d'où pendent cinq petites plaquettes en losange, en soutenant une autre en figure de cœur renversé ; pendants doublement articulés. Type norvégien.

N° 17. Broche d'un métal unique, joliment formée en rond par six têtes nimbées d'un rayonnement de coquillage, qui rappelle certaines conceptions étrusques. Provient de la Norvège.

N° 18. Grande pendeloque en cuivre doré, soutenu par un cordon que la paysanne du Télémark cache sous le repli du col de sa chemise. — Cette parure que l'on voit sur la pl. ayant pour signe la Corde n° 12, s'étale sur un corsage tout de lingerie et descend de la base du cou jusqu'à la ceinture. Cette pendeloque, d'une orfèvrerie rustique par excellence, uniquement composée de bossages et de disques concaves mobiles bruissant au moindre mouvement, est d'un éclat tout particulier, chaud, sans être jamais excessif, et jamais éteint, la lumière y renvoyant infailliblement de partout quelque étincelle.

N° 19. Double plaque de l'agrafe de ceinture. — Fond doré, filigrané d'argent ; petits brillants. Le milieu, qui cache le crochet, porte le petit disque concave mobile. Chaque plaque en porte elle-même trois, des plus minuscules. Type norvégien.

N° 20. Agrafe, fond doré, filigrané d'argent, rubis et émeraudes. — Cette agrafe, en deux parties, est de celles qui s'emploient sur la poitrine pour fermer la lingerie. Type norvégien.

N° 21. Couronne rayonnante, en cuivre repoussé et doré, surmonté d'étoiles d'où pendent des plaquettes mobiles de petite dimension que l'on retrouve de même plus bas, et dont le jeu, qui les fait briller, est facilité par l'évasement de la couronne. Cette coiffure nuptiale est celle de la mariée de Sondmor, pl. A couronné, n° 28. Dans ce dernier exemple, la partie pleine du métal disparaît presque entièrement sous la couronne de fleur qu'on y ajoute.

N° 22. Cette autre couronne, ajourée et de dimension beaucoup moindre, et qui paraît d'abord être une couronne d'enfant, semble être aussi une couronne nuptiale. Forsell, en représentant la mariée de la paroisse du Wingaker, dans la Sudermanie, la montre avec une couronne de ce genre, posée sur le haut de la tête et s'inclinant en arrière. Le costume de cette mariée, affublée des paniers de la Pompadour, chaussée de ses mules, décolletée, contrairement aux traditions pudiques du corsage suédois et norvégien, paraît avoir été une de ces tentatives auxquelles on doit rattacher cet essai de la diminution du volume de la couronne. Les amours qui portent en se jouant le bandeau de l'hyménée sont bien une allégorie dans le goût du dix-huitième siècle. Cette petite couronne suédoise est en cuivre repoussé.

N°s 23 et 24. Coiffure de la mariée de la paroisse de Vos, sous deux aspects. (Voir cette coiffure portée, n° 22, pl. ayant pour signe le Chien de fusil). — Ce carton plat, coiffure de la mariée, porte aussi le nom de couronne ; il est recouvert de laine brodée, de plaques en cuivre doré additionné de filigranes d'argent. Autour règne une suite de pendants mobiles en argent, filigranés à jour, et se terminant par les petits disques sonores d'un usage si général ; la suite de ces pendants s'arrête de chaque côté à l'espèce de corne avancée d'où les derniers pendants qui descendent en accompagnant le visage sont de plus de longueur et d'importance. Des verroteries de couleur, reluisant sur le plateau, ajoutent encore à l'éclat de cette coiffure. Le principe de cette couronne nuptiale, est exceptionnel ; c'est la forme rayonnante qui est le plus généralement employée, aussi bien en Suède qu'en Norvège, en Dalécarlie comme dans le Guldbrandsdal.

Cette joaillerie de paysan, ces couronnes de si mirifique apparence, dont la description appelle les expressions d'or, d'argent, de brillants et de perles, etc., ne sont en réalité que du clinquant ; l'or n'est souvent qu'une feuille légère ; l'argent, qu'un étamage ; l'orfèvrerie, un estampé. — Le verre soufflé fait les perles ; les diamants sont du cristal, et l'estimation de la parure la plus brillamment constellée ne saurait monter bien haut, lorsqu'on voit ce que coûtent les blocs de verre de toutes couleurs à débiter, que l'on appelle « masses » dans le commerce des lapidaires-faussetiers, où ils se vendent au kilo : Le strass de première qualité, 4 fr. ; le rubis, 8 fr. ; l'émeraude, 6 à 8 fr. ; le grenat, 6 à 10 fr. ; etc.

Cependant toutes les pierreries ne sont pas entièrement des produits chimiques ; la Laponie est un des pays de l'Europe les plus riches en cristaux, que les naturels appellent « diamants » ce qui les flatte, paraît-il. Ces cristaux, que l'on détache des pierres et des rochers, sont de formes inégales, parfois d'une transparence assez limpide, souvent, au contraire, traversés de veines, sillonnés de fentes, hérissés de bosses. Les lapidaires suédois en tirent cependant parti, et les polissent et les taillent comme des Sancy et des Régent. On trouve aussi dans la Laponie des améthystes pâles et comme obscurcies de petits nuages, des topazes un peu trop blanches, et d'autres pierres très dures qui ne manquent pas d'éclat sous leur teinte cendrée, et que l'on garde à l'état de *cabochon*, par la difficulté de les tailler. Les perles mêmes ne sont pas inconnues en Laponie ; il y en a plusieurs bancs dans les rivières, seulement il ne faut pas demander à ces frileuses du pôle, ni la vivacité, ni l'éclat, ni *l'eau,* ni la chaleur et la lumière, ni l'*orient* des perles d'Asie ; elles sont assez grosses et parfaitement rondes, mais leur blancheur est pâle et mate.

Certes, une parure gemmée, uniquement composée avec ces éléments locaux, en recevant une harmonie toute particulière, serait d'un autre prix que les verreries des orfèvreries de pacotille que l'on voit ici. Cependant, toute inférieure que soit cette orfèvrerie dans sa qualité, comme il serait pour ainsi dire inouï que dans ce pays des traditions la joaillerie des parures ne s'y rattachât pas, plus ou moins, il importe d'en examiner les caractères.

Nous nous bornerons à indiquer ce qui est de nature à démontrer la parenté directe, la filiation certaine, du clinquant suédois et norvégien : On a longtemps soutenu que l'influence byzantine s'y faisait sentir, vu les rapports de ces pays avec le Midi, ainsi que la présence de Scandinaves illustres dans l'entourage des empereurs d'Orient. En examinant de plus près, il semble qu'il y ait lieu de revenir sur ces présomptions trop faciles ; et peut-être, au contraire, les Scandinaves, venus du Nord, avec leurs armes et leurs parures, travaillées dans le goût reconnu comme celui des Scythes, ont-ils contribué à l'introduction des modes de l'orfèvrerie, d'importation asiatique, qui devaient envahir Byzance et, en quelque sorte, y révolutionner la joaillerie.

Le génie des anciens Scythes, en ce qui concerne l'emploi des métaux et des gemmes, apparaît dans l'histoire de l'art comme tout autre que celui des Égyptiens, des Grecs et des Étrusques. Il se révèle avec une puissante unité, soit qu'il s'agisse du jeu d'un métal unique, ou du jeu du métal allié à celui des pierreries. Sans entrer dans le détail de la parure des fonds, soit que ceux-ci soient meublés par les bas-reliefs des *drakslingor,* les entrelacements à l'infini du dragon celtique, soit que ces fonds se trouvent occupés par les rinceaux d'un filigrane, ce qui constitue l'unité d'un même souffle, d'un même génie, c'est la mise en relief des éléments divers faite avec une décision, une vigueur et une science tout à fait particulières. C'est une même inspiration qui, à l'époque de l'âge du fer en Scandinavie, avait fait donner aux orfèvreries, en métaux combinés ou non, les fortes saillies, bien autrement aiguës que les bossages, des parures et armes de la pl. A. R., et qui, plus tard sous l'influence d'un besoin artistique analogue, a fait mettre sur les surfaces orfévries les pierres de couleurs dans un haut relief. C'est la même inspiration qui a fait ajouter à cette orfèvrerie de petites pièces mobiles, soit pendantes, soit incrustées dans les fonds, auxquelles on a donné la forme d'un timbre, d'un tout autre effet que celle du sequin. Car le disque concave, suspendu et mobile comme le sequin, outre qu'il est de bien autre relief, accrochant immanquablement la lumière et la renvoyant en vives étincelles, est d'une bien autre résonnance que le sequin plat. L'emploi des chaînettes, inséparable de la joaillerie à compartiments des Kabyles, dans laquelle on rencontre des principes si voisins de ce qui vient d'être expliqué, et qui semble d'origine phénicienne, est en quelque sorte non moins inséparable de la bijouterie gemmée scythique, et en confirme, l'origine franchement asiatique. Seulement, le petit disque en forme de timbre, coupole accrochant toujours une vive étincelle, sans avoir l'épaisseur du gland, ni les inégalités des plaquettes, le petit disque présentant sa concavité, et faisant bruire son métal touché sur un seul point, selon la loi la plus nette de la résonnance, fut une trouvaille scythique. Elle est si heureuse, que les petits disques seuls, combinés avec des surfaces en simples bossages, suffisent pour faire encore de la parure rustique en simple cuivre doré, l'une des mieux réussies, et celle qui a conservé le plus de caractère, parmi les joailleries suédoises et norvégiennes. La matière est de peu de prix, l'emploi est franc, et ce n'est pas du clinquant mensonger. A tous les égards, cette heureuse rusticité est digne d'intérêt.

Nous n'insisterons pas davantage sur les origines ; il suffit de signaler ici que les caractères de la joaillerie des Scythes consistent principalement : 1° Dans l'apposition des pierreries, conservant leur relief sur la surface orfévrie où elles sont serties ; mode essentiellement différent de l'incrustation dans le métal des pierres ou des matières colorantes, y formant table, telle que la pratiquaient les anciens Égyptiens et les premiers Byzantins ; 2° dans l'addition de pendants, délicats, mobiles, plus ou moins nombreux, plus ou moins légers, ayant la souplesse des chaînettes, et plus ou moins prolongés ; 3° dans une autre addition de petits disques, en forme de demi-coupole, suspendus par leur bord supérieur à un anneau mobile, à la façon des sequins ; mais dont ils diffèrent sensiblement au fond.

La bijouterie gemmée et filigranée de la Suède, toute altérée qu'elle soit dans le détail, se ressent encore du souffle du génie créateur qui a fait prévaloir le genre. Les pierres taillées selon les coupes que l'on donne au diamant, sont assurément d'un mode de détail relativement moderne ; les filigranés en usage différent de ceux de la très haute antiquité conservée par le Kabyle : ce ne sont plus le double fil tordu, fixé par des griffes, et le fil simple, soudé sur le fond, distribuant les volutes de la fougère, autant de caractères que, selon les archéologues spéciaux, on ne peut guère faire remonter au-delà du onzième siècle. Mais ces modifications, résultant des progrès de l'industrie, n'empêchent pas que les principes fondamentaux de la bijouterie gemmée des Scythes, la mise en relief des pierreries, les pendants mobiles, etc., ne subsistent toujours, et ce par une filiation directe, parmi les Suédois. Quant à la parure de cuivre, sans pierres ni filigranes, la plus rustique de toutes, mais non pas la moins heureuse dans sa franchise, non seulement celle là apparaît avec toute la pureté de ses origines, mais il semble que, par la sobriété des moyens et son économie foncière, elle constitue à elle seule une joaillerie populaire de haute antiquité. Par une contradiction qui n'est qu'apparente, il se trouve que la bijouterie de cuivre, sans autre addition, est surtout restée en usage chez les paysans des contrées que leur situation rend les plus aisées en Suède et en Norvège, dans la Scanie, « le grenier de la Suède, » à la physionomie de parc anglais, ainsi que dans le Télémark, « le pays du lait caillé, » le paradis de la Norvège. Ces provinces, les plus méridionales, sont celles où la vie agricole est de beaucoup la plus abondante; celles où, naturellement, les populations se sont le plus anciennement fixées, et où l'homme de la terre, rétribué par son travail sur place, devait rester le plus immuable.

Les joailleries gemmées, à fond d'or, à filigranes d'argent, simulations du grand luxe seigneurial, à l'usage des paysannes, sembleraient contraires à la sévérité des époques du moyen âge, aux injonctions des ordonnances somptuaires, si l'on ne voyait que, par ces ordonnances mêmes, les filles, si généralement favorisées dans la société germaine, étaient expressément autorisées à en faire usage. Les édits restrictifs qui permettaient aux filles ce qu'ils défendaient aux autres femmes, sont en grand nombre, et il suffit d'en citer un seul pour en montrer l'esprit, le même que pour tous ceux des populations germaniques de l'Allemagne, de la Scandinavie, de la Suisse. Voici, en effet, ce qui était édicté chez les Germains de la Suisse, à Zurich, en 1371 :

« Le Bourgmestre et le conseil décident à l'unanimité, qu'une femme mariée ou veuve, ni une dame, ni les béguines, ni autres dames, ne pourront plus mettre à un foulard, au bout, ni voile ni autre étoffe, ni de soie ni de fil, mais qu'elles devront le porter tel qu'il a été tissé ; elles ne devront pas non plus porter chapeau en couronne, de soie, d'or, d'argent ou de pierres précieuses, ni capes de soie garnies d'or ou de pierres précieuses. *Mais aux filles et demoiselles ces pièces ne devront pas être défendues. Les demoiselles pourront, comme elles l'ont fait jusqu'à présent, porter de l'or, de l'argent, des perles et de la soie.* »

Ces bijoux qui, nous le rappelons, sont tous réduits régulièrement de moitié environ de la grandeur originale, proviennent tous, sauf les couronnes, de l'exposition internationale de 1878, Section suédoise; ils font partie du Musée d'ethnographie scandinave de Stockholm.

(Voir, pour les renseignements bibliographiques, la notice de la pl. B S.)

SUÈDE.

L'HABITATION EN BOIS. — LA FORME DE LA VIE RUSTIQUE. — TYPE D'INTÉRIEUR. — USTENSILES EN BOIS DU PAYSAN.

La chambre représentée provient d'une « maison à plafond chevronné » (Ryggastuga); type ancien qu'on rencontre encore en petit nombre dans plusieurs provinces. L'exemple est du district de Halmstad et d'Arstad, dans le Halland.

Le bois de sapin dont la maison rustique norvégienne et suédoise est généralement faite (en Scanie, on emploie la brique de Hollande) est, de tous les matériaux, celui qui convient le mieux pour le climat. La brique et la pierre y conservent presque toujours une certaine humidité, rendant le séjour à la maison malsain, désagréable; elles s'y détériorent en peu de temps. Avec le bois, isolé du sol par une fondation, ou portant sur le granit d'un rocher, non seulement il n'y a pas d'humidité à craindre, mais comme le bois durcit à l'air, l'habitation devient d'une solidité que le temps augmente. Aussi est-ce le nombre des années de la *pirtti*, la maison finlandaise de caractère national, qui en fait la valeur; telle pirtti, remontant à plus d'un siècle, défie l'acier de la hache qui se brise et vole en éclats sur son bois.

L'habitation en bois, que l'abondance de la matière dans la contrée paraît d'abord expliquer suffisamment, fut cependant, en Scandinavie, une importation asiatique; le mode en est médique; et lorsque les Arias-Germains se présentèrent dans « le chemin septentrional » « *le Nordweg*, » parmi des populations jusque alors enfouies sous terre, se contentant des plus tristes retraites et des plus sordides demeures, ils en apportèrent avec eux le principe. Leurs abris ambulants, leurs charrettes aux larges toitures, au coffre débordant pour contenir la famille et ses richesses, formant un étage auquel on accédait latéralement par une échelle extérieure mobile, y devinrent le chalet; c'est-à-dire, un véhicule dont, en le fixant, on a détaché les roues, mais qui a laissé à la demeure l'empreinte de son coin primitif. L'échelle mobile, devenue l'escalier tenu au dehors, contre toute logique, malgré l'inclémence du climat suffirait seule à rappeler l'origine du chalet.

La maison d'Ornas, pl. BS, n° 54, est un des plus vieux exemples de la configuration générale du châlet, encore debout. Le châlet suisse, frère du norvégien, a roulé plus loin ; c'est, au fond, leur seule différence.

L'habitation roulante était naturellement séparée de toute autre ; aussi le châlet reste-t-il isolé. Toutefois l'isolement de l'habitation tient encore à d'autres causes, signalées par Tacite comme un trait de race : « Les peuples de la Germanie ne souffrent pas des demeures contiguës. Ils vivent séparés et dispersés, selon qu'une fontaine, un champ, un bois leur a plu. Leurs villages ne sont point comme les nôtres, formés de maisons qui se joignent et se tiennent. » (*La Germanie*, par. XVI.)

Le village suédois ou norvégien est, en effet, loin de ressembler à nos agglomérations rurales ; il est souvent dispersé sur une étendue de plusieurs lieues : les maisons sont disposées, selon le caprice, à travers les vallées ou suspendues aux flancs des collines, chaque famille vivant isolément dans son habitation. La paroisse est la réunion de plusieurs villages, souvent fort distants les uns des autres. Le point de ralliement de la communauté éparse est l'église, bâtie au milieu du cimetière, et généralement entourée d'arbres. C'est là que le dimanche les paysans arrivent sur une petite charrette avec leurs femmes et leurs enfants, et qu'après le sermon on se livre à la danse ou à des exercices gymnastiques.

La forme la plus complète de la demeure rustique en bois se rencontre dans l'agglomération du *gaard* norvégien, dont le nom intraduisible, qui se prononce *gôr*, paraît surtout désigner une enceinte. Le gaard, qui a le caractère d'une ferme, n'est point un bâtiment formant corps ; il se compose de cabanes indépendantes les unes des autres, tenant lieu, chacune, d'une pièce d'affectation particulière. La principale de ces constructions en bois, conservant souvent la forme du châlet, sert au coucher de la famille : le maître hospitalier y admet le voyageur ; une autre sert au coucher des gens de labeur ; une autre renferme les provisions, une autre les ustensiles de travail ; une autre sert de grange et d'écurie ; une autre, enfin, particulièrement tenue à l'écart, contient le four. Cette dispersion, précaution prise contre les dangers d'incendie, existait aussi dans les anciens palais médiques, décrits par Homère. Dans un pays où l'eau si souvent gelée serait d'un tardif secours pour combattre la propagation de l'incendie, le Lapon lui-même ne met pas, selon l'expression du proverbe, tous ses œufs dans le même panier ; il ne garde pas dans sa tente certaines fourrures, et loge au dehors la réserve de ses vivres, à proximité, sous un abri spécial.

Souvent le personnel d'un seul gaard forme toute la composition d'un village. Cette existence isolée, au milieu des bois et des montagnes, a non seulement contribué à donner au Scandinave un caractère méditatif et observateur, mais l'a, de plus, rendu très particulièrement industrieux ; un gaard est tout un petit monde de laboureurs et d'ouvriers, parmi lesquels le maître forge lui-même ses instruments, ferre ses chevaux, répare ses voitures. Éloigné de tout, il faut y être approvisionné de tout, et l'on doit y savoir suppléer par sa propre industrie à tout ce qui peut manquer. Les filles du gaard tissent la toile, fabriquent et façonnent les habits de « *vadmel*. » Plus d'un gaard des riantes vallées du Guldbrandsdal, dans le Dovre-field, se trouve à huit ou dix lieues de l'église paroissiale. Les villages sont parfois si singulièrement rares que, sur la route de Christiania à Drontheim, dans un espace de cent cinquante lieues, Ampère n'en rencontra pas un seul ; chaque famille vivait dans son gaard.

L'existence du villageois, agriculteur, pasteur, mineur ou pêcheur, est de la même nature que celle de l'homme du gaard ; c'est la vie générale des campagnes. Il y a cinquante ans, et sauf la Scanie où la physionomie du village différait déjà sensiblement, il n'existait pas encore aux environs de Stockholm même, une seule paroisse dont les maisons fussent agglomérées ; elles étaient toutes formées de petits villages de dix à douze maisons au plus, parfois groupées autour de quelque château, le plus souvent isolées. Aussi dans de semblables localités, où aucun artisan spécial n'aurait trouvé à vivre, le paysan était-il tout à la fois laboureur, cordonnier, forgeron, et obligé à non moins d'industrie que l'homme du gaard.

C'est cet isolement de populations contraintes de se suffire à elles-mêmes, et confectionnant de leurs propres mains les ustensiles et les objets nécessaires à leurs besoins, qui a puissamment contribué à la conservation des formes et des types du matériel domestique, dont quelques-uns remontent parfois à un passé si lointain, qu'on leur attribue des sources laponnes, reconnaissables d'ailleurs, suivant les archéologues du Nord, dans le goût d'un grand nombre d'objets à l'usage des paysans.

Parmi les populations pastorales surtout, l'isolement est si grand, que le *saeter* norvégien (*saeter* implique l'absence de culture), petite ferme isolée non habitée l'hiver, ne l'est souvent pendant l'été que par une jeune fille, s'occupant seule du pâturage des moutons et des vaches.

La chambre représentée appartient à l'une de ces cabanes faites de troncs de sapin équarris ou bruts, posés horizontalement les uns sur les autres, reliés entre eux par de simples chevilles de bois. Les interstices étant bourrés de mousse mélangée à de la terre glaise, on a ainsi un abri permettant de braver le froid le plus intense. Le toit se compose d'une charpente légère recouverte d'écorces de bouleau, pardessus lesquels on entretient souvent un gazon assez épais pour être fauché ; lorsque quelque appenti voisin permet l'escalade du toit, la chèvre, le mouton même, y trouvent un gras pâturage. John Carr dit n'avoir jamais vu d'herbe aussi haute et verte que celle des toits des maisons d'Upsal. Ce revêtement, considéré comme diminuant les dangers du feu, est, en effet, d'un usage fort répandu ; et donne au toit des grandes comme des petites maisons un aspect des plus riants. Il en est même qu'un soin particulier enrichit de plates-bandes de fleurs. Toutes les constructions du gaard sont généralement ainsi couvertes.

Les maisons du genre représenté ne comprennent ordinairement que deux pièces : une espèce de vestibule dont la porte d'entrée est à peine haute de quatre pieds, une chambre commune où la femme file, où l'homme a son établi, où se fait la cuisine et où l'on couche ; une seule fenêtre en tabatière l'éclaire, placée du côté du midi. Avant l'apparition de l'horloge et de sa boîte, c'était une armoire qui en tenait la place. Lorsque les rayons du soleil donnaient sur cette armoire, c'était l'heure du déjeuner ; quand, au contraire, par suite de l'évolution terrestre, les rayons frappaient le poêle placé en face de l'armoire, c'était l'heure du dîner.

On n'a pu introduire ici le poêle qui compléterait l'ensemble de la pièce ; il est de forme circulaire, construit en briques, haut environ de quatre pieds : son tuyau donne dans la cheminée du fourneau de cuisine. Cette cheminée s'élève au-dessus du toit ; elle est garnie intérieurement d'une planche carrée attachée à un long bâton où tient une corde pour pouvoir ouvrir et fermer à volonté. Dans la cheminée se trouve une pince en fer où l'on place une branche de sapin que l'on allume pour éclairer l'intérieur de la chaumière.

Dans cette pièce il n'y a qu'un lit destiné au chef de la famille et à sa femme ; tout le reste dort sur les bancs placés le long des parois, bancs garnis de paille ou de peaux de mouton ; quelquefois, rarement, d'une literie véritable. En certains endroits, on loge dans le dessous du banc l'oie convexe. Enfin, dans des logis de ce même genre, on rencontre aussi dans l'alcôve des lits en grabats superposés, comme chez les pêcheurs de la Hollande et chez le vieil Armoricain.

Ces petites maisons, que le paysan bâtit lui-même, sur quelque rocher, sont le plus généralement peintes à l'extérieur d'un rouge foncé. L'homme, obligé d'y séjourner pendant une longue partie de l'année, s'applique à l'embellir, à l'égayer avec des décors de sa main, qui cachent la nudité intérieure des parois. La femme a filé, tissé, blanchi, brodé la toile, le paysan l'illustre de ses peintures. Bruyamment colorées, à la manière d'Épinal, ces enluminures, faites à l'eau, sont des images dont la facture rappelle celle du moyen-âge. Elles pourraient même remonter à cette époque, si, du premier coup d'œil on n'y voyait figurer des redingotes, des gilets, des pantalons qui brillent là d'une splendeur particulière. Des Noé et des David peuvent en être affublés. Il est telle de ces peintures où l'on voit les frères de Joseph se rendant en Égypte, le pied dans l'étrier, habillés en généraux du dix-neuvième siècle, le tricorne avec son plumet au vent, et, aux dents, la pipe d'écume.

Parmi les sujets traités ici, on trouve au drapeau, en bande qui pend au-dessous de la fenêtre, la naissance du Christ ; sous la toiture, Noé entrant dans l'arche avec sa famille ; le sacrifice d'Abraham. Les enfants de Noé sont costumés en gens du dix-neuvième siècle, ainsi que les trois rois mages venant adorer le Christ qui se trouvent au dessous, montés en file, habillés selon le goût de 1836. Aux sujets bibliques, le paysan en joint d'autres empruntés à la vie de famille, auxquels se mêlent aussi quelques caricatures de la vie privée ou publique. L'enluminure qui couvre la lingerie de la porte semble un banquet de fiançailles, à en juger par la « vierge couronnée. » D'autres plus petites, formant suite, se remarquent auprès de l'armoire de l'horloge ; elles paraissent du caractère de ces satires locales dont les paysans s'amusent.

Des branches de sapin, hachées menu, semées ordinairement sur les planchers, remplissent la maison de leur odeur balsamique. Dans la belle saison, pendant toute sa durée et surtout aux jours de fête, ce sont des fleurs que l'on jonche sur le parquet. Cela est une coutume générale en Suède, suivie même dans beaucoup de maisons riches.

Le mobilier consiste ici dans la literie ; une boîte à horloge ; une petite armoire, espèce de secrétaire à deux corps, sur laquelle est posée la Bible ; une table servant d'établi, à tiroir, et façonnée avec goût, chargée de divers ustensiles et objets, tels que le pot pour contenir le beurre, marchant avec le rouleau pour le faire qui est appendu près de la porte ; un chandelier trépied en fer peint, de très vieux modèle ; quelques petits récipients en bois ; la tabatière en cuivre jaune et rouge ; la pipe ; la blague en peau, un livre, etc.; sur le soubassement de cette table, les petits sabots de l'enfant.

Le long de la muraille, le banc, sur lequel l'homme est assis. Devant, au premier plan, le « bahut » en bois sculpté, armé de ferrures. Il contient des vêtements, des parures. La boîte ovale posée dessus, servait particulièrement aux bonnets, aux chiffons légers. Les dessins en zônes de la broderie en tapis dont cette boîte est décorée, ainsi que la vivacité des couleurs se rapprochent des broderies armoricaines ; ils en ont tous les caractères.

Le rouet est peint en vert, de même que le fauteuil de bois, qui ne figure pas ici. Sur le manteau de la cheminée, on voit deux chandeliers en terre cuite, dont l'un, à base carrée, est d'un double usage : on y brûle une bougie ; en le retournant, il devient un candélabre où l'on en peut brûler quatre, une à chaque angle. Avec ces chandeliers se trouve une lanterne en vessie.

Sur la tablette fixée à la cloison de l'alcove, on remarque, un autre chandelier en terre cuite, le plus rustique de tous ; une assiette émaillée et peinte ; la petite meule pour affiler les couteaux ; au dessous, pend la serviette aux bords travaillés. Le lit se cache sous des rideaux blancs, en toile rayée de bleu. Des tablettes, établies dans le triangle formé par la toiture de la cabane et parées de toiles frangées à dessins brodés en couleurs sur le blanc, rappellent le napperon de la crédence et la parure de l'autel. Ces tablettes sont couvertes de vaisselle de terre et de bois, mélangée d'ustensiles de cuivre, d'étain, et même de verre. Le coquetier en bois de haute antiquité s'y rencontre avec une assiette en faïence émaillée, datée 1818 ; c'est un méli-melo dont les matières et les couleurs variées ne manquent pas d'attrait. Le paysan, qui en tient le fond de ses ancêtres et se plaît à y ajouter, est fier de ce dressoir, et n'en néglige pas la parure ; à lui seul, le dressoir indique l'aisance de la maison.

Les deux époux sont des septuagénaires ; la femme tient un papier déplié qu'elle lit à haute voix ; l'homme écoute avec attention tout en s'occupant à débiter une carotte de tabac. Le rouet est silencieux, le chat se caresse en se frottant à la laine du jupon de sa maîtresse. Les costumes de ces paysans sont marqués d'un coin déjà ancien. Le bonnet de soie en béguin porté par la femme a été en usage dans plusieurs provinces de la Suède jusqu'à une époque assez récente, il est très rare à l'heure actuelle. L'homme a déposé sa veste ; son gilet, largement brodé en couleurs, est parfaitement clos, et renferme la cravate haute, sans nœud, mise en fichu ; le bonnet est de laine rouge ; la culotte et les bas d'un bleu foncé sont pareils ; la jarretière avec ses rubans rouges, les sabots blancs, complètent ce costume. La chemise est en toile.

L'isolement dans lequel sont montrés ces deux vieillards est une chose significative. Le Halland, au sol peu fertile, où les rochers, souvent énormes et en profusion, s'entassent les uns sur les autres, pays dans lequel on ne voit guère pour tout arbre que le genévrier rampant humblement sur la mousse dont les rochers sont couverts, le Halland fort pittoresque, mais d'autant plus pauvre que la population y surabonde, est déserté par une partie de ses habitants pendant la belle saison ; les bras valides vont en Scanie pour les travaux de l'agriculture, et c'est ce moment de la dispersion qui paraît avoir été choisi. Les pauvres vieux qui gardent la chambre, y relisent sans doute quelque lettre des enfants en exil.

Les ustensiles en bois, au sujet desquels, et par l'obligeante entremise de M. le colonel Staff, attaché militaire à la légation de Suède, M. Artur Hazelius nous a fait l'honneur de nous fournir des renseignements, sont tous œuvres de paysans.

N° 1. Cuiller d'alliance, employée le jour de la noce et servant au repas des mariés. — Il est d'usage que les deux cuillers soient taillées dans le même morceau de bois. Longueur 1^m,20.

N° 2. Cafetière en bois sculpté et peint, d'un caractère commémoratif. — Le sujet peint sur la panse représente le mariage religieux ; l'anse est ornée de têtes de chevaux. Objet norvégien. Haut. 0^m,35.

N°^{s} 3 et 12. Cuillers en bois de la province de Herjeadale, nord de la Suède : l'une sculptée seulement, l'autre sculptée et peinte. 15 et 13 centimètres de longueur.

N° 4. Broc pour la bière, bois sculpté et peint. Norvégien. Haut. 0^m,20.

N° 5. Cuiller dont le manche est gravé et peint ; sans désignation de lieu. Longueur 0^m,10.

N°^{s} 6 et 7. Tasses « pour plaisanter, » lorsqu'on est de bonne humeur. — Elles sont de petite dimension et réunies en groupes ; deux ensemble avec un manche commun, ou trois sans manche ; bois peint à l'intérieur et à l'extérieur ; la double avec son manche mesurant 0^m,15, la triple, 0^m,12. Ces spécimens sont norvégiens.

Comme il est évident que l'on ne saurait boire à la fois dans deux tasses remplies, s'inclinant en même temps, il doit être, en effet, assez plaisant de s'y essayer. On peut se demander cependant si cette bizarre conception n'a point une autre origine que le badinage, et si ces petits récipients, qui communiquent entre eux par un petit trou percé vers le haut, de manière que les liquides puissent se déverser d'une tasse dans l'autre, ne servaient pas jadis à quelque incantation, à des observations sur le mélange des liquides, de la famille des présages que cherchent encore certaines gens dans le marc de café.

N° 8. Cuiller triple ; bois ajouré et peint. Spécimen dalécarlien. Cette cuiller, dite aussi « pour plaisanter » a 0^m,25 de longueur.

N° 9. Autre cuiller du même genre, double, en bois sculpté. Longueur 0^m,17.

N° 10. Boîte ovale en bois sculpté et peint, servant à mettre les boutons. Norvège. Diamètre 0^m,20.

N° 11. Jatte pour la bière, en bois peint à l'intérieur comme à l'extérieur. Cette coupe est en forme de nef, la proue en tête de coq surmontée de sa crête. L'extérieur bordé de blanc porte une inscription qui est un verset de la Bible. Cette coupe norvégienne mesure, y compris l'anse, 0^m,30 de longueur.

N°^{s} 13 et 16. Boîtes pour le beurre ; la décoration du bois de ces récipients, fine et claire, à linéaments réguliers, les rapproche du goût japon. Ces boîtes sont norvégiennes ; leur hauteur est de 0^m,30.

N° 14. Cuiller double de la Dalécarlie. Manche ajouré, orné à la partie supérieure d'anneaux mobiles qui semblent simuler le chaton d'une bague. L'intérieur de la cuiller est gravé. Longueur 0^m,18.

N° 15. Cuiller à « louche » de la Westrogothie ; spécimen signalé comme très remarquable ; elle a 0^m,30 de longueur.

Cet intérieur et ces ustensiles ont figuré à l'exposition internationale de 1878, à Paris, dans la section suédoise. Ils proviennent du Musée d'ethnographie scandinave de Stockholm.

Voir pour les renseignements bibliographiques la notice de la pl. B S.

N° 1.

N° 2.

HOLLANDE

COSTUMES POPULAIRES DU COMMENCEMENT DU XIX° SIÈCLE.

Planche n° 1.

| 1 | 2 | 3 | 4 | 5 | 6 |
| 7 | 8 | 9 | | 10 | |

Planche n° 2.

| | 11 | 12 | 13 | 14 | 15 |
| 16 | | 17 | | 18 | 19 |

Fig. 1. — Costume de fiancée de la petite île de Marken, dans le Zuiderzée.

Fig. 2 et 3. — Costumes de la Frise. Le *schipper oom*, l'*oncle*, le maître batelier, et sa femme, la *tante*, en habits de fête.

Fig. 4. — Nord-Hollandaise d'Alkmaar.

Fig. 5 et 6. — Dame et servante de l'intérieur de la Frise.

Fig. 7 et 8. — Pêcheurs de l'île d'Ens ou de Schokland, dans le Zuiderzée.

Fig. 9 et 10. — Paysan et paysanne de la Gueldre.

Fig. 11 et 12. — Laitière et servante de Rotterdam.

Fig. 13 et 14. — Habitants de l'île de Walcheren. (Zélande.)

Fig. 15. — Marchande de poisson du village de Scheveningen, près de la Haye.

Fig. 16 et 17. — Villageois et villageoise de l'île de Zuid-Beveland.

Fig. 18 et 19. — Nord-hollandaises. — Femmes de pêcheurs en habits des grandes fêtes ; la première du village de Catwyk, situé au bord de la mer du Nord ; la seconde du village de Volendam, riverain du Zuiderzée.

En Hollande, comme partout, les paysans travaillant à la terre, les gens de mer, sont naturellement arriérés relativement aux autres classes, ces derniers surtout. Les pêcheurs, dont la résidence est généralement attachée au lieu de leur naissance, occupés sans relâche sur terre et sur mer, labourant et façonnant leurs champs en février, semant le chanvre en mars et avril, passant les trois mois suivants à la poursuite du maquereau, à laquelle succède celle du hareng, etc. ; puis eux, leurs femmes et leurs enfants, recueillant, tillant, peignant le chanvre que l'on file en hiver pour en faire des filets ; ces pêcheurs qui n'apparaissent dans les villes que pour y vendre leur poisson, et se rembarquent après les acquisitions qu'ils y font pour leurs besoins réduits à la plus simple expression, sont, entre tous, ceux chez lesquels les transformations sont les plus lentes.

sur les autres, pays dans lequel on ne voit guère pour tout arbre que le genévrier rampant humblement sur la mousse dont les rochers sont couverts, le Halland fort pittoresque, mais d'autant plus pauvre que la population y surabonde, est déserté par une partie de ses habitants pendant la belle saison; les bras valides vont en Scanie pour les travaux de l'agriculture, et c'est ce moment de la dispersion qui paraît avoir été choisi. Les pauvres vieux qui gardent la chambre, y relisent sans doute quelque lettre des enfants en exil.

Les ustensiles en bois, au sujet desquels, et par l'obligeante entremise de M. le colonel Staff, attaché militaire à la légation de Suède, M. Artur Hazelius nous a fait l'honneur de nous fournir des renseignements, sont tous couverts de paysans.

N° 1. Cuiller d'alliance, employée le jour de la noce et servant au repas des mariés. — Il est d'usage que les deux cuillers soient taillées dans le même morceau de bois. Longueur 1^m,20.

N° 2. Cafetière en bois sculpté et peint, d'un caractère commémoratif. — Le sujet peint sur la panse représente le mariage religieux; l'anse est ornée de têtes de chevaux. Objet norvégien. Haut. 0^m,35.

N°s 3 et 12. Cuillers en bois de la province de Herjeadale, nord de la Suède : l'une sculptée seulement, l'autre sculptée et peinte. 15 et 13 centimètres de longueur.

N° 4. Broc pour la bière, bois sculpté et peint. Norvégien. Haut. 0^m,20.

N° 5. Cuiller dont le manche est gravé et peint; sans désignation de lieu. Longueur 0^m,10.

N°s 6 et 7. Tasses « pour plaisanter, » lorsqu'on est de bonne humeur. — Elles sont de petite dimension et réunies en groupes ; deux ensemble avec un manche commun, ou trois sans manche; bois peint à l'intérieur et à l'extérieur; la double avec son manche mesurant 0^m,15, la triple, 0^m,12. Ces spécimens sont norvégiens.

Comme il est évident que l'on ne saurait boire à la fois dans deux tasses remplies, s'inclinant en même temps, il doit être, en effet, assez plaisant de s'y essayer. On peut se demander cependant si cette bizarre conception n'a point une autre origine que le badinage, et si ces petits récipients, qui communiquent entre eux par un petit trou percé vers le haut, de manière que les liquides puissent se déverser d'une tasse dans l'autre, ne servaient pas jadis à quelque incantation, à des observations sur le mélange des liquides, de la famille des présages que cherchent encore certaines gens dans le marc de café.

N° 8. Cuiller triple; bois ajouré et peint. Spécimen dalécarlien. Cette cuiller, dite aussi « pour plaisanter » a 0^m,25 de longueur.

N° 9. Autre cuiller du même genre, double, en bois sculpté. Longueur 0^m,17.

N° 10. Boîte ovale en bois sculpté et peint, servant à mettre les boutons. Norvège. Diamètre 0^m,20.

N° 11. Jatte pour la bière, en bois peint à l'intérieur comme à l'extérieur. Cette coupe est en forme de nef, la proue en tête de coq surmontée de sa crête. L'extérieur bordé de blanc porte une inscription qui est un verset de la Bible. Cette coupe norvégienne mesure, y compris l'anse, 0^m,80 de longueur.

N°s 13 et 16. Boîtes pour le beurre; la décoration du bois de ces récipients, fine et claire, à linéaments réguliers, les rapproche du goût japon. Ces boîtes sont norvégiennes; leur hauteur est de 0^m,30.

N° 14. Cuiller double de la Dalécarlie. Manche ajouré, orné à la partie supérieure d'anneaux mobiles qui semblent simuler le chaton d'une bague. L'intérieur de la cuiller est gravé. Longueur 0^m,18.

N° 15. Cuiller à soupe, la « louche » de la Westrogothie; spécimen signalé comme très remarquable; elle a 0^m,80 de longueur.

Cet intérieur et ces ustensiles ont figuré à l'exposition internationale de 1878, à Paris, dans la section suédoise. Ils proviennent du Musée d'ethnographie scandinave de Stockholm.
Voir pour les renseignements bibliographiques la notice de la pl. B S.

N° 1.

 N° 2.

HOLLANDE

COSTUMES POPULAIRES DU COMMENCEMENT DU XIX° SIÈCLE.

Planche n° 1.

	1	2	3	4	5	6	
	7	8	9		10		

Planche n° 2.

	11	12	13	14	15
	16		17	18	19

Fig. 1. — Costume de fiancée de la petite île de Marken, dans le Zuiderzée.

Fig. 2 et 3. — Costumes de la Frise. Le *schipper oom*, l'oncle, le maître batelier, et sa femme, la *tante*, en habits de fête.

Fig. 4. — Nord-Hollandaise d'Alkmaar.

Fig. 5 et 6. — Dame et servante de l'intérieur de la Frise.

Fig. 7 et 8. — Pêcheurs de l'île d'Ens ou de Schokland, dans le Zuiderzée.

Fig. 9 et 10. — Paysan et paysanne de la Gueldre.

Fig. 11 et 12. — Laitière et servante de Rotterdam.

Fig. 13 et 14. — Habitants de l'île de Walcheren. (Zélande.)

Fig. 15. — Marchande de poisson du village de Scheveningen, près de la Haye.

Fig. 16 et 17. — Villageois et villageoise de l'île de Zuid-Beveland.

Fig. 18 et 19. — Nord-hollandaises. — Femmes de pêcheurs en habits des grandes fêtes ; la première du village de Catwyk, situé au bord de la mer du Nord ; la seconde du village de Volendam, riverain du Zuiderzée.

En Hollande, comme partout, les paysans travaillant à la terre, les gens de mer, sont naturellement arriérés relativement aux autres classes, ces derniers surtout. Les pêcheurs, dont la résidence est généralement attachée au lieu de leur naissance, occupés sans relâche sur terre et sur mer, labourant et façonnant leurs champs en février, semant le chanvre en mars et avril, passant les trois mois suivants à la poursuite du maquereau, à laquelle succède celle du hareng, etc. ; puis eux, leurs femmes et leurs enfants, recueillant, tillant, peignant le chanvre que l'on file en hiver pour en faire des filets ; ces pêcheurs qui n'apparaissent dans les villes que pour y vendre leur poisson, et se rembarquent après les acquisitions qu'ils y font pour leurs besoins réduits à la plus simple expression, sont, entre tous, ceux chez lesquels les transformations sont les plus lentes.

Les habitants de la *Frise-bénie*, agriculteurs jouissant d'une tout autre aisance que les pêcheurs, d'une véritable prospérité engendrant le luxe, semblent devoir la conservation marquée de leur originalité, autant à leur éloignement, à leur isolement relatif, qu'à leur caractère propre; on les tient pour différents des Bataves, dont la race est saxonne. Les Frisons, branche du rameau scandinave, seraient d'origine orientale.

Parmi les autres gens de labour, dans la Hollande méridionale, à l'opposite de la Frise, et dans la région de la grande culture Zélandaise, l'homme de la terre a des qualités tenaces qui se font sentir jusque dans les costumes de Walcheren et de Zuid-Beveland, les deux îles types de la Zélande. On sait ce que sont ces terres d'alluvion, plus basses que la mer de deux, trois, quatre et cinq pieds, où les polders fertiles ont été enlevés pied à pied à cette mer qui les domine en leur prodiguant ses qualités salines, et où l'homme agit sous l'abri de digues, qui sont de véritables chefs-d'œuvre de l'art, mais dont les matériaux périssables nécessitent un renouvellement constant, un travail pour ainsi dire sans trêve, car il n'y a pas seulement à se défendre contre les flots de l'Océan, mais encore contre les termites et les tarets. Cependant, si la ténacité du Saxon qui occupe la Zélande se montre non moins grande que celle de tant d'autres Bataves vivant dans une situation analogue, et si leurs costumes, leurs coutumes, leurs mœurs, sont disciplinés et réglementés, au moins par l'habitude, avec un esprit de suite particulier (dès que les enfants savent courir, ils sont vêtus comme le père et la mère; le costume de la fillette est celui de la mère dans les plus petits détails; le paysan, au moment de son mariage, reçoit de ses parents un pourpoint, un gilet, une culotte, noirs ainsi que la *kappe*, la redingote tombant jusqu'aux pieds, ayant la même forme que celle de son grand-père : vêtements traditionnels, gardés avec respect, et servant dans les plus grandes circonstances), on doit faire observer que l'ensemble du costume des Zélandais, aussi bien celui des femmes que celui des hommes, est loin d'annoncer l'ancienneté ou d'avoir l'originalité qui distinguent ceux des femmes de Marken ou les Frisonnes.

La veste, le gilet, la cravate, la culotte sans ampleur, le soulier à boucle, sont de temps plus ou moins modernes. Le chapeau droit, substitué au tricorne, indique la marche de certaines évolutions. — Il en est de même chez les femmes; leur coiffure et la coupe de leurs vêtements ne sont pas non plus des choses de haute antiquité; et il en est encore de même pour les fers d'or et d'argent, les spirales avançant de chaque côté du visage en y suspendant souvent de riches pendeloques branlantes, les casques faits de lames souples et les plaques de front dont le dessin et la forme ne remontent guère au delà du seizième siècle, la plupart même étant de style rocaille. Cette modernité relative est encore indiquée par l'abandon du *huiken*, l'antique pluvial surmonté d'un chapeau, manteau éminemment néerlandais, auquel s'est substitué pendant le dix-huitième siècle le grand chapeau de paille, affectant il y a quelques années encore, la tournure des coiffures de la bergère Pompadour, et réduit actuellement dans ces mêmes régions au chapeau de paille embrassant le bonnet, et orné de longues brides en rubans flottants dans le dos où ils sont liés par un bijou.

Le noir, dans les vêtements d'homme, le parapluie sacramentel que porte aujourd'hui tout paysan sont des changements appelés par le temps. Le voyageur français se plaint en 1778 de ce qu'on se moque en Hollande des gens frisés : « On s'assemble autour d'un homme qui porte son chapeau sous le bras; on hue ceux qui se servent de parapluie. »

C'est à partir de Dordrecht, ou Dor, ville importante d'une île de la Merwède, un bras de la Meuse, que, en venant de Belgique, on rencontre la première localité qui ait d'une façon complète, absolue, le cachet hollandais. L'aspect général du pays apparaît alors avec son air bas et nébuleux, ses maisons, qui, dit M. Jean Aicard, sont « des fenêtres avec un peu de muraille autour, très peu, » et cette propreté si renommée qui arrive à annoblir singulièrement les rues, les habitations, une mesure prenant de l'air d'un retrait princier. Cette propreté hollandaise, souvent signalée comme excessive, est une nécessité de climat, car l'humidité constante aurait tôt fait de ternir toute chose, et de faire naître sur les métaux et les bois mille efflorescences maladives; c'est pour cela que, en Hollande, le cuivre devient or, et la vitre diamant. La plupart des habitudes locales sont en rapport avec les conditions hygiéniques du climat, comme le fait justement observer Alp. Esquiros à propos du tuyau de pipe « tombant naturellement d'une bouche hollandaise. » Sous le ciel brumeux de la Néerlande, l'homme a senti le besoin de faire de la fumée contre de la fumée. L'usage du tabac est une sorte d'homéopathie locale. Quelques physiologistes, dit le même observateur, ont prétendu que la vapeur du tabac enveloppait l'esprit de brouillards ; cette assertion est démentie par le Hollandais qui vit dans un nuage, et dont l'esprit est plus précis, plus positif, plus net dans les détails que celui d'aucun peuple.

Le luxe est naturellement inégal et l'aspect des gens se modifie selon la qualité du sol et aussi selon la constitution de la propriété, suivant la province. La Néerlande n'est pas couverte partout de gras pâturages. Les villages de la Drenthe, perdus au milieu des sables, entourés de plaines de bruyères mornes et désertes, ne sauraient avoir l'aisance dont jouissent leurs voisins immédiats, les habitants de Groningue, riche, fertile, plantureuse, le paradis des paysans détenteurs du sol à perpétuité, rois de la contrée, où ils tiennent partout le haut du pavé. Enfin, entre la prospérité des uns et des autres, il y a encore de grandes différences de physionomie. La Zélandaise dansant avec la *gilda* du village sous la *couronne de la jeunesse* est loin de ressembler à la Frisonne glissant sur ses rapides patins. La classe nombreuse des marins, avec l'antique simplicité de ses coutumes et de ses mœurs, de son habillement et de son langage, contribue puissamment à cette variété.

Le couteau qui sert à découper le pain et la viande, est en même temps l'arme du paysan batave. Les Germains le portaient jadis enfermé dans le fourreau de leur glaive. Que le paysan, selon la localité, porte le couteau dans sa gaîne ostensiblement ou non, il ne s'en sépare jamais. C'est une arme si nationale que le lion grimpant des anciennes armoiries de la République des sept provinces unies, en outre des sept flèches d'or liées dans sa griffe droite, est armé d'un coutelas d'argent emmanché d'or.

Les six planches ayant pour signes : la Hotte, le Lapin, l'E couronné, l'A O, l'A V, l'A X, consacrées à la Hollande du dix-neuvième siècle, et que nous engageons nos souscripteurs à rapprocher les unes des autres, sont le développement de l'œuvre entreprise par Maaskamp, éditeur à Amsterdam, qui s'est appliqué le premier, dans un recueil méthodique datant de 1803-1807, à combler la lacune existant parmi les publications hollandaises, si riches jusque-là, sur l'histoire et la description des localités, fort abondantes en monuments de tous genres sur les productions naturelles du pays, ses plantes, ses animaux, ses insectes.

Maaskamp en signalant à son époque « que chaque ville de la Hollande a son costume ; que dans la seule ville d'Amsterdam le costume varie presque à chaque quartier; que les diverses provinces semblent être peuplées de nations différentes; que les villages habités par des pêcheurs et ceux habités par des cultivateurs, les villes de commerce et celles de l'intérieur, les îles et les côtes, ont tous non seulement des mœurs qui les caractérisent et qui se peignent dans le maintien et l'habillement des habitants, chaque rang, chaque profession, s'y distinguant par des manières et des habitudes différentes, » a ouvert heureusement une voie que les Hollandais se sont complu à suivre, en développant ces premières études. C'est ainsi qu'à l'Exposition internationale de 1878, à Paris, on a vu cette série de figures de pêcheurs et de paysans néerlandais représentés en cire et revêtus de leurs costumes caractéristiques, formant des scènes naïves. Tout visiteur de cette exposition a passé par la chambre frisonne d'Hindeloopen, aux murs en carreaux de faïence, aux meubles de décor criard, au lit encastré avec l'échelle nécessaire pour y parvenir. On y voyait, portés, les fers d'or ou d'argent des femmes, les plaques en disques des hommes, les porte-pipes historiés et le couteau, arme de duel entre les paysans.

Deux de nos planches (la Hotte, le Lapin) reproduisent des figures données par Maaskamp. Les n°s 15, 22 et 27 de la pl. A V, proviennent de ce même recueil.

Les fers d'or et d'argent des femmes; les plaques, boutons, chaînes et breloques des hommes, leurs porte-pipes, leur couteau sont représentés dans la pl. E couronné.

La façon dont les femmes portent leur bijouterie de tête, selon la localité, est l'objet de la pl. A O.

Les n°s 9, 10 et 17, de la pl. A V, sont des figures groupées, provenant des effigies en grandeur naturelle de la Section Néerlandaise de l'exposition de 1878.

L'intérieur frison, pl. A X est de même provenance.

La sincérité des photographies d'après nature, d'après lesquelles sont reproduites la presque totalité des pl. A O et A V, s'ajoutant ici aux exemples quelque peu maniérés publiés par Maaskamp, rectifie ce que l'amour d'un éditeur pour ses compatriotes, ayant même quelque intérêt à les embellir, leur peut procurer de ces grâces d'emprunt, qui en font parfois de quasi-personnages d'opéra-comique. Ces photographies rectificatives donnent d'ailleurs la physionomie du costume actuellement porté, avec ou sans altération, tel enfin qu'il existe encore aujourd'hui, sans devoir, selon l'affirmation de tous les voyageurs modernes, durer longtemps.

Pour suivre la description en détail de ces planches et éviter, autant que possible, les redites dans ce petit travail d'ensemble en simplifiant les désignations, nous laisserons de côté le signe habituel de chacune de nos planches, lequel signe doit servir au classement général de l'ouvrage. Nous y ajouterons comme sous-signe un numéro plus facile à employer pour les renvois fréquents que nous avons à faire ici d'une planche à d'autres.

On trouve donc sous le signe de la Hotte, le n° 1,
— sous le Lapin le n° 2,
— sous l'E couronné le n° 3,
— sous l'A O le n° 4,
— sous l'A V le n° 5,
— sous l'A X le n° 6.

Pour empêcher la confusion dans les désignations des planches ou de leurs détails, nous indiquerons sous la rubrique de *figures* ou *motifs* les exemples numérotés en détail. Enfin quand nous disons simplement ici n° 1, n° 4, nous entendons la pl. n° 1, ou la planche n° 4.

Fig. 1. — Costume de fiancée de l'île de Marken. — Marken, *marche*, de l'allemand *mark*, signifiant au moyen âge la frontière d'un pays ou d'un district, est une petite île ayant fait partie du continent de la Frise occidentale, le Friesland ou Vriesland hollandais, dont elle fut détachée par une tempête au treizième siècle. Depuis cette époque les habitants paraissent n'avoir rien changé à leur costume. Les hommes sont tous pêcheurs ; leurs grandes barques, *daggerean* et *buiden*, vont faire la pêche du hareng dans la mer du Nord ; les petites, leurs *botters*, sont affectées à la pêche des anguilles, des plies, des chevrettes, etc., dans le Zuiderzée. Les femmes boucanent les harengs, les *sorets*.

L'habillement des markenaars, transmis de père en fils, n'est point compliqué ; sombre et sans linge voyant, égayé seulement par les disques d'argent qui servent de boucles et d'agrafes et sont d'origine germaine, cet habillement sévère se rapproche beaucoup de celui des pêcheurs de l'île d'Urk (voir fig. 1, pl. n° 5). Il n'est pas sans analogie avec l'ancien costume espagnol. Le costume des femmes est beaucoup plus typique. Elles laissent voir leurs cheveux, ce qui est une grande curiosité en cette partie des Pays-Bas où la chevelure est d'ordinaire entièrement dissimulée sous un casque d'or ou d'argent. La fig. 7 de la pl. n° 5, qui est une autre femme de Marken dans ses atours journaliers, montre les cheveux tombant en longues mèches blondes des deux côtés du visage.

Ce fait seul confirmerait l'origine de ces insulaires, considérés comme ayant dû faire partie des populations germaniques lancées sur l'Europe par les grandes invasions. Ces Germains se font gloire d'avoir conservé intacts les costumes et les mœurs de leurs ancêtres. Leur type est très différent de celui des Hollandais du continent. Ils se marient entr'eux, et jamais avec leurs voisins.

Le costume que toutes les femmes de Marken portent sans exception, depuis la fillette allant à l'école jusqu'à la grand'mère courbée en deux, est unique dans le monde connu ; il contribue à donner à ces femmes, qui ont un air résolu et presque sauvage, un aspect particulier auquel rien ne ressemble. Quoiqu'elles soient hautes en couleur (l'air de la mer ne tolère pas la pâleur), le visage maigre, l'enfoncement des grands yeux bleus de ces filles robustes, annoncent la vie de privations des Markenaars qui ne se nourrissent que de poissons, de fèves et de pois. Jamais de bière, jamais de liqueur ; du thé, du café faibles, c'est l'ordinaire.

La fiancée est dans tout l'éclat de la parure du treizième siècle. Bonnet de fin lin, rappelant la forme de la mitre d'évêque, bordé au sommet d'un ruban de soie rouge ; contour inférieur formé de deux autres rubans, l'un noir, l'autre rouge, entourant le front ou diadème. Ce bonnet est recouvert d'une gaze fine, transparente, avec un bord de dentelle s'appliquant sur les rubans noir et rouge. Les cheveux blonds, non frisés, lessivés selon la coutume avec un mélange de savon et d'alcali, ne se montrent ici qu'en quelques boucles légères. Le costume se compose d'une chemisette de fine toile, avec un tour de gorge brodé en noir. Les manches de cette chemisette, visibles entre l'épaule et le coude, se terminent un peu au-dessus du poignet par un bord orné de figures brodées en noir. Une pièce d'étoffe rouge, qui s'attache autour du cou, couvre la poitrine et la gorge ; cette espèce de bavette est surmontée d'une camisole sans manches, de même couleur, attachée en haut par une large agrafe d'or, en bas par un lacet, sans compter les galons de rubans de diverses couleurs. Enfin, par dessus la camisole rouge, se trouve une autre camisole ou veste jaunâtre très ornée de fleurs de toutes sortes de couleurs. Cette dernière camisole à larges épaulettes, et à fleurs par devant comme par derrière, est affermie sur les hanches par des baleines posées verticalement. Les manches brunes qui couvrent une partie des bras sont des pièces détachées de l'habillement. La jupe, généralement bleu foncé, est de celles sous lesquelles les femmes qui font étalage de leur richesse superposent jusqu'à sept jupons. Le grand tablier blanc, à plis verticaux marqués au fer et froncé horizontalement, est des plus caractéristiques. Un mouchoir de cou légèrement noué par devant et dont les pointes sont garnies de glands, des souliers à petite boucle d'argent dans laquelle passe une patte non repliée, complètent cet ajustement des fiançailles.

On ne connaît point à Marken de distinction de rang ni d'état ; le costume, commun à toutes les classes, consacre par un trait visible l'égalité des conditions sociales. Les personnes mariées ne s'habillent point comme celles qui ne le sont pas. Le bonnet de l'épouse est brodé en noir, par derrière, des lettres initiales du nom de son mari : précaution qui rappelle encore les temps de barbarie où l'on marquait sa femme, comme on marque son bétail. Les fleurs de la camisole supérieure, qui sont des roses au nombre de sept pour les filles nubiles, sont seulement au nombre de cinq pour celles qui ne le sont point. Le costume ordinaire est de même coupe que celui des jours de fête, de foire, de noces, de fiançailles, avec cette différence que si, par exemple, la fiancée est vêtue de blanc, toutes les femmes de sa famille et de sa société doivent être aussi vêtues de blanc ; ou que si la fiancée se marie en rouge, le rouge sera la couleur du costume des femmes qui l'accompagnent. Les femmes de ces pêcheurs n'ont pas de bijoux sur le front, et portent de simples pendants d'oreilles. En temps ordinaire, on voit la cornette blanche, très rehaussée sur le devant de la tête, laissant passer au-dessous du front des cheveux retroussés qui semblent vouloir rejoindre par le haut la cornette, et les deux longues boucles tombant de chaque côté du visage. Par les larges emmanchures d'un pourpoint noir, ouvrant sur l'épaule, passent les bras couverts d'une étoffe de coton à raies rouges et blanches ; sur le devant du corsage s'étale le pectoral à grands ramages, souvent brun, jamais bleu. Le tablier est de deux pièces, le haut en coton à carreaux blancs et bleus, le bas gros bleu. On porte des sabots blancs, des sabots verts ou bleus. En semaine, le corsage est préservé par un double plastron, le bonnet par un étui en perse, à grands ramages où le rose et le rouge dominent. Pour la fenaison, on attache aux coiffes blanches un mouchoir de couleur, rouge ou bleu, qui sert de parasol.

La veste d'étoffe écarlate, toute passementée d'or fin, avec des boutons d'or sur le devant du corsage et au bout des manches, est la veste de noces que la mère transmet à sa fille. Après la fête, on la remet dans le bahut qui la renfermait et d'où elle ressortira intacte. Les mites ne sont point à craindre, l'odeur de la tourbe les éloigne.

Ces mœurs des habitants de Marken, sauf de très légères nuances, sont communes aux insulaires d'Urk et de Schokland. Les cheveux blonds dont l'éclat apparaît dans ces localités sont de ces chevelures que les femmes romaines se montraient jalouses de porter, se les procurant dans le commerce ou les imitant par des moyens artificiels. Elles justifient l'épithète donnée aux anciens Bataves : *auricomi Batavi*. La beauté est, d'ailleurs, plus rare, parmi ces gens, chez les filles que chez les adolescents dont beaucoup ont une figure intéressante. Ce contraste, dit Esquiros, se remarque dans toutes les races qui ont conservé plus ou moins intact l'état de nature.

Fig. 2 et 3. — Frisons des petites villes en habits de fête. — Parmi les petites villes maritimes situées autour du golfe du Zuiderzée, celles de la Frise se distinguent par une antique simplicité dans les costumes, les mœurs, l'habillement, le langage, particulièrement dans la classe nombreuse des marins.

Le *schipper oom* (*schipper*, batelier, *oom*, oncle, maître, messire, monsieur), et la femme de cet oncle que l'on appelle *moey*, tante, ou la désignant seulement par son nom de baptême, tante Annette, Perrette, Trinette, etc., le nom de famille étant rarement cité, apparaissent ici revenant de l'office ; le mari portant la chaufferette en bois bruni et sculpté dont sa femme a fait usage à l'église. Cette complaisance est un reste des anciennes mœurs conservées dans les petites localités par les bons Frisons. Ce qui différencie l'habit des grandes fêtes de ce bourgeois, c'est qu'il est neuf, car à cela près il est parfaitement semblable à celui que le maître porte tous les jours de la semaine. Il se compose d'un justaucorps de serge brune ; d'un ample haut-de-chausses de même étoffe, fermé au-dessous des genoux par de grands nœuds de ruban, d'une veste de damas à boutons d'argent. La cravate est étroite ; la chemise est rattachée sous le menton par un double bouton d'or. Le tricorne forme des pointes très allongées. Quand l'âge le nécessite, on y ajoute une perruque non poudrée, très simple.

La tante est habillée d'un justaucorps d'indienne fendu par devant ; d'une jupe de damas à plis nombreux tendue sur des bourrelets ajustés aux hanches. Un mouchoir d'indienne, un tablier de toile de coton, un chapeau de paille doublé en dedans de cette même toile, complètent cet ajustement, dont tout le luxe consiste à être vêtue proprement d'étoffes fines, de qualité égale aux étoffes de la voisine ; le raffinement de la mode n'allant pas là, pour les femmes, jusqu'à mettre la moindre différence dans la façon de l'habit.

Fig. 4. — Nord-hollandaise d'Alkmaar, à sept lieues N. d'Amsterdam. — Les filles d'Alkmaar se distinguent surtout par leur coiffe. La tête est d'abord enveloppée d'une espèce de béguin blanc orné de fleurs noires en broderie, enveloppant exactement la tête et emprisonnant la chevelure, à l'exception de deux petites boucles qui s'échappent de chaque côté du front en caressant les joues. Ce béguin est assujetti avec une lame d'or large et flexible qui embrasse par derrière le contour de la tête, et se termine au devant des oreilles en deux espèces de bras, de forme oblongue et ouvrée. Sur ces deux bras reposent, par le bout le plus large, deux autres lames recourbées, moins larges et assez semblables à des feuilles de saule (voir motif 4, pl. nº 3) qui, en se rapprochant par la pointe, assujettissent le béguin sur le devant de la tête (voir fig. 18, pl. nº 2). A ce béguin est adaptée une autre feuille de saule du même métal, traversant obliquement une prtie du front, et dont le bout qui paraît à l'intérieur est quelquefois orné de perles et de diamants (voir ce bandeau de joaillerie auquel on donne souvent le nom d'épi posé obliquement, figures 7 et 10, pl. nº 4).

Tout cela est recouvert par la coiffe proprement dite, un bonnet dont le fond de gaze bien transparente enveloppe exactement le premier étage de la coiffure, sans rien dérober aux regards, soit de la broderie, soit de tout l'or dont il vient d'être parlé, qui forme ce que l'on appelle le casque de la Nord-hollandaise. Le devant du bonnet est disposé en un bandeau fort élégant, orné d'une broderie en blanc (voir la fig. 22, pl. 5). Le derrière, artistement plissé et brodé d'une jolie dentelle, flotte en large bande sur la nuque et les épaules. Ce luxe s'associe ici avec un corset d'indienne prolongé en casaquin et dont les manches descendent jusqu'aux poignets. Une jupe de camelot, un tablier de soie, complètent cette toilette. L'élégance de la coiffure convient, dit-on, parfaitement aux visages un peu arrondis, aux beaux yeux et au teint extrêmement frais de la généralité des femmes de la Nord-Hollande.

Fig. 5 et 6. — Riche Frisonne et servante de fermier de l'intérieur des terres. — La servante, ayant à porter du beurre frais au marché, a mis ses beaux habits ; elle est parée de deux fichus, l'un blanc, exactement fermé sous le menton par une agrafe d'or, l'autre, rouge, ouvert sur la poitrine, disposé en petit châle dont les bouts sont noués par derrière.

La dame porte la grande coiffe, de forme presque ronde, quelquefois entièrement faite de dentelle, et dont, parfois aussi, le fond est de gaze avec un large bord de dentelle. Cette énorme coiffe s'attache au moyen d'une lame d'or qui embrasse le derrière de la tête et qui va, toujours s'élargissant, aboutir aux tempes où elle se termine par deux boutons d'un joli travail. De ces deux boutons part un fil de même métal qui s'étend comme un cerceau en avant du front et qui sert à guinder et à soutenir l'avancée du bonnet. Par-dessus le bonnet on pose un chapeau de même taille n'ayant qu'une cavité peu profonde et ressemblant assez à une grande écaille d'huitre ; il est tressé de la paille la plus fine, et doublé d'une indienne à fleurs éblouissantes. De ses deux côtés descend un large ruban de soie servant à maintenir tout l'édifice, et à l'assurer contre les brusqueries du vent.

Fig. 7 et 8. — Insulaires d'Ens ou Schokland. (Cette île se trouve à trois lieues de la côte d'Over-Yssel.

au milieu du Zuiderzée. Les habitants y ont continué sans interruption l'ancienne profession de pêcheurs des premiers Bataves.)

Les habitudes ne changent pas plus à Schokland qu'à Marken, et rien n'y altère le mode d'habillement. L'homme est coiffé d'une espèce de calotte de laine tricotée à points très serrés ; son vêtement se compose d'un gilet rouge à nombreux boutons d'argent, d'une veste bleu-foncé, bordée d'un passement rouge, fermée par en bas par deux ou trois boutons d'argent, et, par-dessus cette veste et le gilet, d'une ample redingote de bure ; la culotte ample est de cette dernière étoffe. Les bas sont de laine grise ; les chaussures sont des sabots ; c'est avec ce costume que l'homme va à la mer.

Les Schoklandaises qui, comme les femmes de Marken sont de celles parmi lesquelles les traditions se conservent imperturbablement, jusqu'au secret de la lessive pour teindre les cheveux, qu'appréciaient tant les dames romaines lorsqu'elles se coiffaient en jaune *à la Batave*, comme le raconte Tacite. Elles parent leurs vêtements depuis des siècles d'une façon particulière et qui ne se trouve que dans leur île, mettant des galons sur les coutures de la plus grande partie des diverses pièces.

Celle qui est ici représentée porte le corset écarlate, dont les manches se ferment au dessous du coude avec un bouton. Ces manches, que l'on retrousse quelquefois, sont doublées d'une étoffe luisante et damassée. Sur l'épaule, est une pièce d'étoffe rouge bordée d'un galon jaune ; un autre galon jaune borde le contour du corset ; un troisième, mais plus mince, recouvre les coutures des manches. Le corset rouge, échancré par devant, et laissant une grande ouverture ovale, est fermé aux deux extrémités par des agrafes ; le vide de l'échancrure est occupé par un plastron écarlate. Par dessus le corset, est passée une espèce de camisole ajustée, sans manches, de couleur bleue, et assez ouverte pour laisser voir le bord du corset ; ce vêtement supérieur est fermé sous le menton par un simple nœud de ruban blanc, la partie inférieure étant lacée au moyen d'un ruban jaune traversé de ronge dans toute sa longueur. Le collier est de quatre ou cinq rangs de perles de corail, réunis par une grosse agrafe d'or (voir fig. 1 et 11, pl. n° 3).

Le mouchoir d'indienne à carreaux bleus et violets, est noué en cravate et de manière à ce que les deux bouts retombent négligemment sur les épaules. Cette cravate cache le collier. Le bonnet est fait d'une pièce de toile chargée d'empois bleu ; roulée en forme de tube autour de la tête ; cette toile réunie sur son sommet y forme un grand nombre de plis. Le bonnet n'a pour tout ornement qu'une espèce de broderie à jour sur le devant. La chevelure paraît tout autour du bonnet, sur le front en petites pelotes, aux deux côtés du visage en cigales, par derrière en longues boucles ondoyantes. La jupe est de laine gris-sale ; le tablier de même étoffe est à grands plis et bleu ; enfin les bas sont bleu-perlé, les chaussons bleu-foncé et les sabots blancs.

A Schokland, dont le nom veut dire : *pays des secousses*, à cause des chocs que cette île reçoit des flots, il semble que l'homme soit plus immuable que le terrain même.

Fig. 9 et 10. — Paysan et paysanne de la province de Gueldre. — Cette partie de la Hollande, située au-dessous de la province d'Over-Yssel et confinant à l'Allemagne, est la plus accidentée du pays, généralement plat et monotone. Arnhem, qui en est le chef-lieu avait été surnommée par les anciens Hollandais « de *lugtigste*, la plus claire, la plus joyeuse. » Ce coin de terre a un cachet tout spécial, fort apprécié par les Hollandais de retour des Indes qui en font volontiers leur *buen retiro*. Les habitations y revêtent des nuances fraîches, des teintes claires, des tonalités tendres qui se retrouvent dans l'habillement de la jolie *freule*, gracieuse et décidée, que l'on rencontre aux délicieux villages de Velp et de Rosendaal. Cette fraîcheur est même sensible dans les couleurs du costume du paysan.

Les femmes de la Gueldre sont moins gênées dans leur accoutrement que celles de la Nord-Hollande, de la Frise, et des îles du Zuiderzée. Leur coiffure se compose d'un bonnet garni de dentelles, encadrant le visage en se dégageant sur les côtés de manière à ne pas cacher les oreilles et à faire valoir leur parure. Ce bonnet est recouvert par un grand chapeau de paille relevé en arrière et doublé d'une étoffe de soie bleue. Ce chapeau, la position des rubans d'attache le montre, est de ceux qui se rabattent sur les côtés en cas d'intempérie. Un mouchoir de mousseline blanche voile la gorge et est recouvert en partie par un vaste mouchoir d'indienne à fleurs. Le corsage ajusté est de toile de coton peinte. La jupe est en laine, de celle que la fille elle-même file dans les longues soirées d'hiver. Le tablier est en toile de Frise.

Le paysan, accoutré en galant, est coiffé du chapeau en partie rabattu et porte un mouchoir de soie autour du cou comme tous les élégants de la contrée ; son habit ou sa souquenille, d'un bleu-mêlé, est de cette laine que filent les filles et les servantes de la ferme. La veste et la culotte, ayant même couleur, sont de drap. Les bas sont de laine à côtes. Les grandes boucles d'argent sur les souliers sont un ornement auquel les deux sexes ajoutent beaucoup de prix.

Le groupe de cette paysanne courbée sous le poids de sa charge de lait, et qui pour aider sa marche relève son tablier assujetti par ses deux mains appuyées sur les hanches, et du paysan qui l'accompagne en portant dans un vase de cuivre le lait que n'a pu contenir la cruche, n'est point une composition de hasard ; elle se rattache aux mœurs rustiques de la Gueldre où l'on est galant comme dans la province d'Over-Yssel, l'ancienne patrie des Francs-Saliens. Les qualités de la fille de la Gueldre, sa propreté, son amabilité, sont placées sous une sorte de surveillance publique, dont les effets se font sentir le jour de la Pentecôte, où, par suite d'un ancien usage, on voit dans chaque village se former des groupes pour accompagner dans les champs les jeunes filles allant traire les vaches et régalant de lait chaud. La bergère ainsi escortée s'est-elle montrée insociable, acariâtre, malpropre, le premier objet qui frappe ses yeux à l'entrée de la prairie est un mannequin de paille ou quelqu'autre figure maussade et ridicule qui la personnifie ; tandis que celle qui est aimable, douce, propre, ou plus jolie, trouve dans son champ sa plus belle vache couronnée de fleurs.

Fig. 11 et 12. — Servante et laitière de Rotterdam. — Les femmes qui viennent vendre le lait dans les villes de la Hollande portent ce lait dans de larges seaux en bois de chêne, cerclés de cuivre ou de fer, garnis d'anses, écurés et polis chaque jour avec le plus grand soin, ainsi que leurs mesures de bois, et leur espèce d'entonnoir dont le trou inférieur est garni d'une étamine arrêtant au passage tous les corps étrangers. Un fort bâton d'épaule auquel les deux seaux sont suspendus tient ces femmes comme sous une espèce de joug. (Collier de bois mis à plat sur les deux épaules au moyen d'une échancrure qui laisse le cou libre dans ses mouvements, et n'a pas l'inconvénient de la sangle passant en bandoulière sur l'une des épaules, dont usent nos porteurs d'eau. La suspension est faite par deux chaînes en fer). La propreté de la marchande se retrouve dans son costume. Lorsqu'elles sont jeunes, les laitières portent le grand chapeau de paille luisante à la doublure de toile peinte, dont le bord est retroussé devant et derrière ; elles se parent de larges boucles d'oreilles et d'un collier de gros grains de corail.

La servante que l'on voit ici a tiré sa monnaie d'une poche, ordinairement faite de soie ou de quelqu'autre étoffe brodée. Cette poche est divisée en deux parties, dont l'une contient la monnaie et l'autre le dé à coudre, des aiguilles et autres petits ustensiles ; elle se ferme au moyen d'une large charnière d'argent à ressort, et s'attache à la ceinture avec un crochet de même métal.

Fig. 13 et 14. — Zélandais, habitants de l'île de Walcheren, dans leur habillement des grandes fêtes.

Cette partie du pays, que les Romains appelaient la *Forêt sans pitié*, et qui du temps de César était occupée par les Ménapiens, c'est-à-dire des Gaulois, n'a plus guère de forêts, et c'est à peine si on y trouve par ci, par là, quelques traces de Gaulois mélangés de Ligures. Dès l'abord, dit de Coster, on sent que l'on a affaire à des Saxons. Les yeux bruns dominent chez les hommes ; les femmes les ont gris ou bleus ; celles-ci sont parfois si blanches et si roses qu'on les croirait en porcelaine. Le type rappelle ce qu'il y a de plus fin et de plus beau dans la race saxonne ; souvent les visages sont découpés à grands plans ; la tête est droite, le nez long, l'œil grand, la bouche fine. Le sang ne prédomine point, mais la lymphe, la bile et les nerfs. Les paysannes, sûres d'elles-mêmes, sont jolies, rieuses, douces, confiantes. Tous, jusqu'aux enfants, sont audacieux et résolus. Tout en n'ayant pas de pose dans leur marche, les femmes ont une allure très fière. « Pauvrement vêtues, elles marchent comme des reines, » dit de Coster, regardant de jeunes poissonnières revenant du marché de Flessingue.

Les classes les plus pauvres ont, en Zélande, des instincts d'élégance. Les hommes sont sveltes et hâlés, maigres presque tous ; l'homme gras est une rareté dans ces contrées où l'histoire sonne le glas des effondrements et des noyades, glas lugubres qui retentissent dans toutes les annales du pays.

Une partie des fers d'or ou d'argent, des boutons, des plaques de ceinture, etc., de la pl. n° 3, sont de la Zélande. La figure 6 de la pl. n° 4 est une Zélandaise. Le groupe 17 et la fig. 18 de la pl. n° 5 sont également des Zélandais de Walcheren. On trouve dans les notices de ces planches les renseignements complémentaires qui concernent ces paysans, tels qu'ils sont de nos jours. Quant à ceux du commencement du siècle représentés ici, ils sont en habits des grandes fêtes, comme on l'a vu, c'est-à-dire vêtus pour aller à l'église ou au marché, lequel est une espèce de foire réjouissante qui se tient deux fois l'an, en mai et novembre, époque où l'on congédie et prend des domestiques, suivant une coutume des plus anciennes. Les garçons et les filles loués viennent se pourvoir au marché des choses qui leur sont nécessaires pour entrer au service; après cette foire chaque galant conduit sa belle chez ses nouveaux maîtres.

Le villageois est coiffé d'un castor de la plus fine espèce, à longs poils. Par-dessus sa chemise, au col fermé par un double bouton d'or, il est revêtu d'un gilet de chamois, tantôt rouge, tantôt bleu, dont les boutons sont d'argent et travaillés à jour. La veste, de drap bleu foncé, est à pans très longs, formant deux poches qui descendent presque jusqu'aux genoux; elle cache les médailles d'argent attachées à la ceinture du haut-de-chausses, ainsi que la massive chaîne de montre du même métal tombant du gousset. Le surtout et la culotte sont de la même couleur foncée; les bas et les souliers sont noirs; de grosses boucles d'argent attachent les souliers et les jarretières.

L'ajustement de la femme se distingue de l'habillement des paysannes des autres parties de la Hollande. Le chapeau de paille est troussé de manière à laisser voir un bonnet artistement plissé, de dessous lequel sortent des nœuds de fil d'or bouclé, tandis qu'une large lame du même métal décrit une courbe brillante au milieu du front. Le corsage est un grand corps de baleine se prolongeant en casaquin. La belle jupe rayée et le tablier de toile à carreaux ne se mettent que pour le voyage à pied; si la paysanne vient au marché en voiture, elle attend pour les revêtir l'arrivée à la porte de la ville. Les courroies des souliers doublées en teinte légère sont toujours renversées sur les boucles d'argent au point de ne pas les laisser paraître.

Fig. 15. — Marchande de poisson de Scheveningen. — La fig. 23 de la pl. n° 5 est une marchande du même état et de la même localité.

Scheveningen, dont les habitants ne vivent que du produit de la pêche, est considéré aujourd'hui comme un faubourg de La Haye. Les femmes y viennent vendre le poisson que les hommes pêchent sur leurs petits bâtiments, les *flibots*, ou encore ceux qu'ils obtiennent des armateurs à titre de petit bénéfice. Les hommes portent leurs denrées dans des hottes, derrière le dos, les femmes dans des paniers posés sur la tête. Il est de ces gens qui trafiquent en gros et font voiturer leur poisson au marché avec un équipage de deux ou trois mâtins qui, sauf les roues, rappelle celui des Kamschadales; d'autant plus, que pour le retour, le marchand ou la marchande, souvent tous deux, prennent la place du poisson vendu et se font ramener chez eux par leur attelage.

Scheveningen est une plage de bains, un lieu de plaisance, que l'on gagne de la Haye par les allées couvertes du *Scheveningsche boschjes*, le petit bois où s'élève le palais du roi. Des villas, des parcs et des jardins font de la localité un endroit fréquenté par la population élégante.

C'est dans ce milieu que se trouve Scheveningen, village bijou, propre, soigné, coquet, n'ayant rien à comparer aux villages de pêcheurs, fort pittoresques, mais trop souvent répugnants de malpropreté, qui s'étagent le long des côtes de la Manche ou de l'Océan. Ici, dit M. Henri Havard, rien à reprendre, rien à redire, pas une tache à laver, un grain de poussière à balayer, une toile d'araignée à enlever. Tout semble bâti d'hier. Tout est neuf, frais, propre, net. Et dans toute la population, qui compte cependant bien des mauvais jours, bien des misères, on chercherait vainement un habit en lambeaux, un vêtement déchiré, un jupon troué, un haillon, une loque.

Le trait le plus saillant de ces gens qui ont leur langage propre, et qui sont si loin de vivre dans l'isolement des insulaires, c'est, en outre de la fixité de leurs caractères de race conservés par le soin de ne se marier qu'entre eux, leur persistance dans le costume, surtout pour celui des femmes. Lord Byron, contrairement aux poètes qui ont cru voir dans les flots de la mer une image de l'inconstance, a vu dans l'Océan celui de tous les éléments qui, ayant subi le moins de vicissitudes depuis l'origine du monde, est une image de l'éternité. Peut-être la persistance des natifs de Scheveningen est-elle une conséquence du spectacle constant de la mer. Ce qu'il y a de certain c'est que de leur part, il s'y mêle un véritable amour; l'existence que mènent ces pêcheurs et leurs femmes leur paraît préférable à toute autre. Aucune fille de Scheveningen, si pauvre qu'elle soit, n'échangerait sa misère contre la domesticité la mieux rétribuée ; ces riveraines de la mer se sentent comme emprisonnées dans les villes ; leur poisson vendu, elles se sauvent au plus vite dans leurs charrettes basses attelées de chiens.

L'habillement de ces marchandes de poissons, extrêmement diligentes, a quelque chose d'austère et de cénobitique, selon Esquiros. Il convient d'ailleurs parfaitement au climat et à la profession. Leur chapeau de grosse paille, bordé d'un ruban noir, doublé d'une indienne à fleurs plissée qui s'étend autour de la tête jusqu'à mi-bord, est à timbre droit pour y porter la corbeille. Ce chapeau aux ailes contournées, relevé par devant et par derrière en forme de nacelle, sert à maintenir sur la tête jusqu'à trois et quatre corbeilles. Il est posé sur une coiffe en toile de Cambrai, à large bande brodée de fleurs qui, d'ordinaire, cache entièrement la chevelure. A cette coiffe sont adaptés les fers d'or ou d'argent avec des grains de même métal ou des perles suspendues, à la manière des Nord-Hollandaises ; au cou, le collier de grains de corail rouge est attaché par une agrafe d'or. Un mouchoir de toile à carreaux fond rouge couvre la gorge. Le corset qui recouvre ce mouchoir, et auquel ces femmes donnent le nom de manteau, est de serge ou d'indienne. La jupe est de serge bleue ; le tablier de la même couleur est remplié et surmonté d'un bord d'étoffes à carreaux. Le mantelet sans capuchon est de serge brune et doublé de grosse flanelle rouge. Les bas sont généralement bleus ; les souliers noirs à talons plats sont attachés avec des boucles d'argent ou des courroies. Les dimanches on va à l'église en mules de peau rouge ou de quelque autre couleur, et avec le mantelet d'indienne.

En hiver on échange le mantelet contre un long camail de serge brune doublée de rouge, ayant un collet droit et raide.

Fig. 16 et 17. — Zélandais ; homme et femme de l'île de Zuid-Beveland, ou Beveland du sud. — On appelle Walcheren le jardin de la Zélande. Zuid-Beveland, pays de grande culture, en est le potager, le grenier et le verger. Le pays est riche, car ses polders sont des plus fertiles. Ces terrains, si péniblement conquis sur la mer par les aïeux, n'ont pas besoin d'engrais, le limon déposé par l'eau des fleuves, le *schorne*, y étant retenu par des procédés artificiels, les plantations de roseaux qui y deviennent énormes, et arrêtent au passage les matières plus résistantes que l'eau. On a dit de ces cultivateurs qu'ils sont tout d'or et d'argent. Le garçon porte un gilet de damas ou d'indienne jaune à grandes fleurs, avec une rangée de boutons d'argent travaillés à jour, surmontée de deux gros boutons d'or fermant le col de la chemise. La ceinture de la culotte est ornée sur le devant de deux gros boutons convexes d'argent, et de deux autres plus petits pour fermer les goussets. Au dessous du genou les bas sont assujettis par des courroies noires fermées par des boucles d'argent convexes ; enfin d'autres grandes boucles rondes de même métal, mais aplaties, recouvrent à peu près la moitié du soulier. Il faut ajouter à cette orfèvrerie, la grosse montre d'argent, et sa chaîne massive avec une quantité de breloques du même métal.

Ces paysans portent les cheveux longs sur la nuque, un peu plus bas que les oreilles, et formant au dessus du collet du vêtement un demi-cercle horizontal. Les cheveux retombant sur le front sont coupés de même, à un ou deux centimètres au-dessus des sourcils. Le visage est rasé, mais le barbier ne rase pas seulement la face, il rase encore le cou au-dessous des cheveux taillés en rond. Les paysans sont très attachés à leurs longs cheveux, signe de liberté.

La villageoise est dans la toilette que l'on prend pour les visites, ce qui s'appelle là *aller jouer*. C'est une fille, ainsi que l'indique la position de l'*hoofdnaald*, la plaque ciselée placée en oblique sur le front, de gauche à droite pour la fille, de droite à gauche pour la femme mariée. Le chapeau de paille est attaché par-dessus un bonnet enserrant les cheveux et ne laissant passer que les fers d'or ou d'argent. Le costume consiste en une ample pièce d'indienne voilant le haut du corps, depuis le menton jusque loin sous le sein ; deux autres pièces de la même étoffe servent de fourreaux aux manches du corsage, fourreaux qui sont fermés au-dessus du coude par des boutons d'or. Le corsage, de damas noir à fleurs blanches, est traversé en sautoir croisé par un ruban de soie brodé d'argent et de fleurs de diverses couleurs ; au bas de ce corsage, une grosse agrafe d'argent en rosette est destinée à assujettir le large tablier de toile rouge à carreaux. La jupe est de beau damas brun ; elle est tendue et comme relevée par l'amas des jupons de laine posés en dessous. Une courroie est attachée à l'endroit où se ferme le corset, et à cette courroie une chaîne d'argent suspendant un étui en chagrin monté en argent, renfermant un couteau et une fourchette à manches d'argent. L'avant-bras est recouvert par des bouts de manches ; les mains sont parées de bagues. Le soulier, coquettement découvert, a les larges boucles d'argent.

Fig. 18 et 19. — Femmes de pêcheurs en habits de grande fête, des villages de Catwyk et de Volendam, dans la Nord-Hollande. — Le rapprochement de ces deux costumes, qui proviennent de localités peu éloignées l'une de l'autre, offre un exemple frappant non seulement de la diversité des choses du costume en Néerlande, mais encore de la brusquerie fréquente avec laquelle se produisent les diversités.

L'habitante de Catwyk, fig. 18, porte une coiffure composée d'une pièce de gaze extrêmement fine, brodée en fleurs, et assujettie au moyen d'un ruban noué derrière la tête, l'excédant retombant sur la nuque et les épaules, comme on le voit aux filles d'Alkmaar. Cette gaze blanche est posée sur une calotte noire enveloppant le dessus de la tête et retenue par une large lame d'or qui se termine au devant des oreilles par deux gros boutons de forme carrée (voir fig. 10, pl. n° 3). Le devant du bonnet est attaché à chacun de ces boutons au moyen d'une épingle d'or dont une perle forme la tête. Du sommet du front, deux autres fers, deux lames en forme de feuilles de saule, d'épi (voir même pl. la fig. 4) descendent en s'écartant de chaque côté de la tête. Ils sont d'or, comme le reste, et ornés de toutes sortes de figures. Des extrémités de la lame postérieure pendent divers ornements en forme de rosettes ou de grappes garnies de perles. Cette coiffure coûte au-delà de 400 florins. Une Nord-Hollandaise ajoute à cette parure de tête une chaîne de cou en or, rattachée par une agrafe du même métal. La gorge est couverte d'un mouchoir de très fine mousseline, fermé par une épingle d'or dont la tête est une assez large plaque ovale, ornée de figures en bas-relief. L'habillement est en partie de fine indienne, en partie d'étoffe de soie.

Les femmes des pêcheurs de Volendam sont bien éloignées de ce luxe ; il s'en faut même qu'elles soient vêtues aussi richement que la plupart des paysannes, tout en accumulant sur leur taille mince les sept jupons épais qui, dit de Coster, font la gloire du peuple néerlandais. Ces femmes portent de simples pendants d'oreilles et n'ont pas de bijoux sur le front. Elles sont joliment coiffées d'un bonnet de fin lin fermé en dessous autour de la tête, le fond de ce bonnet formant un vide assez considérable à l'intérieur. A ce bonnet est adapté, par devant, un large bord de dentelle faite au métier et fortement empesée. Cette dentelle, formant pointes sur le front, est évasée sur les tempes, laissant voir l'oreille et la naissance des cheveux. Les deux extrémités de cette espèce de garde-vue se terminent en pointe qui sont repliées sur le derrière de la tête. Le collier est de grains de corail d'un rouge très foncé. Les souliers ne sont ornés que d'un simple nœud de ruban. Un fichu de lin, un corsage à courtes manches se terminant en casaquin, un tablier, dont la partie supérieure en étoffe à carreaux diffère du reste, complètent cet ajustement, dont l'originalité simple est surtout due à la coiffure. La fig. 20 de la pl. n° 5 offre un profil de ce bonnet dont le fond est en laine et qui se termine par un gland.

Ces figures sont toutes tirées des *Tableaux de l'habillement, des mœurs et des coutumes dans la République batave, au commencement du dix-neuvième siècle*, publiés par E. Maaskamp, à Amsterdam, 1803-1807; gravures de L. Portman, enluminées par J. Pieneman.

Voir pour le texte et celui des quatre autres planches de cette série : le Recueil de Maaskamp. — *La Néerlande*, par Ch. de Coster; *Tour du monde*. — *La Néerlande et la vie hollandaise*, par M. Alp. Esquiros, *Revue des deux mondes*, années 1855, 56, 57. — *Voyage dans la Belgique, la Hollande et l'Italie*, par André Thouin, rédigé par le baron Trouvé, Paris, 1841. — *La Hollande*, par M. Xavier Marmier, *Revue des deux mondes*, 1841. — *En Hollande, lettre à un ami*, par M. Maxime du Camp. — *Promenade en Hollande*, par Louise Collet, 1859. — *Visite en Hollande*, par L. Jean Aicard, 1879. — *Notes de voyage d'un architecte*, par M. Félix Narjoux, 1875. — *Voyage dans le Nord de l'Allemagne, la Hollande et la Belgique*, par M. Conrad de Gourcy. — Enfin le beau volume *la Hollande à vol d'oiseau*, par M. Henry Havard, Paris, 1881.

AO AV
Nº 4. Nº 5.

HOLLANDE

COSTUMES DU XIXᵉ SIÈCLE.

PLANCHE Nº 4.
TYPES DE LA COIFFURE,
ACTUELLEMENT PORTÉE PAR LES FEMMES.

Fig. 1. — Frisonne de Leeuwarden, capitale de la Frise.
Fig. 2. — Villageoise de Zaardam, si célèbre sous le nom de Saardam, sur la Zaan, presqu'île de Noord-Holland, région du Zuiderzée.
Fig. 3. — Femme de Beijerland ou Beyerland, île à l'embouchure de la Meuse.
Fig. 4. — Fille de l'île Ameland, extrême nord de la Néerlande, à deux lieues de la côte de la Frise, arrond. de Sneek.
Fig. 5. — Fille de Groeningen ou Groningue, province au nord de celle de Drenthe, à l'ouest de la Frise.
Fig. 6. — Fille de la ville de Goes ou Ter-Goes, de Kruiningen, etc., dans l'île zélandaise de Zuid-Beveland.
Fig. 7. — Fille du village de Krommènie; Hollande septentrionale N. O.
Fig. 8. — Femme de Beijerland.
Fig. 9. — Femme de Dordrecht, ville riche, et chef-lieu de district sur une île de la Meuse.
Fig. 10. — Fille de Krommènie.

Ces exemples, recueillis hier sur des points fort divers de la Hollande, confirment ce qui a été dit, en dehors de certains groupes maritimes, au sujet de la conservation des fers dans la coiffure de la plupart des Néerlandaises, suivant d'ailleurs, pour le surplus, avec plus ou moins de rapidité, le courant capricieux des modes européennes. Les corsages des robes indiquent ce mouvement général qui n'offre ici d'exception franche qu'en ce qui concerne la Zélandaise de Zuid-Beveland, dont les beaux bras nus, fortement serrés par la courte manche, selon la coutume, le haut carcan de perles de corail, le corsage exigu comprimé par un ceinturon, le fichu cachant ce corsage presque en entier, la coiffe intime enserrant non seulement la chevelure, mais l'oreille même, le bonnet rayonnant recouvrant cette coiffe, bonnet qui s'évase en donnant au visage comme l'enveloppe d'un bouquet, sont toutes choses de la plus pure tradition. Aux fers temporaux de cette Zélandaise on peut joindre la plaque de front ciselée, le *hoofdnauld,* posé en oblique, comme on le voit aux figures 7 et 10.

La fig. 2 porte sous la dentelle le casque, la plaque souple embrassant le chignon, à l'usage des Nord-Hollandaises. Ce casque marche avec la plaque de front droite à laquelle il est relié et qui le soutient. Le chapeau, peu gracieux, est local. On peut observer ici que celles des Néerlandaises qui font un composé des costumes de coupe moderne et de leur coiffure nationale dans sa pureté, font preuve de meilleur goût que celles qui conservent cette coiffure, mais en la dénaturant. Le caractère du voile posé à plat sur la tête et tombant assez largement sur les épaules pour les recouvrir est singulièrement altéré, lorsqu'au lieu de conserver à ce voile élégant, aux bords ornés de riches et hautes dentelles, son caractère de coiffure basse, on le fait surmonter d'un chapeau de goût moderne, comme s'en avise la bourgeoise cossue de Dordrecht.

Quoique l'on voie en ce dixain de coiffures une fille de Leeuwarden, la coiffure traditionnelle et caractéristique des femmes de la Frise n'y figure pas. — On la trouve dans la pl. n° 5.

PLANCHE N° 5.

COSTUMES PORTÉS PAR LES MODERNES, RAPPROCHÉS DE QUELQUES HABILLEMENTS DU COMMENCEMENT DU SIÈCLE.

Fig. 1. — Pêcheur d'Urk, petite île au milieu du Zuiderzée.

Fig. 2. — *L'aanspreker,* le prieur d'enterrement à Middelbourg, dans l'île de Walcheren.

Fig. 3. — Prieur d'enterrement protestant, à Amsterdam.

Fig. 4. — Villageoise de Volendam, rive occidentale du Zuiderzée.

Fig. 5. — Pêcheur de Zandvoort, Hollande du Nord.

Fig. 6. — Matrone de l'île d'Urk.

Fig. 7. — Femme de pêcheur de l'île de Marken.

Fig. 8. — Orpheline bourgeoise d'Amsterdam. Le bonnet sous deux aspects qui l'avoisine et les fragments 12 et 14, sont des détails de sa coiffure.

Fig. 9 et 10. — Pêcheur et sa femme, habitants de Volendam. Le bonnet 20, vu de profil est celui de la femme.

Fig. 11. — Autre pêcheur de Volendam.

Fig. 13. — Pêcheur de l'île d'Urk.

Fig. 15. — Paysanne du hameau de Lagemaer dans l'île de Schouwen (Flandre zélandaise, l'ancienne Flandre) dans le costume du commencement du siècle.

Fig. 16. — Chapeau de paille, doublé d'indienne à fleurs plissée; exemple moderne, montrant que dans ces localités, autour de la vieille ville de Zierickzée, la plus ancienne peut-être de toute la Zélande, les choses du costume sont d'une rare ténacité. Les femmes de la Flandre zélandaise portent encore le grand manteau noir des femmes de la Flandre occidentale.

Fig. 17. — Jeune homme et jeune fille de l'île de Walcheren, en habits des kermesses. Ce groupe représente une paysanne sur un ponceau (et les petits ponts de bois sont fréquents) payant son passage à son compagnon de kermesse; ce paiement c'est un baiser, et ce droit de passage s'appelle *heule.* Chaque couple passant les imitera. Le chapeau aux rubans flottants, 28, est la coiffure de la jeune fille.

Fig. 18. — Jeune homme de Walcheren.

Fig. 19 et 21. — Coiffure sous deux aspects, calotte en paille, le bonnet à larges barbes en dentelle, avec l'avancée des fers d'or. Rive occidentale du Zuiderzée.

Fig. 22. — Dames Nord-Hollandaises des premières années du siècle, c'est-à-dire du temps de l'occupation française. Ces costumes se rattachent aux modes générales de 1800-1815, combinées avec les parures de tête nationales. On voit, par cet exemple, que déjà les dames des villes et des gros villages adoptaient sans affectation toutes les modes nouvelles dans leur habillement et leur chaussure, mais en conservant dans leur coiffure les fers d'or qui n'ont rien du caractère éphémère des modes capricieuses.

Fig. 23. — Marchande de poisson de Scheveningen, telle qu'on la voit actuellement à la Haye. A rapprocher de la fig. 15, pl. n° 2.

Fig. 26. — Coiffure de la poissonnière de Zandvoort. Le chapeau de paille entouré d'un fin ruban noué sur le devant et à bouts pendants, est tronqué droit comme celui des poissonnières de Scheveningen, et assurément pour le même motif, c'est-à-dire pour y poser la corbeille. Ce chapeau offre cette particularité, que ses bords doublés d'indienne à fleurs rayonnantes selon un usage fort répandu, ont cette doublure par-dessus et non seulement à l'envers, ainsi qu'on la dispose le plus généralement. La coiffe est de dentelle.

Fig. 27. — Fille de Hindeloopen, Frisonne des premières années du siècle, dans le *steeksledje*, le traîneau spécial au pays, chaise basse montée sur des patins, où l'on s'assied les jambes étendues et que l'on fait avancer soi-même sur la glace en se servant de bâtons ferrés.
Fig. 29. — Frisonne de Hindeloopen de nos jours, en grande toilette.
Fig. 24 et 25. — Coiffures de la Frisonne, selon qu'elle est mariée ou non.

Ile d'Urk. Fig. 1, 6 et 13. — L'ensemble du costume masculin est assez foncé pour paraître noir. Bonnet de fourrure, veste courte, gilet croisé, culottes plissées et bouffantes ressemblant à des jupes courtes, bas noirs, larges mules à grosses boucles d'argent; au dessus de la veste, très serrée au cou, une cravate rouge. La bande du col de la chemise, bien fermée au moyen de deux gros boutons de filigrane d'or à perles brunies. A la ceinture du pantalon les deux grandes plaques servant de boucles.

Le costume de la matrone, fig. 6, n'a pas besoin de description. Son attitude convient bien au caractère de ces gens qui se nourrissent de la pêche, en y ajoutant le produit de quelques foins, mais qui, quoique vivant assez pauvrement, dédaignent de faire eux-mêmes leur fenaison, appelant pour cette tâche des faucheurs étrangers, bien reçus d'ailleurs, fêtés même par les gens qui les nourrissent.

L'*aanspreker*, fig. 2, est une espèce de bedeau vêtu de noir, qui, d'un ton lugubre, annonce la mort des habitants et prie pour leur enterrement. Il est vêtu de noir et porte un costume dont la coupe appartient au passé. Ces bedeaux assistent aux funérailles, en plus ou moins grand nombre suivant l'importance du personnage. Celui qui conduit le deuil a le grand chapeau en longueur. Au commencement du siècle, l'aanspreker ne faisait pas qu'annoncer les décès; on le payait aussi pour annoncer la naissance d'un enfant. Pour cette dernière tâche, il déposait son crêpe noir et son manteau, le rabat faisait place à une cravate blanche dont les bouts descendaient jusques au dessous de la poitrine; il ne conservait que l'habit noir, la vaste perruque, la façon singulière du chapeau, et le ton invariable de sa déclamation.

L'aanspreker catholique ressemble aux autres à quelques détails près de la toilette; cependant le prieur d'enterrement protestant d'Amsterdam, fig. 3, diffère assez sensiblement de l'aanspreker de Middelbourg.

Volendam, village de pêcheurs, près d'Edam, à quelques lieues au nord d'Amsterdam. Fig. 4, 9, 10, 11 et 20. — On peut rapprocher ces exemples modernes du costume de la femme de Volendam, fig. 19, pl. n° 2. Il n'a pas changé, et les quelques différences que l'on peut remarquer tiennent surtout à ce que le costume d'il y a quatre-vingts ans est moins exactement reproduit qu'il ne l'est maintenant par la photographie. Le bonnet pittoresque de ces femmes qui ne portent pas les fers d'or et n'ont d'autre bijou qu'un collier de corail et un simple pendant à leur oreille dégagée (voir ce collier et ce pendant, fig. 8 et 11, pl. n° 3), est représenté ici en un détail isolé, fig. 20. Le fond est en laine et terminé par une floche, l'avancée en dentelle empesée fortement. Ces femmes qui laissent voir quelque peu de leurs cheveux ne dédaignent pas les boucles d'argent à leurs souliers lorsqu'elles s'habillent pour les jours de fête; celles qu'elles portent et qui sont rectangulaires sont même très larges. Leur jupe de flanelle est rayée de bandes rouges et de bandes en filets bleus. La partie supérieure du tablier de laine, est en soie dessinée en carreaux. La fig. 4, qui n'a qu'une coiffe fort simple rappelle que ces femmes de pêcheurs portent aussi les sept jupons, au besoin. — Le jeune homme de Volendam a le bonnet de fourrure brune en forme de calotte tronquée. Il porte des boucles d'oreilles. Sa veste en laine ainsi que son pantalon sont d'un bleu presque noir. Cette veste ou blouse est prise dans la ceinture du pantalon, lequel est à pont et fermé de chaque côté par un gros bouton d'argent en plaquette circulaire; quelquefois il y en a encore une au milieu, ce qui fait trois boutons de ceinture. Ce farand porte autour du cou un ample mouchoir en coton, bruyamment coloré de rouge rayé de bleu, et de la poche de son pantalon il affecte de laisser flotter largement son mouchoir également en coton, mais bleu et pointillé discrètement de dessins blancs. Les bas sont noirs, et leurs jarretières de laine rouge brodées d'or ont des bouts pendants qui se prolongent assez pour dépasser le bord du pantalon. La chaussure jure avec ces élégances; les souliers grossiers sont simplement de cuir et d'une forme rudimentaire; c'est le ruban de cuir attenant aux lourds quartiers ramenés et noué sur le cou-de-pied qui en compose l'attache. La garniture de la chemise appartenant à ce garçon, faite de sept médailles d'argent qui se superposent en rangée, se trouve fig. 31 pl. 3. On voit, fig. 11, que, pour la montre de cette garniture, on tient la blouse entr'ouverte. Cet autre marinier de Volendam porte le bonnet rayé, en coton ou en laine.

Fig. 5. — Cet homme de Zandvoort est chaussé de la haute et double botte en cuir montant jusqu'à la ceinture du pêcheur de crevettes. Son chapeau rond à petit bord donne un peu plus de prise au vent que le bonnet de poil, mais il est approprié à la profession; on ne s'aventure pas à pied dans la mer par les trop violentes tempêtes. La blouse, dont les manches sont assez courtes, a un capuchon. Les manches de la chemise de flanelle prolongées jusqu'aux poignets sont mi-parti rouges et blanches. Le col est maintenu à la base du cou par une cravate nouée en rosette. On ne voit dans ce costume de travail aucun des boutons, ni des plaques en disques ordinaires.

Fig. 7. — Fille de Marken (voir à son sujet la fig. 1, pl. n° 1).

Fig. 8. — Fille de l'orphelinat de la Kalver-Straat, à Amsterdam. — Le *Burgerweeshuis*, fondation du seizième siècle, est exclusivement destiné aux enfants des *oude-poorters*, les vieux bourgeois de la ville, appartenant aux diverses confessions de la religion réformée. Cet établissement est un des types supérieurs des orphelinats, des maisons de refuge de toutes sortes, tous dûs à l'initiative privée, qui pullulent à Amsterdam, et y sont des palais, dit un voyageur. Les garçons comme les filles de cet orphelinat ont un costume mi-parti de rouge et de noir, conversion des couleurs mi-parti de ce costume à l'origine, où ces orphelins étaient vêtus de rouge et de blanc comme les bourgeois de la ville; aux temps où la mode des couleurs sombres prévalut, le noir prit la place du blanc, le rouge est resté.

L'uniforme des filles comporte, en outre, un mouchoir blanc s'ouvrant en cœur sur une chemisette montant jusqu'au cou. La coiffure, assez jolie sur de jeunes têtes, est particulière. Elle est d'un linon léger, transparent, et, sur le devant, cette mousseline épousant la forme de la tête tombe jusqu'aux sourcils; mais ce voile écourté et à plat ne recouvre pas entièrement le front. Celui-ci reste découvert au milieu et assez haut pour laisser voir les cheveux à leur naissance. Sous la mousseline transparaît la plaque d'or ou d'argent doré assouplie comme le casque, et dont les extrémités viennent aboutir de chaque côté du sommet de la tête, en une espèce de petite corne au dessous de laquelle, et pour la mieux marquer, est fichée une épingle d'argent ne montrant que sa petite tête ronde. Le soutien commun de l'édifice est la pièce 12 et 14, vue de profil et par derrière, qui prend la tête et se prolonge par derrière en une petite queue autour de laquelle la mousseline enroulée se lie. Ce soutien de la coiffure qui disparaît entièrement sous le bonnet, est en drap noir, et légèrement en coussin, de manière à faciliter l'usage des épingles. Les deux pièces détachées qui avoisinent l'orpheline, fig. 8, sont le profil et le derrière du bonnet vu d'ensemble.

Nous nous arrêterons peu au sujet de la paysanne de l'île de Schouwen, fig. 15, allant au marché de Ziérikzée, datant du commencement du siècle. Sous son chapeau, qui est de ceux que l'on peut baisser à volonté sur le devant pour se garantir de la pluie, et sous le béguin blanc dont sa tête est enveloppée, cette paysanne porte la lame d'or du casque des Nord-Hollandaises, et a les fers temporaux en spirale. Son collier de corail est d'un seul rang.

Le groupe 17 appartient à l'île de Walcheren, ainsi que la fig. 18, qui est de Middelbourg, la capitale de cette île et de la Zélande. Le chapeau des jeunes gens de Walcheren et de Beveland du nord (Noord-Beveland) est le chapeau en tuyau de poêle à très petits bords. Leur cravate est de soie de couleur éclatante. Deux gros boutons de filigrane d'or ferment leur col de chemise; veste et culotte de velours noir, fermée au moyen de deux ou quatre plaques en argent de cinq centimètres de diamètre. Leurs *borstrokken*, gilets à manches, sont écarlates à grandes fleurs jaunes, bleues ou lilas à grands ramages, suivant la religion; ceux des catholiques sont rouges à ramages jaunes, ceux des protestants sont plus sombres; vingt boutons de filigrane à perles ou d'argent ferment le gilet. Les souliers s'évasent vers le bout du pied; ils n'ont pas de boucle, mais des cordons simplement noués.

La veste est courte ou longue; le bas de la culotte descendant au-dessous du genou n'est pas arrêté dans l'habit de toilette, et l'on voit par la fente latérale de son extrémité le nœud de la jarretière. La culotte est à grand pont; on voit sortir de la poche droite le manche d'argent ou de buis du couteau de la pl. 3. Les garçonnets eux-mêmes portent le couteau, mais plus petit et moins beau que celui des hommes.

Toutes les filles, sauf pour le deuil, portent le chapeau de paille blanche légèrement incliné sur le front ; des rubans bleus plissés en garnissent la base ; des rubans de couleurs variées, rejoints par une agrafe d'or, serrent le chapeau sous le menton ; de larges et longs rubans bleus tombent sur le dos et sont réunis de même par une agrafe d'or. (Voir ces agrafes spéciales, fig. 16 et 25, pl. n° 3, et l'ensemble du chapeau dans la pl. présente, détail 28.)

On ne voit point les cheveux des femmes. Sur le front est le *hoofdnaald*, la plaque d'or ciselé, obliquée selon la condition de la femme, indiquant si elle est fille ou mariée. Le visage est comme encadré par les fers d'or en spirale (voir motif 15, pl. n° 3) avec leurs pendants les *krullenne-bellekens*, les épingles d'or, et le collier de *bloed-koraal*.

Le corsage, *manteltje*, est ouvert en rond jusqu'à la ceinture ; il découvrirait la poitrine si celle-ci n'était couverte d'un plastron de dentelle sur fond rose ou bleu, garni de deux ou trois morceaux de rubans variés, disposés horizontalement. On appelle *buck en kleuren* cette partie du costume des paysannes. Entre le buck et le manteltje elles placent un foulard éclatant et à grands plis qui fait tout le tour du bord du manteltje.

Le corsage est brun, bleu ou noir, et bordé de rubans de velours. Les manches, très courtes, serrent le biceps au point d'y marquer une ligne. Les jupons, se mettent au nombre de six ou sept au-dessus d'une crinoline. Le jupon de dessus est de couleur sombre, bordé au bas de ruban de velours. Le tablier est souvent d'un bleu azur et noué par des rubans violets.

Les filles aisées portent en temps de kermesse un sac de velours vert, à grand fermoir d'argent massif, de style rocaille. Il contient une boîte d'argent pour les parfums, une autre du même métal pour les pastilles, et la monnaie qui n'est pas de cuivre. Les boîtes, finement ouvrées, sont du genre rocaille ou du style de la Renaissance.

Sous le tablier, attachés à la ceinture par une chaînette d'argent pendent une paire de ciseaux et une aiguille à passer les rubans, également en argent massif. La main droite des filles semble couverte d'anneaux et de bagues ; elles en ont une petite au petit doigt et deux grands anneaux en or de quinze millimètres de hauteur, ouvrés en filigrane et ornés, soit de pierres précieuses, soit de boutons en or bruni. La femme mariée quitte tous ces anneaux, sauf un.

La forme des boucles des souliers des femmes, ainsi que la dimension des boucles de ceinture de la culotte des hommes, varient selon les îles, et parfois suivant les localités.

Les filles maintenant laissent croître leurs cheveux au bord de leur coiffe, au haut du front. On est loin du temps où des prêtres calvinistes en chaire, menaçaient la chevelure des femmes et même la moustache des hommes, avec des ciseaux et des rasoirs.

C'est en temps de kermesse qu'il faut voir la jeunesse de la Zélande ; elle est dans ses beaux atours, et le penchant pour le plaisir, contenu pendant tout le reste de l'année, prend une expansion qui contraste singulièrement avec le train de vie ordinaire. Les jours de kermesse servent de prétexte et d'excuse à toutes les déclarations sentimentales, et c'est surtout pendant ces jours-là que le paysan, qui d'habitude se *crée son illusion* dans l'église, ose aborder franchement la fille qu'il aime.

L'habitant de Middelbourg en compagnie du parapluie que porte tout piéton, est ici dans son costume journalier. Sa culotte seule est de velours. Sa veste courte est en drap, et son gilet n'a pas la garniture des vingt boutons ronds et plats en argent du *bordrok* des grands jours.

Nous n'avons rien à ajouter au sujet des élégantes du commencement du siècle qui forment le groupe 22.

Quant à la fig. 23, type moderne de la poissonnière de Scheveningen, continuant de crier dans les rues de la Haye, le *merlan*, la *morue fraîche*, les *chevrettes!* dans le patois qui lui est particulier, elle diffère sensiblement comme type et comme élégance de celle du commencement du siècle, fig. 15, pl. n°. 2.

Fig. 27 et 29. Frisonnes de Hindeloopen.

La première, celle qui est assise dans son traîneau, est du commencement du siècle; la seconde, en toilette des grandes fêtes, est moderne. L'éloignement relatif dans lequel la côte occidentale de la Frise, située au nord de la Néerlande, s'est trouvé reléguée par l'invasion de l'Océan, qui, en une nuit terrible du treizième siècle et en quelques heures, a formé le golfe du Zuiderzée, a dû contribuer à la conservation du costume national de la Frisonne de Hindeloopen, dont on peut voir l'immobilité par nos deux exemples rapprochés, distants de quatre-vingts ans; on croit qu'il est encore le même que celui des ancêtres du cinquième siècle, lorsque les Frisons réunis aux Saxons, allèrent fonder des colonies dans la Grande-Bretagne.

Le costume national des Frisonnes est compliqué, et réglé par des coutumes des plus étroites, les habitudes les plus régulières. Ses dispositions varient selon les âges; à sa distribution on reconnaît l'état de la personne qui le porte; fille, femme ou veuve, on le suit de suite. Dès le berceau, dit M. Havard, l'enfant dont les pieds sont encore emprisonnés dans les langes du maillot est mis en possession du costume national; sa tête est coiffée du bonnet et son corps habillé de la camisole traditionnels. De un à six ans, nouveau costume de même caractère; de six à quatorze, nouvelle transformation réglementaire. Au delà de quatorze ans, l'habit endossé par la fille n'est modifié qu'à partir du jour de ses fiançailles. Ensuite c'est le costume de l'épouse, et enfin celui de la veuve, dont l'ancienne tradition voulait que le deuil fût bleu.

La fille de Molkwerum, de Condum, de Warns, de Hindeloopen, commence sa toilette par faire de ses cheveux plusieurs tresses qu'elle réunit en cercles sur le sommet de sa tête, et qu'elle couvre d'un bonnet blanc autour duquel règne un ruban de soie. Le bonnet est à son tour recouvert d'un mouchoir très empesé, très symétriquement plissé, et dont les pointes vont retomber en une seule évolution derrière la tête. La coiffure, selon un usage constant est aplatie pour les filles (détail 24); pour les femmes mariées, elle est haute, faite d'un tube de carton coupé transversalement, couvert de drap rouge et puis d'une toile de Cambrai (détail 25). Ces femmes portent autour du cou un collier de soie noire formant le bord supérieur de la chemise; de ce bord descend une pièce de toile peinte à carreaux rouges, qui forme sur la gorge une cuirasse sans transparence prolongée jusqu'au bas de la taille. Les autres parties du costume des jours ordinaires consistent en un corset à longues manches bordées de velours, avec des demi-manches postiches passées par-dessus à l'avant-bras, précaution de la ménagère propre. L'habillement du corsage se complète par une espèce de camisole noire ajustée, veste sans manches, largement ouverte par-devant où elle est arrêtée vers le bas au moyen du va-et-vient d'un très long lacet d'une couleur éblouissante. La partie inférieure du corps est couverte d'une jupe noire sans ouvertures pour les poches, et terminée encore par un bord de velours. La jupe est recouverte d'un ample tablier bleu. Ce costume est celui de la Frisonne dans son traîneau.

La fig. 29 est dans tout l'éclat de l'habillement des grandes fêtes. Le fond est absolument le même; seulement on y ajoute une robe d'indienne à grandes fleurs, restant ouverte, car elle a trop peu d'ampleur pour se fermer, et allant aussi bas que les jupons. Les autres pièces ne diffèrent de l'habillement ordinaire que par la qualité ou la finesse des étoffes.

La véritable chaussure des Frisonnes ce n'est pas le soulier, c'est le patin. Dès que les canaux sont gelés, tout le monde le chausse : les jeunes et les vieux, les enfants eux-mêmes qui savent tous patiner avant que de savoir lire. Une fois l'eau solide, il n'est plus possible de tenir personne à la maison. Le Frison le plus lourd et le plus indolent devient tout à coup vif, ardent, emporté. Les jeunes Frisonnes adorent l'exercice du patin où elles excellent, y recherchant d'ailleurs plutôt la vitesse que les fioritures, ce qui est un des traits du caractère national visant plus à l'utilité qu'aux ornements. Attacher les patins aux pieds d'une de ces reines rustiques est un honneur fort brigué par les jeunes gens; il est vrai que la jeune patineuse reconnaît ce léger service par un baiser.

Les fig. 15, 19 et 27, datant du commencement du dix-neuvième siècle, sont tirés du Recueil Maaskamp.

Les fig. 9, 10 et 17, ainsi que les détails 12, 14, 16, 19, 20, 21, 24, 25, 26 et 28, ont été fournis par la Section Néerlandaise de l'exposition internationale de 1878, à Paris.

Les autres figures sont tirées de documents photographiques.

HOLLANDE

LA JOAILLERIE; LES FERS D'OR OU D'ARGENT A L'USAGE DES FEMMES. — PLAQUES, BOUTONS, CHAINES ET BRELOQUES, PORTE-PIPES ET COUTEAU A L'USAGE DU PAYSAN.

Fig. 1. — Collier d'une jeune fille de Dordrecht ; corail avec un fermoir d'or, ayant 3 cent. d'épaisseur, de ceux que l'on appelle *bloed-koraal*, *corail de sang*. Type fort répandu ; les perles sont parfois de grenat.

Fig. 2 et 4, faisant partie de la parure d'une riche bourgeoise d'Amsterdam. — Épi de front d'une longueur de 17 cent. environ. Broche de 3 cent. 1/2 de diamètre. Ces bijoux sont enrichis de diamants et de perles fines.

Fig. 3. — Broche de femme en or filigrané, ornée de délicates chaines suspendant des perles en poires filigranées ; longueur, 4 cent. sans l'épingle. Provient de la Zélande.

Fig. 5. — Tête d'épingle en or et son profil, d'un diamètre de 3 cent., provenant de Dordrecht. Décoration en filigrane sur fond.

Fig. 6. — Ornement en or, entrant dans la parure des femmes à Amsterdam ; 7 cent. 1/2 de largeur.

Fig. 7. — Plaque de front en or ciselé. Ce diadème qui s'attache sous le bonnet a une longueur de 18 cent.

Fig. 8. — Boucle d'oreille, or filigrané, portée par la femme de Volendam (fig. 10, pl. n° 5) ; 1 cent. 1/2 de hauteur.

Fig. 9. — Épingle de cheveux, argent filigrané et pierres fines, entrant dans la parure de tête d'une jeune fille de Dordrecht. On porte deux de ces épingles de chaque côté de la tête, sans compter l'épingle ronde et l'épingle en spirale, ce qui fait quatre de chaque côté. La partie ornée de cette épingle a 2 cent. 3/4 de longueur.

Fig. 10. — Fer de cuivre doré encerclant la tête, particulièrement à l'usage des Frisonnes dont la coiffe cache entièrement les cheveux ; 15 à 17 cent. de diamètre.

Fig. 11. — Collier de corail à fermoir d'or filigrané, porté par la femme de Volendam (fig. 10, pl. n° 5).

Fig. 12. — Broche en argent ajouré, enrichi de pierres fines, à quatre petits pendants mobiles ; 3 cent. de diamètre. Partie de la parure d'une jeune fille.

Fig. 13. — Bouton en cuivre et son profil ; diamètre 2 cent. 1/2 : c'est l'un des deux boutons réunis par une tige, avec lesquels l'homme attache le col de sa chemise.

Fig. 14. — Épingle de tête en spirale ; elle est en or et additionnée d'une pendeloque suspendue par un anneau mobile, faite de filigrane d'or et agrémentée de perles de corail. On appelle cette pendeloque, espèce de pendant d'oreilles *Krullenne-bellekens*. Ce bijou qui, en hauteur, y compris la pendeloque, mesure près de 12 cent., provient de la toilette d'une fille de Dordrecht.

Fig. 15. — Épingle du même genre, mais de dimension moindre. Celle-ci, avec sa pendeloque, n'a en hauteur que 5 cent. 1/2. La pendeloque n'est pas filigranée, et au lieu de corail, c'est une perle qui se balance au bout. Elle provient de la Zélande, île de Walcheren, et appartient à la parure de la jeune fille du groupe 17 pl. n° 5.

Fig. 16. — Agrafe en filigrane d'or, du genre de celles qui servent à réunir les rubans ou brides du chapeau des filles de Walcheren; rubans que l'on laisse flotter dans le dos en les agrafant l'un à l'autre avec ce bijou. La fig. 28 de la pl. n° 5 offre l'exemple isolé du chapeau de paille sur le bonnet, avec ses rubans bleus attachés et flottants.

Fig. 17. — Épingle de tête en or; plaquette très mince en forme de petit drapeau rectangulaire se posant droit de chaque côté du visage, et généralement surmontée d'une autre épingle à plus ou moins grosse tête (cette seconde épingle, que l'on voit ici, et dont la tête est ronde, est indépendante de la plaquette.) Dans cet exemple, la plaquette, soutenue transversalement par le milieu, est additionnée d'une pendeloque branlante en deux parties que les ajourés du métal rendent légère. La courbe du crochet de suspension attenant à la plaquette, écarte la pendeloque du petit drapeau de manière à lui assurer un certain jeu, d'autant plus libre que l'épingle en drapeau avec pendeloque se projette en avant du bonnet, comme on peut le voir dans la coiffure de paille et de dentelle d'une femme du Zuiderzée fig. 19 et 21, pl. n° 5. La plaquette et la pendeloque ont de 8 à 9 cent. de hauteur.

Fig. 18. — Pendant d'oreille d'une jeune fille de Breda. Or filigrané; 12 cent. de hauteur.

Fig. 19. — Chaîne de montre en argent, suspendant la clef à l'usage des hommes dans le Zuiderzée; 2 cent. de largeur.

Fig. 20. — Plaque de la ceinture du pantalon, argent ajouré, que les paysans du Zuiderzée portent en paire. Le diamètre dépasse 8 cent.

Fig. 21. — Bouton et chaîne en argent, servant à la fermeture de la blouse, provenant du costume du pêcheur de Volendam, fig. 9, pl. n° 5 (longueur 16 cent. environ avec la breloque.)

Fig. 22. — Broche servant de suspension à une croix pectorale. Bijou en or filigrané porté par les filles de Breda. L'ensemble a une hauteur de près de 13 centimètres.

Fig. 23. — Pendant d'oreille d'une jeune fille de Dordrecht; or filigrané. Hauteur 6 cent.

Fig. 24. — Bouton en cuivre, du même genre que le motif 13, servant en double bouton pour attacher le col de la chemise d'homme.

Fig. 25. — Agrafe en or filigrané, servant à réunir les rubans flottants du chapeau, comme on en use à Walcheren.

Fig. 26. — Épingle temporale en or, tête ronde à facettes, longueur 6 centimètres; appartient à la parure de la fille de Walcheren, groupe 17, pl. n° 5.

Fig. 27 et 28. — Couteau à manche en bois sculpté et sa gaîne de cuir, que le paysan porte dans sa poche ou à sa ceinture. Le manche et la lame du couteau ont environ 28 cent. de hauteur.

Fig. 29. — Broche en or filigrané d'une jeune fille de Dordrecht; 4 cent 1/2 de largeur.

Fig. 30. — Double bouton du col de la chemise d'homme, en or filigrané, et rangée des boutons en argent filigrané qui en garnissent le devant; les boutons de cette garniture ont 2 cent. 1/2 de diamètre. Cette parure Zélandaise appartient au jeune homme de l'île Walcheren, groupe 17, pl. n° 5.

Fig. 31. — Garniture de chemise de la même sorte, mais faite de médailles d'argent qui se succèdent en se superposant. La suite est de sept boutons. Ce genre est celui des hommes de Volendam. La médaille a 3 cent. de diamètre.

Fig. 32 et 33. — Porte-pipes: le 32 enveloppé de cuivre jaune, avec nervure et bouts en cuivre rouge, le 33, enveloppé d'un cuir doré. Ce genre appartient à la Hollande méridionale et a surtout le caractère flamand.

Fig. 34. — Porte-pipe en bois sculpté que le paysan de la Néerlande porte dans sa poche. Ce bois chargé d'ornements et figures de toutes sortes est d'un caractère plus franchement rustique, et marche avec le manche du couteau de l'habitant des rives et des îles du Zuiderzée. Tous ces porte-pipes s'ouvrent en s'écartant par le bas de la tête de la pipe.

Selon certains antiquaires du pays, le prototype des plaques ou bandeaux d'or ou d'argent portés de diverses manières par les femmes de la Néerlande, et que, par un singulier euphémisme, on appelle des *fers*, serait le cercle d'or que les femmes du Nord, surtout les femmes nobles, portaient autrefois sur leur tête. Cette espèce de diadème a, dans tous les cas, singulièrement changé de physionomie ; la parure de tête varie en Hollande selon les localités, et c'est aux formes diverses de ces ornements qu'on reconnaît le caractère des diverses provinces.

Dans la Nord-Hollande, les fers d'or sont oblongs et plats ; dans le pays de Groningue, ils se terminent par une espèce de fleur ou de vase de fleurs ; dans l'Over-Yssel par des spirales coniques que l'on retrouve en Zélande comme sur les bords du Zuiderzée ; d'autres sont des plaquettes rectangulaires ayant figure de petit drapeau, que l'on arbore à l'extrême nord de la Hollande et aussi dans sa partie méridionale. Le principe de la parure du front, et particulièrement de la parure temporale, est généralement répandu, mais les fers eux-mêmes affectent des formes ou des dimensions fort variées, et tandis que la femme de Volendam, ne se servant pas des fers, se contente d'une boucle à l'oreille, il faut à la fille de Kruiningen tout un arsenal de bijoux. Beaucoup de Nord-Hollandaises portent les *voor-hoofden*, les bandeaux minces et assez souples pour ne jamais blesser la tête, dont les femmes d'Amsterdam font leur casque d'or ; les domestiques les portant en argent. Enfin la plaque de la Frisonne, portée en bandeau plat et droit sur le front, n'est pas l'épi ou le *hoofdnaald*, la plaque ciselée qui s'y pose en oblique, de gauche à droite si la femme est mariée, de droite à gauche si c'est une fille ; et ni l'une ni l'autre de ces plaques ne sont le *hoof-dyzer*, le bandeau plat, posé droit, que la poissonnière de Scheveningen met sur sa tête.

La Nord-Hollandaise porte souvent le double épi dont les pointes se réunissent au-dessus de son front, formant comme une espèce de gracieux diadème. Les spirales sont de plus ou moins grande taille, avancent plus ou moins, sont ornées ou non de pendeloques branlantes. Ces spirales, dont un touriste a dit qu'elles semblent une défense contre le baiser des kermesses, sont beaucoup plus volumineuses à Dordrecht et dans ses environs, qu'elles ne le sont à Walcheren, à Beijerland, etc. Il en est de même pour les petits drapeaux qui sont peut-être encore plus répandus que les spirales coniques. On les voit dans l'île Ameland, à l'extrême nord de la Hollande, on les rencontre à Krommenie, au nord-est, comme à Zaandam, sur le Zuiderzée, comme à Goes, entre les deux bras de l'Escaut. Les poissonnières de Scheveningen s'en affublent à la porte de La Haye ; seulement leur format, leur pose, leur simplicité ou leur complication, différent selon la coiffure avec laquelle les drapeaux sont disposés. Ceux de la fille de Kruiningen, qui les a sous un bonnet lui encadrant le visage, ne sont point ceux de la femme de l'île Ameland qui les dispose plus à l'écart par-dessus sa coiffe, comme on le fait à Krommenie, où l'on voit aussi les petits drapeaux, d'ordinaire posés verticalement, légèrement inclinés en avant pour ne se point rencontrer avec les bords du chapeau, lorsque l'on met celui-ci par-dessus le bonnet. Enfin, pour que le petit drapeau s'additionne de la pendeloque branlante, lorsqu'il est porté sous le bonnet évasé, comme on le voit sur certaines rives du Zuiderzée, il faut que l'appareil soit avancé au delà de la coiffure non moins que la pointe de la spirale. Les épingles inséparables de la plaquette et qui la surmontent toujours sont différemment élevées, et leur tête, plus ou moins grosse, change également de caractère.

Que l'on ajoute à ces nombreuses variétés le cercle d'or entourant le crâne, pressant les tempes, et s'ouvrant au-devant du front de la Frisonne comme les élytres d'un énorme scarabée, et l'on aura un tableau assez complet de toutes ces parures temporales et autres qui constituent aux Néerlandaises une toilette de tête unique dans le monde, et qui, dans ses divers caractères, ne se rencontre nulle autre part qu'en Hollande. Toutes les paysannes, sauf quelques groupes de pêcheurs, entêtés de leurs anciennes traditions, ou trop pauvres, peut-être aussi d'un goût meilleur, s'affublent des fers d'or ou d'argent. Celle-ci a le brillant morion des filles d'Amsterdam; celle-là les deux plaques latérales reliées en arrière par un mince filet de métal, ce qui fait parfois ressembler son visage à une colossale tête de mouche dont les yeux seraient en or; cette autre met les spirales avec ou sans leur pendeloque. Ces attirails de tête se portent avec la serge comme avec la soie, avec la dentelle comme avec la simple toile. La plupart des femmes en ont deux paires; une pour la semaine, en argent ou en vermeil, une en or pour le dimanche, jour où la Néerlandaise, voulant se faire belle devant Dieu et devant les hommes, ajoute volontiers ses pendeloques.

Parmi les Hollandaises qui suivent en tout le reste les modes européennes, la plupart conservent les fers d'or dans leur coiffure; et cette coquetterie nationale n'est pas toujours heureuse, lorsqu'on voit, par exemple, une femme comme celle de Dordrecht, fig. 9, pl. n° 4, ajouter par-dessus son voile de belle dentelle qui s'harmonise avec l'or de ses spirales, un affreux chapeau capote qui change tout le caractère de la coiffure.

Les Frisonnes ont, comme les autres Néerlandaises, deux services de fers, l'un pour la grande, l'autre pour la petite toilette. Pour faire honneur à un visiteur elles se parent de leurs plaques d'or. En de certains cas, l'absence ou la présence de la plaque du front sert, chez elles, de langage. Si un jeune homme se présente au milieu d'une famille pour faire une demande en mariage, et si la fille qui est l'objet de cette demande sort et revient parée de son diadème, c'est que l'amant est accepté. Sinon, et si, sans parler, la fille reste assise sans sa parure de front, c'est que la demande n'est pas admise.

Les bijoux filigranés qui marchent avec les fers d'or, généralement assez grossièrement ciselés, les pendeloques, pendants d'oreilles, broches et agrafes, sont d'une fabrication et d'un goût qui les rapproche beaucoup de la bijouterie populaire qui se confectionne depuis longtemps en Portugal. Les rapports que les juifs portugais, en nombre beaucoup plus considérable que les autres et les premiers de tous en Hollande, durent comme trafiquants de métaux précieux conserver avec leur mère-patrie, paraissent expliquer ce fait, et il semble probable que c'est principalement à ces Jacob, David, Samuel, etc., qui pullulent en Néerlande, que les *joailliers* et orfèvres, établis dans la Sainte-Anne Dwarstraat, à Amsterdam, ont dû l'importation de ce mode et de ce goût empreint d'orientalisme.

Quant aux fers temporaux, non seulement l'origine en est douteuse, mais on ignore même à quelle époque exacte ils peuvent remonter. Vecellio n'en représente aucun, et réellement n'en parle nulle part. Cependant leur usage n'était point incompatible avec le mantelet néerlandais, le huiken tombant de la tête, pluvial antique que les fers d'or auraient empêché d'adhérer au visage lorsqu'il fallait le fermer. Malgré cette apparence de l'utilité pratique qu'auraient pu avoir les fers temporaux dans l'ancien costume des Néerlandaises, on n'en retrouve aucun, ainsi que nous l'avons dit, dont le travail soit antérieur au seizième siècle.

Le collier de grains de corail avec son fermoir d'or mat, bruni, de trois, quatre, cinq rangées, est à beaucoup près le plus répandu, et se porte avec les diverses sortes de fers.

Non moins typiques sont pour les hommes les larges boucles d'argent en disque portées à la ceinture du pantalon, les boutons d'habits, de cols et de poignets ayant même forme, ainsi que les garnitures des chemises et des gilets qui sont souvent de vieilles médailles transmises avec leur usage par les ancêtres. Le matelot porte ces parures comme le paysan de l'intérieur des terres; elles sont inséparables du costume national. Cette forme en disque des plaques d'attache, souvent ajourées, est d'origine germaine, c'est celle des plaques de ceinturon des anciens Teutons. Elles étaient de grande dimension, et tout à fait de la famille des plaques de ceinture du paysan batave.

Quant au couteau dont le paysan ne se sépare jamais, s'en faisant gloire, comme dans le pays des quatre métiers, à Axel et aux environs, où le couteau est suspendu à la ceinture dans sa gaîne de cuir, les autres le portant en poche, il a été dit que c'est, au besoin, une arme de combat.

On se battait et on se bat encore au couteau dans la Flandre zélandaise en des duels réglés, et, suivant la gravité du cas, à lame entière, à mi-lame, ou au tiers de lame; c'est-à-dire qu'à la demande du provoqué, on entoure de ficelle la lame de manière à lui laisser la longueur voulue. Ces batailles au couteau sont terribles. Parfois les combattants sont liés l'un à l'autre par une ceinture commune. Il ne s'agit alors ni de rompre, ni de fuir, mais de frapper à mort.

La manière de provoquer l'adversaire, de l'avertir de se mettre en garde, diffère de race à race. A Axel, le provocateur enfonce son couteau dans la table; les Ménapiens qui habitaient le canton de Gand en agissaient ainsi. Dans le canton d'Audenaerde, on provoquait en lançant le couteau au plafond, directement au-dessus de sa tête; le plafond étant toujours bas, le couteau restait à la portée de la main ; aussi longtemps que la lame vibrait, l'homme provoqué avait le droit de produire ses moyens de défense. De Coster parle d'un cabaret de Zaamslagh, où le couteau, accroché par le manche au plafond bas, était en permanence dans la salle de réunion. On le touchait pour provoquer un adversaire que l'on désignait du doigt.

En Zélande, avant 1863, des villages entiers se donnaient rendez-vous pour se battre au couteau. Il y avait des haines de village à village qui ne pouvaient s'assouvir que dans ces sortes de batailles.

Les paysans de Heidenszand en Beveland, et sans doute d'autres encore, savent lancer leur couteau comme un stylet. La lame de ce couteau n'a que huit centimètres de longueur. En Walcheren, lorsque en face d'un péril imminent les diguiers ordinaires exerçant leur profession de père en fils se trouvent en nombre insuffisant, on réquisitionne des ouvriers pour aider à parer au danger commun. C'est le sort qui désigne ceux qui prendront part au travail, car tous voudraient y participer. On jette le couteau en l'air pour décider entre les aspirants. C'est une espèce de jeu à pile ou face, nommé *neertje* ou *oppertje*; l'ouvrier lançant le couteau doit dire s'il tombera du côté de la lame où se trouve la marque du fabricant, ou de l'autre côté.

Ces matériaux, étudiés d'après nature dans la Section Néerlandaise, proviennent tous de l'Exposition internationale de 1878 à Paris.

AX

HOLLANDE

INTÉRIEUR DE LA MAISON BOURGEOISE A HINDELOOPEN, VU SOUS SES DEUX FACES.

TYPE DE L'ANCIENNE HABITATION FRISONNE.

Le Frison, fort propre, sans pousser la recherche jusqu'aux soins méticuleux qui ont rendu légendaires certaines fermes de la Noord-Holland avec leurs étables sablées et carrelées de faïence, apprécie, comme tout Néerlandais, l'intérieur confortable, sans toutefois s'isoler, comme on le voit dans certaines parties de la Hollande, où toutes les maisons sont entourées d'un large fossé d'eau. Sa maison n'est pas inabordable, et son origine orientale se décèle par les tonalités étranges qu'il applique à son mobilier, amalgame bizarre de tons violents, papillotage extravagant, qui cependant rappelle dans son ensemble les peintures persanes pour les cachemires de l'Inde.

La maison à laquelle est emprunté l'intérieur représenté, et dont le type se répète fidèlement dans les cinquante exemplaires pareils de Hindeloopen et de Molkwerum, se compose de deux étages et d'un grenier. Elle a son pignon sur la rue; il est à arêtes lisses, sans les degrés ni les redans si fréquents en Hollande. Une frise en briques blanches et noires alternées, formant une sorte de damier, sépare le rez-de-chaussée du premier étage, et se répète entre le premier étage et le grenier. Cette seconde frise sert de base au triangle formé par le pignon; triangle équilatéral. La façade ainsi divisée est percée de six ouvertures, trois au rez-de-chaussée, deux fenêtres, dont une principale, et une porte. Le premier étage ne compte que deux petites fenêtres cintrées comme celles du rez-de-chaussée, étroites et longues, n'ayant qu'un seul carreau en largeur, reléguées aux deux extrémités de la façade, et séparées par un massif sans ornement ni décoration. Le grenier est éclairé par une grande lucarne, de forme circulaire, au milieu du pignon, au dessus de l'intervalle plein du premier étage.

Le mobilier, dont les colorations possèdent, ainsi qu'on le voit, un parfum oriental très accentué, ne conserve nullement un caractère intéressant dans ses formes générales. S'il y a là un style, c'est du Louis XIV alourdi. Parmi les rinceaux et les guirlandes, des cartouches réservés servent à loger des amours bouffis, des personnages bibliques, etc., tout cela est d'un goût absolument bâtard, sans autre intérêt, et s'applique à toutes les pièces volantes du mobilier, depuis le coucou jusqu'à la chaufferette, et depuis le bahut au sommet en pupitre, qui semble un prie-Dieu devant l'image voilée dans son cadre qui le domine, jusqu'aux tables pliantes, peintes à leur envers comme par dessus, que la ménagère veut toujours facilement transportables et ne tenant pas de place pour n'être pas gênée dans ses fréquents lavages. Le berceau de l'enfant sur son trône reçoit une décoration analogue, et de même l'escabeau de trois échelons indispensable pour parvenir au lit encastré. Il n'est pas jusqu'à la chaise de paille dont le bois ne se trouve recouvert d'un vert tapageur.

C'est une singulière contradiction que ce mobilier de coloris criard se rencontrant avec le bois sévère de l'alcôve contenant deux lits dont on voit la disposition au fond de la pièce, couches dont le châlit est suspendu dans chaque alvéole fermée pendant le jour par les deux battants aux ajourés bouchés par de petits rideaux, cloison ininterrompue au milieu de laquelle trône la bassinoire de cuivre, et dont la base est plaquée de la faïence dont les murs sont revêtus, tout au moins d'un papier qui l'imite, et dont la frise et la corniche sont chargées d'assiettes, de plats et de coupes de Delft, quand ces objets ne sont pas japonais ou chinois.

Quel qu'ait été le caractère du mobilier volant du seizième siècle, par exemple, que rappellent seuls ici le bahut, hissé sur de petits tréteaux, et la muraille de bois où les alcôves semblent les tiroirs d'une gigantesque commode, on ne saurait supposer que cette chambre où l'on fait la cuisine, où l'on mange et où l'on dort, et où l'activité de la propreté traditionnelle de la femme s'exerce sans cesse, ait jamais été occupée par des meubles plus importants et plus à demeure. La nudité des murs, les meubles transportables, c'est le caractère général de la chambre orientale, sans compter le revêtement de faïence si souvent appliqué. De l'ensemble de ce mobilier nous ne relèverons que ceci. Le lit encastré est d'un usage très répandu dans la Noord-Holland, particulièrement parmi les populations maritimes, où il est même souvent à plusieurs étages ; seulement celui des antiques maisons frisonnes, comme on le voit ici, est exactement le même qui existe encore en certaines localités de la Bretagne ; et, par une autre singularité à remarquer, le bahut, le seul meuble conservé dans la pureté de son art, le bahut des ancêtres, auquel tout en le surhaussant, en le posant sur des tréteaux à son usage, on n'a point voulu enlever son caractère de coffre transportable, est absolument le même que l'arche du celtique armoricain, cet autre asiatique.

Nous n'avons rien à dire de l'âtre et du manteau de la cheminée. On sait que le chauffage s'y fait avec les *veenen*, les terres sulfurées, boue séchée à l'air, dont les morceaux tranchés en carrés longs de six pouces sur quatre sont proprement ce qu'on nomme *tourbe*.

Cette chambre frisonne de Hindeloopen, exposée comme type, est celle que la Section Néerlandaise avait fait construire à l'Exposition internationale de 1878, à Paris.

ÉCOSSE

COSTUMES NATIONAUX.

BARDES IRLANDAIS, GUERRIER DES TEMPS PAÏENS. CHEFS, SOLDATS ET PAYSANS DEPUIS LE MOYEN AGE JUSQU'A NOS JOURS. — LE *breacan* DU CLAN.

L'Écosse se divise naturellement en trois parties ; celle du nord est marquée par une suite de lacs qui traversent le pays du N.-E. au S.-O., depuis le golfe de Murray, jusqu'à l'île Mull. Le milieu est borné au S. par les golfes du Forth et de la Clyde, et par le grand canal qui les réunit. Le sud, bien cultivé et contigu à l'Angleterre a beaucoup d'analogie avec elle. Le pays est divisé en trente trois comtés. Les *Highlands*, hautes terres, sont les parties montagneuses de l'Écosse ; les *Lowlands*, sont les terres basses. Le pays est surtout montagneux dans les régions septentrionales ; les terres basses sont principalement dans le midi. En général, la chaîne des monts Grampians sépare les Highlands des Lowlands. Le *Highlander*, c'est le montagnard.

Au delà des Grampians, en s'avançant vers le nord, et surtout après avoir traversé le comté d'Inverness, dont le chef-lieu est comme la capitale de toute l'Écosse, le pays devient rude et sauvage. Ces parties, couvertes autrefois d'une grande forêt, sont creusées de vallées profondes qui donnent naissance à presque toutes les rivières de l'Écosse. De vastes lacs complètent la physionomie de ce pays agreste, en lui donnant un charme que les Romains avaient ressenti.

Jusqu'en 1745, le *muir of Raunah*, désert d'environ vingt milles carrés dans le Perthshire, était resté impénétrable pour d'autres que pour les occupants qui en gardaient attentivement les étroits défilés. Avant le commencement du dix-huitième siècle il n'y avait presque aucune communication entre les Highlands et les Lowlands ; c'est seulement en 1811 qu'une voiture put aller des uns aux autres. C'est chez les montagnards que les traditions des ancêtres sont restées le plus longtemps inaltérées. On sait que le trait caractéristique de l'organisation celtique qui est restée propre aux Highlanders jusqu'à ces derniers temps est la réunion en clan.

Le clan, qui tient le milieu entre la tribu et la famille, est un groupe dont tous les membres portent le même nom, en y ajoutant le préfixe *mac* (fils). Un chef commandait cette communauté sous le nom de *laird* ou de *chieftain*. Sa souveraineté était un mélange d'autorité féodale et de pouvoir patriarcal. Quoique le chef du clan écossais fut héréditaire, il était soumis à une sorte d'investiture.

La fabrication du tartan chez les Bretons remonte à une haute antiquité ; le plaid n'est pas moins ancien. On a signalé à son sujet que les montagnards des Highlands, doués en quelque sorte de l'instinct de certains animaux, donnaient à leurs vêtements la teinte des bruyères qu'ils parcouraient, pour échapper plus facilement à la recherche de l'ennemi. Il y a peut-être, en effet, quelque intention de ce genre dans la disposition des lignes croisées, aux couleurs souvent changeantes qui forment le dessin écossais et que l'on désigne sous le nom typique de « *breacan* ». Le *break*, qui a d'ailleurs un nombre important de dérivatifs dans la langue anglaise, semble cependant devoir être surtout entendu dans le sens de *rompre, brouiller, altérer, fausser, casser, briser*, etc., autant d'effets que le *breacan* causerait à la vue. Ce qui a bien le caractère d'une ruse de guerre et aussi de chasse.

Le choix des couleurs et leur distribution n'étaient, d'ailleurs, point arbitraires. Le *breacan* qui est l'ensemble du dessin et de ses couleurs, différait pour chaque clan, et servait pour le ralliement ; il était réglé aussi selon le rang, ainsi que le fait la loi appelée *Ilbreachta*, qui remonte à l'époque de la première arrivée de la colonie milésienne, dont les chefs en Irlande ont fourni à l'Écosse ses premiers rois dans le deuxième siècle de notre ère. Il n'est point inutile de faire remarquer en passant, que c'est sous le pavillon de ces milésiens, les rois dalriadiques, que l'époque héroïque de l'Irlande s'est trouvée transportée en Écosse, par l'Ossian de Mac Pherson, fils de Fin-Mac-Cumhal ou Fingal, l'un des descendants de la race des rois irlandais ; et que c'est ainsi, ces chants ayant tout embrouillé, que l'on a dû à peu près renoncer à distinguer ce qui concerne les populations des deux contrées, d'ailleurs si voisines, et qui demeurent véritablement inséparables lorsqu'il s'agit des temps anciens.

En vertu de la loi Ilbreachta, les paysans et soldats devaient avoir leurs vêtements d'une seule couleur ; les officiers en avaient deux ; les chefs de clan, trois. La classe supérieure des nobles, obligés d'avoir maison ouverte pour recevoir les étrangers, les *Beatachs* et les *Bruighnibs* quatre couleurs, cinq pour les plus nobles ; *les Ollambs* ou hauts philosophes, six ; la famille royale, sept.

La forme du vêtement variait aussi dans certains détails, et ces différences se sont retrouvées dans les régiments qu'on a formés parmi les Highlanders. En outre de ces dissemblances, chaque clan avait ses armoiries particulières, et choisissait une fleur ou une branche verdoyante, qui lui servait de symbole.

Ces mœurs originales, chères à des populations énergiques, aux montagnards qui surent rester indépendants des souverains de l'Écosse, et résister autant qu'ils le purent aux rois d'Angleterre, étaient encore à peu près intactes au commencement du dix-huitième siècle. Les Highlanders qui avaient embrassé le parti des Stuarts en se soulevant en 1715 et en 1745, furent une première fois désarmés, mais incomplètement, par une opération qui dura de 1716 à 1724. Après leur défaite en 1745, on renouvela contre eux les anciennes ordonnances d'Édouard IV, de Henri VII et de Henri VIII, contre le costume national qui semblait être le symbole de leur vieille indépendance, et une provocation à la défendre. En 1748, on les frappait d'un nouveau coup en abolissant leur juridiction héréditaire. Ce ne fut que, en 1782, lorsque les passions furent apaisées, que le duc de Montrose fit rapporter l'ordonnance qui proscrivait le vêtement national. Devenu inoffensif, le vieux costume reste honoré comme un précieux vestige des anciens temps; mais le Highlander étrange, poétique et mystérieux a cessé de vivre.

No 1. — Clan Mac Dugal de Lorn.

Costume des anciens Gaëls : cotte de flanelle ; simple jupon (*fheile-beag*); bourse (*sporran*) contenant la corne à tabac (*snavisin*); claymore de cinq pieds huit pouces, à pommeau pesamment chargé de plomb contrebalançant le poids de la lame et la rendant ainsi plus facile à manier ; la claymore à deux mains était à la fois « épée et bouclier » ; petite dague à la ceinture.

No 2. — Clan Ferguson.

Vêtement autrefois appelé *Lein-Croich* (chemise colorée au safran), en usage chez les Irlandais et les Écossais, et spécial aux *Druine-usual* ou gentilshommes ; cette pièce d'étoffe était habituellement de vingt-quatre mètres et quelquefois davantage; — casque (*clogaid*) où se trouve fixée la branche de verdure, insigne des Ferguson; bouclier (*targaid*) en bois couvert de plusieurs couches de lin mixtionné de goudron ; il est orné d'un large ombilic, le *capan*, et d'une poignée intérieure; l'épée, nommée *claidheamb*, est une arme différente de la longue claymore dont le poids exige la forte prise des deux mains.

No 3. — Clan Mac Millan.

Bas (*moggans*) sans pieds, jambières du montagnard ; jupon (*Kilt* ou *fheile-beag*); petite claymore en forme de *cliabh*, la garde en forme de panier; *targaid* à double poignée.

Les Highlanders conservaient l'usage de se dépouiller de leurs plaids lorsqu'ils étaient chaudement engagés ; dans l'original, celui-ci est aux prises avec des soldats de Cromwell.

No 4. — Clan Mac Innc.

Guerrier armé de l'*aseth*, lance à main employée comme arme de jet; elle est garnie d'une courroie servant à la ramener une fois lancée; veste en fourrure; *targaid* orné du *capan* ; chemise de mailles par-dessus la cotte de flanelle et le *Kilt*.

Le targaid, malgré ses petites dimensions, suffisait aux montagnards qui l'opposaient aux archers.

No 5. — Clan Mac-Cruimin où se trouvaient les pipers.

Bonnet rond appelé *bonaid-gorm*, c'est la coiffure nationale par excellence ; il porte l'insigne végétal du clan; — plaid en sautoir (*breacan-fheile*); pourpoint garni de passementeries en argent; baudrier en fourrure; petite claymore dont la poignée est en forme de panier ou à *cliabh*; *cuarans*, brodequins de peau de daim.

Chez les nations celtiques, les métiers ont été de tout temps héréditaires, et ses chefs avaient toujours dans leur maison quelques hommes qui en exerçaient un. Ceux-ci en obtenaient, en retour de l'accomplissement de leurs professions, certains privilèges et allocations destinés à leur propre entretien.

Un des plus importants de ces personnages était certainement le *piper* qui semble, dans les derniers âges, avoir succédé au *harper*, en animant la compagnie dans les banquets et en encourageant les clans, pendant la bataille, avec les notes excitantes de son instrument. Valter Scott en racontant la bataille de Culloden, montre l'intrépidité du piper se faisant tuer sur place en maintenant jusqu'au dernier moment l'ardeur des vaincus.

N° 6. — Clan Mac Coll.

Personnage provenant d'une mosaïque de l'époque de Charlemagne.

Bonnet en forme de mitre; manteau qui n'est autre que la *chlamyde* ou le *sagum* romain; on l'attachait sur l'épaule droite par une boucle joignant les deux côtés, de telle sorte que le bras droit se trouvait libre, tandis que le gauche était caché et ne pouvait guère agir qu'autant qu'on relevait une partie de ce vêtement; collier orfévré; tunique courte serrée à la taille par une ceinture; bas maintenus au-dessous du genou par des cercles d'or; bottines.

N° 7. — Clan Mac Donald des Iles.

Laird des Iles tenant une audience sur le *Tom Moid* ou mont de la Loi; le type des barons qui l'entourent est représenté par celui qui se trouve auprès de lui et dont la tunique est décorée des grands carreaux du tartan.

Lurich (la *lorica* des Romains), haubergeon de mailles descendant presque jusqu'au talon; doublet en cuir; les bras et les jambes montrent le *breacan*, c'est-à-dire le dessin et les couleurs du clan, spécial aux Mac Donald; — *clogaid* orné d'un cercle de pierreries et surmonté d'une aile d'aigle, insigne du chef, et d'une touffe de bruyère, marque particulière du clan; jugulaire en corde de cuir tressée.

N° 8. — Clan Mac Laurin; chef des premiers temps du moyen âge.

Cet archer porte le *clogaid* en forme de heaume conique; sous un doublet de soie, le *lurich*, chemise de mailles; le *breacan-fheile*, plaid en santoir aux couleurs du clan; les *cuarans*, brodequins; l'arc, et le carquois en peau de blaireau.

N° 9. — *Awenydd* du temps des Romains, ainsi que les n°s 10 et 11 (voir aussi la planche DN, Grande-Bretagne).

Ce personnage est un élève barde inspiré par Awen, esprit de la poésie.

Habit aux couleurs des bardes, bleu vert et blanc. Dans la main droite de ce disciple est une coupe qui contenait, à ce que l'on croit, un peu du jus sacré, le *gewin-a-bragaind*, vin et bragget, boisson galloise composée d'eau et de miel, avec quelques épices; ou peut-être seulement l'hydromel que l'on buvait dans les grandes fêtes; la main gauche tient un oiseau, symbole de l'aspirant.

N° 10. — *Ollamh* irlandais.

En général, l'habillement des bardes irlandais se composait de la cotte en toile teinte de safran et ornementée d'un travail à l'aiguille suivant le rang de celui qui la portait. Cette cotte était ouverte par-devant et descendait jusqu'à mi-cuisse; on la serrait autour de la taille avec une ceinture; les manches descendaient jusqu'au poignet.

Par-dessus, le *cochal*, long manteau avec capuchon, couvert de bandes blanches, bleues, vertes et rouges; couleurs auxquelles les Ollamhs ajoutèrent le pourpre, ce qui faisait six avec le jaune de leur tunique; braies de couleur bleue; brodequins en cuir.

Ordinairement les Ollamhs se coiffaient avec le *barrad*, capuchon conique; dans les fêtes, ils avaient la tiare.

N° 11. — Picte ayant à la main l'*useth* (voir n° 4), trait que l'on ramène; arme appelée aussi *triniframma*. A l'extrémité se trouve le *arqustara* (baile agissante) en bronze rempli de pièces de métal, afin de produire du bruit dans un engagement contre la cavalerie.

Ce Calédonien, tatoué sur toutes les parties du corps, est paré d'un collier que l'on ne pouvait avoir qu'avec la tête de l'homme, et d'une ceinture de chaînes en fer à laquelle est suspendue son épée.

N° 12. — Clan des Mac Quaries.

Cet archer, le *cearnaich* du seizième siècle, est vêtu d'un doublet taillé à la partie supérieure des manches; du jupon, le *fheile-beag* et chaussé de *cuarans*.

La grande claymore est suspendue dans le dos, seule manière de la porter; *targaid* dont l'umbo est entouré d'une espèce d'anneau qui sert à embarrasser l'arme de l'adversaire; un crochet permet au porteur de la suspendre au côté.

Le Celte vise son ennemi à la poitrine, le Saxon à la tête, disent les chroniqueurs.

N° 14. — Un des lairds du clan des Skenes, habillé à la mode en vogue de 1587 à 1605 sous Jacques VI, roi d'Écosse, plus tard roi d'Angleterre sous le nom de Jacques Ier.

Le pourpoint était alors brodé et taillé à la manière espagnole; il se maintint chez les Highlanders longtemps après que les autres peuples cessèrent d'en faire usage. Le plaid en sautoir, formé d'une pièce entière, est le tartan, le *breacan* du clan. La garde de l'épée montre les commencements du *cliabh* ou garde en forme de panier. — La bourse (*sporran*) est un spécimen très ingénieux de la vieille bourse en cuir contenant plusieurs poches fermées au moyen de courroies de différentes couleurs. Le *bonaid-gorm* est celui que l'on voit sur une pièce de monnaie à l'effigie de Jacques V (1513-1542) où cette coiffure a une telle importance qu'on l'appelle la *pièce au bonnet*.

N° 15. — Clan des Graemes.

Simple bonnet rond; dans les districts des basses terres on en maintenait la forme au moyen d'un petit cerceau placé dans l'intérieur; de côté, est fixée une branche de laurier sauvage, insigne du clan.

N° 16. — Clan Robertson.

Portrait d'un gentilhomme écossais qui résida quelque temps à la cour de Louis XIV et en adopta le costume pimpant, s'harmonisant de la manière la plus heureuse avec le plaid national.

Les Écossais, dont Louis XI avait fait ses gardes-du-corps, étaient depuis longtemps estimés en France; au dix-septième siècle nombreux furent ceux d'entre eux qui s'y expatrièrent après avoir entrepris la restauration de leur vieille race de rois.

N° 17. — Clan Mac Ivor.

Figure habillée d'une longue tunique ou cotte épaisse rembourrée, que l'on voit fréquemment dans les cimetières de l'Écosse sur les figures monumentales des Highlanders. — Le capuchon, vêtement de tête des guerriers d'autrefois, était arrangé selon l'inspiration de celui qui le portait.

N° 18. — Clan des Grant de Glenmoriston.

On y conservait les cheveux longs qui, noués, formaient un chignon bas.

N° 19. — Les Mac Inteshes.

Gentleman en costume de cour, commencement du dix-huitième siècle : cotte de velours richement ornée de passements d'or et de broderies; — le large et grand plaid en sautoir, est le tartan du chef; le *breacan* ou l'arrangement des lignes et des couleurs, font de ce tartan spécial au clan Mac Intosh, l'un des plus beaux types en ce genre; les bouts flottants de cette large pièce couvrent le *sporran*, bourse, et le *biday*, dague. — Les bas sont du même type que le plaid et faits de la même étoffe.

N° 20. — Clan Mac Leod.

Bonnet orné de l'insigne du clan, un genêt, une bruyère, etc., selon l'habitude générale.

N° 21. — Les Forbes.

Costume de cour d'un gentleman de 1740 : le justaucorps, la veste, les manchettes, les boucles de souliers, sont suivant la mode qui prévalait alors en France et en Angleterre. Le plaid est abaissé, arrangement qui permet de voir l'épée et le pistolet; ces derniers sont tenus par le ceinturon.

N° 22. — Clan Mac Donell de Glengarry.

Cette figure est d'un type moderne; la forme du bonnet qui a reçu le nom de *glengarry*, ne remonte pas au delà des premières années de ce siècle, et, dans l'opinion de beaucoup d'Écossais continuant à porter le bonnet rond des ancêtres, ce n'est en aucune façon un progrès sur l'ancienne forme.

N° 23. — Clan des Frasers.

Les planches à figures des « Lettres sur les Highlands de Birth, 1725, » représentent le Gaël de cette époque portant ses cheveux comme dans l'exemple présent. L'insigne et les deux plumes du *glengarry* dénotent une personne de distinction.

N° 24. — Les Chisholms.

Partie du costume de cour du Highlander : *glengarry* orné des insignes.

N° 25. — *Glengarry* vu de profil; clan des Campbells de Breadalbane.

N° 26. — Les Menzies.

Bonnet rond orné de plumes; l'habit est de la couleur favorite *ruadh* ou rouge sombre, produite par une teinture spéciale au pays.

N° 27. — Clan des Ogilvies.

Gentleman Highland dans le costume de 1745 : large plaid enveloppant le pourpoint ; chausses (*trews*) du même *breacan*.

N° 28. — Les Davidsons.

Le plaid formant chaperon ou capuchon, est ainsi porté chez les Highlanders de l'ouest où le climat est particulièrement orageux.

N° 29. — Les Stuarts.

Portrait de Charles-Édouard, organisateur du soulèvement de 1745 : bonnet de velours avec cocarde blanche ; cordon de Saint-André du Chardon ; étoile de la jarretière ; claymore recourbée.

Ce prince porte le tartan des Stuarts ; mais, à cette époque troublée, le type spécial à chaque clan n'était pas bien observé, excepté parmi les habitants. Beaucoup de personnages se parèrent du *breacan dearg na Stiubartich*, le plaid coloré rouge des Stuarts, mais c'était une pure flatterie à l'adresse de leur leader.

N° 30. — Clan Buchanan.

Bonnet petit et plat, la touffe de feuilles indique le clan et les deux plumes la proche parenté avec le chef ; large plaid flottant.

N° 31. — Les Kennedys.

William, comte de Sutherland ; gentleman qui, en 1759, leva un régiment de milice fort de onze cents hommes, si grands que près de trois cents d'entre eux avaient plus de six pieds. Le costume est celui du régiment que ce comte de Sutherland avait levé. La gibecière est en forme de *sporran* ; le sabre, droit et court, est à *cliabh* ou à garde en forme de panier.

N° 32. — Clan des Mac Machtans.

Garde-chasse ou berger faisant résolument tête à l'orage. Bonnet plat posé en avant pour garantir la figure et large plaid enveloppant le corps.

N° 33. — Les Mac Intires ; costume du dix-huitième siècle.

Les Highlanders conservaient la forme du vêtement national malgré sa prohibition ; les expédients auxquels eurent recours ces vaincus, afin d'éluder le *Prohibition-Act* (1746), furent des plus ingénieux. Cette figure reproduit un des expédients qui consistait à serrer le *fheile-beag* sur les jambes pour dénaturer l'aspect du vieux costume highland.

N° 34. — Les Murrays.

Bonnet à l'ancienne mode où l'on voit l'insigne du clan, et la cocarde qui désignait les partisans des Stuarts.

N° 35. — Les Mac Donald du clan Ranald ; même genre de coiffure.

N° 36. — Les Mac Aulays.

Vieillard voyageant par une tempête de neige.

N° 37. — Clan Mac Lean.

Personnage du temps de Charles Ier. Trois plumes d'aigle, insigne d'un chef, sont fixées dans le bonnet.

Les n°s 9, 10 et 11 *proviennent de l'ouvrage de Meyrick et Smith, sur les anciens bretons. Toutes les autres figures sont empruntées aux deux beaux volumes :* The Clans of the scottish Highlands ; *dessins par Robert Ronald M. Jan ; description par James Logan. Londres, 1857, Sotheran, éditeur.*

BN

POLOGNE. — XIVE ET XVE SIÈCLE

```
     1   2   3   4   5   6
         7   8   9   10  11
```

N° 1.
Ziemowit, prince de Wiszna (quatorzième siècle).

N° 2.
Kieystut, prince de Troki, fils de Ghédymine, grand-duc de Lithuanie (quatorzième siècle), et oncle de Vladislas Jagellon, grand-duc de Lithuanie, et roi de Pologne en 1386.

N° 3.
Arbalétrier (quatorzième siècle).

N° 4.
Bourgeois (quatorzième siècle).

N° 5.
Dame de la petite noblesse (quatorzième siècle), d'après un tableau conservé à la cathédrale de Cracovie.

N° 6.
Bourreau (quatorzième siècle).

N° 7.
Bourgeois (quatorzième siècle).

N° 8.
Un grand seigneur (quatorzième siècle). L'une des figures du tombeau du roi Vladislas Jagellon à la cathédrale de Cracovie.

N° 9.
Gentilhomme (quatorzième siècle).

N° 10.
Un juge (quatorzième siècle).

N° 11.
Riche bourgeois de la seconde moitié du quinzième siècle.

Dans la planche ayant pour signe B couronné, nous avons reproduit, pour les quatorzième et quinzième siècles, les costumes d'apparat des souverains et des princes, ainsi que ceux de la noblesse et du peuple. Nous les complétons ici, pour la même époque, par quelques costumes guerriers, par plusieurs autres empruntés à la bourgeoisie, etc.

Les figures 1 et 3 n'exigent aucun commentaire spécial, tous les détails des armures et des vêtements étant facilement compréhensibles.

Le vêtement du gentilhomme n° 9 est le même *joupane* (avec une légère variante dans le col) que celui décrit au n° 6 de la planche B couronné, mais vu par devant.

Notre planche fait connaître plus spécialement les vêtements que les nobles et les bourgeois mettaient par-dessus le *joupane*, et qui offraient une grande variété. Mais il faut établir, à cet égard, une distinction entre ceux portés dans la vie ordinaire et ceux de cérémonie et d'apparat.

C'est d'abord la *férezya*, vêtement très ample, sans manches, en forme de manteau, souvent doublé d'une fourrure légère, et retenu au cou par une agrafe. Jusqu'au dix-septième siècle, il était en usage dans la noblesse, mais depuis il est devenu presque exclusivement le vêtement des paysans de quelques contrées.

Nous avons ensuite la *chouba* (*szuba*), pardessus long jusqu'à la cheville, à manches habituellement longues, tantôt rétrécies, tantôt élargies vers les poignets. On la portait aussi à la façon turque (elle était d'ailleurs d'origine orientale, comme tous les vêtements polonais de dessus), ajustée à la taille, avec des manches longues et pendantes (voir notre planche ayant pour signe la Cornue, n° 12), ou bien encore à manches très courtes, atteignant tout au plus au coude (voir même planche, n°s 7 et 8). Elle était toujours doublée et bordée de fourrure plus ou moins riche, et pourvue soit d'un col très large, soit d'une simple bordure de fourrure (n°s 8, 10 et 11 de notre planche). Les riches l'ornaient de gros boutons et d'agrafe garnie de pierres précieuses.

La *délia*, qui changea souvent de forme, était à l'origine un vêtement de même nature que la *férezya* (et comme elle d'origine turque), mais c'était exclusivement un habit d'apparat, le plus souvent en velours pourpre ou écarlate, doublé de satin, de damas ou de fourrure, avec un très grand col en fourrure retombant sur les épaules (voir notre planche la Cornue, n° 10), ou bien avec une simple bordure de fourrure en guise de col.

La *déliutka* ou *déliura*, une variété de la *délia*, était plus légère, sans col ou l'ayant seulement un peu relevé (voir notre planche P couronné, n° 10).

Les autres costumes de notre planche montrent aisément leur provenance étrangère.

La chaussure, à cette époque, était encore la botte ou le soulier à bout assez pointu.

Costumes tirés du recueil de M. Matejko : Costumes polonais (Ubiory w Polsce) de 1200 à 1795; Cracovie, 1869 (2ᵉ édition, 1875), in-folio, sans texte.

DZ

ÉCOSSE

COSTUMES DES MONTAGNARDS. — LES FEMMES. LE CAVALIER ET SA MONTURE. — ARMES OFFENSIVES ET DÉFENSIVES.

(Ces costumes font suite à ceux des planches CF et CG.)

N° 2.
Jeune fille du clan Sinclair.

Robe bleue, mélange de toile et de laine, produit du pays. Longue écharpe au *breacan* du clan, enveloppant la tête et retombant gracieusement en avant. On fixait autrefois ces pièces d'étoffe sur la poitrine au moyen d'une broche d'argent, de bronze ou de cuivre, bijoux qui jouèrent un certain rôle pendant les guerres civiles ; car les dames affichaient leurs opinions rien que par la façon dont les broches étaient posées.

Cette jeune highlander est nu-pieds, pratique très commune dans le pays, et qui n'indique aucunement une basse condition.

N° 4.
Homme du clan des Colqhons ; dix-huitième siècle.

Bonnet plat où se trouve l'insigne végétal du clan. La cravate est inconnue, mais dans les grandes circonstances on fait usage d'un petit rabat. Pourpoint garni de boutons de cuivre. Plaid de la plus grande longueur, mis en sautoir et fixé sur l'épaule par une large broche d'argent. Les *trews* (chausses) sont du même *breacan* que le plaid ; c'est un haut-de-chausses complet sans solution de continuité. Baudrier auquel est suspendue la claymore à *cliabh*, c'est-à-dire ayant une garde en panier. Ceinturon à boucle. Chaussures découvertes et lacées sur le cou-de-pied.

N° 6.
Banarach ou laitière ; clan des Mac-Nicols.

Cette laitière porte dans sa main le vase *cuman* objet « qui reçoit le tribut de lait du troupeau ». La principale particularité de ce costume consiste dans le *tonag* ou *guailleachan*, tartan carré ressemblant à un petit châle et dont l'arrangement et les couleurs sont très en vogue chez les Highlanders. La broche d'argent, qui fixe ce tartan sur le milieu de la poitrine, est un des bijoux les plus estimés dans les familles ; souvent d'une grande valeur, il se transmet à travers les générations.

Cette *banarach* tient de l'autre main une corde tressée lui servant probablement à porter sur le dos le *cuman* chargé de lait ; les deux mains tiennent alors le petit taquet fixé à l'extrémité de la corde.

N° 11.
Vieillard du clan des Farquharsons ; combattant de la bataille de Culloden (1746).

Ce Gaël, drapé dans son ample tartan, tient dans ses mains la *tuagh-cath*, grande pique dont le fer est en forme de hache, arme de fantassin des plus redoutables.

Plaid en sautoir, *fheile-beag* (jupon) et *moggans* (bas) au breacan du clan. Jarretières rouges. Souliers à cordons lacés sur le cou-de-pied.

N° 13.

Femme drapée dans un *arisaid* ; clan des Urqharts. L'arisaid est un plaid hors d'usage aujourd'hui ; son aspect pittoresque rappelle le *lein-croich* ou chemise colorée des Irlandais et des Écossais des vieux âges (voir la planche C F). Ce plaid est d'une longueur suffisante pour envelopper quelqu'un de la tête jusqu'aux pieds, mais la manière de s'en draper consistait, après s'être couvert la tête, à la ramener vers la taille où il se trouvait serré par une longue ceinture de cuir à ornements d'argent.

Cheveux tressés et ornés de rubans rouges à leurs

extrémités. Fichu de mousseline qu'une broche fixe au corsage. Robe rayée. Souliers à boucles.

N° 15.
Autre exemple d'*arisaid*; clan des Mathesons.

Arisaid rayé jaune, assuré sur la poitrine par une large broche et serré à la taille par la ceinture dont on voit pendre l'extrémité sur le devant du plaid. Ce manteau forme capuchon et peut au besoin se ramener sur la tête.

Corsage de drap écarlate galonné d'argent et orné de boutons enjolivés de pierres précieuses. Cheveux tressés et garnis de rubans.

Le garçon porte un pourpoint et un *hilt* ou *fheilebeag* de tartan, avec des *cuarans* en peau de daim montant assez haut.

N° 17.
Cavalier monté du clan Mac-Niels.

Cet exemple donne le véritable spécimen du poney highlander dont la hardiesse et la sûreté de pied sont appréciables dans ce pays semé de fondrières et de passages dangereux.

Le cavalier a des *trews* qui sont un haut-de-chausses bien ajusté sur la jambe. Jaquette serrée à la taille par une ceinture. Gibecière et poire à poudre. Large plaid en sautoir fixé sur l'épaule au moyen d'un anneau. Long fusil de chasse. Bonnet plat retroussé à l'aide d'une épingle faite d'un os de la jambe du daim, objet également très commode pour fixer à la coiffure l'enseigne végétal du clan.

Le caparaçon du cheval annonce son antiquité; mais ce même aspect si rude ne se rencontre plus même dans les districts les plus retirés. Ce harnais est composé de garrots ou de baguettes de coudrier tressées; un bâton tient lieu de croupière; la bride est une corde de poils et la selle se trouve remplacée par une belle peau de bouc.

Il paraît qu'un gentilhomme highlander étonna bien l'entourage de Georges IV, lors du voyage de celui-ci en Écosse, en paraissant dans le costume de notre cavalier et monté sur un cheval harnaché de la façon présente.

DÉTAILS DU COSTUME.

N° 5.

Haut brodequin fourré en peau de daim; chaussure rappelant la bottine antique et appartenant au clan Mac-Ivor.

N° 8.

Chaussure du clan Chishohn; soulier se laçant sur le cou-de-pied; c'est une carbatine.

N° 10.

Gibecière (*sporran*) du même clan. Monture de métal; le corps de la gibecière est en fourrure ornée de glands de fils d'argent.

N° 12.

Bourse du clan Mac-Lean. Ce second genre de *sporran* est garni de courtes courroies terminées par des glands de soie qui en facilitent la fermeture.

N° 19.

Sporran du clan Olar Innis; gibecière en fourrure tachetée de glands en fils d'argent.

ARMES OFFENSIVES ET DÉFENSIVES.

N° 1.

Bidag, dague ou couteau représenté dans un costume de la fin du dix-huitième siècle; clan des Frasers.

N° 3.

Exemple de *bidag* introduit entre la jambe et les *moggans* (bas); clan des Guns. En cas d'attaque, le montagnard n'a qu'à se baisser pour riposter avec cette arme.

N°s 7 et 16.

Spécimens d'anciens targaids remarquables par une lame d'acier tenant la place de l'umbo et d'une longueur de quinze à vingt pouces. L'usage de cette arme se conserva chez les fantassins écossais jusqu'à la bataille de Fontenoy.

N° 9.

Targaid des Mac-Lachlaim; ce petit bouclier a un *capan* ou ombilic de très petite dimension.

N°s 14 et 18.

Claymores du dix-septième siècle; d'après les originaux appartenant au musée d'artillerie de Paris. — N° 14. Claymore du temps de Louis XIV. La poignée a une garniture de velours noir. — N° 18. Claymore du commencement du dix-septième siècle. La garde de cette arme est complète.

Ces figures sont empruntées aux deux beaux volumes intitulés : The clans of the Scottish Highlands; *dessins de Robert Ronald M. Jan; description par James Logan ; Londres, 1857, Setheran, éditeur.*

ANGLETERRE. — XVIIIᵉ ET XIXᵉ SIÈCLE

COSTUMES POPULAIRES. — TYPES DE LA RUE ET FIGURES HISTORIQUES.

(Cette planche est à rapprocher de la planche C1 qui lui fait suite.)

Nº 1. — « *Almanachs nouveaux!* »

Nº 2. — « *Cuisinières, avez-vous de la graisse à vendre?* »

C'était sans doute à Londres comme à Paris qui, en 1620, avait une corporation de chandeliers allant d'hôtels en hôtels, de maisons en maisons, pour faire des chandelles avec les restes des graisses. (Sauzay. — *Collection Sauvageot.*)

Nº 3. — « *Diddle, diddle, diddle, dumplcins, ho!* »

C'est la vieille marchande qui s'avance péniblement, à petits pas, en s'aidant du bâton pour porter le barillet qui contient le *boudin*, une espèce de pudding.

Nº 4. — « *Tiddy, diddy, doll, loll, loll, loll!* »

A l'allure de ce gentilhomme de carrefour, d'une loquacité facile, on pressent quel peut être le genre de son boniment. C'est l'homme habile à confectionner certains électuaires, l'*orvietano* réparateur, si utile aux gens fatigués, qui ont besoin de se soutenir. Remède si précieux, que vouloir bien en réserver une portion pour ceux qui « tirent la langue » (to loll) c'est vraiment faire œuvre de grand seigneur

Nº 5. — « *A mes gros oignons!* »

Nᵒˢ 6 et 7. — « *Draymen.* »

Le *drayman* est le conducteur de la charrette ou baquet du brasseur, le *dray*.

C'est l'affaire du charretier de décharger les barils et de les placer convenablement dans les celliers des débitants. La manœuvre pour la descente et le placement des *butts*, ou tonneaux de forte dimension, se fait très rapidement. Il y faut de l'adresse et de la force. Ce sont, généralement, de rustiques campagnards, bien trempés, qui conduisent le baquet des brasseries.

Les deux draymen, d'aspect jovial, qui forment le groupe nº 7, sont des portraits datés de 1820 : John Barrington et Thomas Neville, appartenant à deux brasseries différentes, qui étaient d'importants établissements à cette époque.

Le placement des pipes, ordinairement de 108 gallons chacune par les cabaretiers, s'est heureusement effectué; le *shilling*, la pièce de douze pence, payé par le tavernier pour le labeur et les risques, est empoché; et on absorbe le pot écumant de *porter*, la bonne bière forte, que le cabaretier a l'habitude d'offrir aux charretiers convenables. Le coup est souvent doublé; et avec cette coutume John Barrington, qui dut se modérer avec l'âge, but longtemps quotidiennement entre trois et quatre gallons de porter, soit six à huit litres de cette bière forte accompagnée d'une trentaine de verres de gin. — Nos deux gaillards qui se repassent la pinte devaient être des consommateurs de capacité bien proche.

N° 8. — « Waterman to a coach-stand. »

C'est le garçon des stations des voitures publiques. Soigner les chevaux, les abreuver, leur donner leur nourriture pendant l'absence momentanée du cocher, tel est le rôle des Watermen ou « hommes de l'eau ». Ils ouvrent la voiture au voyageur, et en ferment la portière ; le cocher, quittant la station, leur donne un sou pour le service. Ces gens, tous pensionnés, portent une plaque de métal où leur numéro respectif est gravé. — Ils enveloppent leurs jambes avec du foin pour les préserver de l'humidité.

N° 9. — « Owen Clancey, the Frost-bitten sailor » ou le marin aux jambes gelées, mendiant historique.

Cet Irlandais du comté de Cork étant, en 1814, au service du capitaine Jones, commandant des Deux-frères, qui fit naufrage dans les eaux de l'Amérique du Nord, en revint avec les jambes gelées. Ne pouvant plus désormais gagner sa vie qu'en recourant à la charité publique, il en avait pris le parti. Vêtu de blanc et de nankin, toujours d'une propreté remarquable, il cheminait en se soutenant au moyen de jambes de bois et de béquilles. Ce gentleman circulait dans les rues de Londres, où Busby l'a dessiné, en 1820.

N° 10. — « Drover, » conducteur de bétail.

Ces conducteurs accompagnés de chiens, amenant le bétail au marché, et, après l'acquisition par les bouchers, dirigeant leurs bestiaux vers les divers abattoirs, se montraient souvent cruels pour les animaux qui leur étaient confiés. Lorsque en 1814 notre drover fut représenté, il y avait déjà quelques années que, en vertu d'un règlement, les conducteurs de bestiaux étaient obligés à porter ostensiblement une plaque numérotée qui permit de les retrouver lorsque quelque personne indignée par un acte blâmable trouvait utile de les dénoncer.

N° 11. — « Fish-woman, » marchande de poissons.

« Lorsque ce croquis a été tracé, dit Busby, cette femme était de passage, et la marchande criait son poisson. » On voit que c'était une personne alerte, de celles qui approvisionnaient les villages des environs de Londres ; ce qui était une rude besogne, car il leur fallait rarement faire moins de 20 milles par jour. (Voir pl. CI, n° 29.)

N° 12. — « Postman, » homme de la poste, le facteur.

Celui-ci est représenté lorsque, entre cinq et six heures du soir, on recueillait les lettres qui, n'ayant pu être déposées en temps utile dans les bureaux de quartier, devaient néanmoins être expédiées le soir même. Il fallait alors qu'elles fussent portées à l'administration générale. Le postman parcourait les rues en agitant une sonnette pour faire l'appel des missives en retard, et était payé de sa peine par le droit au pouce qui lui était dû pour chaque lettre remise dans cette tournée supplémentaire ; — habit écarlate, à revers et doublure de couleur bleue, cravate blanche.

N°s 13. — Tête de fortune-teller, la diseuse de bonne aventure.

« La femme âgée, dit Busby qui a tracé ce portrait, était comme beaucoup d'autres du même genre ; elle ne pratiquait aucune religion, n'avait reçu aucun baptême, et ignorait entièrement où et quand elle était née. »

N° 14. — « Sailor, » le marin, le matelot.

« Son chef, dit le texte anglais, le trouve toujours prêt à obéir à ses ordres, quels qu'ils soient ; et il est à la fois consolant et glorieux de penser que le succès couronne, presque toujours, ses efforts. Son humanité pour l'ennemi vaincu n'est surpassée que par le courage déployé dans la victoire ; car aussitôt après, cette main, qui vient de pointer le canon, s'étend pour sauver les victimes qui luttent contre les vagues, ou se cramponnent aux fragments brisés de leurs navires. » Always!

N° 15. — Tête de pedler ou pedlar, porte-balle colporteur, petit mercier ou quincailler.

Ce nom vient de pedling, qui signifie de néant, de peu, de petite valeur.

N° 16. — « Shoe black, » le noircisseur de souliers.

Ce portrait représente Henry Thrale, né en 1760, ancien apprenti du pénitencier de Saint-Martin, qui s'installa vers 1805 et qui figurait encore dans le Strand en 1820 comme un remarquable personnage qui s'était suffi à lui-même en nettoyant les chaussures.

Le cri ancien « j'ai pierre noire pour noircir pantoufles et souliers, » retentissait encore, les bourgeois de la cité s'entêtant aux vieilles pratiques ; mais la mode était pour le cirage à l'œuf, lustré par la brosse, en attendant les brillants souliers vernis, dont les Hunt et les Warren devaient faire un objet de négoce si important avec leurs somptueux équipages parcourant les rues en éclaboussant les passants. Thrale fonctionnait en plein air, et comme un des derniers représentants de ces décrotteurs des rues dont la puissance était déchue dès avant la fin du dix-huitième siècle.

N° 17. — Tête de « milk-girl, » la fille ou la vierge du lait.

Les milk-carriers ou porteuses de lait sont un des charmes de Londres. Le plus souvent ce sont des Irlandaises ou des Galloises, fortes et saines, montrant un visage gai et satisfait. Leur cri « milk, maid, below! » « Du lait, jeunes filles, en bas! » qui retentit jusqu'à dix heures du matin, pour recommencer dans l'après-midi jusqu'à six heures, s'explique par la situation de toutes les cuisines de Londres, qui sont placées au-dessous du niveau des rues. (Voir pl. CI, n° 22.)

N° 18. — « Fireman, » l'homme du feu, le pompier.

Les pompiers ont un uniforme particulier, suivant l'office d'assurance contre l'incendie auquel ils appartiennent. Ces offices d'assurance remontent au temps de la reine Anne, et chacune de ces compagnies a trente hommes à elle, complètement indépendants de la compagnie des porteurs d'eau, les Watermen, et de celle des débardeurs, les Lightermen.

Chaque pompier porte au bras une plaque avec une devise de son office respectif.

Notre portrait est celui de William Mead, chef de « l'Espérance » en 1820, et sa plaque porte la figure symbolique du titre de la compagnie : habit et gilet rouge cramoisi, passements jaunes, doublure et parements bleus ainsi que la culotte ; cravate blanche. (Voir pl. CI, n° 23.)

N° 19. — Maraîcher des environs de Londres.

Ce campagnard tout moderne porte un vêtement de toile écrue, fendu sur le côté, d'un genre fort ancien rappelant le bliaut du douzième siècle. Ce bliaut que l'on mettait en passant la tête par le trou d'encolure se mettait en pardessus plus ou moins court. — Il était fait d'étoffe souple, et composé pour les hommes d'une sorte de corselet plus ou moins juste au corps et à manches longues ; à ce corselet étaient cousues, soit une jupe, fendue des deux côtés pour ne point entraver la marche, soit deux pentes en manière de tablier, l'une par devant, l'autre par derrière. — Une ceinture, faite d'une bande d'étoffe, masquait la jonction de la jupe avec le corselet, à la hauteur des hanches.

L'origine des vêtements de ce genre est asiatique ; on en trouve des exemples dans les bas-reliefs de Persépolis, et sur les monuments des Sassanides. Le bliaud, bliat, bliut, fut chez nous à l'usage des deux sexes parmi les classes supérieures pendant les onzième, douzième et treizième siècles. Il y en eut un grand nombre de variantes ; celui des femmes différait de celui des hommes, etc. La robe courte qui figure ici, avec sa jupe fendue de chaque côté et son corselet plissé ainsi que les poignets, se rapproche surtout du bliant du milieu du douzième siècle. Les plissés si fins et si multipliés de ce vêtement de toile qui lui procurent l'élasticité d'un tricot, tout en comprimant légèrement les parties du corps qui en sont recouvertes, sans nuire à la liberté des mouvements, sont un stratagème qui remonte aux influences byzantines, et une imitation en toile des étoffes de soie crépée comme on en fabrique toujours dans tout l'Orient.

N° 20. — « Tinker, » le chaudronnier ambulant, type d'un compagnon apprenti.

Cet enfant était l'un des vingt-quatre de l'étameur Jemmy Lovel qui, en exerçant son métier, était parvenu à élever sa nombreuse famille, sans avoir jamais été à la charge de sa paroisse. Les étameurs étant alors « remarquablement » rares à Londres, et mis sans cesse en réquisition, ne connaissaient point le chômage. Ils parcouraient les rues avec une boîte d'outils et un chaudron contenant le feu. Leur cri était toute une oraison : « Pots, soufflets, cuivres, poêles à frire, bassinoires, chaudrons à raccommoder ! »

Voir, pour les sources, les indications de la planche CI, qui termine la série.

ANGLETERRE

XIXᵉ SIÈCLE. — PREMIÈRE PARTIE.

TYPES POPULAIRES.

21	22	23	24	25	26
27	28	29	30	31	32

(Cette planche fait suite à la pl. CII, dont elle continue l'ordre de numéros.)

Nº 21. — Le « *Postman* », le *facteur*, remettant les lettres à domicile.

On sait qu'en Angleterre ce service ne se fait jamais le dimanche. (Voir nº 12.)

Nº 22. — « *Milk maid*, » la *laitière*.

Celle-ci est une de ces femmes qui faisaient la vente du lait pour leur compte. Il leur fallait se lever entre trois et quatre heures du matin, et elles avaient à faire plusieurs milles pour aller chercher le lait qu'elles payaient 2 shill. 8 d. le gallon. On les disait autorisées par un acte du Parlement à ajouter un tiers d'eau à leur lait.

Elles transportaient leur lourde marchandise sous le joug d'une traverse posée sur leurs épaules; leurs vases ou seaux étaient en étain. (Voir nº 17.)

Nº 23. — « *Fireman*, » le *pompier*. (Voir nº 18.)

Celui-ci diffère sensiblement du fireman de l'Espérance. La coiffure est une espèce de casque en cuir épais, garni de bandes de métal ; il est revêtu de drap bleu et muni de la *hache-pic* pour abattre les charpentes, arracher les tuiles, etc.

Nº 24. — « *Match girl*, » la *vendeuse d'allumettes*.

C'est une de ces marchandes qui parcouraient les rues en offrant leurs allumettes à haute voix. Des vieillards, des hommes et des femmes en vendaient de même ; mais c'étaient surtout des jeunes filles qui s'y employaient.

Nº 25. — « *Newsman*, » *vendeur de journaux ambulant*.

En outre des vendeurs réguliers des journaux publiés à Londres, il y a nombre de colporteurs qui vendent dans les rues les gazettes du soir. Lorsque les nouvelles sont importantes, ils poursuivent la vente jusqu'à une heure avancée, annonçant leur présence en sonnant de toute leur force dans un cornet en métal. En ces occasions, ils portent sur le devant de leur chapeau quelque inscription à effet « deuxième édition ! nouvelle importante ! »

Nº 26. — Le « *Watchman*, » le *veilleur*.

C'était le *veilleur*, dont les recommandations magistrales dataient du seizième siècle : « *Çà tôt, jeunes filles ! Allumez vos chandelles ! Éclairez vos lanternes ! la nuit se fait noire !* » C'était le temps où aux endroits les plus difficiles de la cité mal éclairée stationnaient les « *linkboys* » les pauvres petits malheureux, tout transis de froid, qui offraient aux passants le secours de leurs torches ou de leurs lanternes. Longtemps encore après 1694, on rencontrait toujours de ces *linkmen*, pauvres vieillards la lanterne en main, qui, aux abords des grandes constructions, sur les places que l'on repavait, offraient timidement leur service au passant attardé : « *Voulez-vous que je vous éclaire, Monsieur ?* »

Pendant la première partie de notre siècle, chaque paroisse entretenait encore un certain nombre de veilleurs. Ils remplissaient leurs fonctions de 9 heures du soir à 6 heures du matin, en hiver, et de 10 heures du soir à 4 heures du matin, en été. Il leur était enjoint de faire une ronde chaque demi-heure, en proclamant l'heure à haute voix. Outre la lanterne et le court bâton à tête de massue, ils étaient munis d'une crécelle de grande dimension qu'ils agitaient au besoin, soit pour donner l'alarme en cas d'incendie, soit pour appeler à l'aide lorsqu'ils avaient besoin de secours contre des malfaiteurs. Malgré les règlements, cette espèce de police était loin d'avoir l'efficacité nécessaire, beaucoup de ces veilleurs étant des vieillards débiles. Chaque escouade de watchmen était commandée par un constable qui décidait des faits délictueux des gens amenés pendant la nuit au *Watch-house*, le poste de garde.

N° 27. — La « *Barrow-woman*, » la marchande à la brouette.

C'est ici une marchande de fruits. Les négociantes de ce genre sont, pour la plupart, des Irlandaises ; elles s'établissent à l'angle d'une rue, ou colportent leur marchandise de qualité inférieure en jetant le cri banal : « *Penny lot ! penny lot !* » à un sou le tas !

N° 28. — « *Female shrimper*, » vendeuse de crevettes.

La pêche aux crevettes est pratiquée par beaucoup de femmes des différentes parties de la côte anglaise. Celles de ces petites écrevisses de mer qui sont envoyées au marché de Londres, sont cuites et préparées pour la vente. La pêcheuse est pourvue d'un filet suspendu à l'extrémité d'une perche légère, qu'elle plonge dans la mer après s'y être elle-même avancée assez profondément. Elle met dans un panier attaché devant elle le produit de chaque coup de filet.

N° 29. — « *A Billingsgate fish woman*, » marchande de poisson de Billingsgate. (Voir n° 11.)

Conformément à d'anciens règlements se rattachant à la charte de la corporation ou municipalité de Londres, tout le poisson amené au port de cette ville devait être vendu au seul marché de Billingsgate. On vit cette habitude persister lorsque la ville s'était accrue en population et en étendue, et quoique cette petite localité fût confinée à l'extrémité de la métropole.

On donnait le nom de « *poissardes de Billingsgate* » aux pauvres femmes qui faisaient métier de vendre par la ville le poisson inférieur acquis à ce marché.

Elles criaient les *grosses anguilles* et les *moules fraîches*. « *Great eels ! Fresh mussels !* » et aussi le « *Mackerel alive, alive, ho !* » le maquereau tout en vie ! mais on ne trouvait dans les rues que le rebut des marchés, et ces cris étaient, dit-on, autant de mensonges.

Les manières et le langage des « poissardes de Billingsgate », qui avaient la trivialité habituelle aux gens de cette catégorie dans bien d'autres endroits, étaient de ces choses qui, blessant les délicatesses de la moderne Angleterre, devraient disparaître de Londres. L'ordonnance de 1839 qui a banni des rues de la métropole toutes les variétés de crieurs, de chanteurs et de colporteurs, désigne particulièrement la marchande de marée infecte.

N° 30. — « *Baker*, » le boulanger.

Le boulanger est le seul trafiquant de Londres dont les profits soient limités par les magistrats. Le prix du pain est réglé sur celui de la farine, et les lois sont fort sévères pour tout ce qui concerne la fabrication et la vente du pain. La propreté du garçon presque coquet qui porte le pain donne à penser que ces lois salutaires n'empêchent point la boulangerie d'être une industrie très prospère.

N° 31. — « *Welsh women*. »

Les femmes qui bordent les rivières pour y laver le linge dans une eau courante, s'assemblent à plusieurs. Ces lavandières font usage d'un battoir en bois ayant une forme de spatule « *wooden spatula*. » Après avoir été savonné et rincé deux et même trois fois, et après le dernier battage, le linge est étendu pour sécher exposé, autant que possible, aux rayons du plein soleil. Ces laveuses sont surtout des Galloises. Les paysannes écossaises suivent la même méthode, après avoir trempé le linge une fois dans l'eau, et l'avoir foulé de leurs pieds nus pour l'essanger.

N° 32. — La « *Gipsy*, » l'Égyptienne, comme l'indique son nom corrompu.

Elle se rencontrait encore dans les environs de Londres pendant les premières années du dix-neuvième siècle. On appelait Norwood : le rendez-vous des *gipsies* ; mais on a fini par en expulser ces cousins des *gitanos* d'Espagne (encore une corruption du mot *égyptien*) et de nos Bohémiens de France. Leur réputation était déplorable, et les Gipsies étaient restées sous la réprobation des crimes du temps passé, connus en Angleterre sous le nom de *kidnapping*. Il n'était que trop certain que l'action de voler les enfants avait été d'un très bon rapport, alors que dans les rues de Londres on se livrait à cette *traite des blancs*, en enlevant annuellement des centaines d'individus pour les expédier et les vendre aux planteurs des bords de la Delaware. Les Gipsies, qui avaient d'ailleurs des complices parmi les chrétiens, choisissaient des enfants déjà assez grands et assez forts pour supporter les travaux de la servitude à laquelle ils étaient destinés.

« Les cris de Londres. »

Ces cris forment une histoire que l'auteur des *Promenades dans Londres* « *Wanderings by the town* » a publiée il y a quelque quarante ans, alors que cette histoire venait d'être close. À tout jamais se trouvait banni de Londres ce que le docteur Ding et de la Serre, secrétaire de la reine de Médicis, parlant des rues de la capitale de l'Angleterre au seizième siècle, appelaient leur « *concert d'harmonie* ».

Au quinzième siècle, les membres des principales corporations marchandes de Londres, établis et patentés, vendaient sur la place publique, criaient devant leurs boutiques, ou criaient en parcourant les rues. La coutume était générale, et la victoire demeurait aux plus grosses voix. A Cheapside, on voyait toute une population qui ne tarissait point sur le mérite des velours, des linons et des soieries. Aux environs de Westminster, on vociférait de toutes parts : *Avez-vous à vendre? Avez-vous à échanger? Voici des chapeaux fins! Voilà des lunettes!* A Westminster-hall, rendez-vous des hommes de loi et des plaideurs, c'était le marchand d'encre avec son barillet sous le bras : « *Fine writing ink, gentlemen!* » *belle encre à écrire, Messieurs;* et parmi les cris adressés aux femmes : « *Pretty pins, pretty women!* » *jolies épingles, belles dames!* « *Paris thread!* » *fil de Paris!* « *Velvet and taffety!* » *velours et taffetas!*

Non seulement les rues étaient un bazar pour la vente, mais elles étaient encore autant d'ateliers où toutes les industries venaient librement s'exercer. Le rempailleur de chaises (*old chairs to mend*) s'installait à côté de *John Cooper*, le chaudronnier dont le nom générique veut dire *Jean Cuivre*. Le barbier et le pédicure étaient de la cohue, avec le chanteur de ballades, le joueur de cornemuse, le rémouleur, etc.

Une des plus brillantes apparitions dans ce monde des rues fut celle de la marchande d'oranges dont Ben Jonson et Marston ont laissé des portraits ravissants. Celles qui vendirent les premières oranges que sir Walter Raleigh de retour de ses voyages fit connaître à sa patrie, portaient un justaucorps de drap noir, des manches bouffantes d'une éclatante blancheur, un chapeau de paille rond et à larges bords ; leurs cheveux emprisonnés dans une résille étaient rejetés derrière la tête, tandis que leurs pieds, chaussés de mules à la poulaine avec talons élevés, étaient à demi cachés sous leurs amples jupons écarlates. Leur cri était une douce cantilène :

Fair lemons and oranges.
Oranges and citrons!

Belles oranges, beaux limons!
Belles oranges, beaux citrons!

Sous le règne d'Élisabeth, les autorités de la ville s'avisèrent de déclarer que les rues et les places de la cité avaient été faites pour la circulation, et non pour les vendeurs et les étalagistes. Ce n'était point prêcher dans le désert, loin de là, mais ce fut à peu près tout comme. A l'époque de Charles Ier, les mêmes autorités avaient beau dénoncer les marchands colporteurs comme une race malfaisante et hargneuse, le désordre habituel de la rue, qui était dans les mœurs, continuait comme devant. Ce ne fut qu'en 1694 qu'on osa sévir contre les colporteurs ; les boutiquiers en étaient si passionnément jaloux qu'ils les firent assimiler aux voleurs et aux mendiants valides. Ces mesures rigoureuses étaient prématurées ; les magasins se trouvaient encore si mal assortis que l'on ne pouvait réellement se passer des marchands ambulants, et les officiers de police composèrent d'autant plus facilement avec les colporteurs, que la guerre qui leur était faite était trop excessive.

Ce ne fut donc qu'avec le temps, et au fur et à mesure de la richesse et de la variété des assortiments des boutiquiers, que s'éteignirent les cris des brocanteurs, des colporteurs, des artisans ambulants.

Le « *Old clothes !* » (vieux habits) le « *old cloaks, suits, or coats !* » poussé en une seule note de poitrine, un seul cri caverneux, prolongé indéfiniment par un matois à la marche oblique, ne perdant rien de ce qui se passe autour de lui en paraissant sommeiller, devait survivre à peu près seul comme le véritable écho de ces vieux temps, où circulaient les pauvres hères, tout courbés sous le poids de sacs gros et noirs, et allant de porte en porte : « *Small coals !* » *Petits charbons ! braisette* ; alors que le charbon ne se vendait qu'un denier le sac à Paris, que la livre de bœuf ou de porc ne valait qu'un demi-sou à Londres, et le veau trois liards, alors qu'on entendait crier : « *L'eau pour le pain ! Les fagots pour le pain !* et qu'en somme, la monnaie d'argent était encore si rare que le vendeur ambulant criait pour proposer de simples échanges : « *L'aiguille pour le vieux fer ?* » et « *old shoes for some broom !* » *des balais pour de vieux souliers !*

Tour à tour disparurent le vendeur de bois à la buche avec son compagnon « *Wood to cleave,* » le fendeur de bois. Et le porteur d'eau, *Fresh water, maid !* avec ses bidons, ses seaux et ses brocs. Mais on eut à subir le strident *Bank ! Bank !* ou *Cross ! Cross !* des cochers de fiacre ou des conducteurs d'omnibus ; puis, ce furent des cris de plus en plus discrets, les plus doux du monde : « *Clean your honour's shoes ?* » *Faites cirer vos souliers, mes seigneurs !* disait d'une voix contenue l'humble décrotteur des rues, le *shoesblack*. Ah ! comme on était loin de l'animation bruyante de la rue, alors que la nourriture étant simple, et les petits bourgeois ne faisant presque pas de cuisine chez eux à cause de la cherté du combustible, on entendait de toutes parts : « *Hot meat !* » *Viande chaude !* « *Ribs of beef both fat and fine !* » *Côtelettes de bœuf grasses et bien apprêtées !* « *Hot sheep's feet !* » *Pieds de mouton chauds !* et la *Limande à l'ailie,* des jours maigres ; le *barley-broth !* le brouet d'orge ; les *hot peascods !* les pois en cosse tout bouillants.

Que devait-ce être quand à ce tapage journalier, habituel, venait se joindre celui de la veille des grands jours de fête où, à Londres comme à Paris, on était dans l'usage de joncher de verdure fraîche les planchers des appartements, ainsi que les églises et les chemins des processions? Ce n'était plus dans ce cas le *Fouarre! Fouarre!* isolé, de ceux qui vous montaient une botte de paille pour vous aider à calfeutrer les murailles d'une maison mal construite, les parquets de sapin disjoints; car les *Jonchures de jugliaux* se criaient partout en même temps: c'était comme un chœur que le cri: « *Rushes green for the floor!* » *les joncs verts pour les planchers*; dont on « *pavillait* » aussi les murs, selon l'expression normande, en empruntant en même temps des parfums à la « *rosemary and lavander* », la marchande de romarin et de lavande, qui n'eût eu garde de rester muette dans l'immense hourvari que dominaient, en quelque sorte, les cris « fendant l'âme et déchirant le cœur » dit Howard, qui descendaient des hautes fenêtres grillées des prisons et des hospices, où ceux que leur famille ne pouvait sustenter mourant de faim, ne se soutenaient que par l'aumône. Pour implorer le passant, les prisonniers faisaient descendre dans la rue, à sa portée, de petits sacs pour qu'il y déposât des vivres: « *Some broken bread and meat for the poor prisoners!* » *Quelques miettes de pain et de viande pour les pauvres prisonniers!* « *For the Lord's sake pity the poor!* » *Ayez pitié des pauvres pour l'amour de Dieu!* Et quand le cri lugubre: « *Pour Dieu, du pain aux sachettes!* » restait sans écho, le cri circulait par la ville; un des prisonniers, chargé de chaînes, et sous la garde d'un geôlier, parcourait les rues et les marchés en criant l'humble requête: « *Aux pauvres ès prisons enserrés, pain!* » Le concert d'harmonie formé par les cris de Londres avait, on le voit, des parties fort distinctes.

En rapprochant ici des costumes populaires dont quelques-uns (nos cinq premiers numéros) sont distants de plus d'un siècle de tous les autres, nous avons voulu faire ressortir ce que, sous les transformations mêmes du costume, il peut y avoir d'immuable dans certains usages nationaux. Le chapeau couvre ici toutes les têtes, celles des hommes et celles des femmes, et quels que soient l'âge et la condition parmi ces gens des classes basses, comme on l'a vu de la coquette marchande d'orange du seizième siècle, coiffée d'un chapeau de paille rond et à larges bords, de même et à tous les étages, qu'il s'agisse de la marchande d'almanachs ou de celle du pudding du dix-huitième siècle, de la marchande de poisson ou de la laitière du dix-neuvième siècle, de la pêcheuse de crevettes ou de la lavandière, de la fille aux allumettes, de la tireuse de cartes et même de la Gipsy, dans ce pays où le soleil a cependant peu de force, toutes les têtes féminines sont sous le chapeau par-dessus le bonnet, au moins sous quelque capote.

Ce que l'on peut encore constater en examinant ces Anglais peints par eux-mêmes, c'est que le chapeau droit, à haute forme, ou plus ou moins tronqué bas, qui tout autre part est surtout à l'usage des hommes, était porté en Angleterre par nombre de femmes du peuple; enfin que le chapeau droit de haute forme est celui que le mendiant en cravate blanche tend au passant, et que c'était aussi celui que l'on retrouve sur la tête du draymann comme sur celle du décrotteur, sur la tête du facteur ainsi que sur le chef de l'apprenti chaudronnier.

Si de 1820 nous passons à aujourd'hui, il n'y a d'autres variantes que celles qui dépendent du grand filon des modes successives, mais le fond lui-même n'a pas varié. A Londres, où tous les matins les servantes lavent les quelques marches de pierre qu'il faut monter pour accéder à la porte de la maison, dont le sol est légèrement en contrehaut de la rue, afin de procurer de la lumière aux cuisines en sous-sol, la domestique, pourvue d'un seau, qui promène l'éponge sur les marches inondées qu'elle lave en s'y tenant agenouillée, compromet ainsi gravement la propreté de ses jupes; mais elle a toujours et invariablement son chapeau sur la tête.

Les documents proviennent :

N°s 1, 2, 3, 4 et 5, du recueil de Laroow et Boitard « *The cries of London* », les cris de Londres, que les bibliographes font remonter à l'année 1714.

N°s 6, 8, 10, 14, 21, 22, 23, 24, 25, 26, 27, 28, 29, 30, 31 et 32, du recueil publié en 1814 à Londres par John Murray « *Picturesque representations of the dress and manners of the English; Représentations pittoresques des mœurs et coutumes des Anglais*, où chaque figure est accompagnée d'une page explicative.

N°s 7, 9, 11, 12, 13, 15, 16 17, 18 et 20, du « *Costume of the lower orders of London* », *Costumes des basses classes de Londres*, peints et gravés par T. L. Busby. Chaque figure est aussi accompagnée d'un texte, et pour la plupart elles sont datées de 1820.

N° 19. Dessin original.

Voir en outre, pour le texte : Tableau actuel des costumes, mœurs et usages de la nation anglaise, *Paris, an XI* (1802). — *La* Revue britannique, 1841. — L'Angleterre, costumes, mœurs et usages, *par J. B. B. Eyriès*, in-16, *sans date*. — Le Dictionnaire du mobilier français *de Viollet-le-Duc*, à l'article *Bliaut*.

G X

ANGLETERRE

PREMIÈRE PARTIE DU SIÈCLE.
COSTUMES OFFICIELS DES HAUTS DIGNITAIRES.
INVALIDES DE CHELSEA ET DE GREENWICH. — TOILETTE FÉMININE.
TYPES POPULAIRES.

HAUTS DIGNITAIRES.

N° 3.
Le Juge.

Pendant les assises, les juges, représentants directs du souverain, ont droit de préséance sur tous les autres Anglais, même sur les princes du sang. Ils siègent en robe rouge bordée d'hermine et portent la perruque en usage au commencement du dix-huitième siècle. Dans les tribunaux anglais, on juge et on plaide encore avec ces mêmes perruques.

C'est à Édouard Ier qu'est due l'organisation des cours de justice, entre autre celle du « Banc du Roi » (aujourd'hui « Queen's Bench »), tribunal ainsi nommé parce que la personne royale est supposée présente à toutes les audiences. Le Queen's Bench, dont le premier juge est appelé « Lord Chief » de la justice d'Angleterre, est la plus haute cour du pays et possède une juridiction s'étendant sur tout le royaume.

N° 4.
L'Évêque.

Sur vingt-neuf prélats que compte l'Église anglicane, vingt-quatre seulement reçoivent, « par courtoisie », le titre de *lord*, parce qu'ils sont supposés tenir du souverain d'anciennes baronnies leur donnant accès à la chambre haute. Ils y siègent dans le costume de la figure représentée, c'est-à-dire en bonnet carré et en surplis.

N° 11.
Le « Speaker ».

Quoiqu'il n'ait qu'à diriger les débats, le président élu de la chambre des communes porte le nom de « speaker », orateur. Ce titre lui vient de ce qu'il était autrefois chargé de prendre la parole en présentant au souverain les résolutions ou les doléances des communes.

Pendant les séances, le speaker a la tête affublée d'une longue perruque et est vêtu d'une robe noire. Assis sur un fauteuil de forme ancienne, il a au-dessous de lui des secrétaires portant des perruques plus petites.

Les fonctions du speaker ne cessent qu'avec le parlement qui l'a élu. Dès qu'il ne les remplit plus, ce personnage est élevé à la pairie, nommé membre du conseil privé, et prend immédiatement place parmi les barons.

N° 12.
Le Lord-Maire de Londres.

Le « Lord Mayor » jouit d'une grande autorité comme

magistrat et d'un prestige de rang considérable pendant son année de fonctions. Il est nommé par la Cour des aldermen, sur la présentation du Conseil de livrée ; mais il est de règle que le doyen des aldermen soit élu.

En Angleterre, le lord-maire de Londres et celui d'York sont les deux seuls maires qui portent le titre de *lord* pendant leurs fonctions.

N° 1.
Alderman de Londres.

A l'origine, le titre d'*alderman* était donné aux magistrats placés à la tête des comtés ; il désigne aujourd'hui un magistrat municipal.

A Londres, les aldermen de la Cité viennent après le lord-maire et les deux sheriffs ; au nombre de vingt-six, un par *ward* ou quartier, ils sont nommés par les *freemen* (citoyens) réunis en *wardmote*. Cette assemblée choisit en outre deux-cent sept *common councilmen* (conseillers), un par *precinct* ou district. — Les aldermen, formant la *Court of aldermen*, se joignent aux *common councilmen* pour constituer la *Court of common Council* ou conseil municipal.

La charge d'alderman est perpétuelle. Celui qui s'y dérobe par la démission doit verser cinq cents livres sterling dans la caisse du Trésor municipal.

Le costume officiel de ces magistrats consiste en une robe écarlate bordée de fourrure.

INVALIDES DES ARMÉES DE TERRE ET DE MER.

N° 5.
Pensionnaire de Chelsea.

L'hôpital de Chelsea, commencé par le roi Charles II qui avait voulu en faire une imitation de l'Hôtel des Invalides de Paris, fut continué par son successeur et achevé par le roi Guillaume III et la reine Marie, en 1690.

L'uniforme des pensionnaires est l'habit rouge, la veste et la culotte bleues.

N° 6.
Pensionnaire de Greenwich.

L'hôpital royal de Greenwich avait été fondé par le roi Guillaume, en 1696, afin de servir d'asile aux marins de la flotte royale rendus invalides par l'âge ou mutilés au service de leur pays, et aussi pour soutenir les veuves et élever les enfants de ceux tués devant l'ennemi.

Les pensionnaires sont montrés vêtus de bleu ; leurs officiers ne se distinguaient que par un petit galon d'or.

TOILETTE FÉMININE.

N° 2.

Dame en costume d'été, à la mode de 1814.

Cette toilette est un type du costume ordinairement porté par les dames à la promenade du matin, à Londres, et dans les stations des bains de mer.

TYPES POPULAIRES.

N° 7.
Le *Dustman* (homme de la poussière).

Les cendres, journellement accumulées dans les maisons de la métropole par l'usage constant du charbon de terre, étaient autrefois enlevées par les *dustmen*, gens au service d'entrepreneurs ayant obtenu des paroisses le droit de récolter ces débris. Le dustman annonçait sa présence à l'aide d'une cloche ; quand on l'avait appelé, il emportait les cendres dans un solide panier qu'il allait vider dans une charrette stationnant à proximité.

A l'origine, chaque paroisse payait une somme annuelle à quiconque s'engageait à recueillir ces cendres ; mais comme elles étaient nécessaires à la fabrication des briques et que la construction prit tout à coup une grande extension, les cendres de charbon de terre acquirent une certaine valeur, ce qui amena les paroisses à n'accorder le privilège de les recueillir qu'aux entrepreneurs payant une somme relativement considérable.

N° 8.
Pêcheur d'Hastings.

Comme toutes les populations du littoral, Hastings compte de hardis pêcheurs dont l'industrie approvisionne tout l'intérieur du pays. Le type représenté rappelle, par son costume, le pêcheur de nos côtes normandes ; c'est toujours la jupe et le petit bonnet traditionnels. Les bottes à entonnoir sont ici d'une solidité bien appropriée à la profession.

Hastings a été le plus puissant des « Cinque Ports »

chargés spécialement de la défense de l'Angleterre contre les envahisseurs du continent. Les habitants de ces villes maritimes jouissaient alors de nombreux privilèges ; ils étaient exempts des taxes de douane, de celles du péage, et possédaient le droit de pêche sur les côtes de Norfolk.

N° 9.
Bedeau d'église.

La principale occupation des bedeaux est d'empêcher tous actes malséants de se produire dans le voisinage de l'église et de veiller à ce que tout cabaretier tienne sa maison fermée pendant le service divin. Ils ont aussi le service de la sacristie ; et, lorsque les marguilliers visitent leurs paroisses en tournée officielle, les bedeaux, revêtus d'une livrée, les suivent en portant leurs psautiers. — Les bedeaux font encore le service journalier à l'asile des indigents ; ils sont, en un mot, les *messagers* de la sacristie.

N° 10.
Écolier ou « garçon de la jaquette bleue ».

C'est à cause de la couleur de leurs jaquettes de laine grossière que les écoliers de « Christ Church Hospital » ont été appelés les *garçons de la jaquette bleue*.

Christ Church Hospital fut d'abord un couvent de franciscains qui, lors de la dissolution des maisons religieuses, fut converti par Édouard VI en un hôpital où les enfants pauvres étaient élevés et dressés à l'apprentissage d'un métier. Dans l'incendie de 1666, la plus grande partie de l'ancien bâtiment fut détruite, mais il fut reconstruit sous la direction de Christophe Wren, grâce à la munificence des administrateurs et d'autres personnes charitables. Charles II fonda, dans cet hôpital, une école de mathématiques et institua une donation pour l'éducation de quarante jeunes gens destinés à la marine.

Ces figures proviennent du charmant recueil imprimé en couleurs, publié à Londres en 1814 par John Murray : Picturesque representations of the dress and manners of the English, *où chaque personnage est accompagné d'un texte explicatif.*

ANGLETERRE

LES MOYENS DE LOCOMOTION DANS L'INTÉRIEUR DU PAYS AU COMMENCEMENT DU DIX-NEUVIÈME SIÈCLE.

LES BARRIÈRES DES ROUTES.

W. H. Pyne est un de ces portraitistes des choses de leur pays, dont les travaux laissent de leur époque une image d'autant plus intéressante que les temps sont plus changés. Exercé à dessiner tout ce qu'il pouvait voir, les gens et les choses, les instruments de travail, les chantiers, les habitations, le matériel de la navigation, les chariots avec leurs attelages, en un mot, tout ce qui touche à la vie de plein air, Pyne a pu sans exagération mettre en tête de son *tracé pittoresque des arts, de l'agriculture, des manufactures, etc., de la Grande Bretagne,* (recueil de 600 groupes publié en 1808 et devenu rare) le nom de *Microcosme,* ou monde en abrégé, dont il a fait son titre principal.

C'est à ce Microcosme que nous empruntons les sujets de notre planche.

Barrières. Chaque village en Angleterre, dit le voyageur français en 1776, a une barrière qui se ferme devant chaque voiture, et l'on paie suivant le nombre des chevaux qui forment l'attelage. L'argent est employé à la réparation du chemin. Il n'est ni rang, ni dignité à l'abri de ces péages, et le Roi lui-même y est soumis ; la barrière se fermerait devant son carrosse, si ses officiers ne payaient d'avance. Ces barrières, légalement érigées en 1663, et dont la taxe, le *toll-money,* avait pour but de remettre en état toutes les routes affreusement ruinées par les guerres civiles, furent d'un établissement si difficile, rencontrèrent un esprit d'opposition tel, la résistance allant jusqu'à la sédition de la population des campagnes et des basses classes des villes, que ce ne fut que vers le milieu du dix-huitième siècle que l'amélioration attendue de ce système fût généralement sensible et que les routes devinrent passablement bonnes. Une fois les avantages reconnus, les plus acharnés adversaires de la taxe des barrières n'auraient plus consenti à se défaire de cette charge. Du temps de Pyne, il était devenu d'une malhonnêteté manifeste, « dont une personne honorable n'était point capable, » d'essayer à ne point payer la taxe. Seulement on retrouve encore un ressouvenir du vieux levain du mécontentement qui s'était montré à l'origine, dans la manière dont on parle au dix-neuvième siècle du *toll-gatherer*, du collecteur des routes, signalé comme étant d'une incivilité et d'une rudesse notoire. Cette rancune va jusqu'à mettre les percepteurs sur la même ligne que les voleurs de grand chemin.

Carrosserie. Anglais pur sang, et duquel on doit entendre le mot *art*, inséré en tête de son microcosme, non dans le sens des *arts libéraux*, mais dans celui des *arts mécaniques*, Pyne s'intéressait naturellement aux progrès de la carrosserie; et il a pris d'autant plus de plaisir à esquisser la physionomie de la chaise de poste, de la diligence, que les progrès accomplis dès son époque, véritable sujet de satisfaction nationale, s'étaient réellement produits avec une rapidité remarquable. Avant l'ère des routes de poste, c'est-à-dire quelque quarante ou cinquante ans auparavant, un gentilhomme du Herfortshire qui, comme les autres gentilshommes possédait un attelage de six chevaux, mettait deux jours pour arriver à Londres. L'époque à la mode pour venir à la ville était alors en novembre. L'état de la route était tel qu'il fallait s'arrêter fréquemment, que les six chevaux devenaient insuffisants, et que, la plupart du temps, on ajoutait des bœufs à l'attelage. On avait coutume pendant ce trajet de déjeuner à Knitsbridge, de dîner à Hounslow, et après de prodigieux efforts de souper à Staines. Or, Pyne voyait la malle-poste faire ce même voyage entre 8 heures et 10 heures 1/4 du soir. Que met-on aujourd'hui sur la voie ferrée? En l'année 1754 on *annonçait une diligence*; et l'avertissement marquait que « *si incroyable que cela pouvait paraître, elle arriverait certainement à Londres en quatre journées et demie après avoir quitté Manchester.* » Le progrès était tel au commencement du siècle que ce trajet se faisait en trente heures. Le rapide dévore aujourd'hui ces 185 milles en quatre heures.

Les n°s 1 et 8 offrent des exemples du tilbury rustique occupé par deux hommes, et de la charrette du maraîcher, avec sa couverture en cerceau, arrêtés l'un et l'autre à la barrière pour acquitter le péage. Le n° 3 montre que le cavalier paye aussi le droit de passage.

Le n° 4 est un grand panier suspendu, monté sur quatre roues espacées, et dont l'attelage de deux chevaux est mené par un postillon; c'est une voiture de promenade ou de courtes excursions du caractère de la « *caravane* » qu'en Angleterre on appelle encore le « *sociable*. » La *diligence*, n° 2, est attelée de quatre chevaux menés à grandes guides; sur son impériale se trouve une voyageuse assise, sans que rien la préserve, ni contre les intempéries, ni contre les chances d'une chute.

N° 5. On procède au chargement d'une chaise de poste; les ressorts de la suspension de la caisse sont d'une forme qui marque leur temps; on conservait encore la flèche qui liait les deux trains d'essieux, et par laquelle s'opérait toute la traction. Le n° 7 offre l'exemple de la chaise de poste, précédée d'un *outrider*, et acquittant le droit de passage. Enfin le petit groupe, n° 6, montre deux chevaux conduits par un homme, et chargés de la craie extraite des carrières ou fossés, *chalk-pits*, du comté de Kent, dont on sert pour l'amélioration de la terre, ou que l'on cuit dans des fours pour faire de la chaux; transport qui ne se fait plus aujourd'hui qu'au moyen de wagons.

Voir pour le texte : Le Microcosme, tracé pittoresque des arts, de l'agriculture, des manufactures, etc., de la Grande-Bretagne, *eaux-fortes par W. H. Pyne, texte par C. Gray.* Londres, 1808. — Tableau actuel des coutumes, mœurs et usages de la nation anglaise, *Paris, an XI.* — Des voitures, de leur construction et de leur usage, *Revue britannique, mars* 1842.

G P

ALLEMAGNE

COSTUMES POPULAIRES DE LA BAVIÈRE ET DE SAXE-ALTENBOURG.

BAVIÈRE.

N⁰ˢ 1, 5 et 6.
Franconie moyenne.

N⁰ˢ 2, 7, 10, 20 et 21.
Basse Bavière.

N⁰ˢ 3, 4, 19 et 25.
Basse Franconie et Aschaffenbourg.

N⁰ˢ 8, 9, 22, 23 et 24.
Haute Franconie.

N⁰ˢ 11, 12 et 13.
Haut Palatinat.

N⁰ˢ 14, 15, 16 et 17.
Souabe.

SAXE-ALTENBOURG.

N⁰ 18.
Mariée altenbourgeoise.

BAVIÈRE.

La Bavière contient des éléments divers de population. Les Bavarois proprement dits, ou les descendants des Boïovars, habitent la région du sud-est ; le Lech, grand torrent situé à l'occident, est la frontière ethnographique qui les sépare des Souabes. Les Franconiens, descendants mélangés des Francs, occupent la Bavière septentrionale ; ils se distinguent, entre tous les habitants des autres cercles de la monarchie, par leur grâce et leur élégance ; ce sont aussi ceux qui, dans l'histoire, ont montré le plus d'indépendance. Dans la basse Bavière, vit une population violente, batailleuse, prompte à saisir le couteau, comme dans la plupart des pays méridionaux. Quant aux habitants des plateaux, ils forment une race robuste, mais complètement dépourvue d'avantages physiques.

Dans les contrées de la Bavière où la population se partage entre les deux religions dominantes, les catholiques et les protestants se distinguent par le costume. En général, les premiers préfèrent les couleurs claires, tandis que les seconds choisissent les couleurs sombres ; le chapeau de la catholique est orné de rubans jaunes et verts, celui de la protestante a des rubans noirs ; le jeune paysan de la vieille religion porte encore la veste rouge, et le réformé l'a quittée.

La coiffure féminine offre de nombreuses variétés se produisant dans plusieurs régions à la fois. Il en est une, le *pelzkappe*, calotte ronde de peau de loutre garnie d'un petit fond d'étoffe brodée (n° 7), qui est depuis longtemps en usage dans tout le pays, ainsi qu'on peut le voir chez les dames allemandes du dix-septième siècle représentées dans la planche EK. Vient ensuite le petit bonnet au fond cambré, maintenu par des brides nouées sous le menton (n°s 1, 17 et 25), porté non seulement dans la basse et moyenne Franconie, mais encore dans la Souabe ; l'une de ses variantes est l'espèce de bonnet phrygien orné de deux ailes (n°s 2 et 16), ou seulement garni de rubans (n° 11), que l'on voit chez les femmes de la basse Bavière et du Palatinat. La pièce de toile, simplement posée sur la tête, ou encadrant entièrement le visage, est portée par la Franconienne de Wurtzbourg (n° 4) comme par celle de Bamberg (n° 24) ; il n'y a de différence que dans la façon plus ou moins coquette dont les deux pointes sont nouées sur le front. Dans la haute Franconie, une autre sorte de bonnet de toile a sa coiffe s'avançant sur le devant de la tête (n° 9) ou formant une visière garnie de tulle (n°s 22 et 23) ; ce dernier arrangement se rencontre également chez les femmes soubes, avec une modification dans la coiffe qui, au lieu de rester en toile, est en soie brodée (n° 14). La dame de Schweinfurth (n° 19) montre un haut bonnet de soie noire garni de dentelle, au-dessous duquel de larges rubans descendent jusqu'au dos ; les cheveux, disposés en bandeaux, tombent gracieusement sur les côtés du visage et sont relevés en chignon. Quelques femmes de la basse Bavière se coiffent d'une pièce d'étoffe foncée qu'elles disposent en calotte (n° 20). Les jeunes filles du Palatinat ont un simple bandeau sur leurs cheveux tressés (n° 13).

Sur leurs chemises, aux manches ne dépassant pas le coude, les Bavaroises ont des corsets largement échancrés ou montant jusqu'à l'encolure. Ces corsets sont accompagnés de fichus de cotonnade imprimée, ordinairement à fond rouge vif et à fleurs, remplacés, les jours de fête, par des mouchoirs blancs garnis de l'entoilage le plus fin (n°s 22 et 23). On fait également usage de fichus noués sur la nuque, tantôt en nœuds serrés, tantôt en nœuds lâches (n°s 4, 7, 17, 20, 24 et 25), ou retenus devant par un fermoir d'argent quelquefois orné de pierreries (n° 11). Les jaquettes de couleur voyante, aux manches rembourrées et bouffantes, sont portées dans la Franconie, la basse Bavière et le Palatinat. Les robes, toujours à plis serrés, descendent jusqu'à mi-jambe et sont généralement de nuances très prononcées ; rouge vif, carmin, vert, bleu, etc. Le tablier est soumis à la même variété de couleurs ; les jours de fête, il est de soie façonnée, garni de dentelle et de rubans brodés. Comme bijoux, on porte le plus souvent des colliers de perles de grenats, ou d'orfèvrerie, auxquels sont suspendus un ou plusieurs médaillons (n°ˢ 22 et 23). Avec les bas à coins brodés, certaines paysannes ont des souliers découverts garnis de franges sur le cou-de-pied (n° 24).

Les chapeaux à larges bords que portent les hommes, prennent, en raison de la mollesse du feutre, les formes les plus capricieuses, selon que l'on veut se préserver du soleil ou de la pluie. Mais cette espèce de coiffure semble aujourd'hui rencontrer peu de sympathies auprès de la jeune génération, laquelle a adopté les chapeaux hauts, de forme conique, cylindrique et même évasée, aux bords réduits à leurs moindres dimensions ; on les garnit d'un cordon noir qui en fait plusieurs fois le tour et dans lequel, les jours de fête, on fixe un bouquet.

D'ordinaire, le paysan est simplement vêtu d'une veste sans taille ni pans, mais le dimanche, il prend la redingote de drap bleu foncé, à collet droit, et ornée de boutons d'argent. Le gilet, le plus souvent de drap rouge vif, devant comme derrière, est garni, entre les boutons de métal, d'une espèce de passement de soie de couleur. On emploie encore, comme boutons, des pièces de monnaie du pays, depuis la pièce de six kreutzers jusqu'au thaler. Quand un homme a fait bombance au cabaret et que sa bourse est épuisée, il prend un couteau, et les boutons de sa redingote ou de son gilet déménagent les uns après les autres, pour reprendre, dans le monde, la course vagabonde à laquelle ils étaient primitivement destinés.

Si les jeunes gens portent des pantalons, les hommes âgés, en véritables conservateurs du costume national, ont gardé la culotte de peau noire, attachée au genou à l'aide d'une courroie.

SAXE-ALTENBOURG.

N° 18.

Costume de mariée.

Le jour du mariage, la fiancée et ses jeunes demoiselles d'honneur ne se distinguent que par une couronne nommée *hormbl*. Cette couronne, qui sert aussi aux marraines dans les baptêmes, se compose de petites plaques de métal quadrangulaires avec dessins en relief, montées sur un cylindre en carton allant en diminuant vers le haut. Tout autour sont deux rangs de feuilles dorées, fixées à des boutons d'argent du plus fin travail d'orfèvrerie ; ces feuilles pendent librement d'après leur centre de gravité. Sur la partie postérieure, on voit une espèce de bourrelet en forme d'arc, couvert d'un ruban de velours. Les cheveux sont cachés par le *fronteau*, bandeau de velours rouge formant rosette derrière la nuque. Enfin cette coiffure scintillante est encore ornée d'un large ruban qui entoure le fronteau et forme un gigantesque nœud sous le menton.

Le reste du costume est, à peu de choses près, celui décrit dans la notice de la planche 11 G, Allemagne-Tyrol.

Les n⁰ˢ 1, 2, 3, 4, 5, 6, 7, 8, 9, 10, 11, 12, 13, 14, 15, 16, 17, 20 et 21 *font partie d'une suite de luxueuses gravures coloriées, publiées à Nuremberg et représentant les costumes de chacun des cercles de la Bavière.*

Le n⁰ 18 *est la reproduction d'un dessin original, non signé, datant de la première partie du siècle.*

Les n⁰ˢ 22 et 23 *sont reproduits d'après Becker.*

Les n⁰ˢ 19, 24 et 25, *d'après Lanté et Galine, sont tirés du* Recueil de costumes de différents pays ; *Paris*, 1827.

Voir, pour le texte : Deutsche Volkstrachten, *par M. Albert Kretschmer ; Leipzig*, 1870. — Géographie universelle, *par M. Élisée Reclus.*

ALLEMAGNE. — TYROL

COSTUMES POPULAIRES.

AUTRICHE.

N°s 1, 6, 8, 11, 15, 16 et 19.
Tyroliens.

N°s 2 et 9.
Habitants de la Bohême.

ALLEMAGNE.

N°s 3 et 4.
Wurtembergeoises.

N° 7.
Silésien.

N°s 10 et 12.
Saxonnes.

N° 13.
Hambourgeoise.

N°s 14 et 17.
Altenbourgeoises.

N° 18.
Femme de Cobourg.

N° 5.
Type d'étudiant de l'Université d'Heidelberg ; première partie du siècle.

AUTRICHE.

Tyrol. — La population du Tyrol contient des éléments divers : dans la zone orientale, elle se compose d'Allemands et de Slaves, tandis que dans la zone méridionale, les Allemands se trouvent en contact avec les Latins.

La beauté des montagnes qu'habitent les Tyroliens, le pittoresque de leurs costumes, leur adresse comme chasseurs, la bravoure avec laquelle ils ont, en plusieurs circonstances, défendu leurs défilés, enfin les chants et les traditions dont leur pays est l'objet, tout concourt à leur donner une place d'honneur parmi les habitants des Alpes autrichiennes. Les plus beaux et les plus forts d'entre eux sont les habitants du Zillerthal; ces hommes, qui se vantent d'être les Tyroliens par excellence, appartiennent à la race bavaroise.

Chaque année, comme chez tous les montagnards, une partie de la population mâle et adulte du Tyrol s'exile pendant quelque temps du pays natal pour se livrer au petit commerce. Les émigrants du Voralberg vendent des étoffes; les gens de la vallée de Passeyer du bétail; ceux de la Lungau exercent les métiers de rebouteurs et de vétérinaires; les Tyroliens du Zillerthal sont, ou chanteurs ou marchands de tapis et de gants.

N° 1.
Montagnard du Zillerthal.

Chapeau de feutre noir, de forme conique, aux larges bords doublés de soie, orné d'un cordon dont les glands retombent sur le front et d'une aigrette de plumes de coq de bruyère. *Brutsfleck*, gilet croisé de drap rouge vif, brodé, à l'encolure, d'un galon d'argent. Cravate de soie noire retenue par un anneau de métal. *Joppe*, veste de laine, garnie aux poignets de velours piqué. Ceinture de cuir noir fixée sur le côté droit par une boucle de métal; le devant forme une espèce de plaque d'à peu près sept pouces de large, couverte de broderies qui entourent le monogramme du propriétaire de cette pièce du costume; chez les Tyroliens, l'aigle à deux têtes est aussi en faveur comme ornement de ceinture. Culotte de peau noire, descendant jusqu'au genou. Bas blancs. Souliers lacés montant jusqu'à la cheville; ces lourds souliers de montagnes sont garnis de diverses espèces de clous: les uns, *stossnägel*, clous à grosses têtes et en forme de crampons, sont placés sous le talon et le bout de la semelle, tandis que d'autres clous, à têtes larges, couvrent le reste.

Le Tyrolien du Zillerthal et des environs d'Insprück est plein d'animation et de gaîté: il aime la pompe, l'éclat, et est passionné pour la musique et la danse.

N° 6.
Femme du Pusterthal.

Chapeau de feutre à larges bords, semblable à celui des hommes. Corsage lacé, muni de bretelles. Les manches de la chemise ne sont visibles que pendant les occupations domestiques. Jupe courte en étoffe de laine. Souliers découverts.

N° 8.
Femme du Sarnthal.

Les Sarniennes portent aussi le chapeau de feutre à larges bords, orné de rubans de soie tombant derrière la nuque. Chemisette de piqué blanc, garnie de dentelles. Corselet d'étoffe de laine, avec agrafes d'argent et lacets de soie noire. Fichu de cotonnade.

N° 11.
Paysan des environs d'Achensee; vallée de l'Inn.

Le costume des montagnards du Zillerthal se retrouve, avec quelques modifications, chez les habitants de la vallée inférieure de l'Inn. La grande route ouverte de cette vallée a permis aux éléments étrangers de s'y introduire, tandis que le Zillerthal, pays étroit et fermé, est resté exempt de tout contact et a, par conséquent, conservé son costume traditionnel. Cette différence est surtout visible à la frontière nord du Tyrol, du côté de la Bavière et dans les environs d'Achensee, où l'on rencontre des redingotes, des pantalons de drap, ainsi que des chapeaux de feutre bas de forme; mais, à ces vêtements modernisés, il est toujours ajouté quelque chose de l'ancien costume.

Chapeau de feutre de forme conique, aux bords entourés d'un cordon terminé par des glands retombant sur la nuque; ce chapeau est orné des insignes particuliers à ces contrées, c'est-à-dire de la plume de coq de bruyère, de la barbe de chamois et du bouquet de fleurs alpestres. Chez les paysans des environs d'Achensee, la large ceinture de cuir ne se voit plus que rarement, car elle s'harmonise peu avec le gilet moderne sur lequel s'étale ici une lourde chaîne d'argent. Cravate de soie rouge. *Joppe*, veste de drap. Culotte noire en peau de chamois, soutachée et serrée aux genoux par des cordons. Bottes de cuir.

N° 15.
Paysan du Oetzthal.

Lorsque, dans un chef-lieu de la contrée, le tir à la cible réunit tous les habitants des vallées environnantes, le costume caractéristique des hommes du Oetzthal se fait remarquer par dessus tous les autres : chapeau conique ou évasé, tantôt vert, tantôt noir ; *joppe* de gros drap brun foncé, dont l'un des revers est orné d'une longue broderie de couleur, insigne particulier aux habitants de cette vallée ; ceinture de cuir décorée de nombreux rangs de clous d'étain poli ; culotte en peau de chamois, couturée de blanc, et attachée aux genoux avec des boutons et des rubans de soie ; bas de laine ; gros souliers lacés.

N° 16.
Paysanne de la vallée de Passeyer.

Coiffe de coton tricoté. Sur un *niederleibel*, jaquette de drap violet garnie, à l'encolure et aux parements des manches, de soie cramoisie ; par devant, cette jaquette est fermée au moyen de rubans de couleur et d'un rang de boutons d'argent. L'entoilage de la manche de chemise, dépassant la manche de la jaquette, rejoint un rebras de velours garni de fourrure, couvrant l'avant-bras et une partie de la main. Longue robe à plis serrés, d'étoffe laine et fil. Ample tablier de toile bleue rayée et à rubans de soie. Bas de laine rouge vif. Souliers de cuir.

N° 19.
Jeune paysan du Sarnthal.
Costume de fête.

Le Sarnien aime les couleurs éclatantes : sa *joppe* et son *brustfleck* sont en drap rouge vif, et sur ce dernier, se croisent des bretelles de damas vert clair. La chemise, visible à la partie supérieure de la poitrine, est garnie d'une étroite dentelle qui entoure le cou et forme jabot en descendant vers la poitrine. Les hommes mariés portent un chapeau noir et les jeunes gens un feutre vert clair, de forme basse et aux très larges bords. La forme et l'ornementation de la ceinture n'offrent aucune différence avec celle des habitants des autres vallées. Une culotte de laine épaisse, et plus large que d'ordinaire, laisse le genou entièrement à découvert. Bas blancs avec jarretières rouge vif. Souliers de cuir.

Bohême. — En général, la bourgeoisie des villes de cette contrée est allemande, tandis que les Tchèques, les véritables Bohémiens de la Bohême, appartiennent à l'aristocratie ou forment une bonne partie de la foule des paysans et des ouvriers. Les Slaves de même race qui habitent la Moravie et la Hongrie occidentale reçoivent les appellations de Moraves et de Slovaques.

Aujourd'hui, les Allemands, comme les Tchèques, ont cessé presque partout de porter un costume national.

N° 2.
Jeune Allemande d'Auherzen ; district de Pilsen.
Costume d'été.

Les cheveux, relevés en arrière, pendent en tresses terminées par de longs rubans blancs ; ils sont ornés du *stirotächel*, bandeau, et du *nadel*, diadème de cuivre orné d'arabesques. Une épaisse tournure en foin, crin ou autre matière, fait bouffer la jupe de laine. Ceinture remontant à la hauteur de l'épaulette de la chemise aux manches longues et larges. Corsage décolleté, en laine de couleur ou en étoffe d'or. Fichu de laine à dessins de fleurs. Tablier noué au moyen d'étroits rubans de couleur. Bas de laine rouge pourpre. Souliers de cuir à bouffettes de soie verte. Pour sortir, le costume se complète du *kurass*, jaquette de piqué blanc, et d'un grand fichu de toile dont on se couvre la tête.

Le costume d'hiver ne se distingue de celui d'été que par deux objets : un bonnet et une jaquette de fourrure.

N° 9.
Jeune Allemand des environs de Kladan.

Chapeau en feutre, de forme basse, garni de fleurs et

entouré d'un cordon dont les bouts se terminent par des touffes de soie noire. Veste de drap bleu avec boutonnières d'étoffe verte et boutons de métal jaune.

ALLEMAGNE.

Silésie. — Indépendamment de la race politiquement dirigeante, la Silésie (*Schliesen*) est peuplée de Polonais, de Tchèques et de Moraves. La haute Silésie est souvent désignée sous le nom de « Sibérie prussienne ».

Pendant que le pays plat ne conserve que partiellement le costume national, celui que l'on rencontre entre Fischbach et Tannenhausen est resté l'un des plus intéressants de la partie centrale de la Silésie. Le costume des hommes ne diffère pas sensiblement de celui généralement en usage en Allemagne, mais les femmes ont dans leurs vêtements, et surtout dans leurs coiffures, plusieurs détails propres à cette partie du pays.

N° 7. — *Paysan des monts Géants.* Les jours de fête, le paysan des monts Géants porte un chapeau de feutre noir de forme évasée, et est vêtu d'une redingote de drap dont les pans descendent jusqu'aux pieds. Cette redingote, qui se met surtout pour aller à l'église, est quelquefois appelée « der Gottestischrock », redingote de la sainte Table.

Wurtemberg; cercle de la Forêt-Noire. — Aucune contrée n'a été plus respectée par les invasions que les hauts plateaux du Wurtemberg; les montagnes, où les villages sont très clairsemés, n'avaient point assez de richesses pour tenter des conquérants, de sorte que les habitants du pays ont gardé le type de leurs aïeux. Cependant les émigrations de ces populations sont une cause de changements de plus en plus rapides dans les mœurs. Comme les Auvergnats, les Savoyards, les Tyroliens, les hommes de « l'âpre mont » émigrent en grand nombre et se font colporteurs, merciers, marchands de fleurs, etc. Dans les environs de Reutlingen, à la base des hauts escarpements de l'Alp, se trouve le village d'Ehningen, dont les émigrants, merciers en grande majorité, reviennent à la Noël pour célébrer leur « congrès » (*Ehninger Congress*), c'est-à-dire pour tenir une foire. Enrichis par leur commerce, ils ont fait de leur bourg d'origine « le plus beau village du Wurtemberg ».

N°s 3 et 4.

Femmes de la forêt Noire.

Dans le village de Rottenbourg et jusqu'au delà de Rottweil, le costume des femmes est surtout remarquable par sa coiffure. Un bonnet de soie noire piqué leur couvre le sommet de la tête; la partie supérieure de ce bonnet est fermée d'un fond de velours de couleur garni de riches broderies métalliques; puis, sur ce fond, s'élève encore un cimier demi-circulaire d'environ huit pouces de haut, tendu sur un encadrement de fil de fer; quatre larges rubans noirs fixés au fond de velours descendent derrière le dos, tout en laissant un espace suffisant aux longues tresses de cheveux dont les extrémités sont nouées par de larges rubans rouges. La jaquette est le plus souvent de velours noir avec de larges manches bouffantes. L'échancrure du cou est fermée par un col garni de dentelle, sur lequel les paysannes nouent une cravate aux bouts pendant par devant. Jupe de laine et souliers de cuir.

Saxe. — Cette nation a été longtemps considérée comme celle qui représentait la nation allemande tout entière ; actuellement encore, en Transylvanie, les descendants des colons germains de diverses provenances n'ont d'autre appellation que celle de « Saxons ». La race saxonne a toujours eu, d'ailleurs, une influence des plus actives sur le grand corps germanique.

Le haut du bassin de la Sprée, en Saxe et en Prusse, est encore occupé par quelques populations de langue wende, vestiges de la grande nation slave qui s'étendait autrefois jusqu'à l'Elbe, dans la grande plaine comprise entre les montagnes et la Baltique.

N° 10. — *Femme de Dannstedt, district de Magdebourg; province de Saxe* (territoire prussien). — Les femmes de Dannstedt ont une coiffure composée de longs rubans qui entourent le visage et tombent sur la poitrine ; en arrière sont deux rubans reployés et deux autres qui descendent jusqu'aux pieds ; ces derniers, d'une grande richesse, sont garnis de passementeries et de longues franges de soie ; le prix de ces rubans s'élève souvent à cinq frédérics d'or (cent dix francs). Chaîne massive ornée d'une croix. Corsage de soie aux manches longues et étroites. Jupe de même étoffe, garnie de broderies. Fichu de laine brodé de fleurs de soie, ainsi que de paillettes d'or et d'argent. Sur ce fichu, s'en trouve un autre plus petit en soie de couleur. Tablier couvert de broderies ; ses rubans, qui retombent en avant, sont frangés d'argent. Bas bleu-gris. Souliers de cuir à rubans croisés sur le pied.

Les jeunes filles portent le même costume, mais leur coiffure ne consiste qu'en une couronne de fleurs.

N° 12. — *Jeune fille wende de la Lusace.* — Petit bonnet gaufré entouré d'une fraise de mousseline. Corsage de linon dans lequel disparaît un fichu de couleur éclatante, dont les extrémités reviennent décorer un gracieux tablier brodé. Les Wendes catholiques ont les plis de leurs jupes cousus les uns sur les autres ; ces plis sont sans coutures chez les protestantes de la même race.

Saxe-Altenbourg. — Les Slaves de la famille des Sorbes ou Sorabes ont pénétré jusque dans cette région de l'Allemagne, et forment encore une population à part dans les campagnes de Saxe-Altenbourg ; ils ont perdu leur idiome slave, mais ils se distinguent toujours par le costume et les mœurs. Chez eux, et d'après l'ancienne coutume du pays, les propriétés ne se partagent pas entre tous les enfants : c'est le plus jeune fils qui hérite, les grands étant censés d'âge et de force à pouvoir se tirer d'affaires tout seuls ; souvent ils restent domestiques chez leur puîné et contribuent à l'enrichir.

N°s 14 et 17.

Femmes altenbourgeoises.

Coiffure qui se compose d'une pièce d'étoffe formant calotte, plissée à la nuque et descendant jusqu'à la ceinture ; par le moyen de deux carrés de carton, la partie pendante est horizontalement maintenue près de la tête et retombe perpendiculairement ; cette coiffure, faite de soie ou de satin, ornée de broderies d'or ou d'argent, est un objet important de la toilette. Les couleurs foncées forment généralement le fond du costume féminin altenbourgeois, qui n'est relevé que par l'originalité de sa forme et l'éclat de ses garnitures. La chemise est couverte d'une jaquette de cotonnade aux courtes manches toujours ornées, près de l'épaule, d'initiales brodées. Sur la jaquette, est un corset très échancré par devant ; cette échancrure est remplie par un large busc recouvert de la même étoffe que le corset auquel il est fixé par des rubans de couleur ; l'extrémité supérieure du busc cache une partie du menton ; de là, pour les paysannes, l'habitude de poser la main sur la partie supérieure de cette pièce de leur costume afin de pouvoir parler plus aisément. Large cravate de soie noire dont les extrémités ornent le haut du busc. Rubans de soie aux bouts frangés, couvrant entièrement le corsage et retombant sur les côtés du tablier. Sur une jupe de laine, se trouve la robe, formée de cinq aunes d'étoffe ; la moitié est cousue en plis si serrés, que ce vêtement, formant maillot, accuse rigoureusement les parties du corps non recouvertes par le tablier ; cette robe ne dépasse pas le genou. Pour les fêtes, elle est toujours de soie foncée, et les broderies de la partie supérieure, ainsi que l'ourlet du bas, sont garnis de rubans de soie de couleurs. Tablier de soie (que l'on remplace par un tablier de toile dans l'intérieur de la maison) à larges plis et tombant un peu plus bas que la jupe ; il est retenu par des rubans qui pendent sous ceux couvrant la jaquette. Bas de coton blanc maintenus par des jarretières de couleurs placées au-dessous du genou. Souliers plats, sans talons. Par le mauvais temps, les Altenbourgeoises portent des bottes de cuir montant à mi-jambe et garnies de velours à leur partie supérieure.

N° 13. — Fruitière de Hambourg. — Bonnet d'indienne sur lequel est posé, en bandeau, un fichu empesé dont la pointe se tient droite au-dessus de la tête. Dans cette classe de marchandes, une femme était autrefois regardée comme pauvre si elle avait moins d'une demi-douzaine de jupes les unes sur les autres.

N° 18. — Jeune fille de Cobourg. — Sur le haut de la tête est fixée une petite calotte ornée de grosses perles de verroterie. Chemise à manches bouffantes, recouverte d'un corsage à petites basques. Robe à petits plis. Souliers découverts.

N° 5. — Type d'étudiant de l'université d'Heidelberg ; commencement du siècle. — Cet étudiant, d'allure romantique, a un toquet brodé d'argent ; son abondante chevelure retombe sur un col brodé. Avec sa gigantesque pipe de porcelaine, il a bien la tournure particulière à la jeunesse des universités allemandes ; il ne lui manque, indépendamment des balafres de rigueur qui décorent habituellement la figure de tout étudiant d'outre-Rhin, qu'une colichemarde pendue aux côtés de sa redingote brodée et des bottes à l'écuyère dans lesquelles s'enfoncerait son pantalon bleu à bande d'argent.

Les n°s 1, 2, 3, 4, 7, 9, 10, 11, 14, 15, 16, 17 et 19 sont tirés du beau recueil Deutsche Volkstrachten, de M. Albert Kretschmer; Leipzig, 1870.

Les n°s 12, 13 et 18 proviennent du recueil de Lanté et Gatine : Costumes féminins de différents pays ; Paris, 1827.

Les n°s 6 et 8 font partie du Osterreich-Ungarn National Trachten, collection de photographies éditée à Vienne.

Le n° 5 est reproduit d'après une gravure faisant partie de la collection de costumes publiée au commencement du siècle par Martinet.

Voir, pour le texte : Deutsche Volkstrachten et la Géographie universelle de M. Élisée Reclus.

SUISSE

COSTUMES POPULAIRES.

LUCERNE, FRIBOURG, ZUG, BERNE, SCHWITZ, SCHAFFOUSE ET VALAIS.
PREMIÈRE PARTIE DU DIX-NEUVIÈME SIÈCLE.

```
    1     2     3     4     5     6
       7     8     9    10    11
```

N° 1. — Femme du canton de Lucerne.

Pays varié par de jolies et fertiles collines entrecoupées de torrents et de ruisseaux ; race forte et saine uniquement vouée à l'agriculture.

Partout en Suisse, dans la première partie du siècle, la mise est gaie et brillante. Les habitants aiment à se vêtir d'étoffes claires ; il y a quelque chose d'éclatant et de fleuri dans toutes leurs personnes.

L'attitude tranquille de cette campagnarde fait admirablement valoir la coquetterie de son costume. Un large chapeau de paille forme comme une couronne autour de la tête. La chemise, étroitement fermée au cou, a des manches qui laissent voir le bras nu, ce qui est de tradition et se rencontre chez les femmes de chaque canton. Un corset orné de broderies emprisonne la taille. La jupe claire, dont les plis soulignent une courbe gracieuse, doit s'arrêter au-dessus du genou, découvrant ainsi les bas blancs. De petits souliers à nœuds écarlates complètent cet ensemble. (Au sujet de ces costumes écourtés, voir le n° 5.)

N°s 2, 7 et 9. — Femmes du canton de Fribourg.

La fig. n° 2 est de la partie romane, c'est-à-dire française du canton. Presque toutes les femmes ont la même coiffure ; elles se chargent la tête de tresses nourries de crin ; par-dessus s'étale un large chapeau de paille garni d'une dentelle noire flottante. La robe longue accuse une habitante des vallées. Les attaches qui se voient derrière le corsage sont les bretelles de la laitière.

La partie allemande du canton est représentée par les n°s 7 et 9. Ces deux fiancées ont revêtu la fraise antique composée en bleu. A un collier de ruban est suspendue une boîte d'argent nommée l'*Agnus Dei*. Elles portent le corsage lacé et relèvent leur tablier de soie noire pour montrer la cotte rouge en même temps que leur riche ceinture aux longs bouts frangés. La coiffure de la fig. 9, non moins coquette que l'autre, en diffère par ses dimensions étroites.

N°s 3 et 4. — Paysan et paysanne du canton de Zug ; costume des dimanches.

La population se distingue par une physionomie

franche et ouverte ; elle a de plus la réputation de se livrer au travail avec zèle.

C'est surtout ici que l'on voit s'épanouir dans tout leur éclat les couleurs chères aux habitants des montagnes, gens dont l'imagination se trouve fortement influencée par la grandeur et la richesse de la nature. Non seulement, comme on le voit dans la fig. n° 3, le jeune homme du canton de Zug aime, les jours de fête, à se parer de rubans, à en placer sur son chapeau, sa cravate et sa veste, mais il pousse encore l'amour du pittoresque, ou bien le respect de la tradition, jusqu'à se vêtir d'un costume représentant à lui seul plusieurs époques. En effet, ses chausses bouffantes rappellent autant le costume Henri IV que la chemise aux plis bouillonnés remet en mémoire les *galants* du règne de Louis XIV.

Chez les jeunes personnes, les rubans et les fleurs se prodiguent surtout dans l'ornement du chapeau. Elles portent des jupes courtes et serrées, d'étoffe bleue ou verte. Les bas sont généralement rouges. De longues tresses de cheveux retombant assez bas sont comme l'accompagnement nécessaire d'un costume où l'harmonie se maintient malgré des couleurs vives et brusquement opposées.

N°s 5 et 11. — Femmes mariées du canton de Berne.

D'une nationalité très prononcée, la race est forte et belle dans ce canton que l'on regarde comme le plus grand, le plus peuplé et l'un des plus beaux de la Suisse.

La fig. n° 5 a des demi-manches à gigot ; une coiffe de satin noir très étroite est posée sur le haut de la tête. Les Bernoises qui ne sont pas mariées attachent un grand prix à la longueur de leurs cheveux ; elles les partagent, les tressent et les laissent pendre jusqu'aux talons. Après le mariage, ces tresses, qu'il n'est plus permis de laisser flottantes, sont tournées en spirales et fixées sur le sommet de la tête. Deux lettres, brodées sur la chemise à la hauteur des seins, indiquent, l'une à droite le nom de baptême, l'autre à gauche le nom de famille. Collier formé de deux petites languettes d'étoffe rouge ; ces languettes sont encadrées par des bandes de velours noir qui se retrouvent sur la pièce d'estomac. — Dans un pays où les chemins, souvent à pic, ne peuvent être gravis qu'à l'aide d'échelles fixes, la nécessité pour les paysannes d'avoir une jupe courte s'explique parfaitement : ayant souvent à maintenir un fardeau placé sur leur tête, elles ne pour-

raient guère s'occuper de relever une jupe qui entraverait leur ascension. C'est aussi pour cette raison que les bas sont jarretés au-dessous du genou.

La fig. n° 11 représente une habitante des vallées. Cette laitière d'Oberhassli sort probablement d'un châlet où elle a rempli de crème un vase de bois. Elle a une toque de velours, mais, dans le Hassli, les femmes sont plutôt tête nue. La poitrine est recouverte d'une large pièce d'étoffe formant plastron. Un ample tablier garantit une jupe longue de couleur claire.

Aujourd'hui on retrouve encore dans les campagnes quelques restes du costume bernois, principalement dans la partie allemande du canton où les femmes portent toujours de larges manches de chemise. Près de Berne, elles sont coiffées d'une sorte d'auréole de dentelle noire et portent souvent des chaînes d'argent par-dessus leur corset. (V. pl. le Lit et le Bébé.)

N° 6. — Habitant du canton de Schwitz.

Ce pays, sillonné de montagnes, est une fraction des *Waldstetten* ou cantons forestiers.

Son nom de *Schweitz*, qui devint plus tard celui de la Suisse entière, signifie, paraît-il, *défrichement par l'incendie* ; il rappelle la prise violente du sol par ceux qui l'occupent.

Les Schwitzois se livrent essentiellement à la vie pastorale, comme leurs voisins les Unterwaldais et les Uriens. Dignes héritiers de leurs ancêtres, les traits principaux de leur caractère sont le courage, la franchise et une vigueur morale particulière, due à leur genre de vie.

Le paysan porte une veste à petits brandebourgs ; un gilet entr'ouvert laisse apercevoir la chemise serrée à la taille au moyen d'un ceinturon ; il a une culotte courte et des bas blancs retenus au-dessus du genou par des jarretières. Sa chaussure consiste en escarpins à bouffettes.

Le seul vestige du costume de ses pères doit se retrouver dans cette ceinture de cuir autrefois portée par les libérateurs de la Suisse, ceux dont le Dante aurait pu dire, comme des Florentins, *qu'ils étaient ceints d'os et de cuir*. On pourrait reconnaître encore l'ancien chaperon dans la toque posée si cavalièrement sur le côté de la tête. (Voir, à la pl. le Lit, le costume des femmes du canton de Schwitz.)

N° 8. — Jeune fille du canton de Schaffouse.

Dans ce charmant costume on remarque d'abord la coiffure si originale consistant en un très petit calot de velours noir, maintenu sur le sommet de la tête par deux petites brides ; puis, l'aspect artificiel produit par les tresses entortillées de rubans de couleurs différentes et ornées à leur extrémité de larges bandes de soie bleue.

Quant aux pièces de l'habillement, c'est toujours la chemise à manches courtes, le corsage lacé orné de broderies, la jupe courte montrant une jambe fine et le tablier blanc serré à la taille par des cordons rouges se nouant par devant.

N° 10. — Jeune fille du Valais.

Les Valaisannes portent un petit chapeau de paille à bords relevés, orné de dentelles ; on y met quelquefois du drap d'or, mais la forme et la paille ne varient pas et les dames les mieux mises sont mettent rarement leur coiffure à l'empire de la mode.

On a conservé en partie les modes du siècle dernier ; aussi la mise de cette jeune fille est-elle du plus gracieux effet. Un fichu couvre les épaules et la poitrine, laissant toutefois apercevoir la broderie d'une fine chemisette ; le corsage a les anciennes petites manches garnies de dentelles ; enfin une jupe courte et un tablier de soie achèvent ce modèle de simplicité et de bon goût.

Les n°s 1, 2, 4, 3, 5 et 6 *proviennent du* Recueil de costumes suisses, allemands, etc. ; *rendus autrefois à Paris chez Martinet, libraire, rue du Coq.*

Les n°s 7, 8, 9, 10 et 11 *sont tirés des* Costumes des femmes de Hambourg, de la Hollande, de la Suisse, etc. ; *dessinés par Lanté et gravés par Gatine.* — *Paris, gr. in-8°* ; 1827.

Voir, pour le texte : de Golbéry, la Suisse (Univers, *Didot*) *et M. Élysée* Reclus : la Suisse (Géographie universelle, *tome III, Europe centrale*), *Hachette, 1878.*

SUISSE

COSTUMES FÉMININS.

BERNE, APPENZELL, FRIBOURG, URI, LUCERNE, SCHWYZ, UNTERWALDEN.

1 2 3 4 5 6
7 8 9 10

Nos 1, 8 et 10.

Costumes du canton de Berne. — Là, comme en beaucoup d'autres contrées européennes, le costume indigène n'est plus guère porté que par les servantes et les paysannes. Les dames suivent depuis longtemps les modes étrangères, et surtout les modes françaises. Cet exemple gagne même les femmes de la domesticité, ainsi qu'on peut l'observer en notre exemple n° 8; la jupe traînante de la jeune fille qui porte un baquet n'est pas de tradition nationale. Le vieux costume bernois, brillant, quoique fort économique, se retrouve encore avec sa grâce réelle dans les classes rustiques. La jupe est ample, de couleur foncée. Le corsage se fait en soie noire ou en velours. Il est carré et ne monte pas au-dessus du sein (voir n° 1). La poitrine est entièrement couverte d'une sorte de petite chemise plissée, très blanche; le cou est pris dans une cravate de velours; des chaînes en argent, attachées aux coins de cette cravate, descendent de chaque côté sur le corset et s'attachent à la ceinture. Les manches de la chemise sont à gigot, d'une blancheur éclatante. La coiffure se compose ordinairement d'une coiffe de satin noir très étroite, très courte, posée sur le haut de la tête, à laquelle s'ajustent des dentelles noires qui retombent sur les cheveux et encadrent la tête. Notre figure n° 10 ne porte pas cette coiffure qui sera représentée ailleurs, mais un joli toquet surmonté d'un nœud en houppe. Cette coiffure est souvent un bonnet d'étoffe d'or ou d'argent. La couleur de son tour rappelle qu'il a longtemps existé dans le canton de Berne, entre les femmes nobles et les roturières, une distinction indiquée par un bandeau d'étoffe adapté à leur coiffure, de couleur pour les premières, noir pour les secondes. Le costume des bernoises est celui de tous les costumes suisses qui, malgré les altérations, s'est encore conservé le plus complètement. Dans les autres États de la confédération ce n'est plus guère, en général, que par la manière de tresser leurs cheveux, de les parer de rubans, d'aiguilles et de linge, que les femmes des divers cantons se distinguent les unes des autres. C'est dans l'Emmenthal, moins fréquenté que les grandes vallées de l'Aar, que le costume bernois est encore porté avec le plus de fidélité aux traditions antiques.

Nos 2 et 6.

Femmes du canton d'Appenzell. — Cette partie de la Suisse, montagneuse, n'ayant point de villes murées, à peine deux ou trois bourgs, et qui, dans son ensemble, semble n'être qu'un vaste village composé de chaumières isolées, où chacun a son champ et son pâturage, est encore une de celles où les anciennes mœurs so conservent le mieux. *Les nouveautés n'ont rien de bon*: c'est un des adages favoris du pays. La jolie coiffure en gaze noire, ayant la figure de deux ailes de papillon et s'élevant en crête rigide sur la tête des femmes d'Appenzell, est certainement l'une des plus originales et des mieux réussies de toutes celles qui se portent en Suisse. Nos deux exemples montrent que la coquetterie individuelle a dans ce canton de certaines libertés, et l'on ne trouverait peut-être nulle part de vachères mieux attifées.

N° 3.

Mariée du canton de Fribourg. — Cette femme est de la partie allemande du canton, celle où les mœurs anciennes sont mieux conservées que dans la partie *romane*, ou française : (ces noms viennent de la différence des cultes). Le mariage qui, partout en Suisse est un acte des plus importants, revêt, dans ces contrées un caractère particulier de gravité. Il est d'usage que, pour la cérémonie, l'épousée comme le mari substituent à leurs vêtements ordinaires ceux de leur grand-père et de leur grand'mère, comme pour attester qu'ils vivront à la manière de leurs ancêtres. La coiffure bizarre, semblable à un bonnet de hussard, est de l'ancien temps, ainsi que la fraise servant de collerette, et que la boucle de métal des souliers. La bijouterie consiste en un long et fin collier, et en une médaille d'argent de grand module qu'on appelle *Agnus Dei*, suspendue au cou. Dans le canton de Schaffouse, où le costume de l'épousée est fort proche de celui-ci, le bonnet est encore plus haut et plus pesant; les bas ainsi que la jupe sont rouges. Peut-être les bas blancs de notre mariée de Fribourg sont-ils une licence moderne, comme le sont les petites boucles des souliers qui, selon la véritable tradition, devraient être larges et de grand modèle.

N° 4.

Femme du canton de Lucerne, district d'Entlibuch, au sud du canton. — Quoique cette partie de la Suisse soit une de celles où les mœurs ont conservé le plus d'originalité, la physionomie du costume local n'est pas très saillante. Un corset de velours noir en pointe, avec plastron, beaucoup plus ajusté que celui des Bernoises, la chemise plissée couvrant la poitrine, la cravate, un caraco, restant ouvert et dont les manches à léger retroussis sont assez amples, un bonnet largement ruché, formant autour de la tête comme un nimbe noir transparent, un tablier qui, comme on le voit par l'exemple de la mariée de Fribourg, fait partie en Suisse du costume habillé des classes populaires, tel est cet habillement. Ces Lucernoises se marient avec des cérémonies bizarres, traditionnelles; ainsi lorsque tous les accords sont arrêtés, on met la fiancée à l'enchère, en ayant soin que le futur ait la dernière mise.

N°s 5, 7 et 9.

Femme du canton de Schwyz. — Femme du canton d'Uri. — Femme du canton d'Unterwalden.

Le costume national des Unterwaldenais, et surtout celui des femmes, est un de ceux qui se perdent tous les jours davantage : c'était un jupon ample et court d'étoffe brune ; une ceinture rouge ; des bas bleus, bien tirés ; des souliers élégants ; des cheveux tressés en forme de nattes, soutenues par une double cuiller en argent; les souliers étaient souvent rehaussés par des talons de métal. On retrouve encore ici (n° 9) la coiffure, les jolis souliers à nœud de ruban, et, ce qui est aussi marqué au coin de l'ancienneté, le collier de bijouterie en carcan, le large et haut plastron sur lequel descend et se croise le fin collier de jaseron, plastron orné de chaque côté de larges pendeloques en filigrane, puis l'ample manche de lingerie bordée en festons, terminée en pagode et pressée à l'arrière-bras par un large bracelet de velours noir; enfin le large tablier de soie. Cet ensemble compose encore un costume d'un beau caractère. Il est bien porté, car beaucoup de femmes d'Unterwalden sont fort jolies. Un certain nombre d'entre elles ont l'habitude de fumer une courte pipe en vaquant à leurs occupations.

Le costume de la jeune personne de Schwyz, n° 5, offre cette particularité que, sans être marqué au coin d'une antiquité aussi haute que celui d'Unterwalden, il ne contient pourtant au fond rien de véritablement moderne. Sauf le bonnet de gaze noire sentant le terroir, tout, dans ce costume, appartient au siècle dernier : la disposition de la chevelure, le dégagé du cou, le fichu, la manche courte, rappellent les engageantes, tout appartient aux modes françaises d'avant la révolution.

Les costumes féminins du canton d'Uri, n° 7, se rapprochent des costumes populaires italiens. Les Uriennes portent souvent des mouchoirs noués en forme de voile comme le font les femmes de la péninsule ; le fichu sous le corset lacé est de mode italien. Ces Suissesses ne mettent que des demi-bas ; du moins, il en était jadis ainsi.

(D'après des documents photographiques dûs en grande partie à MM. Braun et Cie de Dornach, et les aquarelles de M. J. Bastinos.)

SUISSE

COSTUMES FÉMININS.

UNTERWALDEN, SAINT-GALL, BERNE, VALAIS, ZURICH, ZUG, LUCERNE, BALE.

1	2	3	4	5
6	7	8	9	

Dans son bel ouvrage sur les costumes nationaux allemands, M. Albert Kretschmer constate qu'en Wurtemberg, selon que l'on se trouve dans les basses plaines ou dans les contrées montagneuses, le costume change d'aspect; il est mesquin, terne, dans le plat pays; brillant, animé, sur les hauteurs, ce que l'artiste attribue au goût imprimé par la nature environnante. Les costumes traditionnels du populaire en Suisse, malgré les altérations subies, font encore aujourd'hui ressortir la justesse de cette observation. Leur diversité, remarquable sur un sol aussi étroit, paraît provenir surtout de la nature des aspects, souvent si brusquement différents d'une vallée à l'autre, d'un versant de montagne au versant opposé. Il faut ajouter à cette cause première l'influence du milieu moral et des habitudes. Les ajustements ne prennent tout leur charme ou leur signification que dans leur cadre spécial. Aussi une esquisse rapide des lieux, et parfois même des mœurs en tant qu'elles influent sur l'allure extérieure, est inséparable de l'examen de ces costumes.

Canton d'Unterwalden, n° 1. — Le nom de ce canton, où on parle l'allemand, veut dire *sous la forêt;* on l'appelle encore Oberwalden, *au-dessus de la forêt;* il est borné au sud par des montagnes couvertes de neiges éternelles. Dans la grande vallée d'Engelberg on ne trouve que de beaux pâturages et d'épaisses forêts. C'est un pays de verdure, et les rivières et les lacs sont là, particulièrement poissonneux ; c'est sur ce fond qu'il faut examiner la blonde Unterwaldnaise, son corsage clos, sa cravate en carcan qui en complètent la fermeture. Ceci est affaire de climat ; ce qui dépend du goût c'est la décoration de ce corset qui est toujours de couleurs avoisinées, formant concert ; souvent vert et rouge par devant, il est toujours noir par derrière. Les chaînettes qui se croisent sur ce corset sont en filigrane d'argent ; quant à la chevelure, elle est d'ordinaire nattée et mêlée de rubans blancs. Par-dessus on met parfois un petit bonnet de dentelle. (Voir pour le surplus ce qui concerne l'Unterwaldnaise, pl. Suisse, ayant pour signe le Lit ; on doit aussi s'y reporter pour la plupart des costumes présents).

Canton de Saint-Gall, n° 2. — Cet autre canton allemand, dont le chef-lieu a un commerce très actif de draps, de flanelles, de tissages divers, tient de ses blanchisseries une physionomie particulière ; c'est une contrée tapissée de la percale et de la mousseline qu'on y étend sur le gazon pour la faire blanchir. La broderie occupe là beaucoup de bras, et les habitants sont dans l'aisance.

La jupe longue de notre costume indique les travaux sédentaires. Le corset si dégagé convient à la nature des travaux ; le joli et mignon bonnet est un caprice qui révèle bien l'ouvrière vivant de travaux de goût ; les couleurs tendres de l'habillement, et le réveillon du ruban de velours noir et du fichu rouge doivent être en bon rapport avec la blancheur factice des champs. Les montagnes, dans ce canton, ne sont qu'à l'horizon.

Canton de Berne, n°ˢ 3 et 7. — Ce canton, pittoresque par excellence, qui offre les contrastes les plus saisissants, nous procure deux exemples fort différents l'un de l'autre. La jupe si courte portée par notre n° 7, est une de ces nécessités locales qui s'expliquent facilement, les femmes des pays de montagne ayant besoin de monter et de descendre sans s'occuper de leur vêtement. Disons, au sujet des bas que ces jupons découvrent, que la substitution des bas blancs aux bas de couleurs foncées, rouges, bleus, brodés aux coins, portés jadis, est aujourd'hui générale. Quant à l'usage de la jupe courte dans la ville même de Berne, lorsqu'on sait que pour aller de la ville basse, de la plate-forme de la cathédrale à l'Aare qui en baigne le pied, il n'y a pas moins de cent quatre-vingt-cinq marches à descendre, il est suffisamment justifié. La blancheur du linge des Bernoises est célèbre. Leur costume est, en général, joli, de bon goût. Toutefois celui des femmes de l'Oberhassli, qui se grossissent les hanches, laisse à désirer. Notre n° 7 est un peu de celles-là. Le n° 3, provenant de Simmenthal, est d'un caractère tout différent. L'Oberland bernois est plein des beautés sévères des roches noirâtres qui supportent les glaciers et les neiges ; au milieu de ces beautés imposantes, la vallée est délicieuse comme un Éden. Simmenthal lui-même, adossé à une chaîne de montagnes, composé de maisons vieilles pour la plupart, et dont le lac est la rivière sont dominés par les tourelles de son vieux château, ajoute à l'originalité de ce spectacle. Les filles de Simmenthal sont des plus jolies ; leur costume discret est en parfaite harmonie avec leur attitude modeste. Le corsage fermé, coupé à l'italienne, est en soie noire et bordé d'un large velours, une chemise très blanche, montant haut, couvre la poitrine ; un fichu uni, dont les bouts se perdent sous le corsage, complète l'aspect pudique de cette partie de la toilette; les manches fermées, de vieux style, sont à gigot à la hauteur des coudes; souvent le cou est pris dans une cravate de velours, où sont attachées des chaînes en argent qui descendent sur la poitrine et s'attachent à la ceinture. La coiffure se compose d'une coiffe de satin noir très petite, posée en arrière, sur le haut de la tête, qui s'additionne de magnifiques dentelles noires couvrant les cheveux et encadrant le visage de la manière la plus heureuse ; une jupe noire, bordée en couleur, un tablier pris sous le corsage, des bas blancs et le petit soulier, complètent le costume de l'Oberlandaise de Simmenthal, que l'on voit ici se rendant à la messe. Le costume bernois est, entre tous, celui qui s'est conservé le plus complètement.

Canton du Valais, n° 4. — Ce pays des vallées, comme son nom l'indique, a été célébré par Rousseau d'une manière qui dispense de toute description. Il ne se plaindrait plus aujourd'hui que le corps des robes des Valaisanes les fasse paraître bossues. Leur beauté, qu'il vante, s'est accommodée en grande partie du costume français. La mode a enlevé les chaînes, les bracelets, les bagues, les dentelles, qui se perpétuaient dans les familles, transmis des mères aux filles. Du costume national il ne reste guère que le chapeau, qui a résisté à toutes les invasions. A voir le tour du cou, le léger fichu à fleurs noué sur le haut de la poitrine, les demi-manches terminées en larges engageantes, l'éventail, il semble que ces éléments de la toilette soient encore un legs de Mme de Warens.

Canton de Zurich, n° 5. — Relativement aux contrées les plus montagneuses de la Suisse, cette contrée est un pays de collines, au devant duquel s'étend le panorama de l'Utliberg, embrassant toute la chaîne des Alpes, depuis les montagnes du canton d'Appenzell jusqu'à celles du canton de Berne, le lac de Zurich, la vallée de la Limmat, l'Argovie, la Thurgovie, le Jura, et, par-dessus le Ballon d'Alsace, les plus hauts sommets des Vosges ; enfin le Feldberg et le Bœlchen, dans la forêt Noire ; et d'autres encore, jusque dans la Souabe. Avec ce spectacle sous les yeux, les Zurichois sont des fleuristes dans le genre des Hollandais. Les fleurs sont de toutes leurs fêtes, et parmi les mœurs pures des vieux âges conservées dans la localité, se trouve un trait charmant : c'est toujours la plus jeune et la plus jolie servante de la maison, parée de ses plus beaux habits et portant un énorme bouquet, que l'on charge de l'annonce de la venue du nouveau-né. Le costume mi-parti sévère, mi-parti gai de la Zurichoise nous paraît parfaitement en rapport avec le milieu où elle vit.

Canton de Zug, n° 6. — Ce canton agricole, le plus petit de la Suisse, en est un des plus charmants. On aime là les fleurs comme à Zurich; à Zug le cimetière est un bosquet entrecoupé de parterres et chaque tombe est fleurie. L'alerte et plantureuse fille de la contrée emprunte à son entourage immédiat sa toilette de fleurs des champs : aux marguerites le plissé de son col à l'aise, aux coquelicots la couleur éclatante de son corsage, sans en oublier le milieu noir, aux bluets les tours tendres de son tablier; sa tête même est ornée en corolle rayonnante.

Canton de Lucerne, n° 8. — Encore une des contrées où les montagnes n'atteignent pas la région des neiges, et dont les occupations et le fond sont de même nature que ce qu'on vient de voir ; encore une fleur des champs dont le costume a naturellement beaucoup de rapport avec celui de sa voisine.

Raoul-Rochette a peint la Lucernoise en 1819 ; cette description est utile parce qu'on y voit les modifications que le costume a subies depuis ce temps.

Il commence par dire que ce n'est qu'à Lucerne que le costume suisse atteint toute la perfection dont il est susceptible, et puis il montre une jupe qui descend à peine jusqu'au genou, laissant à découvert le bas rouge d'une jambe ordinairement fort jolie... Cette jupe de couleur éclatante, se rattachant à un corset d'une forme simple et agréable, chargé quelquefois, avec profusion, d'ornements en broderies, ou même de petits bijoux attachés par des chaînes d'argent,... un large chapeau de paille couvert de fleurs artificielles et de rubans des plus vives couleurs,... de longues tresses de beaux cheveux, qui flottent et descendent jusqu'aux talons,... tel est l'ensemble de ce costume qui, lorsque toutes ces femmes, pour la plupart d'une physionomie animée et d'un coloris vif et éclatant, sont réunies et pressées dans un vaste espace, offre véritablement, sans exagération, comme sans comparaison fade, l'image d'un parterre émaillé de fleurs...

Canton de Bâle, n° 9. — Si l'influence des milieux sur le costume des femmes en Suisse avait besoin d'une nouvelle preuve, rien n'y serait plus propre que le contraste offert par ce que l'on voit à Bâle. Le jupon court s'explique là comme à Berne ; le Rhin partage la ville en deux parties de niveau très inégal, de la ville, proprement dite au petit Bâle, toutes les rues sont des échelles. Quant à son aspect intérieur, voici ce qu'en dit Émile Souvestre : « La première chose qui frappe en entrant à Bâle, c'est l'expression de tristesse et de solitude empreinte partout... Tout est mort, désert, on dirait une ville à louer, » et il constate qu'au bruit d'une voiture, « on tire les volets, on ferme les portes, les femmes se cachent. Tout est d'une propreté extrême... C'est là que la femme qui ne se montre pas use de l'espion, du miroir fixé au dehors par des verges de fer, qui lui permet de tout voir dans la rue en évitant le désagrément d'être aperçue... N'est-il pas comique que le costume bien ordonné des habitants n'offre cependant ni grâce, ni gaieté. De prime saut, parmi nos neuf figures, et malgré la jeunesse de celle-ci, qui ne dirait après de semblables prémisses : voilà la Bâloise ? »

D'après des documents photographiques dus en grande partie à MM. Braun et Cie de Dornach, et les aquarelles de M. J. Bastinos.

(Voir, pour le texte : La Suisse, par M. P. de Golbéry, Univers pittoresque ; Voyage en Suisse, par Simond ; Lettres sur la Suisse 1819, 1820, 1821, par Raoul Rochette ; Description des vingt-deux cantons de la Suisse, par C. V. de Sommerlatt, Berne, 1840 ; La Suisse, par MM. J. Gourdault et Ad. Joanne.)

EUROPE

PIPES, ÉTUIS ET ACCESSOIRES A L'USAGE DU FUMEUR.
NORVÈGE, FRANCE, ITALIE, BELGIQUE, AUTRICHE,
ALLEMAGNE ET GRÈCE.

N° 1. — Norvège.	N°ˢ 10, 11, 12, 16, 20, 27 et 29. — Hongrie.
N°ˢ 2, 9, 17, 23 et 34. — France.	N° 24. — Bohême.
N°ˢ 5 et 14. — Italie.	N°ˢ 13, 15, 22, 28 et 32. — Allemagne.
N° 6. — Belgique.	N° 31. — Grèce.
N°ˢ et 30. — Tyrol.	N°ˢ 3, 4, 7, 18, 19, 21, 25, 26 et 33. — Pipes et étuis européens, de provenances indécises.

Le verre, l'écume, la porcelaine, la corne et plusieurs sortes de bois comme le buis, la racine de bruyère, le palissandre, etc., telles sont les matières principales qui composent ces pipes, presque toutes de fabrication moderne.

De même qu'autrefois la Hollande avait le monopole de la pipe de terre, la pipe de porcelaine est aujourd'hui essentiellement allemande; quant à celles d'écume, de bois peint ou sculpté, elles forment un genre de fabrication où l'Autriche surpasse toujours les autres nations. Les spécimens de ce pays représentés dans notre planche, sont sculptés, peints, ciselés, montés en argent ou en cuivre et offrent des sujets singularisés par leur interprétation même ; ils consistent tantôt dans l'image d'un ancêtre, tantôt dans la représentation d'un personnage légendaire; ces objets de caprice sont généralement d'assez bon goût et souvent empreints d'une originalité très particulière. La pipe, d'un usage si répandu en Allemagne, est véritablement inséparable du costume de ses habitants depuis le dix-septième siècle.

Dans quelques parties de la Hongrie, on rencontre des pipes de caractère oriental; elles sont reproduites ici sous les numéros 16 et 20.

En ce qui concerne celles des autres nations, elles ne sont ici que des manifestations isolées auxquelles, malgré leur intérêt évident, il ne conviendrait pas de donner toute l'importance d'un type générique, par la raison que cette industrie européenne, autant que d'autres, est soumise à bien des changements et fournit par conséquent des types d'une innombrable variété.

NORVÈGE.

N° 1.

Pipe de Stavanger : fourneau de bois en forme de main, l'ouverture est cerclée de cuivre ; tuyau en roseau.

FRANCE.

N° 2.

Pipe en forme de hache remontant à 1762. Longueur, 0^m,50. Fourneau en acier gravé et incrusté d'argent ; tuyau en bois. Le type originaire est américain ou plutôt peau-rouge.

N° 9.

Petite pipe de la Franche-Comté. Longueur, 0^m,10. Fourneau en argent ; tuyau en corne.

N° 17.

Pipe recourbée en usage dans les montagnes de la Franche-Comté. Hauteur, 0^m,10. Fourneau et tuyau en argent ; bout en corne.

N° 23.

Boîte à briquet ; Alsace, dix-septième siècle. Hauteur, 0^m,07. Voir au n° 34, l'arrangement intérieur de cette boîte.

ITALIE.

N° 5.

Ancienne pipe en verre ; fabrication de Murano. Longueur, 1^m. Les verreries de Murano dont la grande vogue date de la fin du douzième siècle, fournissaient leur contingent dans la fabrication des pipes, source de commerce qui devait tenter les verriers vénitiens.

N° 14.

Sac à tabac vénitien, en forme d'escarcelle. Hauteur, 0^m,20. Fond de velours rouge brodé de soie et d'or ; glands d'or.

BELGIQUE.

N° 6.

Étui flamand ; longueur, 0^m,23. Bois et cuivre doré. L'ouverture de cet étui correspond au fourneau de la pipe qui doit y être enfermée.

ALLEMAGNE.

N° 13.

Fourneau de bois à couvercle et garniture en cuivre. Hauteur, 0^m32.

N° 15.

Pipe recourbée avec fourneau en bois peint représentant la tête d'un homme coiffé d'un bonnet aux bords relevés ; ce bonnet sert de couvercle au fourneau. Tuyau en corne. Hauteur du fourneau, sa base allongée comprise, 0^m,18.

N° 22.

Pipe recourbée à fourneau en porcelaine de Saxe et à tuyau de corne. La disposition du fourneau consiste en deux têtes d'hommes dont l'une sort de la bouche de l'autre. Hauteur, 0^m,30.

N° 28.

Pipe prise par les Français pendant la guerre de Sept Ans. Fourneau en écume avec couvercle d'argent; tuyau de bois. Hauteur du fourneau, 0^m,12.
Le sujet, assez scabreux, est ingénieusement composé.

N° 32.

Pipe recourbée à fourneau de bois couleur foncée; garniture d'ivoire. Tuyau en corne. Hauteur, 0^m,50.

TYROL.

N° 8.

Petite pipe de bois; cordon et glands de soie verte. Longueur, 0^m,11.

N° 30.

Pipe de bois; fourneau incrusté de cuivre et de nacre; couvercle de cuivre gravé; bout en corne; cordon et glands de soie. Longueur, 0^m,25.

HONGRIE.

N° 10.

Petite pipe en racine sculptée. Longueur, 0^m,10.

N° 11.

Fourneau en bois peint, avec couvercle de cuivre; tuyau de corne et de bois; chaînette d'argent; cordon et glands de soie verte. La tête, formant fourneau, porte le *pokalem*, coiffure hongroise devenue en usage dans l'armée française sous Louis XV. Longueur, 0^m,20.

N° 12.

Pipe à fourneau de bois peint, disposé obliquement. Couvercle de cuivre en forme d'éteignoir. Tuyau de bois. Bout en corne. Longueur, 0^m,22.

N° 16.

Pipe de caractère oriental. Partie centrale du fourneau et couvercle en cuivre gravé; base en bois incrusté d'or et orné de pendentifs; peluche de laine multicolore entre le fourneau et le tuyau de bois; glands de soie. Longueur, 0^m,25.

N° 20.

Exemple offrant le même caractère oriental. Fourneau de terre cuite cerclé d'argent et garni d'un couvercle de même métal. Le couvercle et la base du fourneau ont des pendentifs en argent ornés de perles. Peluche de laine entre le fourneau et le tuyau de bois; celui-ci est garni de soie rouge, ainsi que d'un cordon et de glands multicolores. Longueur, 0^m,25.

N° 27.

Fourneau en écume avec couvercle et ornements de cuivre; tuyau recourbé en corne; cordon de soie avec pendeloques d'ivoire. Hauteur, 0^m,10.

N° 29.

Pipe recourbée : fourneau d'écume avec couvercle et garniture d'argent; tuyau de corne, présentant à sa base une série de petites rondelles. Hauteur, 0^m,10.

BOHÊME.

N° 24.

Pipe recourbée à fourneau en porcelaine de Bohême représentant Zizka le *borgne*, fameux chef des Hussites. Le couvercle est pris dans la moitié du casque; des emblèmes sont peints sur la base du fourneau. Tuyau de bois avec un cordon de soie garni de pendeloques en ivoire; bout en corne. Hauteur, 0^m,28.

GRÈCE.

N° 21.

Pipe recourbée à fourneau en écume, sur lequel figurent un sphinx et une femme nue adossée à une colonne cannelée. Couvercle d'argent; tuyau de bois garni d'un bout en corne. Longueur, 0^m,60.

PIPES ET ÉTUIS EUROPÉENS DE PROVENANCES INDÉCISES.

N° 4.

Étui en bois sculpté; longueur, 0^m,19. Cet étui s'ouvre transversalement.

N° 7.

Étui en bois incrusté d'argent. Voir au n° 3 la manière dont s'ouvre cet étui.

N° 18.

Fourneau en buis sculpté ; couvercle et garniture en argent. Longueur, 0ᵐ,11.

N° 19.

Pipe recourbée en bois sculpté ; fourneau représentant un sujet symbolique ; tuyau de forme torse ; cordon et glands de soie. Hauteur, 0ᵐ,15 environ.

N° 21.

Fourneau en buis sculpté avec couvercle d'argent. Hauteur, 0ᵐ,07.

N° 26.

Fourneau en bois sculpté, couvercle et garniture en argent ; hauteur, 0ᵐ,15. Voir au n° 25, le détail du sujet placé au milieu de ce fourneau.

N° 33.

Fourneau de bois sculpté avec couvercle et garniture en argent ciselé. Le couvercle est surmonté de deux aigles. Hauteur, 0ᵐ,12.

Ces documents proviennent de la collection spéciale de M. le baron de Watteville, à qui nous en devons la gracieuse communication.

CS   CT

RUSSIE. — XVIᴱ-XIXᴱ SIÈCLES

FIGURES HISTORIQUES ET COSTUMES POPULAIRES.

CS
1   2   3   4   5   6
7   8   9   10   11   12   13   14

CT
15   16   17   18   19   20   21   22
23   24   25   26   27   28

Nᵒˢ 1 et 6.

Costumes des boïars au dix-septième siècle. D'après des gravures des *Voyages en Moscovie*, etc. (en allemand), par Adam Œlschläger ou Olearius (1647).

Nᵒˢ 2 et 5.

Le cosaque Brochka en caftan d'honneur qu'il avait reçu du tzar Pierre-le-Grand.

Nᵒ 3.

Le chef (*ataman*) des Cosaques à l'époque de Pierre-le-Grand.

Nᵒ 4.

Un boïar du dix-septième siècle en habit du matin.

Nᵒˢ 7, 8 et 9.

Costumes des femmes et des filles de Tver, au confluent de la Tvertza et de la Volga, chef-lieu du gouvernement de ce nom, au nord-ouest de Moscou.

Nᵒˢ 10, 11, 12, 13, 14.

Costumes d'été des femmes et des filles de la ville de Torjok, gouvernement de Tver.

Nᵒ 15.

Costume de camp du boïar Boris Godounov, devenu tzar de la Moscovie en 1598, et mort en 1605. D'après un vieux dessin.

Nᵒˢ 16, 17, 18.

Costumes d'hiver des femmes de Torjok.

Nᵒˢ 19, 20, 21.

Costumes des femmes de Riazan, chef-lieu du gouvernement de ce nom. La ville de Riazan est située sur l'Oka, un des affluents de la Volga, au sud-est de Moscou.

Nᵒ 22.

Ivan IV, dit le Terrible, tzar de la Moscovie en 1533, mort en 1584.

Nᵒ 23.

Pierre-le-Grand, tzar de Russie en 1682, mort en 1725 ; en habit de marin, conservé au musée d'armes de Moscou.

Nᵒ 24.

Une fille de boïar, du temps de Pierre-le-Grand. D'après une gravure de Corneille de Bruyn empruntée à ses *Voyages par la Moscovie* (1708; traduits en français en 1718).

N° 25.

Un prince Repnine. D'après une gravure du même ouvrage.

N° 26.

Pierre-le-Grand vêtu d'un caftan appelé polonais.

N° 27.

Le prince Pierre Repnine. D'après une gravure des *Voyages d'Olearius* (1647).

N° 28.

Le boïar Léon Narischkine. D'après un tableau du dix-septième siècle conservé au musée de l'Ermitage à Saint-Pétersbourg.

Aucun empire au monde ne présente une diversité de races semblable à l'agglomération de celles qui peuplent la Russie. Un ethnographe anglais, Latham, lui donne le nom d'Empire des Quarante-quatre peuples ! Ce n'est pas ici le lieu d'aborder le problème tant discuté de l'origine de la race indigène de ce qu'on appelle la grande Russie, à l'est du Dniepr, et en deçà de la Volga, la controverse portant principalement sur cette vaste contrée, qui est la Moscovie centrale. La population primitive se serait composée d'Altaï-Ouraliens, appartenant à la race touranienne, et elle aurait été ensuite absorbée par des Slaves. Il n'est pas question ici de la Russie occidentale, ou plutôt de la Ruthénie, en deçà du Dniepr et de la Duna, contrée essentiellement slave et qui resta, pendant plusieurs siècles, unie politiquement avec la Pologne jusqu'au partage de cette dernière. Quoi qu'il en soit, il paraît certain que la nationalité grande-russienne s'est formée du mélange des colons slaves, venus de l'ouest et du sud-ouest, avec diverses tribus finnoises, mongoles et turques. Aujourd'hui encore, « presque immédiatement à l'est du confluent de la Volga et de l'Oka sont éparses, en îles plus ou moins grandes, des populations non slaves, ouralo-finnoises vers le nord, mongolo-turques vers le sud. A l'occident de la Russie, d'autres Finnois : au nord les Tavastes et les Karéliens, au sud les Ehstes et les Ingres, occupent le littoral du golfe même où est fondée la capitale de l'empire. Au sud des Ehstes s'étend le domaine d'une autre nationalité, aryenne et parente des Slaves, et néanmoins bien distincte, celle des Letto-Lithuaniens. Enfin, au sud, des Tartares, peuplent en partie la Crimée, tandis que des Roumains, Daces latinisés, occupent la partie sud-occidentale de la Russie, entre le Prout et le Dniestr, sur les deux bords de ce fleuve dans sa partie inférieure, et même en certains endroits jusqu'au Boug. » (Élisée Reclus.) Ce croisement des races est facile à reconnaître aujourd'hui même dans les traits physiques du vrai Russe, et le mélange de plusieurs éléments ethniques bien différents entre eux se reflète jusque dans le caractère complexe de cette race composite.

Cette diversité doit se reproduire nécessairement dans les costumes. L'absence de documents ne permet pas de déterminer exactement ceux de la période la plus ancienne. Cependant, il paraît certain que la partie slave de la population obéissait sous ce rapport aux traditions communes de la race, sous la réserve des modifications exigées par la variété des climats d'une aussi vaste contrée ; de même que les éléments finnois et mongols suivaient les coutumes de leurs ancêtres respectifs.

L'intervention des Normands-Varègues auxquels on attribue la fondation politique du futur empire (IX° siècle) par la cohésion donnée successivement aux cités libres et aux petites républiques à l'état embryonaire, n'a pas dû rester sans quelque influence sur le costume. Les Varègues ne représentant relativement qu'une faible force numérique, furent assez vite absorbés par les Slaves mélangés, et la fusion devint plus complète par la conversion des Russes, à la fin du dixième siècle.

La Russie emprunta à Byzance non seulement sa religion, mais aussi toute sa civilisation. Le costume byzantin envahit d'abord la cour, puis il s'étendit aux classes élevées de la société. Au vêtement relativement court des hommes et ouvert depuis la ceinture, succéda la longue robe byzantine fermée de partout et bordée de bandes d'étoffes de couleur. Les femmes mirent encore plus d'empressement que les hommes à suivre ce courant, qui fut cependant interrompu au milieu du treizième siècle par l'invasion mongole. Les hautes classes empruntèrent dès lors volontiers aux vainqueurs leur costume qui se mêla d'abord aux modes byzantines et finit par les éliminer complètement sauf dans les vêtements des souverains. La robe close fut remplacée par la robe mongole ouverte dans toute sa longueur, mais boutonnée sur la poitrine. Le manteau sans manches céda le pas à un vêtement de dessus, qui était pourvu tantôt de manches courtes et larges, tantôt de manches longues et assez étroites, etc., et souvent d'un col très large et rabattu sur les épaules, ou bien tout droit, ou enfin formant capuchon. Le nouveau costume dura plus longtemps que le joug mongol qui finit assez tard dans le seizième siècle; il persista encore jusqu'au règne de Pierre le Grand, et se maintint même partiellement jusqu'à nos jours dans le peuple de certaines contrées.

A l'époque de l'émancipation politique de la Russie, au seizième siècle, dans le costume des hommes entraient les pièces suivantes : une chemise large et courte, avec petit col; une pièce triangulaire, en soie rouge brodée, y était cousue entre les épaules; chez les riches, les manches, le col et la poitrine étaient ornés de broderies en fils d'or ou de soie et garnis de perles; le col était fermé par deux boutons en or, en argent ou en perles; — un pantalon, très ample mais serré à la taille par une cordelière et entrant dans les bottes à hautes tiges; — un vêtement étroit, appelé le *caftan*, ne dépassant pas en général les genoux, avec des manches très longues, qu'en société on laissait pendre de façon à ce qu'elles couvrissent les mains; — sur le caftan se mettait le *ferez* (nom turc), long jusqu'aux mollets et même davantage, doublé habituellement d'une étoffe de coton, avec des manches bouffantes, larges dans le haut et étroites aux poignets mais élargies aux extrémités. Dans ces deux vêtements il y avait des variétés de coupe, de sorte que leur caractère ne saurait être déterminé avec précision. Les étoffes employées étaient la soie, le velours, le taffetas, le drap et les cotonnades; on les enjolivait souvent avec des rubans et des broderies. Les cordons du cou servant à retenir l'habit étaient ornés de glands. On attachait au ferez, au moyen des ronds métalliques ou autres enveloppés d'étoffe, et garnis quelquefois de pierreries, un col mobile, droit ou rabattu. Pour le dehors, on mettait encore par-dessus un troisième vêtement, très ample, à manches longues dont l'une couvrait habituellement la main ; avec un col droit, ou couvrant amplement les épaules. Fait en drap, en velours et en satin, ce pardessus était orné de brandebourgs, et quelquefois bordé d'or et garni de perles. Les princes et les boïars (ou nobles, dérivé du mot boï, bataille) portaient de hauts bonnets soit entièrement en fourrure, renard ou zibeline noire, soit en velours brodé d'or et garni d'une large bande de fourrure. Les bottes, en usage chez les Russes depuis le dixième siècle, étaient d'ordinaire en maroquin de couleur, avec des bouts droits terminés en pointe, ou recourbés à la manière turque. Elles montaient au-dessous du genou, et les tiges servaient souvent d'abri à un coutelas. Les semelles étaient garnies de petits clous, et le talon était pourvu d'une demi-lune en acier, cuivre ou argent. Les tiges se faisaient aussi en velours, en satin, en chevreau, avec broderies et pierreries chez les riches. Les bottes à la mode tartare se distinguaient par des tiges très courtes. Les anciens Russes portaient habituellement les cheveux longs, mais les boïars vivant à la cour les faisaient couper par coquetterie ; toutefois, celui qui tombait en disgrâce les laissait croître et ne les peignait point en signe de désespoir.

Le costume des femmes était presque pareil à celui des hommes, seulement il avait plus d'ampleur. Les manches des chemises étaient étroites, mais extrêmement longues, de façon à former de larges plis sur les bras. Elles portaient rarement le caftan et jamais de col. Le vêtement long était agrémenté sur la poitrine de cordelières et de nombreux boutons. La manche était souvent ouverte en dessous, pour laisser passer le bras. Elles se coiffaient de larges bonnets, en satin, en damas ou en drap d'or, et garnis de fourrure ; les bonnets des filles adultes étaient élevés et en fourrure de renard. Sous leur bonnet, les femmes mariées relevaient les cheveux sur le sommet de la tête ; chez les filles ils couvraient la moitié du front et pendaient par derrière en longues tresses terminées par des touffes de rubans rouges. La chaussure féminine consistait en bottes ou en souliers ; les filles portaient des talons très hauts, ornés de petits clous. Le sexe féminin se fardait à outrance, de blanc et de rouge, et se peignait les cils et les sourcils.

Passons maintenant aux particularités de nos deux planches par ordre des dates.

Dans la sacristie de l'église de la Trinité, à Siergui evsk, on conserve le caftan ou le ferez du fameux despote Ivan IV (n° 22). Il est en gros-de-Tours, couleur de paille, doublé en étoffe de coton bleu bordé de taffetas blanc. Le col, à la tartare, est droit et étroit. Le vêtement est soutaché dans toute sa longueur en raies verticales, et sur les manches en raies horizontales. Sur le devant il est pourvu de cordons de soie avec glands au moyen desquels on fermait l'habit.

Boris Godounov (n° 15) est vêtu d'une sorte de sarrau court, appelé demi-caftan, avec des manches longues, en soie verte, fermé au moyen de brandebourgs. Par-dessus est un ferez long, également en soie, avec des manches courtes, serré à la taille avec une ceinture persane.

Le vêtement du matin en été d'un boïar du dix-septième siècle (n° 4) est une sorte de ferez, en soie, bordé en or. Son bonnet est en soie rouge brodée d'or (notre lithographe a commis à cet égard une erreur dans la coloration), et doublé de castor. Il est tout rond, piqué, et taillé de façon à couvrir la nuque et les joues.

Le tzar Fédor III (mort en 1682), un des frères de Pierre le Grand, essaya d'introduire les costumes polonais, et le vêtement russe a subi parfois dans ce sens quelques modifications. Ainsi le caftan d'honneur du cosaque Brechka (n°ˢ 2 et 5) avec ses manches ouvertes et flottantes se rapproche du *kontousch* polonais. L'ouverture verticale de ce vêtement, ainsi que du caftan de Pierre-le-Grand (n° 26), en drap fin de Hollande, est de mode polonaise, tandis que le trait caractéristique de l'habit russe est de s'ouvrir obliquement (voir les n°ˢ 4, 15, 25 et 28), mode usité encore aujourd'hui dans les costumes populaires.

Le caftan du prince Repnine (n° 25) est en velours; sa pelisse, en satin bleu d'acier, est doublée de zibelines; la ceinture est en soie rouge, le bonnet est en velours et garni de fourrure.

Le prince Pierre Repnine (n° 27) porte un sarrau (*zipoune*), un dérivé du *joupane* polonais) rose foncé, garni de perles; par-dessus est un ferez avec des brandebourgs et doublé en soie verte. Le col droit, appelé *kozir*, richement orné, est attaché au vêtement. Le prince tient dans la main gauche un essuie-mains, qui jouait un grand rôle en Russie. Tout le monde en portait, car il était d'usage de se laver les mains avant la prière, avant et après les repas. Le tzar faisait cette opération chaque fois qu'il était obligé de donner sa main à baiser à un non-coréligionnaire. Ces essuie-mains étaient en toile de lin très fine et brodés avec luxe.

Le boïar Narischkine (n° 28) est vêtu d'un caftan en étoffe persane, serré à la taille par une ceinture de même provenance. Sa pelisse est doublée de zibelines noires, et son bonnet est de même fourrure. Sur le tableau original le caftan est de couleur brune et les bottes à la tartare sont en maroquin vert avec tiges en maroquin rouge brodé d'or.

La jeune fille noble (n° 24) est vêtue d'une robe longue (le *sarafan*) en soie blanche, brodée par-devant et tout autour et garnie de boutons de même étoffe. La taille est serrée par une ceinture également en soie blanche, ornée de fleurs en broderie et frangée en or. La pelisse est en étoffe de Perse, doublée de zibelines et bordée de dentelle en soie blanche. Autour du cou, elle porte une sorte de collerette en mousseline, garnie de perles. La coiffure est une espèce de bonnet en guise de diadème auquel est attaché un voile en soie blanche pailleté d'or.

L'habit de marin de Pierre-le-Grand (n° 23) est celui qu'il portait lorsque, en qualité de simple charpentier, il étudiait incognito la construction des navires en Hollande. L'étoffe est d'un drap grossier, doublé de taffetas; les boutons sont recouverts en tissus de crin.

Ce souverain étendit l'*occidentalisation* de son peuple jusqu'à la réforme du costume. Les longs caftans furent raccourcis par son ordre et cette opération dut être faite de force par des soldats sur des citoyens trop attachés aux modes des ancêtres. Il proscrivit aussi le port de la barbe, mais ne réussit qu'incomplètement dans cette mesure.

Les costumes populaires en Russie sont d'une grande variété. Le byzantinisme n'exerça sur eux aucune influence, et, selon les contrées et les vicissitudes politiques locales, ils sont tantôt d'origine slave, tantôt d'essence tartare. Ceux représentés dans nos deux planches sont des costumes de fête, ce qui explique leur richesse.

En ce qui concerne ceux du sexe féminin de Tver (n°s 7 à 9) ils se rapprochent beaucoup de ceux de Torjok (n°s 10 à 14), ville voisine, dont il est parlé dans notre notice de la planche ayant pour signe une *Cornemuse*. La robe (le *sarafan*) est ronde, plissée par derrière, en soie lamée d'or, ouverte aux entournures ; le mantelet en casaquin (*douchégreïka*) est sans manches en été, pour laisser voir celles de la chemise, ou dépourvu même de tout corsage, de sorte qu'il ressemble à un jupon court, retenu par des bandes en guise de bretelles. Au cou, un rang de perles et pas de cravate. La coiffure se compose d'une sorte de diadème en métal garni de pierreries, ou de verroteries, fixé sur un couvre-chef spécial, composé d'un genre de bonnet en toile, nommé *volosnik*, qui n'est jamais apparent et qui est destiné à protéger contre le contact avec les cheveux la pièce d'étoffe (*povoïnik*) dont il est recouvert et sur laquelle est jeté un voile en soie ou en gaze. Les gants sont remplacés par des couvre-mains en velours recouverts sur le dessus en fourrure de zibeline.

La haute coiffure en pointe des femmes de Torjok (n°s 10 à 12 et 16 à 18) s'appelle *kokoschnik* (crête de poule) et c'est le signe distinctif des femmes mariées. C'est un ornement appliqué au sommet, toujours verticalement, en forme de demi-lune, ou bien en forme ronde, ovale ou triangulaire, la pointe en haut. Dans nos figures 10 à 12 les *kokoschnik* et les cravates doubles sont en soie brodée de perles ; les voiles sont en gaze de soie brodée en or. Les filles de Torjok (n°s 13 et 14) ont pour coiffure une variété du *kokoschnik*, où le rond du sommet n'est plus vertical, mais incliné ou horizontal. Le tissu tombant sur le front est une dentelle brodée de perles. Le voile est très large et très long ; attaché au sommet, il se rejoint sous le menton et enveloppe toute la personne. A la tresse de cheveux est attaché une riche passementerie.

Dans le costume d'hiver des femmes de la même localité (n°s 16 et 18), le fichu en taffetas blanc frangé d'or qui recouvre le *kokoschnik* en satin bleu brodé d'or et de perles, est le *povoïnik*, dont nous avons parlé plus haut. La pièce de même étoffe qui retombe dans le dos est le *nadzalylnik*. Le manteau et les pelisses sont en drap ou en velours ; les souliers sont en maroquin ou en velours brodé d'or.

Le costume des femmes de Riazan (n°s 19 à 21) se compose d'un jupon, d'un corsage, d'un tablier et d'un vêtement de dessus, à manches courtes (appelé *ponka*), en drap blanc, bordé de passementeries rouges. La coiffure, nommée *kitschka*, consiste en une sorte de capuche en velours rouge, brodé en or sur le devant. Par-dessus est noué un fichu en soie gorge-de-pigeon. Le *nadzalylnik* attaché à la coiffe et retombant dans le dos est en passementerie rouge.

Exemples tirés des Antiquités de l'empire de Russie, grand ouvrage publié par ordre de l'empereur Nicolas, avec un texte russe et 523 planches en couleurs, dessinées par Solntzev et lithographiées par Dreger (Moscou, 1849-1853, texte in-4° et 7 vol. de planches in-folio).

RUSSIE

SLAVO-RUSSES. — MORDVIEN. — KALMOUK. — TARTARE.

<pre>
      1   2   3   4   5   6
                               10   11
      7   8   9
</pre>

N°s 4, 5 et 6. — Slavo-Russes, appartenant au gouvernement de Tambov, situé entre ceux de Vladimir et de Nijni-Novgorod.

N°s 7, 8, 9, 10 et 11. — Slavo-Russes de la ville de Torjok, gouvernement de Tver. La ville est située sur la Tvertza, l'un des affluents du Volga.

Tambov et Tver font partie de la Russie d'Europe et sont compris dans la Grande Russie, le berceau des Russes.

N° 1. — *Mordvien* ou *Morduin*, race finnoise répandue dans les gouvernements de Kazan, Simbirsk, Orenbourg, Nijni-Novgorod et Penza, sur les bords du Volga et de l'Oka.

N° 3. — Kalmouk des steppes du Don, race mongole.

N° 2. — Femme de la race tartare.

Parmi les nations diverses qui composent l'empire russe, et qui donnent tant de pittoresque à certaines de ses grandes foires annuelles, tenues en quelque sorte au confluent de races profondément différentes les unes des autres, comme celle de Nijni-Novgorod, à la jonction du Volga et de l'Oka où le Kamtchadale, le Géorgien, le Kirguise, se coudoient dans les bazars, pendant les cinq à six mois de la belle saison, avec l'habitant de Novgorod et de Kiev, ou comme celle d'Ourioupinskaïa, sur le Khoper, un des tributaires du Don, où se rencontrent les marchands de la mer Noire, de la Perse et de l'Asie centrale ; là où les physionomies sont aussi différentes les unes des autres que le sont les marchandises elles-mêmes, et où, sans sortir de l'empire, on trouve des chrétiens des différentes communions, des juifs, des mahométans de plusieurs sectes, des adorateurs de Boudha et de Brahma, des païens, et enfin des peuplades qui ne se sont même pas encore élevées jusqu'au paganisme ; parmi des nations aussi diverses, disions-nous, encore insuffisamment connues et décrites, malgré les travaux poursuivis sur l'ordre du gouvernement impérial de Russie, il est difficile de suivre, en les rattachant à des traditions certaines, les innombrables variétés des costumes populaires. Ces variétés étant étrangères à la mobilité des modes et ayant surtout pour cause, en dehors des origines, les nécessités climatériques, la pénurie ou la richesse des populations, les conditions de leur existence, la nature de leurs travaux, c'est à signaler leur rapport avec le costume porté que nous nous appliquerons principalement.

Le costume des femmes de Torjok tient de traditions éloignées en ce que la robe ouverte aux entournures pour laisser passer des manches de lingerie, étoffées et fermées au poignet, est la robe droite, d'origine asiatique, qu'ici on porte avec une ceinture. Le linge exhibé aux manches est une *braverie* qui remonte aussi assez haut; « elles sont tellement empesées et polies avec une pierre à cet effet, dit Vecellio, qu'elles deviennent très brillantes, et ressemblent à du papier plutôt qu'à de la toile. » Le grand voile transparent porté par la femme n° 7, qui en est entièrement enveloppée, serait, au dire du voyageur anglais Cawr, un moustiquaire; le fait est à remarquer dans un tel climat et nécessite une explication. Les mouches conservent dans le Nord une plus longue existence que dans les régions plus tempérées de l'Europe, en raison de l'usage des poëles; lorsque l'été y fond tout à coup, sans avant-coureurs au mois de juin, et que les mouches sont réveillées de la torpeur où elles étaient plongées pendant la saison de la chaleur artificielle, elles deviennent un véritable supplice. On est donc obligé de porter le moustiquaire et même faut-il se garder de lui laisser aucune ouverture. C'est un appareil spécial : la tête est couverte d'une sorte d'entonnoir renversé, dont les bords élargis permettent l'isolement du visage; le voile tombe du sommet élevé auquel il est attaché; on brode la gaze avec de légers bouquets semés en quinconce dans des lignes sinueuses. Cette broderie et la bordure en soies métalliques ont pour principal objet la tension du tissu dont leur poids empêche l'adhérence. L'emploi de ce voile est gênant : on doit s'en dispenser avec d'autant plus de plaisir qu'il est de coutume de se saluer entre les deux sexes en s'embrassant sur les deux joues.

De Rechberg dit de ce costume en général que la robe longue, ouverte par devant, est boutonnée avec des boutons de métal; que les femmes des marchands et des paysans un peu fortunés portent une espèce de mantelet et couvrent leur tête d'un bonnet appelé *tchepetz*, brodé d'or ou d'argent, quelquefois d'une dentelle ou d'un réseau de petites perles fines; que d'autres n'ont qu'un simple bonnet sous lequel sont cachés les cheveux; que certaines recouvrent le bonnet d'une espèce de châle (à Torjok il est de toile ou de soie) qui tombe sur le dos et sur les épaules; enfin, qu'en général les filles ne portent le plus souvent qu'un simple bandeau. Après la cérémonie du mariage, et avant de quitter l'église, la *swakha* ou *promba*, celle qui assiste l'épousée, lui ôte sa coiffe de fille pour lui mettre celle des femmes. Elles ont des colliers, des boucles d'oreille et des bracelets. Les souliers de cuir sont bordés de drap et souvent enjolivés de broderies en soie d'or ou d'argent.

Tver est un pays essentiellement agricole. Aussi ses paysannes ont elles des robes écourtées en étoffes grossières. Sauf le n° 4, qui a la robe sans taille avec une ceinture et les manches de lingerie, base du costume national, les autres s'éloignent tout à fait du type général.

Le costume national porté dans presque toutes les classes de la société ne se distingue que par la finesse de l'habit et la qualité des bijoux.

Les n°ˢ 8, 10, 11, appartiennent à la classe des artisans. On y remarque un large tablier, et les femmes couvrent ordinairement l'extrémité de leur bonnet d'un mouchoir qui entoure le cou, forme un nœud et retombe en arrière ; c'est une coiffure de prédilection. Le tout petit enfant porté dans les bras de sa mère, est lui-même affublé non seulement d'un mouchoir, mais aussi du bonnet en pointe. Quant aux mantelets à tournure de casaquin, ils sont ou sans manches, avec une ouverture pour le passage des bras (n° 8), ou avec une manche ne dépassant pas la longueur du vêtement (n° 11), ou enfin, comme au n° 10, sans manches et sans ouvertures, et c'est alors une cape sous laquelle les mains se trouvent à l'abri : ce dernier mode est le plus habituel.

L'arrangement du mouchoir de tête des filles de labour est du même genre que celui des femmes d'artisans de la ville. C'est un préservatif dont l'ampleur et la tournure varient, ne laissant en général le visage que très peu à découvert. La pièce d'étoffe frangée, montrant sa forme rectangulaire, dont la femme n° 5 a la tête couverte, est à remarquer. De dimension plus restreinte que les autres coiffures du genre, mais produisant les mêmes effets avec son bandeau en mentonnière, elle représente ici, à coup sûr, le type le plus ancien, car elle seule a la coupe sobre qui convient à l'emploi des peaux. On s'en servait certainement dans ces climats, comme on en fait toujours usage en remontant vers le Nord, avant d'y avoir des cotonnades. Le n° 6 porte un mouchoir de tête remarquable par son ampleur ; c'est une grande toilette. Si la saison oblige la femme à porter le surtout du moujick, tout y est calculé pour en souffrir, coquettement parlant, le moins possible ; d'abord le tissu de la coiffure est apprêté de manière que sa raideur produise de l'étalage et un rayonnement en arrière qui favorise le passage de la longue tresse de cheveux, enroulée de perlines délicates montées sur fil de laiton, et retombant dans le dos. Le mouchoir de tête laisse à nu l'oreille parée d'une grosse perle, et, sur le devant de la poitrine, on trouve encore une large garniture de perlines. On ne saurait se dispenser de la chaussure forte, en cuir épais, soit pour la neige, soit pour marcher dans les terres grasses d'un pays agricole ; il faut bien aussi, puisque partout en Russie c'est l'usage populaire de porter en double et en triple les vêtements enveloppants, selon la rigueur climatérique, consentir à se faire des jambes massives par la superposition de bas épais ; mais loin de les dissimuler, on étage assez haut 1° le bord brodé de la chemise, 2° le bord brodé de la robe, 3° le bord du surtout.

La femme tatare ou tartare, n° 12, offre avec celles que nous venons de voir un contraste frappant. On remarquera que le costume se compose d'un habit de dessous et de dessus ; que ce dernier est coupé et attaché de façon que le léger croisement du haut et celui du bas laissent une ouverture pour le passage d'une riche ceinture ; on voit encore que le long voile d'étoffe est fendu pour le passage de manches larges, étoffées, fermées au poignet, et que, les deux côtés du voile étant rapprochés, les mains étant l'une sur l'autre, la femme est close entièrement, sauf le visage. Ces Tartares portent le pantalon large, leurs étoffes sont rayées, ou ornées de quelques fleurs courantes. Le voile est ici de soie, les deux robes en sont également, et les manches sont en soie brochée d'argent. Les femmes pauvres, vêtues sur le même type, s'habillent en nankin. Il ne faut voir dans cet exemple que l'une des variétés du costume des Tartares : leurs tribus répandues fort au loin ne pouvaient conserver d'unité sous les divers climats où elles subsistent. La femme ici représentée appartient aux tribus riches qui trafiquent avec le centre de l'Asie sur la route de la Chine. Les Tartares sont mahométans et le Koran leur permet de prendre quatre femmes ; on les achète et le prix dépend de la prospérité locale. Ceux de Kasan se contentent d'une seule à la fois, remplaçant les vieilles au fur et à mesure. Ceux qui voyagent continuellement pour le commerce, en ont quelquefois une dans chaque ville où ils ont coutume de s'arrêter. Le prix d'achat varie de vingt à cinq cents roubles ; le *kalym* se débat entre le père et le gendre avant de faire sa cour. Pas jolies, mais fraîches et bien faites, ces femmes tartares sont vantées par leur douceur et leur modestie, ainsi que par leur docilité envers leur mari.

Le n° 1 représente un *Mordvien*. Malgré son origine finnoise, ce peuple se rapproche beaucoup par son extérieur de la race russe proprement dite, dont il a adopté d'ailleurs tout le costume. Ce sont des cultivateurs, n'aimant pas le séjour des villes et n'habitant que de petits villages.

Le n° 3, de race mongole, est un Kalmouk des steppes du Don. Les Kalmouks sont des pasteurs de nombreux troupeaux de chevaux et de moutons servant à leur nourriture, et ils mènent la vie nomade. Ils excellent dans la préparation des peaux d'agneaux, connues sous le nom de peaux d'Astrakan, et en font commerce. Ils sont venus, au XVII° siècle, de l'Asie centrale et ont été définitivement établis au XVIII° siècle. Ce costume élémentaire, du mode russe comme le précédent, n'a pas plus besoin de description que l'autre.

(*Les documents proviennent tous des travaux exécutés par les soins du gouvernement impérial de Russie. Les originaux des n°s 1, 2, 3, 4, 5, 6, sont des photographies coloriées qui ont figuré à l'Exposition ethnographique de la Société de Géographie, faite à Paris en 1875.*)

RUSSIE

COIFFURES POPULAIRES.

| 1 | 2 | 3 | 4 |
| 5 | 6 | 7 | 8 |

C'est surtout chez les femmes russes que le costume populaire a survécu et s'est conservé dans son originalité primitive. La partie capitale du costume féminin, le *tschepalz*, coiffure aux nombreuses variétés, aura longtemps encore la préférence sur les innovations futures, à cause de sa forme couronnant si coquettement la physionomie slave, et de sa tournure éminemment pittoresque.

Ces exemples, comme ceux représentés dans la planche ayant pour signe la Sphère, sont empruntés à la Grande Russie et appartiennent aux gouvernements de Novgorod, de Koursk et de Kalonga.

C'est dans le gouvernement de Novgorod que les beautés slaves sont en plus grand nombre qu'ailleurs. Leur réputation, toute populaire, s'étend jusqu'aux femmes finnoises habitant la même région et qui se distinguent aussi par une beauté toute *norgorodienne*.

HABITANTS DU GOUVERNEMENT DE NOVGOROD.

N° 1.

Jeune fille d'Ostoujna.

Coiffure en étoffe d'or brochée, ornée de broderies et de pierres précieuses. Garniture de perles formant des festons qui couvrent le front. Mouchoir d'étoffe retombant derrière les épaules.

Boucles d'oreilles en grappes de perles, à monture d'or. Colliers de perles et d'améthystes.

N°ˢ 3 et 5.

Femmes de Tikhvin.

N° 3. Serre-tête d'étoffe jaune galonnée d'or sous une toque allongée couvrant la nuque. Cette coiffure, ornée de broderies est entourée d'une espèce de turbah fond blanc et additionnée d'un gros ruché couvert de perles s'avançant en avant du front. — Boucles d'oreilles et colliers de perles.

N° 5. Bonnet offrant sans doute une des nombreuses variantes du *kokoschnik* (crête de poule); d'étoffe carmin brodée d'or, ce bonnet est entouré d'un turban blanc et garni d'un capuchon en cordons de laine de diverses couleurs. — Colliers et boucles d'oreilles en verroterie.

Comme le démontrent ces deux exemples, une seule localité présente plusieurs genres de coiffures; cette même ville de Tikhvin a des bonnets dont les formes diffèrent encore de celles-ci; voir à ce sujet les n°s 2 et 4 de la planche la Sphère.

N° 4.
Femmes de Bielozersk.

Bonnet ayant quelque analogie avec celui de la jeune fille d'Ostonjna (n° 1); les riches broderies forment des médaillons dont le fond rouge est agrémenté de rosettes de perles. Mouchoir d'étoffe bleue.

Boucles d'oreilles ornées de perles et de saphirs. Colliers de perles.

Le col de la chemisette est lui-même bordé d'orfèvrerie.

N° 7.
Habitant de Tikhvin.

Bonnet de soie verte avec garniture en poils d'Astrakan. Cette garniture a deux pattes, ou deux jugulaires, qui, rabattues, s'attachent sous le menton à l'aide d'un cordon violet à gland d'or.

JEUNE FILLE ET FEMME DU GOUVERNEMENT DE KOURSK.

N° 2.
Jeune fille.

Couronne rayonnante couverte de feuilles d'or en application; les ornements ciselés sont garnis de perles, de saphirs et d'autres pierreries. Franges composées de perles de grosseurs différentes.

Boucles d'oreilles. Collier de petites perles à plusieurs rangs.

N° 8.
Femme mariée.

Cette coiffure est le véritable kokoschnik en crête de poule, signe distinctif des femmes mariées : fond brodé d'or; ornements blancs, bleus, violets, garnis de perles et de pierreries; derrière ce bonnet se voit une touffe de rubans roses et noirs.

Boucles d'oreilles; grand collier à plusieurs rangs s'étalant jusque sur la poitrine.

FEMME DU GOUVERNEMENT DE KALOUGA.

N° 6.

Sorte de diadème en brocart, orné de saphirs, de grenats, et garni d'un réseau de perles couvrant le front et retombant de chaque côté du visage. Cette parure qui n'enveloppe pas la tête, est posée par-dessus un foulard noué en arrière et dont les bouts sont pendants.

Collier à plusieurs rangs de perles.

Reproduction d'après les peintures originales envoyées à Paris par le gouvernement russe à l'Exposition de la Société de géographie, en 1875.

RUSSIE

PARURES DE TÊTE DES FEMMES DU PEUPLE.

```
  1     7    3    2
  6     5         4
```

Ces coiffures proviennent toutes de la Grande Russie et appartiennent aux slaves russes, ceux que Procope a désignés par le nom d'*Antes* et qui ont un dialecte particulier parmi la grande famille slave. — Les exemples reproduits ici sont empruntés aux costumes des gouvernements européens de Novgorod, de Kalouga, de Tver, de Koursk. Ils représentent diverses variétés du bonnet appelé *tschepatz* dont les femmes des marchands et des paysans ornent leur tête, et aussi leurs boucles d'oreilles et leurs colliers. Les types primitifs de ces parures sont assurément des plus anciens; on retrouve leur décoration dans des portraits de souverains remontant loin dans le moyen-âge et il est probable que le type en est encore plus éloigné. Les *Polovtsi*, ce peuple asiatique qui arriva en Russie au milieu du XI° siècle, pourraient bien l'y avoir apporté.

Les femmes du peuple ont conservé l'habitude de se farder grossièrement, d'enduire leur visage de couches de blanc et de rouge. Autrefois cet usage s'imposait même dans les classes élevées; une femme qui ne se serait pas fardée eût été montrée au doigt; la haute société s'y est soustraite, mais le peuple continue.

N° 1. — Coiffure du district de Bielozersk, gouvernement de Novgorod; le fond du bonnet est formé par un tissé d'or. Les ornements sont dessinés par un métal blanc rehaussé de paillons en argent et de perles en rosettes. La bordure pendante sur le front est en perles; le collet de la chemisette est orné d'un dessin piqué et son bouton est un saphir; les boucles d'oreilles sont des perles en grappes avec une monture d'or.

N° 2. — Calotte de même caractère, mais plus droite sur le front, avec sa frange pende perles : elle a tout à fait un aspect asiatique ; les ornements sont en feuilles d'argent sur le fond tissé d'or. Les boucles d'oreilles allongées, montées en or, sont en perlines ; enfin, cette habitante de Tikhvin, gouvernement de Novgorod, porte un collier de perles à huit tours.

La description du détail de ces bonnets serait fastidieuse, puisque c'est toujours à l'aide de moyens analogues que la décoration en est obtenue. Les plus riches, comme ceux représentés aux n°s 4, 5, 7, ont des rubis, des topazes, des saphirs, de grosses perles et jusqu'à des brillants. Le n° 4 diffère cependant en ce que le fond rouge du *tschepatz* est brodé d'ornements en couleur, outre le large tuyauté s'avançant sur le front, que l'on remarque aussi au n° 6, qui se fait avec des perles graduées.

Le n° 3 représente une fille de Biélozersk ; le n° 4, une femme de Tikhvin ; le n° 5, une femme d'Oustioug-Jelezepolskoï, gouvernement de Novgorod ; le n° 6, une femme de Kalouga, sur la rivière de l'Oka.

(*Reproduction d'après les peintures originales envoyées à Paris par le gouvernement russe à l'Exposition de la Société de Géographie, en 1875.*)

RUSSIE

LE MARIAGE SLAVE. — LA DANSE RUSSE.

Tout le monde étant réuni pour un mariage, le prêtre, revêtu de ses habits sacerdotaux, s'avance et commence à célébrer les fiançailles; on distribue des cierges au jeune couple et à tous les assistants; on allume aussi deux gros cierges, portés sur de grands candélabres, faits communément d'argent et placés à côté de la table sur laquelle est déposée l'image du saint de la maison. La cérémonie commence par des prières et des chants analogues à la circonstance. Le prêtre met sur la tête des époux des couronnes d'argent; dans le mariage des personnes de distinction, ces couronnes sont soutenues au-dessus de leurs têtes par des assistants qui prennent le nom de *drougeki*. Quand les anneaux ont été bénits et échangés, le célébrant présente aux époux un verre de vin qu'ils boivent alternativement à trois reprises différentes; ils font également trois fois le tour de la table sur laquelle se trouve l'image; ils reçoivent enfin la bénédiction du pope qui leur dit : « Croissez et multipliez ; que l'homme ne sépare pas ce que Dieu a joint. » On retourne à la maison, et l'on se livre aux divertissements jusque très avant dans la nuit.

On pratique, dans les villages éloignés des grandes villes, d'autres usages qui paraissent remonter à la plus haute antiquité. L'amant villageois débute par faire sa déclaration aux parents de la jeune fille qu'il recherche, accompagné de son *droujka* ou paranymphe ; il se présente à leur logis ; le droujka dit à la mère : « Montrez-nous votre marchandise, nous avons de l'argent. » Introduit dans l'appartement de la fille, il l'examine attentivement pour pouvoir en faire le portrait fidèle à son ami. Le lendemain, l'amour les ramène, et cette fois l'amant a le privilège d'entrer dans la chambre de sa belle, qui se tient cachée derrière le rideau, cherchant à se dérober au regard curieux; quoique l'intimité de ces deux jeunes gens date quelquefois de plusieurs années, ce n'est qu'en faisant une douce violence à la fille qu'on parvient à la tirer de derrière ce rideau. La mère, qui est présente à cette scène, demande au jeune homme comment il trouve sa marchandise, et s'il répond qu'elle lui convient, on fixe de suite le jour pour donner l'anneau et célébrer les fiançailles. Pour cette cérémonie, on étend par terre un vêtement de peau sur lequel les deux jeunes gens se prosternent. Le père met sur leur tête l'image d'un saint de la maison, avec lequel il les bénit. Les compagnes de la fiancée viennent lui offrir leurs services pour broder un certain nombre de mouchoirs destinés à servir de *dari* ou présents qu'elle doit faire à son époux, aux droujkis et aux amis. La veille du jour fixé pour la célébration du mariage, la future épouse est conduite au bain par ses compagnes; elles se promènent ensuite avec elle dans le village, en chantant, sur des airs tristes, des paroles qui expriment la douleur que leur cause la perte qu'elles vont faire.

Arrive enfin le jour de l'union. Les invités s'assemblent pour accompagner les fiancés à l'église. Un chœur de jeunes filles chante un épithalame : « Un faucon s'attache à la poursuite « d'une colombe : charmante colombe, êtes-vous prête? l'époux est venu pour vous chercher. » Un *oui*, accompagné de soupirs, doit être la réponse. Le cortège s'achemine alors vers le temple, précédé d'un jeune homme portant le saint de la maison. Après la bénédiction nuptiale, l'époux a le droit de donner à la jeune épouse le *kitra* ou baiser d'amour, selon la manière usitée, par une coutume aussi singulière qu'ancienne, c'est-à-dire en la prenant par les oreilles. Avant que la mariée sorte de l'église, la *swakha* ou *pronuba* ôte à l'épousée sa coiffe de fille pour lui mettre celle des femmes. La compagnie se rend ensuite à la maison, où l'on se met à table et où on se livre à la joie, tandis que l'épouse fait semblant de pleurer. Le lendemain, le mari donne le dernier festin pour prendre congé de ses amis : il jette des noisettes par terre pour annoncer qu'il renonce aux jeux de l'enfance. Avant de quitter l'épousée, la swakha lui donne des avis, et lui rappelle les devoirs que lui impose son nouvel état.

La danse appelée proprement *danse russe* est une espèce de pantomime galante; un jeune homme et une jeune fille sont les acteurs de ce divertissement singulièrement piquant par le mélange des caresses, des refus, des sourires et des dédains.

Dans les danses qui ne sont pas de caractère, les jeunes gens montrent beaucoup d'adresse et de légèreté; on les voit quelquefois tourner sur un pied, presque assis et se relever vivement pour prendre une attitude grotesque, bizarre, qu'ils varient continuellement, avançant, reculant, en une marche circulaire; ils dansent souvent seuls ou avec une femme qui ne fait aucun mouvement. La scène représentée se passe dans un village : l'orchestre se compose de la *balalaïka*, espèce de guitare à deux cordes, jouée ici par un homme qui accompagne un chanteur, et qui, pour donner plus de force à sa voix, la diriger, tient sa main ouverte près de sa bouche; un troisième bat la mesure en frappant ses deux mains l'une contre l'autre. La balalaïka est un instrument national et populaire.

(*Documents empruntés à l'ouvrage de Charles de Rechberg* : Les Peuples de la Russie; description des mœurs, usages et costumes des diverses nations de cet empire; *Paris*, 1812-13, 2 vol. in-fol.)

RUSSIA　　　　RUSSIE　　　　RUSSLAND

Gaillard lith.　　　　　　　　　　Imp. Firmin Didot Cie Paris

RUSSIE

COSTUMES POPULAIRES.
PETITS-RUSSIENS; GRANDS-RUSSIENS; TCHÉRÉMISSES ET BULGARES.

1	2	3	4	5
	6	7	8	

N° 8. Petite-Russienne.
N°ˢ 1, 3, 5 et 7. Grands-Russiens. — N° 6. Tchérémisses.
N°ˢ 2 et 4. Bulgares.

Ceux des Slaves qui forment la famille russe et qui sont de beaucoup les plus nombreux, se partagent en trois groupes qui peuvent être considérés comme des nationalités distinctes : ce sont les Russes blancs, les Petits-Russiens et les Grands-Russiens.

On ne sait si l'appellation de *blancs* qui distingue les premiers est due à ce que la nation, gouvernée il y a cinq cents ans par les princes de la dynastie lithuanienne, était libre de la domination des Mogols, ou bien s'il faut y voir une allusion à la couleur du costume. C'est cette dernière hypothèse qui est généralement adoptée, car ceux que l'on appelle les Russes *noirs* (les habitants de la région située entre le haut Pripet et le Néman, qui forment la transition ethnologique des Petits-Russiens aux Russiens blancs), se distinguent précisément de ceux-ci par les couleurs sombres de leurs vêtements.

Le paysan de la Petite-Russie passe pour être le type du vrai Slave et du vrai Russe descendant des Scythes; tandis que le Grand-Russien ou Moscovite est croisé de Tchoudes, de Kirghis et de Tartares. Les Petits-Russiens sont aventureux et énergiques; ils ne se confinent pas dans le seul bassin du Dniéper ; on les rencontre dans presque toutes les parties de la

Russie. Leurs femmes se font remarquer par un costume plus gracieux que celui des Grandes-Russiennes ; les broderies de fils, rouges et bleus qui ornent la chemisette, la robe, le tablier de losanges et de croix, de triangles, de damiers, se combinent toujours de la manière la plus heureuse, suivant les données traditionnelles.

Les Grands-Russiens forment à eux seuls plus de la moitié des habitants de l'empire. Non seulement ils occupent presque toute la Russie centrale, mais ils se sont aussi avancés en masses compactes vers le nord, l'est et le sud ; et du côté de l'ouest, ils ont de nombreuses colonies dans les provinces baltiques et dans la Petite-Russie. — Dans toute la Grande-Russie, le peuple présente la même uniformité d'aspect ; presque partout les gens ont même coiffure et même costume, si ce n'est chez les femmes ; le genre de vie est le même et les contrastes de province à province n'existent pas.

Au milieu de ces grandes nationalités sont enclavés des Tartares, des Finnois, des Kirghis, etc. ; peu nombreux, sans cohérence, sans lien, ils se trouvent isolés au milieu des Slaves.

Les Tchérémisses sont dans ces conditions ; ils n'ont plus de cohésion ethnique, perdent presque partout leur individualité nationale et se confondent de plus en plus avec la race des nouveaux maîtres. On les voit cependant conserver quelques-unes de leurs industries pour le tissage, la teinture, l'ornementation des étoffes et porter toujours leur ancien costume.

Après les Allemands, les Bulgares sont de tous les colons de la Nouvelle-Russie ceux qui forment les groupes les plus considérables. Ces colonies se fondèrent à diverses époques. Lors de chaque guerre avec la Turquie, les armées russes ramenèrent avec elles des fugitifs bulgares auxquels on donna des terres incultes dans la région des steppes, ou encore les terres d'où les musulmans avaient été expulsés. Après la guerre de Crimée, des milliers de Bulgares immigrés reçurent en propriété les campagnes laissées vacantes par les Tartares-Nogaïs.

PETITS-RUSSIENS.

N° 8.

Paysanne du gouvernement d'Orel.

Tschepatz brodé d'or avec une bande en travers du front ; cette bande est garnie de perles et de grains de différentes couleurs. La coiffure fondamentale de la nation slave est un bonnet dont le bord est semblable à celui d'un chapeau ; aux environs de Moscou, de Kalouga et d'Iaroslav, ces bonnets-chapeaux sont rabattus par devant ; les accessoires de la coiffure varient selon la richesse. — Plusieurs colliers retombent sur la chemise de cette paysanne ; jupe fleurie et étoilée de broderies ; tablier bariolé ; souliers découverts.

GRANDS-RUSSIENS.

N° 1.

Berger du gouvernement de Kherson.

Bonnet fourré ; *touloupe* de peau de mouton, la laine en dedans ; ceinture de cuir à boutons de cuivre ; courge ou bouteille en verre recouverte d'osier ; couteau dans sa gaîne suspendu à une chaîne passée dans la ceinture ; *chiravaris*, pantalon très large ; le paysan trop pauvre pour acheter des bottes se fabrique des chaussures en écorce de bouleau, qu'on appelle *loptis*.

N° 3.

Femme du gouvernement de Kherson.

Kokolchnik, coiffure nationale ; pelisse en peau de mouton, présent de noces; chemise à col rabattu sur laquelle s'étalent plusieurs colliers. Les femmes portent des bottes, comme les hommes.

N° 5.

Même femme en costume d'été.

Kukolchnik; chemise à col rabattu et à manches brodées; jupe rayée et tablier à fleurs; pieds nus.

N° 7.

Groupe de femmes en toilette; gouvernement de Nijny-Novgorod.

Coiffure formant capuchon et mantelet; jaquette à manches garnies de fourrure; deux robes de brocart superposées. Une de ces femmes, en costume d'intérieur, montre la chemise aux manches bouffantes, plusieurs colliers et des pendants d'oreilles. L'art du joaillier russe est un peu lourd, mais son travail est solide; les bijoux qui sortent de sa main sont de véritables bijoux de famille et sont faits pour être transmis de génération en génération.

C'est à Nijny-Novgorod que se tient la foire la plus importante du monde; elle a souvent changé de place et a été nomade comme plusieurs des peuples qui viennent y trafiquer; c'est l'avant-garde du monde occidental en face des populations asiatiques.

TCHÉRÉMISSES.

N° 6.

Femmes en costume de cérémonie; gouvernement de Simbirsk.

Haut bonnet de velours avec bande de poil de mouton.

Ce bonnet, de forme carrée, se rencontre en Laponie ainsi qu'en Pologne (voir les planches le Chien de fusil et BR, Suède; P couronné, Pologne). Plastron suspendu, monté sur une plaque en fer blanc et orné de monnaies et de disques de cuivre, à la fois ornements et amulettes; ce plastron, indépendant du costume, est divisé en deux parties qui doivent se replier au besoin l'une sur l'autre comme un dyptique grec. Tunique blanche; collier; boucles d'oreilles formées de piécettes; bas de feutre blanc; chaussures reliées aux jambes par de longues cordelettes s'enroulant jusqu'aux genoux.

BULGARES.

N° 2.

Hommes du gouvernement de Kherson.

Kalpak, bonnet de laine entouré d'astrakan; *bechmet* espèce de gilet boutonné depuis la ceinture jusqu'au menton; *caftan* ou pardessus évasé et plissé aux hanches, bordé de passe-poils; pantalon large entrant dans les bottes fortes.

N° 4.

Femme bulgare du même gouvernement.

Coiffure d'étoffe retombant sur les épaules; grande chemise de toile; corsage sans manches; tablier en tapis; robe unie et jupe brodée. Écharpe de laine serrée autour de la taille et ceinture à fermoirs en argent. Pendants d'oreilles et colliers.

Collection de photographies intitulée: Quelques types des peuples de la Russie, *et provenant d'Odessa.*

Voir, pour le texte: Rechberg (de), les Peuples de la Russie. — *M.* Moynet, le Volga (Tour du monde, 1867). — *M. Élisée* Reclus, Géographie universelle.

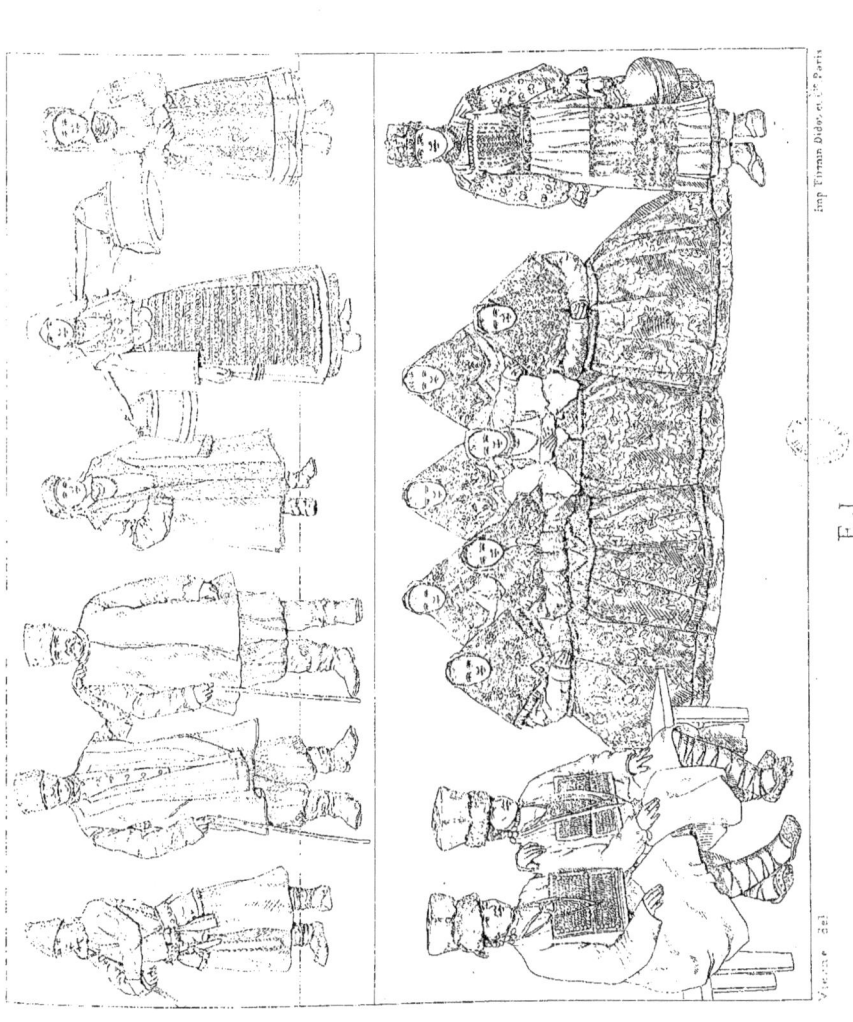

RUSSIE

LA *KIBITKA* OU TENTE DES KALMOUKS.

Les Kalmouks, au nez aplati, aux pommettes hautes et saillantes, aux yeux bridés, sont la représentation exacte du type mongol dans toute sa pureté. Nouveaux venus en Europe, ils apparaissent pour la première fois en 1630 à l'occident de l'Emba, et c'est en 1636 seulement que le gros du peuple émigrant transfère ses cinquante mille tentes sur les bords de la Caspienne. A la suite de vexations infligées par le gouvernement russe, les Kalmouks résolurent de retourner dans la patrie de leurs ancêtres, au pied des monts Altaï ; ils se mirent en marche pendant l'hiver de 1770 à 1771, mais l'arrière-garde, qui n'eut pas le temps d'échapper aux Kirghiz et aux Cosaques chargés d'arrêter les émigrants au passage de la Volga, dût reprendre le chemin des campements abandonnés.

Les terrains des steppes parcourues par les Kalmouks sont d'une nature tout à fait impropre au labourage et ne peuvent attirer que des peuplades nomades. L'exemple des fonctionnaires russes se déplaçant avec les villages ambulants qu'ils sont chargés d'administrer en est la preuve convaincante.

En général, les Kalmouks sont pêcheurs ou pasteurs. Errant de pêcherie en pêcherie, de pâturage en pâturage, ces nomades pourraient à peine vivre s'ils n'avaient pour compagnons leurs animaux domestiques et surtout les chameaux qui portent les enfants et les tentes. Ils mettent souvent une trentaine de lieues entre le campement du jour présent et celui de la veille. Arrivés à l'endroit qu'ils ont choisi, leurs chameaux s'agenouillent, puis les cavaliers, hommes et femmes, les débarrassent de leur charge. On commence à former les *oulous* ou villages temporaires, on dresse les tentes ou *kibitkas*.

Ces tentes sont formées de treillages en branches de saule d'une hauteur de deux mètres. La réunion de ces treillages ou claies autour d'une circonférence d'environ cinq mètres de diamètre, forme le mur de l'habitation fortement consolidé par des pieux fichés en terre. Sur cette muraille légère s'appuient de longues perches recourbées qui aboutissent à un cercle supérieur laissant libre l'espace par lequel la fumée doit s'échapper. Cette construction est converte de feutre attaché avec de forts cordages, sauf une porte en menuiserie ajustée avec son bâti entre deux claies. Ces demeures se montent en un quart d'heure.

Dans l'intérieur tout est en ordre comme s'il s'agissait d'une longue installation : au milieu, se trouve le grand trépied sous lequel on entretient constamment du feu; sur ce trépied, les Kalmouks posent une marmite dans laquelle s'apprêtent les repas.

Le fond de la tente est occupé par un lit de bois recouvert de plusieurs pièces de feutre et enveloppé dans une ample pièce d'étoffe; il est surmonté d'une tenture en baldaquin formant une clôture de rideaux. Les images des dieux, des coffres renfermant les habits, les armes et les selles, des étagères où s'entassent différents objets, des petits bancs servant de tables, des pièces de feutre roulées faisant les fonctions de siège, plusieurs ustensiles suspendus autour de l'habitation, telles sont les pièces principales du mobilier, et au premier rang, brille toujours le cuivre du samovar. Les Kalmouks étant bouddhistes, on doit ajouter à ces objets le moulin à prières dont le ronflement continu ressemble à un murmure humain.

La plupart des Kalmouks ont gardé leur ancien costume : il se compose d'un bonnet fourré, d'un *bechmet*, espèce de justaucorps agrafé depuis la ceinture jusqu'au menton, sur lequel on met une houppelande serrée à la taille par une ceinture. Ce dernier vêtement est fait de toile teinte ou d'une étoffe de soie ou de laine; le bleu et le vert sont ses couleurs dominantes. Des culottes larges servent aux deux sexes : celles d'été sont faites de toile et celles d'hiver d'une étoffe de laine ou de peau. La chaussure consiste en bottes de cuir noir ou de maroquin jaune, avec de hauts talons garnis de clous ou d'une plaque de fer. Les pauvres, à défaut de bottes, s'entortillent les jambes avec de la toile ou du drap; l'été ils vont nu-pieds. Les Kalmouks ont le pied très petit; habitués dès leur berceau (et ce berceau est une selle) à monter à cheval, ce sont d'excellents cavaliers, mais de très mauvais marcheurs. Les femmes, constamment occupées des soins du ménage, montent aussi à cheval pour faire la plus petite course.

Les femmes kalmouks portent une longue robe recouverte d'une houppelande; elles aiment à se parer de boucles d'oreilles formées d'un simple cercle de métal auquel est attaché un morceau de nacre. Leur coiffure est le riche bonnet de soie doublé de velours, orné d'une large bordure retroussée dissimulant complètement l'arrangement des cheveux dont on n'aperçoit que les longues tresses encadrant le visage.

Ces nomades sont peu délicats sur le choix de leur nourriture : « dans la steppe, le hanneton même est gibier, » dit un proverbe relatif à leur genre de vie ; mais la chair du mouton est leur viande préférée et le gigot est le plat rituel lors de la célébration du mariage; l'os de ce gigot est conservé dans la tente conjugale comme une chose sacrée.

Document emprunté à l'ouvrage du comte de Rechberg : Les peuples de la Russie, 1812.

Voir pour le texte : l'ouvrage du comte de Rechberg. — *M. Moynet*, le Volga (Tour du Monde, 1867). — *M. Élisée Reclus*, Géographie universelle.

RUSSIE

OSTIAKS. — TOUNGOUSES. — KOLOCHE. — CRIMÉE.

```
         7    8    9    10   11
              2    1    4    3
```

N°s 1 et 2. — Homme et femme Ostiaks d'Obdorsk.

Il y a en Sibérie plusieurs nations qui portent ce nom. Tout démontre, selon Fischer (*Histoire de la Sibérie*), que ce sont les premiers peuples établis dans la partie centrale, et que plusieurs de leurs tribus ont été forcées de remonter vers le Nord. Ceux qui sont représentés ici habitent la partie inférieure de l'Irtyche et de l'Ob, dans les provinces de Tobolsk, Berezov et Sourghout. Ils sont de taille moyenne et faible; le teint est pâle; les cheveux plats, roux ou d'un blond doré. Leur habillement est fait de peaux d'animaux. Les hommes portent un habit de cuir, descendant à peine aux genoux et fermant par devant et par derrière : cet habit sert de chemise. Les culottes sont courtes et étroites. Dans les grands froids, on ajoute un second habit plus ample, muni d'un capuchon couvrant le cou et la tête, et une espèce de petit sac attaché au bas des manches pour servir de gants. Dans la figure représentée, le capuchon et le surtout sont en laine, le vêtement de dessous en cuir.

Les femmes, sur lesquelles pèse tout le fardeau des occupations domestiques, et qui sont traitées en esclaves comme dans toute l'Asie, portent des robes de fourrure ouvertes par devant et nouées de petites courroies ; en hiver, elles mettent des bas de peau, des caleçons et une robe avec un capuchon garni de franges. La coiffure de la femme que nous représentons est en laine, ainsi que les effilés. Les grands pendants d'oreille sont des perlines enfilées sur fil de laiton. Le capuchon en laine est frangé de perles de couleurs sur cordonnet aboutissant à des médailles. Le vêtement est en laine aussi ; ses grandes bandes sont tissées en argent rehaussé de perles ; à l'ouverture et du haut en bas se trouvent des rubans, et des perles de couleur sur cordonnet tenant des clochettes.

N°ˢ 3 et 4. — Toungouse nomade. Tonngouse de la ville de Nertchinsk.

Les Toungouses sont une race différente des Tartares et des Mongols, provenant de la Mantchourie et répandue en Chine et en Russie. Ils ont les cheveux noirs, peu de barbe, et ne sont pas grands. Dans le type que nous donnons, toutes les pièces du costume, depuis la coiffure jusqu'aux chaussures, sont en cuir, sur lequel les ornements sont cousus, y compris les parties métalliques.

La ville de Nertchinsk, d'où provient notre second type, est le chef-lieu de la province d'Irkoutsk, confinant à la Chine. Elle est riche en mines de plomb et d'argent, et il s'y fait un important commerce de zibelines. Le costume s'en ressent. Dans celui-ci, la coiffure est en drap et fourrure; la robe est en drap doublé de fourrure et ornée de dessins en galons brodés; la ceinture est en acier avec pierres de couleur, la chaussure en cuir, ainsi que les appliques dont elle est décorée.

N° 5. — Koloche ou Hinkite.

Celui-ci est un de ces Indiens du territoire de l'Alaska, vendu aux États-Unis en 1867 par la Russie et compris jusqu'alors dans l'Amérique russe. Son manteau est en cuir avec appliques et lanières pour franges de même matière, ainsi que l'espèce de tablier frangé qu'il porte. Ces peaux sont si bien cousues, dit de Rechberg, que la surface ne présente qu'une étoffe comparable à un velours. La chemise, légère et presque transparente, est imperméable et faite avec des intestins d'animaux de mer, tels que la vessie de plie, ou la langue de baleine. Le chapeau est en joncs tressés. La jambe est couverte, le pied compris, de l'une de ces chaussures imperméables souvent faites avec la peau du gosier des phoques.

N°ˢ 6 à 11. — Exemples de coiffures d'hommes en usage dans la Crimée.

Voir : *Les Peuples de la Russie*, par le comte Charles de Rechberg (*Paris*, 1872, 2 vol. in-fol.); *L'Histoire de la Sibérie* (en allemand), par Fischer (*Saint-Pétersbourg*, 1768, 2 vol. in-8°); *Les Voyages de la Pérouse, de Dixon*, etc., etc.

(*Les documents proviennent des photographies coloriées envoyées à Paris par le gouvernement russe à l'Exposition de la Société de Géographie, en 1875.*)

RUSSIE

TYPES ET COSTUMES DES CLASSES POPULAIRES.
PODOLIE, OREL, ROUMANIE.
UNE ÉCOLE DE TARTARES EN CRIMÉE.

<pre>
    1   2   3   4   5
                   6
</pre>

Il y a en Crimée des Grecs, des Kalmouks, des Allemands, des Juifs, des Bohémiens nomades et enfin des Tartares; ce sont ces derniers qui forment la majeure partie de la population. Quant aux Russes proprement dits, ils sont confinés dans les villes, et il paraît que lorsqu'on parcourt le pays, c'est eux que l'on y rencontre le moins. Les peuplades tartares de la Crimée n'ont rien des traits traditionnels des bandes de Gengis-khan et de Timour. Leurs véritables frères sont les Tartares Nogaïs, qui habitent les steppes situés au nord du Caucase et de la mer Noire jusqu'au Danube et jusqu'à la partie septentrionale du Kuban. Ces Tartares Nogaïs sont regardés entre tous, comme ayant le mieux conservé leur caractère originaire, lequel est essentiellement différent du mongol. La grande horde des Tartares qui a soumis jadis l'Asie centrale et joué un rôle si important en Russie, la *horde d'or*, comme l'appellent les historiens russes, était composée d'éléments très divers. Le Mongol pur paraît laid et difforme auprès du Tartare Nogaïs et de ceux de la presqu'île de Crimée. Le teint de ces derniers est jaunâtre, il est vrai, mais ils ont des traits réguliers, un visage européen qui montre qu'ils appartiennent aux races caucasiques. Leurs cheveux sont bruns, bouclés; leur taille est élancée et robuste; les femmes sont petites et de traits agréables. Elles teignent leurs ongles en rouge, en souvenir de leur origine asiatique, et elles noircissent leurs cheveux et leurs sourcils. Les jeunes gens conservent une fine moustache, portent les cheveux très courts et souvent se rasent entièrement la tête. Les vieux Tartares laissent croître leur barbe et rasent leur chevelure.

L'état social des Tartares de la Crimée est aussi avancé que celui d'une grande partie de l'Europe. Ils appartiennent à l'islamisme, et leur langue est celle des Osmanlis.

Nous avons peu de choses à dire des costumes portés ici par des enfants. Les petits garçons sont uniformément coiffés du kalpak en peau d'agneau; ils portent le gilet croisé, la chemise, le pantalon un peu bouffant, vêtements confectionnés par la mère; leurs pieds sont nus, et, selon la mode orientale, tout ce petit monde s'agenouille ou s'accroupit à terre pour étudier; c'est la tenue de classe. Les petites filles, dont la grâce innée et la gentillesse est si sensible, étudient en commun avec les garçons. Leur bonnet est caractéristique; c'est, avec un sommet plat, la coiffure des Tartares Nogaïs, hommes et femmes. Le sommet de cette coiffure est un peu plus élevé et plus arrondi, mais c'est identiquement la même disposition de bandes concentriques partant d'une bande circulaire et se réunissant au sommet.

Le jeune maître d'école est vêtu comme les paysans aisés de la province d'Andrinople. Son *kyssa-kurk*, sa veste à fourrure épaisse, à demi-manches, son gilet croisé, sa ceinture, son chulwar, son kalpak sont de ceux portés par les Bulgares. C'est un vêtement d'hiver avec lequel ces derniers font usage de gants.

N° 1.

Pasteur cosaque du gouvernement de Podolie. — Les habitants de ces contrées sont compris dans ceux que l'on appelle Petits Russes ou Malo-Russes (Russiens des Polonais); ils se subdivisent en Petits Russes, Russniaques et Cosaques. Les dialectes et les mœurs de ces trois subdivisions se distinguent par des nuances assez importantes. La Podolie où la nature elle-même, selon M. Guérin (*La Russie*; Didot, Paris), semble avoir préparé les pâturages, ne mérite pas moins que l'Ukraine le nom de *terre de lait et de miel*.

N°s 2 et 3.

Russes du gouvernement d'Orel. — Le n° 3 porte le chapeau à petits bords, droit, tronqué bas, habituel aux marchands et gens du peuple. Mais la coiffure du n° 2, élevée et si remarquable par sa forme ronde, qui rappelle la forme en boule de certaines coiffures antiques de l'Asie (voir pl. le Sphinx, n° 17), est un exemple beaucoup plus rare. Ces hauts bonnets sont fort anciens. Il semble que l'on n'en confectionne plus sur ce modèle et que ceux que l'on rencontre sont dus à une conservation exceptionnelle. Le vieillard qui en est coiffé est chaussé de souliers tressés qui tiennent le milieu entre l'espadrille et le mocassin. On relie cette chaussure aux jambes, couvertes de bas épais en feutre blanc, avec des cordelettes de laine qu'on y enroule.

N°s 4 et 5.

Roumains. — On rencontre des paysans de cette race en Valachie, Moldavie, Bukovine, Transylvanie, Bessarabie; elle est répandue dans la Roumanie turque, la Roumanie autrichienne, comme dans la Roumanie russe. Leur type originaire est d'une haute antiquité. C'est parmi les Roumains des campagnes et surtout parmi ceux qui avoisinent les Carpathes que le type national est le mieux conservé. Leur apparence robuste rappelle aux voyageurs les prisonniers sculptés sur la colonne Trajane; cette ressemblance est complétée par le costume, dit M. A. Ubicini. (*Univers pittoresque.*) Sous beaucoup de rapports, il est le même qu'au temps des empereurs romains. Ces paysans portent une blouse de toile grossière, tenant lieu de chemise; elle est serrée à la taille par une large ceinture en cuir ou par une bande d'étoffe de laine qui leur sert de poche. Le pantalon de toile, très ample sur la cuisse, est resserré depuis le genou jusqu'à la cheville. Pour chaussure, ils ont des sandales, *opinci*, de peau de chèvre ou de peau de cheval écrue, attachées par des courroies enroulées sur le bas de la jambe, et on leur voit encore pour coiffure la *caciola*, le bonnet de peau d'agneau que leur connaissaient les Romains.

Les vêtements de ces campagnards sont blancs, de toile en été, de drap en hiver. Leur pantalon de laine est d'une seule pièce; une fois mis, on ne le quitte plus, même pour le coucher.

(*Documents photographiques provenant de la belle collection, publiée à Odessa par M. J. X. Raoult, photographe, sous le titre :* Quelques types des peuples de la Russie.)

POLOGNE. — XIIIE ET XIVE SIÈCLES

| 1 | 2 | 3 | 4 | 5 | 6 |
| 7 | 8 | 9 | 10 | 11 | 12 |

N° 1.
Henri IV, dit *le Juste* (*Probus*), duc de Silésie, de la dynastie des Piasts, mort en 1290. D'après son tombeau à Breslau.

N° 2.
Une abbesse du couvent des Cisterciennes à Trebniça (Trebnitz, en Silésie), fondé en 1208 par le duc Henri Ier, dit le Barbu, bisaïeul du précédent, à la sollicitation de sainte Hedvige, sa femme. D'après un manuscrit du quatorzième siècle, dit la *Légende de sainte Hedvige* (bibliothèque des Piaristes à Schlakenwerth, Autriche).

N° 3.
Jeune fille de la haute noblesse.

N° 4.
Bourgeois.

N°^{s} 5 et 6.
Conrad, duc de Mazovie, mort en 1287, fils de Casimir II, le Juste, roi de Pologne. — Oafia, sa femme. — Figures gravées sur la patène d'un calice donné par ce prince à la cathédrale de Plock.

N° 7.
Un abbé de l'abbaye d'Oliva, près Dantzig (alors ville polonaise). D'après un sceau de 1307.

N° 8.
Un évêque. D'après un sceau.

N° 9.
Boleslas V, dit le Chaste, roi de Pologne (neveu de Conrad, duc de Mazovie, ci-dessus), mort en 1279. D'après son tombeau à la cathédrale de Cracovie.

N° 10.
Ladislas ou Vladislas le Bref (Lokietek), ainsi appelé à cause de sa petite taille, un des plus grands rois de Pologne, né en 1260, mort en 1333. D'après un sceau.

N° 11.
Leszek le Noir, frère du précédent et son prédécesseur sur le trône de Pologne, mort en 1289. Il avait succédé à Boleslas le Chaste, décédé sans laisser de postérité. D'après un sceau.

N° 12.
Przemyslas, duc d'Opolé (Oppeln, en Silésie), mort en 1295. D'après un sceau.

COSTUMES DES SLAVES EN GÉNÉRAL.

L'unité primordiale du costume de la race slave tout entière est indubitable. On peut la constater encore aujourd'hui, malgré les diversités secondaires, dans l'identité du caractère générique des costumes populaires des rejetons de tous les rameaux de cette race, dont quelques-uns sont en quelque sorte perdus au milieu des populations issues des souches différentes. Pour établir cette unité, il est indispensable d'esquisser rapidement la distribution géographique originelle de la race slave, ainsi que ses destinées ultérieures. Cette esquisse servira de point de repère pour toutes nos planches de costumes des pays entièrement slaves, et de complément pour celles d'entre elles dont les notices sont trop succinctes. Elle permettra en même temps de discerner l'élément slave dans les costumes populaires de certaines parties de l'Allemagne habitées par les débris de cette race, et de distinguer les costumes slaves parmi ceux des populations mêlées de l'Autriche-Hongrie et de la Turquie d'Europe.

De même que les races germanique et gréco-latine, la race slave appartient à la grande famille des Aryas, originaires des hauts plateaux de l'Asie centrale et qui émigrèrent en Europe à des époques fort reculées et qu'on ne saurait préciser. Toujours est-il qu'au début de l'ère chrétienne, les Slaves occupaient les vastes contrées comprises entre le Dniéper et l'Elbe, l'Adriatique et la Baltique. Ce sont les Scythes, les Thraces, les Gètes et les Daces d'Hérodote (les Sarmates étaient de race dite touranienne) ; ce sont les *Germains orientaux* de Tacite, désignés à tort par lui sous ce nom, car les peuplades qui s'appelaient alors les Chauques, les Suèves, les Semnons, les Marsyngues, les Burons, les Ligois, etc., étaient de race slave. Ainsi les descendants des Suèves païens établis dans le nord-est de la Bavière actuelle ont conservé, dans les environs de Bamberg et de Bayreuth, un costume appelé slave jusqu'à ce jour.

Les tribus slaves de l'Illyrie, de la Dacie, de la Thrace et de la Macédoine furent subjuguées et civilisées par les Hellènes. Les prisonniers de la Thrace qu'on voit représentés sur la colonne Trajane ont les traits et les costumes des paysans actuels de la Russie Blanche. La Dacie, qui comprenait la Roumanie, la Bukovine et la Transylvanie de nos jours, vit éclore ensuite sur son territoire une nationalité nouvelle (les Roumains), par suite du mélange de la population autochtone avec les légions romaines envoyées par Trajan ; mais bien que cette nationalité appartienne par la langue au monde latin, elle montre par son type physique une parenté évidente avec la race slave. Quant à l'Illyrie, qui s'étendait autrefois sur l'Adriatique jusqu'aux confins de l'Épire et de l'Albanie, elle reste encore éminemment slave par sa langue, ses mœurs et ses usages.

La Hongrie, du temps des Romains, était habitée par des Slaves Pannoniens ; mais les invasions successives de plusieurs tribus finno-turques (Huns, Avares, Khazares, etc.) y amenèrent, au neuvième siècle, l'établissement parallèle d'une race toute différente, celle de Magyars, dits Hongrois.

A l'heure qu'il est, la race slave se partage en trois groupes principaux : 1° les Slaves orientaux ; 2° les Slaves occidentaux ; 3° les Slaves méridionaux.

Les Slaves orientaux sont : 1° les Russes, divisés en *Grands-Russes* et les *Russes-Blancs* (contrée occidentale de la Russie) ; 2° les *Petits-Russiens* ou *Ruthènes* qui habitent le centre et le sud-ouest de la Russie, ainsi que la partie orientale de la Galicie et quelques districts du nord de la Hongrie et de la Bukovine (Autriche).

Les Slaves occidentaux comprennent : 1° les *Polonais*, qui peuplent le royaume de Pologne, la Russie occidentale, le grand-duché de Posen, la Poméranie, la Silésie et la Galicie ; 2° les *Tchèques* (en Autriche et en Prusse) ; 3° les *Serbo-Loujitches* ou *Serbes de la Lusace*, débris des Slaves-Polabes (c'est-à-dire fixés sur les bords de l'Elbe), qui habitent un coin de la Saxe et du Brandebourg (140,000 environ), et qui ont résisté à tous les assauts de la germanisation ; 4° les *Slovaques* (2 millions environ), anciens Slaves Pannoniens (Hongrie occidentale).

Les Slaves méridionaux comprennent : 1° les Bulgares (peuple de race turque qui se fondit avec les Slaves dont il avait occupé le territoire et dont il adopta la langue), habitant la Bulgarie actuelle, la Roumanie, l'Autriche et le midi de la Russie ; 2° les *Serbes* et les *Croates*, qui ne formaient en réalité qu'une seule nation partagée en deux éléments par la différence de religion et d'alphabet ; les premiers habitent la Serbie, la Bosnie, l'Herzégovine, la Tserna-Gora ou Monténégro, la Dalmatie, une partie de l'Istrie, de la Slavonie, des Confins militaires et quelques districts en Hongrie ; les seconds occupent les principaux centres de la Croatie proprement dite, le littoral, les îles, une partie des Confins militaires, et ont des colonies en Hongrie jusqu'à Presbourg ; 3° les *Slovènes* (1,300,000), fixés dans une partie de la Styrie, dans la Carinthie, la Carniole, l'Istrie, et dans la Vénétie (Italie).

Du deuxième au dixième siècle de notre ère le costume des Slaves devait être à peu près uniforme, et d'une grande simplicité, sur toute l'étendue du territoire occupé par cette race. La raison en est non seulement dans l'unité de souche et la conformité du climat tempéré de l'Europe centrale, mais surtout dans l'organisation sociale de ces peuples d'agriculteurs qui se gouvernaient selon les règles de la plus parfaite démocratie, qui ne prenaient les armes que pour repousser l'agression et qui, n'ayant point alors de chevalerie, n'avaient pas de classes privilégiées. Pour cette période nous n'avons pas d'autres documents que les figures des Daces ou des Thraces de la colonne Trajane, et deux sculptures antérieures au dixième siècle (musées de Cracovie et de Berlin), représentant le dieu *Sviatovid* (qui voit l'univers). Elles permettent de constater que les parties essentielles du costume consistaient pour les hommes en un pantalon plus ou moins large, en une robe longue, descendant au-dessous des genoux et serrée par une ceinture ; en un bonnet conique soit tronqué, soit à sommet pointu ; en chaussures faites d'un morceau de cuir attaché aux jambes au moyen de lanières ; enfin en un manteau de grosse laine, sans manches, agrafé généralement sur l'épaule droite et couvrant ainsi le côté gauche. Par-dessus la robe les guerriers mettaient une armure d'écailles ou de cuir, sans manches et descendant jusqu'au bas-ventre.

Le costume féminin consistait en une robe double ; celle de dessous était longue et celle de dessus n'arrivait que jusqu'à la hauteur du genou et était munie de manches courtes, atteignant à la moitié de l'humérus. Ce dernier vêtement fut emprunté aux femmes slaves par les Romaines de l'antiquité, et désigné sous le nom d'*amicula barbarica*. Or, un par dessus semblable, mais à manches longues, a été depuis en usage en Pologne, et est encore porté par des paysannes de certaines provinces, sous son nom antique d'*amie* (*przyiaciolka*). Un fichu servait de coiffure.

Le paysan étant dans tous les pays le moins sujet aux variations de la mode, c'est donc dans les costumes populaires qu'il faut chercher les traditions primitives à cet égard, sauf les modifications rationnelles résultant de la différence de conditions climatériques ou topographiques et du développement du goût. Ainsi la robe à manches du Dace, longue jusqu'à la moitié du tibia, est encore aujourd'hui l'habit du paysan en Pologne, en Bohême, en Moravie, en Lusace, sur les bords de l'Adriatique et sur le versant septentrional des Carpathes. La chaussure, en tout point semblable à celle des Daces, de même que l'habit long et le bonnet conique, étaient en usage chez les païens Suèves dont la conversion est représentée dans l'*Évangéliaire* de la cathédrale de Bamberg, du onzième siècle (bibliothèque de Munich). Les paysannes de l'Istrie s'habillent et se drapent la tête de la même manière que la femme dace, et les Lusaciennes des bords de la Sprée, aussi bien que les villageoises sur presque toute l'étendue de l'ancienne Pologne, suivent le même modèle.

En ce qui concerne le costume de cette dernière contrée, son histoire ne commence réellement qu'après l'introduction du christianisme au dixième siècle. Avec lui arrivèrent en Pologne les influences féodales de l'Occident, et le régime démocratique fit place à une république des nobles sous l'apparence des formes monarchiques. Dès lors le costume devint le signe distinctif de la noblesse. La Pologne, placée entre deux civilisations bien différentes, entre l'Occident chrétien de l'Europe et le monde arabe de l'Asie, dut forcément subir des influences des deux côtés. Unie par la religion à l'Occident latin, elle en recevait les lumières et la civilisation, contrairement aux Slaves méridionaux et orientaux inféodés à Byzance, tandis que de nombreuses voies commerciales et plus tard les guerres continuelles avec les Tatares et les Turcs la mettaient en relations fréquentes avec le monde asiatique. Inaccessible aux formes adoptées dans l'Occident, mais se pliant complaisamment aux modes orientales, le costume national slave se ressentit fortement du contact avec le luxe et la splendeur des Orientaux, d'abord dans l'emploi des étoffes, ensuite dans la coupe et la nature des vêtements.

Les documents pour les costumes polonais aux dixième et onzième siècles se réduisent à bien peu de chose. En revanche, la célèbre porte de bronze de la cathédrale de Gnezno, donnée à cette métropole de l'Église en Pologne par le roi Boleslas III en 1119, offre le recueil le plus complet de costumes du douzième siècle. Cette porte, en effet, est couverte de bas-reliefs représentant la vie et le martyre de saint Adalbert, sous le règne de Boleslas le Grand, vers l'an 1000. Toutes les classes et tous les états y sont représentés, depuis le mendiant jusqu'au couple royal; depuis les hommes de guerre avec leurs grandes moustaches, leurs lances, leurs glaives et leurs boucliers lamés de fer, jusqu'au clergé et aux femmes de diverses conditions.

Pendant tout le treizième siècle et une partie du quatorzième, la Pologne se développait dans l'esprit de ses traditions nationales. Le document le plus important pour cette période est un manuscrit, dit la *Légende de sainte Hedvige*, commencé vers la fin du treizième siècle et achevé en 1353. On y voit représentées la cour du prince polonais Henri le Barbu à Breslau, époux de sainte Hedvige (mort en 1238), ainsi que des batailles avec les Tatares et des scènes de la vie quotidienne. La pièce traditionnelle du costume est toujours une tunique longue, collante sur la poitrine, ne faisant point de plis aux basques ; aux manches d'ampleur variable ; au col droit, d'environ trois centimètres de hauteur. Elle était boutonnée au milieu de la poitrine, du cou à la ceinture, et les basques se recouvraient de façon à ne pouvoir s'entr'ouvrir que dans une marche précipitée. Cette tunique c'est le *joupane* (*zupan,* nom qu'elle porte chez tous les Slaves occidentaux et méridionaux), dont la forme demeura immuable, ne variant quelquefois qu'en longueur, mais atteignant généralement à la moitié du tibia. Il fut porté en Pologne, jusqu'au commencement de ce siècle, par les hommes de toutes les conditions, à la différence toutefois de la couleur et du genre d'étoffe employée, conformément au rang et à la richesse du propriétaire. On ceignait sur le *joupane* une ceinture de cuir garnie d'une large agrafe ; pour la tenue solennelle la ceinture était de riche tissu d'or ou d'argent, ou même en orfèvrerie. Par-dessus cet habit on mettait un manteau, parfois doublé de fourrure, retenu par une bande à agrafes armoriées, ou bien par l'agrafe seule sur l'épaule droite. Il était souvent pourvu d'un capuchon (voir notre n° 5), et sous cette forme il peut être appelé manteau national ; il s'est encore conservé parmi les paysans dans plusieurs contrées de la Pologne. On employait des chaussures collantes ou bien des chaussures à lanières montant jusqu'au mollet ; elles étaient munies d'éperons. Les personnes de la suite du prince Henri le Barbu ont un large fichu noué au cou en guise de cravate, et ce détail du costume ne se rencontre en Pologne qu'à cette époque. On portait les cheveux rasés tout autour de la tête, un peu plus haut que l'oreille, coutume qui a son origine dans une cérémonie religieuse des Slaves païens, et qui fut presque générale jusqu'à la fin du dix-huitième siècle. La chevelure avait ainsi l'aspect d'une calotte. Cependant les princes portaient plus souvent les cheveux longs (voir aussi la planche ayant pour signe B couronné). Tantôt on laissait pousser la barbe, tantôt on ne conservait que les moustaches, tantôt on se rasait entièrement.

Les *joupanes* les plus anciens étaient d'abord gris et ensuite de couleur rouge : ponceau, amaranthe et cramoisi ou écarlate. La noblesse s'est ensuite réservé le privilège exclusif de porter des vêtements de cette couleur, et le nom de *karmazyn* (équivalant à *cramoisin*) devint le synonyme du mot gentilhomme. Cependant ce privilège était retiré à tout noble ayant commis un crime, ainsi qu'à ses descendants. Le port du sabre était inhérent à la qualité de gentilhomme.

Au quatorzième siècle les modes de l'Europe occidentale exercèrent une forte influence sur le costume polonais. Ce furent les princes de la Silésie qui, se trouvant en relations fréquentes avec les cours d'Allemagne, y contribuèrent pour la plus grande part. Le morceau de toile en guise de chaussettes et la chaussure à lanières firent place à des haut-de-chausses d'une seule pièce, cousues, en drap, et à des souliers d'abord, à des bottes ensuite. Quelquefois le *joupane* était remplacé par une robe sans manches. D'autres changements secondaires eurent encore lieu, comme on le verra ailleurs.

Le costume des femmes de la noblesse consistait à l'origine en une longue robe, à manches d'abord élargies aux extrémités (du dixième au treizième siècle), ensuite boutonnées jusqu'au coude par une série de petits boutons; en une large ceinture et en un manteau retenu par des agrafes armoriées ou en diamants. Au quatorzième siècle la robe devint plus collante à la taille, et le costume, en général, plus fastueux. Les jeunes filles portaient les cheveux flottants, retenus par une bandelette, ou bien reliés en deux nattes; plus tard elles s'ornaient la tête de couronnes de fleurs. La coiffure des femmes mariées était d'abord une énorme coiffe en toile (*podwika*), qui ne laissait paraître que le visage, remplacée au quatorzième siècle par des bonnets en étoffes de prix, surtout en brocart, bonnets garnis de perles et bordés de fourrures recherchées.

Il est clair que, comme partout ailleurs, le costume des membres des familles régnantes différait souvent complètement de celui de la noblesse, ou tout au moins s'en écartait dans certaines parties.

En ce qui concerne les armes et les armures de la chevalerie polonaise à cette époque, on y remarque une sorte d'éclectisme occidental et oriental. Les armures étaient de mailles, de plaques ou d'écailles, et ces dernières se maintinrent depuis le douzième siècle jusqu'au dix-huitième. Les casques étaient généralement pointus, forme empruntée à celle du bonnet slave primitif. Le nasal était d'un usage fréquent, et les guerriers du treizième siècle avaient souvent les bras nus jusqu'à l'épaule, à l'exemple des anciens Daces. Les armes offensives se composaient d'une large épée droite, parfois recourbée; d'un long coutelas, d'une lance et d'une arbalète.

Le costume du clergé était conforme à celui de tout l'Occident chrétien; celui des ordres religieux non spéciaux à la Pologne suivait la règle commune.

Quant à la bourgeoisie riche, elle empruntait volontiers, à toutes les époques, pour se distinguer, les costumes étrangers: allemands et italiens surtout.

Ces figures sont extraites du vaste recueil colorié dessiné par M. Matejko, dont les pages à sujets nombreux sont autant de tableaux chronologiques de la société polonaise à tous les degrés, depuis l'an 1200 jusqu'en 1795.

C'est avec l'autorisation la plus libérale de l'éminent artiste, directeur de l'Académie des beaux-arts de Cracovie, et membre correspondant de l'Institut de France, que nous avons puisé dans la foule des documents dont se compose le grand in-folio des Costumes polonais (Ubiory w Polszcze), *publié à Cracovie en 1860, et réédité en 1875. Ce recueil, sans texte, a été complété pour nous par deux de nos souscripteurs, MM. Adalbert Gerson et Boleslas Laszczynski, peintres distingués de Varsovie qui, mus par un sentiment tout patriotique, nous ont spontanément offert un concours des plus précieux: d'abord en nous fournissant la provenance originelle des documents empruntés au recueil de M. Matejko; ensuite en y joignant des études sur l'ensemble et le détail des costumes de la Pologne, de caractère slave. Enfin M. Gustave Pawlowski, l'érudit bibliothécaire de feu M. Ambroise Firmin-Didot, membre de l'Institut de France, a résumé méthodiquement ces divers travaux, dans les cinq notices consacrées aux costumes polonais, en les complétant des renseignements les plus utiles et les plus sûrs, selon les* lois de la critique moderne qui veut que l'on laisse à l'écart les choses qui ne sont point encore suffisamment justifiées. Ce concours collectif assure à cette intéressante partie de notre publication tous les avantages d'une œuvre entièrement et véritablement nationale.

Ouvrages à consulter : Przezdziecki et Rastawiecki, Monuments du moyen âge et de la Renaissance dans l'ancienne Pologne (*texte français et polonais*) ; *Varsovie*, 1853-1867 ; 3 vol. gr. in-8° *avec planches en couleur*. — Die Bilder der Hedwigslegende, *publié par* A. von Wolfskron ; *Vienne*, 1846 ; *in-folio, avec planches color*. — *Luchs* (Herm.), Schlesische Fürstenbilder des Mittelalters (*L'Iconographie des ducs de Silésie au moyen âge*) ; *Breslau*, 1868-1872 ; gr. in-8°, avec pl. — *Golebiowski* (Luc), Ubiory w Polszcze (Costumes polonais... décrits sous forme de dictionnaire) ; *Varsovie*, 1830 ; in-8°, avec pl. ; *Cracovie*, 1861. — *Ouvrages historiques et archéologiques de Lelewel* (en polonais et en français) et de Maciejowski ; *journaux illustrés polonais :* Tygodnik illustrowany, Klosy, Tygodnik powszechny, etc. — *Weiss* (Hermann), Kostümkunde, etc..

Les sources pour les costumes populaires sont indiquées dans la notice de la planche P *couronné.*

POLOGNE. — XIVᴱ ET XVᴱ SIÈCLES

FIGURES TYPIQUES ET HISTORIQUES.

```
  1   2   3   4   5   6   7
           8     9    10  11  12
```

Nᵒˢ 1 et 2. — Paysan et paysanne des environs de Cracovie, en tenue de travail. D'après un tableau du quatorzième siècle conservé à la cathédrale de Cracovie.

Nᵒ 3. — Gentilhomme de la seconde moitié du quinzième siècle. D'après une chronique tchèque de Pulkawa.

Nᵒ 4. — Gentilhomme de la même époque. D'après un tableau de la cathédrale de Cracovie.

Nᵒˢ 5 et 6. — Bourgeois et gentilhomme. Costumes portés entre 1333 et 1434. D'après un tableau de la cathédrale de Cracovie.

Nᵒ 7. — Paysan du palatinat de Mazovie.

Nᵒ 8. — Le grand-maître de l'Ordre Teutonique.

Nᵒ 9. — Kasimir le Grand, roi de Pologne, mort en 1370, à l'âge de soixante ans, après en avoir régné trente-sept. Il fut le dernier roi de la dynastie des Piasts. D'après la statue de son tombeau à la cathédrale de Cracovie.

Nᵒ 10. — Hedvige d'Anjou, reine de Pologne (1384), petite-fille de Kasimir le Grand, et fille de Louis d'Anjou, roi de Hongrie et de Pologne. Par suite de son mariage avec Vladislas Jagellon, grand-duc de Lithuanie (ou mieux Litvanie), ce dernier État fut uni à la Pologne. Hedvige mourut en 1399. D'après un sceau du temps.

Nᵒ 11. — Vladislas Jagellon, grand-duc de Lithuanie et roi de Pologne, mort en 1434. D'après son tombeau à la cathédrale de Cracovie.

Nᵒ 12. — Vladislas, duc d'Opole (Oppeln, en Silésie polonaise), palatin de Hongrie, neveu du roi Louis d'Anjou. Il était issu de la dynastie polonaise des Piasts. D'après un sceau de 1378. (Armure princière d'origine occidentale.)

Tout ce qui touche au costume slave en général, et en particulier au costume polonais jusqu'au premier quart du quatorzième siècle est longuement détaillé dans la notice qui accompagne la planche ayant pour signe L couronné. Celle dont nous nous occupons montre la continuité des mêmes traditions et ne donne lieu, pour le quatorzième et la première moitié du quinzième siècle, à aucune remarque nouvelle.

Nous devons néanmoins rappeler que les costumes royaux et princiers, dont nous donnons ici la reproduction, sont des costumes d'apparat, et s'éloignent notablement de ceux de la vie quotidienne, bien qu'on y reconnaisse dans la coupe les principales pièces du vêtement national.

En ce qui concerne le costume de la noblesse, dont le type pur se voit au nᵒ 6, c'est toujours le *joupane* qui constitue l'habit national par excellence. Néanmoins il est essentiel d'avertir le lecteur que de tout temps on rencontrait en Pologne, en plus ou moins grand nombre, les costumes les plus divers empruntés à l'étranger, tantôt sans aucun changement, tantôt en leur faisant subir des modifications. L'invasion des modes occidentales prend des proportions plus grandes au quinzième siècle, à la suite du développement des relations internationales, par les mariages des rois de Pologne avec des princesses étrangères, par les voyages et la fréquentation des universités de l'Occident par la jeunesse polonaise.

Vers la fin de ce siècle apparaît un vêtement de dessous, à manches fendues (voir le n° 4), emprunté à l'Orient asiatique et qui fit ensuite partie du costume national, sous le nom de *kontousch*. Nous renvoyons ici pour les détails à la notice de la planche ayant pour signe le P couronné, de même que pour les costumes populaires (n°s 1, 2 et 7) de notre planche.

Le costume du grand maître de l'ordre Teutonique (n° 8) est absolument étranger à la Pologne, et ne figure ici qu'en raison du grand rôle que cet ordre joua dans l'histoire de ce pays. Fondé en 1128, à Jérusalem, par les Allemands, cet ordre religieux, hospitalier et militaire à la fois, acquit successivement tant de biens en Allemagne qu'un siècle après il en forma une province, confiée à la direction d'un maître résidant à Mergentheim (Wurtemberg). Appelés vers cette époque par Conrad, duc de Mazovie, pour combattre les Porussiens idolâtres et les Lithuaniens, les chevaliers teutoniques s'établirent sur les bords de la Vistule, dans la Prusse occidentale actuelle, et en peu de temps ils étendirent leurs conquêtes vers l'est (Prusse orientale actuelle). L'ordre ne conserva pas longtemps sa foi religieuse et sa pureté de mœurs. Toujours avide de conquêtes, il voulut s'arrondir aux dépens de la Pologne et de la Lithuanie, et fut constamment en guerre avec ces deux pays. Après la célèbre défaite de Grünwald (1410), où la bannière de l'ordre, ses trésors et des milliers de prisonniers tombèrent entre les mains des troupes commandées par le roi Vladislas Jagellon, et après d'autres défaites encore, il fut obligé de restituer successivement à la Pologne toutes les provinces conquises et ne conserva, à la prise de Thorn (1466), que la Prusse orientale, sous la condition d'hommage de vassalité. Enfin Albert de Brandebourg, le dernier grand maître des chevaliers teutoniques, se fit luthérien, sécularisa les biens de l'ordre, se maria et devint duc héréditaire de la Prusse proprement dite, duché qui vint ensuite grossir les possessions de la maison régnante de Brandebourg, et qui, avec d'autres provinces polonaises, appartient aujourd'hui au royaume de Prusse.

Le costume des chevaliers était, par-dessus l'armure, un manteau blanc avec une croix noire, à laquelle ils étaient autorisés à joindre la croix d'or de Jérusalem. Le grand maître, élevé au douzième siècle au rang de prince de l'empire germanique, eut le droit de porter l'aigle impériale à deux têtes.

Ces costumes sont tirés du recueil de M. Maleyko : Costumes polonais (Ubiory Polsce) de 1200 à 1795; *Cracovie*, 1860 (2ᵉ *édition*, 1875); *in-folio, sans texte.*

POLOGNE. — XVIᴱ SIÈCLE

```
 1   2   3   4   5   6   7
  8   9   10    11   12
```

Nᵒˢ 1 et 2.
Paysans de Lithuanie.

Nᵒˢ 3, 4 et 5.
Nobles, dernier quart du seizième siècle.

Nᵒ 6.
Paysan des environs de Kalisz (royaume de Pologne). Ce costume, ainsi que ceux des nᵒˢ 1 et 2, sont encore portés par les paysans.

Nᵒ 7.
Gentilhomme, fin du seizième siècle.

Nᵒ 8.
Étienne Batory, roi de Pologne (1576-1586); d'après un portrait du temps, conservé à Cracovie.

Nᵒ 9.
Un échevin de la ville de Kazimierz, sur la Vistule (seizième siècle).

Nᵒ 10.
Stanislas Zolkiewski (1547-1620), grand hetman (connétable) de Pologne; d'après un portrait du temps, conservé à Varsovie.

Nᵒ 11.
Fille de grand seigneur.

Nᵒ 12.
Roman Sanguszko, maréchal de camp de Lithuanie (fin du seizième siècle); d'après un portrait du temps, conservé à la bibliothèque Ossolinski, à Léopol (Gallicie).

Nous n'avons que bien peu de choses à dire sur les costumes représentés dans cette planche, après toutes les explications qu'on trouvera dans la notice ayant pour signe L couronné.

Au seizième siècle, le vêtement de dessous chez les nobles polonais est le *joupane* (dont nous avons déjà parlé), à longueur variable. Les boutons en étaient généralement en orfèvrerie, garnis de petites pierres précieuses ou émaillées, parfois, simplement en soie ou en passementerie ; ou bien ils étaient remplacés par de petites agrafes dissimulées sous le rebord du vêtement. Les boutons riches affectaient le plus souvent la forme de l'églantine avec une perle ou une pierre précieuse au milieu. Assez fréquemment le joupane était agrémenté de brandebourgs de soie, d'argent ou d'or.

Le pantalon était très ample, sans atteindre toutefois les proportions démesurées du pantalon oriental. Il s'enfonçait dans les bottes qu'il recouvrait de ses plis quelques pouces au-dessus du genou. L'étoffe employée était le satin ou le damas, de préférence de couleur bleue ou amaranthe : la petite noblesse se contentait du drap. Les bottes se terminaient en une pointe légère ; la tige, d'une largeur proportionnée à son rôle, ne faisait que deux ou trois plis au-dessus de la cheville. Pour l'usage domestique la botte était en cuir noir, mais en public un noble ne paraissait jamais qu'en bottes de maroquin jaune ou rouge, tout uni (c'est par erreur que les chaussures jaunes de nos n°s 8, 10 et 12 ont été ornées de dessins). Le talon était garni en dessous d'un fer à cheval argenté ou même d'argent, tant pour sa conservation qu'en vue d'une danse nationale, le *mazur*, où l'on accentue la cadence en faisant entrechoquer les talons l'un contre l'autre.

Les vêtements que les nobles et les bourgeois portaient par-dessus le joupane offraient une grande variété, mais, comme toujours, il faut établir à cet égard une distinction entre le vêtement de la vie quotidienne et celui de cérémonie et d'apparat. La notice de la planche B N contient là-dessus des détails circonstanciés.

En ce qui concerne la planche dont nous nous occupons, le pardessus du n° 7 et celui du roi Batory (n° 8) est une *chouba* sans manches, doublée de fourrure et à col très large. Le n° 12 en offre une variété rentrant à la taille. Le manteau du n° 10 est la *délia*. Tous ces vêtements, doublés de fourrure, étaient exclusivement d'apparat.

Ceux des n°s 3 et 4 présentent des variétés de la *békiécha*, vêtement d'origine hongroise, introduit en Pologne sous le règne d'Étienne Batory, un des plus grands souverains de ce pays. Ce vêtement, rentrant un peu à la taille, était de quelques pouces plus long que le joupane, et boutonné au moyen de brandebourgs de soie ou bien de fils d'argent ou d'or mêlés de soie.

Le complément indispensable du costume du gentilhomme était le sabre, marque distinctive de la noblesse, car, en dehors d'elle, il n'y avait que les bourgeois de Cracovie et les magistrats des municipalités de Posen et de Vilna qui eussent, en vertu d'anciens privilèges, le droit de porter le sabre. Il était recourbé modérément et à garde découverte. On a fini par l'appeler *karabela*, nom tiré de celui de la ville de *Karbela* ou *Kerbela*, à seize lieues de Bagdad, ville où l'on a, pendant longtemps, fabriqué des sabres renommés. Le gentilhomme possédait habituellement au moins deux sabres : l'un pour la guerre, l'autre pour la parade. La *karabela* de grande tenue était, à la mode orientale, l'objet d'un grand luxe : son fourreau, sa garde, ses lanières étaient ornés de pierreries et d'émaux. Les Polonais étaient très sensibles à l'étiquette. En visite, après nombre de révérences et de choses flatteuses, il se passait ordinairement un quart d'heure en prières d'une part et en protestations de l'autre, avant que le maître de la maison parvînt à décider son hôte à déposer sa *karabela*. Dans une fête ou réunion, à l'arrivée de chaque invité de quelque distinction, tout le monde s'empressait de ceindre l'épée, et on ne l'ôtait qu'après un nouveau cérémonial. Une touchante coutume se rattachait encore à cette arme, coutume qui doit son origine aux luttes continuelles contre les Turcs et les Tartares : à la messe, lorsque l'officiant commençait à lire l'évangile, tous les nobles polonais se couvraient et tiraient leurs sabres à demi, pour témoigner ainsi qu'ils étaient toujours prêts à défendre la religion catholique.

Au seizième siècle et plus tard, un gentilhomme sortait rarement sans avoir encore en main son *oboukh*, canne dont la partie supérieure était une simple poire en métal, tandis que la partie inférieure était armée, à l'instar d'un marteau d'armes, d'un fer dont l'un des bouts était en forme de marteau et dont l'autre était terminé en bec-de-faucon ou bien en guise de hachette. Dans les rixes, c'était une arme terrible, et elle est encore en usage chez les montagnards des Carpathes.

Pour les costumes populaires représentés dans notre planche, voir la notice de celle ayant pour signe le P couronné.

Costumes tirés du recueil de M. Maleyko : Costumes polonais (Ubiory w Polsce) de 1200 à 1795 ; *Cracovie, 1860 (2ᵉ édition, 1875) ; in-folio, sans texte.*

Les ouvrages à consulter sont indiqués dans la notice de la planche L *couronné.*

POLOGNE. — XVIIIe ET XIXe SIÈCLE

COSTUMES DE LA NOBLESSE ET DU PEUPLE.

```
    1   2   3   4   5   6   7   8
                9          10
```

N° 1.
Paysanne de Lithuanie.

N°s 2, 3, 4, 6.
Nobles.

N° 5.
Paysan des environs de Cracovie.

N° 7.
Montagnard des Carpathes.

N° 8.
Paysan du palatinat de Lublin.

N° 9.
Grande dame.

N° 10.
Le connétable de Pologne.

C'est ici qu'on voit le mieux le vêtement qui, avec le *joupane* (voir nos planches ayant pour signes B couronné, L couronné, BN et la Corone), constitue l'essence même du costume national polonais : c'est l'habit de dessus, à manches fendues, appelé *kontousch* (*kontusz*). Comme nous l'avons déjà dit, il a fait son apparition en Pologne vers la fin du quinzième siècle, mais à l'état d'exception. Son origine est orientale, et son nom, dérivé d'un mot turc, signifierait : robe longue de dessous. Les sultans turcs avaient l'habitude d'envoyer aux khans de la Crimée des vêtements de ce genre, de couleur ponceau et garnis de boutons en or, en récompense des faits de guerre. Il en tombait aussi entre les mains des nobles polonais, avec le butin, dans les expéditions contre les Turcs et les Tartares, et la jeunesse aimait à s'en parer pour rappeler ses actions d'éclat. A la fin du seizième siècle l'usage de ce vêtement devint plus fréquent, aussi bien dans la noblesse que parmi les bourgeois, mais la coupe orientale (telle qu'on la voit encore en Perse) en fut modifiée et accommodée au goût national.

Le *kontousch*, qui se mettait par-dessus le *joupane* et le dépassait un peu en longueur, était échancré sur la poitrine de façon à laisser voir ce dernier, tout en étant garni d'une rangée de six boutons, mais les pans s'en croisaient légèrement à partir de la ceinture. Uni sur le devant, il faisait par derrière plusieurs plis assez amples, depuis la taille. Les manches, très larges de l'épaule au coude et se rétrécissant vers le poignet, étaient fendues par-devant sur toute la longueur à partir de l'aisselle jusqu'à la moitié de l'avant-bras, et laissaient ainsi voir une partie de la manche du *joupane*. On pouvait à volonté soit enfiler ces manches, soit les laisser pendre librement le long du bras après avoir fait passer celui-ci à travers la fente (voir notre n° 4), ou bien encore, ce qui était d'un port plus solennel, les rejeter dans le dos (voir notre n° 6) ; mais cette mode était en quelque sorte le privilège des nobles de l'âge d'homme et d'un rang plus élevé. Lorsque dans une dispute, un gentilhomme polonais a retroussé sa moustache et a rejeté en arrière les manches de son *kontousch*, cela signifiait qu'il était prêt à tirer le sabre du fourreau. Ce dernier geste exprimait d'ailleurs plus d'une idée ; il marquait tout aussi bien la gravité que la bravade, et quand on voulait insulter quelqu'un, on rejetait en arrière l'une de ses manches de façon à l'en frapper au visage, sans en avoir l'air. Il jouait aussi un grand rôle dans la mimique qui accompagnait la célèbre danse nationale, la *Polonaise*, décrite si poétiquement par Liszt dans sa *Vie de Chopin*.

Quelquefois le *kontousch* était boutonné jusqu'au cou (voir notre n° 2), et, outre les boutons, il avait encore des brandebourgs d'or ou d'argent. Un même galon en passementerie de la couleur de l'habit ou bien un cordon d'or ou d'argent bordait le vêtement tout autour. La doublure du *kontousch*, y compris les manches, était toujours de la même couleur que le *joupane*. Le col était tantôt droit (voir la fig. 12 de la planche ayant pour signe la Clef), tantôt replié comme ceux du temps du Directoire, tantôt renversé à plat et se prolongeant en revers jusqu'au bas de l'échancrure (voir notre n° 4). Les étoffes employées pour ce vêtement étaient le drap, le velours, la soie. Les serviteurs des gentilshommes les portaient en coton ou en lainages inférieurs.

Les nobles seuls mettaient la ceinture par-dessus le *kontousch*, tandis que les bourgeois, en vertu d'anciennes lois somptuaires, ne pouvaient la porter que sur le *joupane*. A une époque qu'il serait difficile de préciser, les ceintures en cuir, en passementerie ou en soie furent remplacées par l'écharpe orientale, de brocart pur, ou de brocart et soie, ou bien simplement en soie, de provenance turque ou persane. Les plus estimées venaient de l'Inde et étaient faites d'un cachemire tellement fin qu'on pouvait les passer à travers une bague. Ces ceintures, dites chinoises, étaient d'une couleur uniforme : verte, orange, cramoisie ou blanche, et n'avaient pour toute décoration qu'une étroite bordure et les deux extrémités ornées de fleurs de la plus ravissante beauté. Les écharpes de brocart et celles de soie avaient en moyenne trois mètres cinquante de longueur sur trente-six centimètres de largeur ; mais il y en avait qui atteignaient une longueur de six mètres et une largeur proportionnelle. Elles étaient à une, deux ou quatre faces différentes en couleur, et on les tournait du côté qui convenait le mieux à la nuance de l'habit. On mettait grand luxe dans ces ceintures, qui coûtaient quelquefois jusqu'à 500 ducats et plus, mais on ne s'en servait que dans des occasions exceptionnelles. Le nœud, dont l'arrangement variait, était formé par-devant, au milieu de la taille, et les deux bouts, garnis de franges, retombaient sur les deux côtés ou quelquefois par derrière. Pour se ceindre on avait naturellement besoin du concours d'une personne. Avec le temps, on arriva à fabriquer en Pologne de semblables ceintures qui ne le cédaient à rien en richesse et en beauté aux écharpes de l'Orient ; on en faisait aussi venir de Paris et de Lyon.

Ce n'est qu'à partir du règne de Jean Sobieski (dix-septième siècle) que l'usage du *kontousch* devint général. Cependant au siècle suivant, sous les deux Auguste de Saxe et sous le dernier roi, Stanislas Poniatowski, les costumes allemands et français firent successivement invasion en Pologne et entrèrent en lutte avec le costume national. La diète de 1776 ordonna le port de *joupanes* et *kontouschs* uniformes, avec couleurs et garnitures différentes pour chaque palatinat. Les nuances choisies étaient : le cramoisi, l'amaranthe, le grenat, le bleu, l'azur, le saphir, le vert foncé, le vert tendre. Le bonnet était de la même couleur que le *joupane*. Ces uniformes se sont conservés jusqu'en 1794, où, après la défaite du général Kosciuszko, on commença à abandonner définitivement le costume traditionnel.

Comme coiffure, les nobles polonais n'ont jamais porté que des bonnets, de formes très variées, mais toujours garnis ou entièrement en fourrure. Aux premières années du règne du dernier souverain apparut la *konfederatka*, qui doit son nom aux confédérés de Bar (1768). Haut d'environ quinze à dix-huit centimètres, ce bonnet cousu de quatre morceaux d'étoffe rectangulaires, s'élargissait presque imperceptiblement vers le sommet qui était carré (voir le n° 5), bonnet carré n° 6). On le confond ordinairement à l'étranger avec la *krakouska* (voir le n° 6), bonnet carré aussi, mais très plat, qui n'est porté que par les paysans, ceux surtout des environs de Cracovie, d'où lui vient son nom. Faite de drap ou de velours, la *konfederatka* pouvait être de toutes les couleurs ; la garniture en fourrure n'avait que quatre à six centimètres de largeur. On la portait tantôt toute droite, tantôt abaissée négligemment sur le côté ou sur le front. Souvent elle était ornée d'un cordon d'or ou d'argent, terminé par un gland aplati (voir le n° 2), qu'on faisait passer sous l'aisselle. C'est le bonnet ainsi fait qui, introduit dans la cavalerie polonaise vers la fin du règne de Stanislas-Auguste, devint dans la suite le shako du lancier moderne, tel qu'on le voit porté par les lanciers polonais de Napoléon Ier ; aujourd'hui on lui donne une forme pincée qui le défigure.

L'ample manteau à manches, à large col rabattu, qu'on voit au n° 2, est un vêtement emprunté aux Tatares au commencement du seizième siècle. On l'appelait *opognetcha* et elle était en drap ou en feutre.

Le personnage représenté au n° 10 est un connétable ou grand-général (*hetman*), comme le témoigne le bâton de commandement, en guise de massue à pointes, qu'on voit sur la table. Son bonnet (*kolpak*) entièrement en fourrure, est orné d'une aigrette. Il porte un *joupane* blanc et un *kontousch* de brocart boutonné jusqu'au cou. Le grand manteau sans manches dont il est revêtu est la *déliura* ou *déliulka*, une variété de la *délia* (voir notre planche ayant pour signe la Cornue). Elle était sans manches, doublée d'une légère fourrure, sans col ou l'ayant seulement quelque peu relevé, et garnie tout autour d'un galon d'or. C'était exclusivement un vêtement d'apparat.

En tout temps les femmes suivaient assez les caprices des modes étrangères et tenaient moins que les hommes à la pureté du costume national. Cependant le dix-septième siècle vit ressusciter l'antique *amicula* de la colonne Trajane, pardessus assez court, garni généralement de fourrure (voir le n° 3). Ce vêtement entra, avec quelques modifications, dans le domaine de la mode française, sous le nom de *polonaise*. Les femmes portaient aussi, par-dessus leurs robes, des vêtements imitant le *kontousch*; c'était le *kontusik*, à manches fendues, presque toujours garni de fourrures (voir le n° 9). Leur longueur était variable. La grande dame que nous venons de citer est coiffée d'une sorte de turban, avec aigrette.

COSTUMES DU PEUPLE.

Tunique courte, pantalon étroit, long pardessus ou pelisse de mouton, bottes ou chaussures tressées en écorces d'arbres; chapeau conique à bords étroits, ceint de deux cordons au milieu de sa hauteur (voir le n° 2 de la planche B couronné); ou bien un chapeau bas et rond (voir le n° 7 de la même planche), enfin une ceinture plus ou moins large, en cuir ou en laine : telles sont les principales parties de l'habillement du paysan polonais que nous montrent les documents les plus anciens, et qui s'est conservé, à quelques variantes près, jusqu'à la fin du quinzième siècle. Le vêtement féminin se composait d'une chemise, d'un jupon, souvent d'un corsage, et d'un long pardessus. Vers la fin du siècle passé et au commencement de celui-ci, les costumes des paysans des diverses contrées de la Pologne se formulèrent encore plus nettement et aujourd'hui nous y trouvons comme un recueil de toutes les anciennes formes de l'habit national. Leur variété est trop grande pour que nous puissions les passer tous en revue; mais nos figures en offrent les principaux types; pour les autres, on recourra aux recueils spéciaux que nous signalons plus bas.

Les n°s 1 à 8 sont tirés du recueil des Costumes de M. Mateyko. Les n°s 9 et 10, d'après le recueil de Norblin, gravé par Debucourt (1817).

Les ouvrages à consulter sont indiqués dans la notice de la planche L couronné. — Voici ceux pour les costumes populaires : Golebiowski (Luc), Lud polski (le Peuple polonais, etc.); Varsovie, 1830; in-8, fig. — Zienkowicz (Léon), Les Costumes du peuple polonais; Paris, 1841; in-4, avec 40 pl. — Gerson (Adalbert), Costumes polonais; Paris, Lemercier; Varsovie, Daziaro; s. d. (vers 1855); in-4, avec planches.

GU

POLOGNE

COSTUMES MILITAIRES. — XVIIᵉ-XVIIIᵉ SIÈCLE.
OFFICIER GÉNÉRAL.
GARDE DU ROI : MOUSQUETAIRES ET *JANISCHARS* OU JANISSAIRES
INSTITUÉS PAR JEAN III SOBIESKI.

Dans les premiers siècles de son existence, la Pologne n'avait pas d'armée régulière et les nobles composant l'ordre équestre étaient les seuls défenseurs du pays. Boleslas le Grand organisa le premier les forces nationales en instituant une armée de cavaliers qui, d'après les historiens, se montait à cent cinquante ou deux cent mille hommes. Mais l'armée régulière permanente ne date que du règne de Sigismond-Auguste (1562) ; ce souverain obtint des diètes que la quatrième partie des domaines royaux serait consacrée à l'entretien d'une force régulière qui prendrait le nom de *woysko-kwarciane* ou « armée du quart ».

Deux parties composèrent à peu près de tout temps l'armée polono-lithuanienne. Dans la première, dite « nationale », et recrutée seulement dans l'ordre équestre, figuraient les *hussarz*, les *pancerns* ou cuirassiers, et les *petyhorcés*, cavaliers lithuaniens. La seconde partie, formée de fantassins, de dragons et de cavalerie légère, comprenait toutes les troupes étrangères. Dans les périls imminents, et comme dernière ressource, l'État convoquait le *Pospolité* ou arrière-ban, composé de tous les hommes valides de la nation.

L'armée régulière ne fut jamais bien nombreuse, même dans les temps les plus florissants de la Pologne ; c'est avec quarante mille hommes qu'Étienne Batory fit sa campagne contre les Russes ; Charles Chodkiewicz, lors de son expédition de Chocim, n'en eut pas davantage ; et Sobieski, à la tête de l'armée européenne rassemblée sous les murs de Vienne, n'avait avec lui qu'une trentaine de mille hommes de sa nation.

Les rois de Pologne s'étaient donné une maison militaire, entretenue et équipée à leurs frais. Avant le règne de Jean III Sobieski, ce corps privilégié se composait de six cents gardes à pied, de six cents cavaliers et de douze cents hommes formant un régiment d'infanterie. Sobieski y ajouta une compagnie de Cent-Suisses (comme à la cour de France), deux cents heiduques hongrois et cinq cents *Janischars* ou janissaires, témoignages vivants de ses victoires contre les Turcs ; cette dernière troupe se tenait toujours auprès de la personne royale. Au siège de Vienne, l'entourage de Sobieski s'étonnait fort de voir un roi chrétien s'avancer contre le croissant avec une telle escorte ; c'est alors que le roi, s'adressant à ses janissaires, leur proposa de retourner vers leurs anciens étendards ou de gagner les derrières de l'armée chrétienne afin de n'avoir pas à combattre leurs compatriotes : tous répondirent qu'ils ne pouvaient vivre ou mourir qu'auprès de lui.

Les guerres continuelles avec les Tartares et les Turcs avaient mis la Pologne en relations fréquentes avec le monde asiatique ; aussi la cavalerie, composée de la noblesse, se faisait-elle généralement remarquer par la magnificence de ses armes, le luxe de ses costumes et la beauté de ses chevaux.

L'infanterie soldée, paraît-il, ne brillait par la richesse de ses vêtements que lorsque les hasards de la guerre venait la favoriser. Les historiens racontent qu'à la bataille de Vienne, Charles de Lorraine appelant l'attention de Sobieski sur un régiment polonais remarquable par la pauvreté de son équipement, le roi répondit : « Ce régiment a l'habitude de s'habiller aux frais de l'ennemi ; dans la dernière guerre tous ces soldats étaient vêtus à la turque. » Si ces paroles ne les habillaient pas, elles les cuirassaient, comme dit l'abbé Coyer.

Étienne Batory (1575) avait essayé d'introduire l'uniformité du costume militaire ; mais cette mesure ne fut réellement en vigueur qu'en 1735, lorsque Joseph Potocki eut le commandement de l'armée.

Après le roi, les troupes polonaises avaient à leur tête deux généraux, l'un polonais et l'autre lithuanien ; ils étaient assistés de deux lieutenants ayant le titre de généraux de campagne. Dans chacun des deux corps polonais et lithuanien, il existait un maître de l'artillerie, un intendant de l'armée, un grand enseigne, un maréchal de camp et un général des sentinelles. Les colonels, maîtres de leurs régiments, entretenaient eux-mêmes leurs soldats.

N° 1.

Billiepassi, capitaine commandant les mousquetaires de la garde du roi.

Bonnet orné d'une aigrette. Sur le *joupane*, un *kontousch*, habit de dessus d'un usage général sous Sobieski. Ample manteau. Bâton de commandement.

Selle de forme orientale. La housse d'étoffe brodée est, ainsi que celle du cavalier n° 3, garnie de filoches de passementeries d'or.

N° 2.

Général polonais.

Kolpak de fourrure orné de deux broches d'orfèvrerie : l'une est placée sur le devant de la coiffure, dans l'autre est fixée une aigrette placée sur le côté. Cuirasse dorée. *Deliura*, grand manteau doublé de fourrure. Sabre court et large. Bâton de commandement. Cette marque de dignité ne se portait qu'en costume d'apparat ; à la guerre, les généraux paraissaient accompagnés d'un cavalier tenant le *koutschouk*, lance surmontée d'une queue de cheval (voir la planche II F).

N° 3.

Ottapasch Porrutschnik, lieutenant des janissaires de la garde du roi.

La coiffure de cet officier est un véritable turban.

N° 4.

Jeschenek, caporal janissaire. *Kulah*, haut bonnet de feutre orné d'un immense *askiaf* ou panache. *Dolama*, dolman. *Chalwar*, large culotte bouffante. Sabre recourbé suspendu à un bouclier.

N° 5.

Le même, avec une sorte de hallebarde dont le fer est en forme de croissant; une banderole est fixée à la hampe.

N° 6.

Wurtapssi-Consqui, garde-drapeau des janissaires.

Lorsque le drapeau est ainsi placé, sa garde est confiée à deux janissaires; l'un, posté à droite, tient son sabre de la main gauche, et l'autre, posté à gauche, le tient de la main droite.

N° 7.

Janissaire de garde devant le palais du roi.

N° 8.

Beuraktar-Courougi, porte-enseigne des janissaires.

Turban orné d'une aigrette. Ceinture en cordelière sur le *koutousch*. Hache d'armes alors fort en usage dans les armées polonaises.

Types de la fin du dix-septième siècle, provenant d'une suite de planches qu'imprimait encore Jacques Chéreau dans la seconde partie du dix-huitième.

Voir, pour le texte : *Dalerac*, Mémoires secrets sur le règne de Jean III; *Amsterdam*, 1699. — *L'abbé Coyer*, Histoire de Jean Sobieski; *Amsterdam*, 1761. — *Chodsko*, la Pologne historique, 1834-47. — *Salvandy (comte de)*, Histoire du roi Jean Sobieski et du royaume de Pologne; 1855.

POLAND POLOGNE POLEN

POLOGNE. — XVIIᴱ-XVIIᴱ SIÈCLE

HARNAIS COMPLET DU CHEVAL DE GUERRE HOUSSÉ.
LA JOAILLERIE DE LA PARURE ÉQUESTRE.
L'ÉTENDARD DES CHEFS D'ARMÉE.
— LE FASTE DE LA « NATION A CHEVAL ».

Les riches seigneurs polonais déployaient un grand luxe en toutes choses ; et, chez la « nation à cheval », cette magnificence devait surtout se produire dans les ornements qui complétaient pour ainsi dire la parure du cavalier.

Le splendide harnais représenté offre, dans les broderies de la selle ainsi que dans l'orfèvrerie des détails, un principe d'ornementation de source asiatique qu'expliquent les fréquents rapports de la Pologne avec l'Orient.

La selle proprement dite, de velours bleu brodé d'or, a ses bords extérieurs, en avant et en arrière, recouverts d'une petite plaque d'argent doré incrustée de rubis, de turquoises et de morceaux de jade. Le poitrail, d'argent doré repoussé, vient s'attacher sous les fontes de cuir brodé. Les étriers sont ornés de morceaux de jade incrustés de rubis.

La housse ou chabraque est de drap rouge brodé or et argent. Les franges, placées à l'arrière, sont en soie et ornées de boutons de corail comme celles de la têtière et du poitrail. Sous l'étrier, et en prolongement des quartiers de la selle, se trouve un morceau de cuir verni destiné à garantir les jambes du cavalier de la transpiration du cheval.

Les grands seigneurs polonais étaient presque toujours accompagnés d'une garde tartare armée de carquois. Un de ces carquois est appendu à la selle ; il est en cuir et orné de petites plaques d'argent doré filigranées et incrustées de turquoises.

Pour trouver d'autres harnais polonais, on peut consulter une gravure de Della Bella, représentant l'entrée à Rome d'Ossolinski, cet ambassadeur qui, dit-on, avait fait ferrer d'argent les chevaux des hommes de sa suite, et s'était arrangé de façon que les fers se détachassent et se perdissent dans le trajet. On en voit également dans un livre publié à Stockholm en

1672, donnant la description d'un carrousel qui eut lieu dans cette ville à l'avènement de Charles XI, roi de Suède, et où se trouve une série de planches représentant un quadrille polonais.

Nos 1, 5 et 6.

Plaques rondes en argent doré portant, sur leur fond filigrané, des cabochons d'émaux et de pierreries. Diamètre de ces trois plaques : nos 1 et 6, 0m 14; no 5, 0m 12.

Le type général de ces joailleries est du caractère scythique le plus prononcé. Le relief des pièces s'accuse d'abord par la courbure du fond donnant l'aspect du bouclier grec, et ensuite par la saillie des pierres dont la principale forme l'umbo très saillant de cette espèce de petit bouclier. Le jeu des décors de métal et de pierreries de couleurs est le plus brillant que l'on puisse produire; sous le luxe des matières employées, on reconnaît ici le goût natif des Scytho-Slaves, tel qu'il se trouve en germe dans nos planches celtico-scandinaves de l'âge de bronze et du fer (voir les planches ayant pour signes le Bouclier et AR).

No 2.

Agrafe en argent doré filigrané.

Le travail filigrané consiste en arabesques et en rosaces renfermées dans des lignes de caractère purement oriental. Dans les rosaces sont enchâssés des émaux et des pierreries. L'agrafe de rencontre est semblable. Hauteur : 0m 10.

No 4.

Longue pendeloque servant à décorer le poitrail du cheval.

Ce bijou de suspension est divisé en trois parties reliées par des anneaux mobiles : la partie supérieure, d'argent filigrané, les rangées de clochettes transversales articulées, et le médaillon enrichi de pierreries ; ces deux dernières pièces sont en argent doré. Hauteur : 0m 41.

No 7.

Agrafe d'argent doré, ornée au centre d'une turquoise. L'agrafe de rencontre est semblable. Diamètre : 0m 09.

No 8.

Collier de poitrail, composé de plaques filigranées d'argent sur fond or et reliées par des plaquettes ajourées munies de fins anneaux servant d'articulations. Longueur : 1 mètre.

ÉTENDARD DES CHEFS D'ARMÉE.

No 3.

Boutschouk, étendard à queue de cheval.

Il était d'usage de porter le boutschouk devant les rois de Pologne et chacun des généraux lorsqu'ils étaient à l'armée. Cette enseigne, que l'on accrochait à la pointe d'une lance, consistait en une queue de cheval attachée à une pièce d'orfèvrerie d'une grande richesse, si l'on en juge d'après l'exemple représenté, lequel est en or massif incrusté de pierreries. Cette pièce était surmontée d'un anneau dans lequel on introduisait la pointe de la lance.

Le harnais formant l'exemple principal fait partie de la collection de M. le prince Czartoryski; la selle et les fontes ont appartenu au prince Georges Lubomirski, célèbre par ses victoires sur les Suédois et les Russes sous le règne de Jean-Kasimir, et la housse ou chabraque provient du connétable Sieniawski, qui se distingua sous les murs de Vienne en 1683. Cet ensemble est reproduit ici d'après la photographie de Franck, collection de l'Art ancien. Coloration d'après l'original.

Les nos 1, 2, 3, 4, 5, 6, 7 et 8 font partie de la collection de madame la comtesse Dzyalinska, et ont figuré à l'Exposition de l'Union centrale de 1880. Photographie spéciale et coloration d'après les originaux.

POLOGNE. — XIXE SIÈCLE

COSTUMES DU PEUPLE

```
 1    4   5   2   3   8   9   10
    7    6      11     12  13
```

Nº 1.
Juif revenant de la synagogue.

Nºˢ 2 et 3.
Femme et enfant juifs.

Nº 4.
Voiturier juif.

Nº 5.
Paysan des environs de Lublin.

Nº 6.
Paysan de Lithuanie.

Nº 7.
Paysanne de la Samogitie.

Nº 8.
Marchand de volailles.

Nºˢ 9 et 10.
Scieurs de bois.

Nº 11.
Marchand d'oignons.

Nº 12.
Avocat.

Nº 13.
Laitière.

(*D'après les aquarelles de Norblin, exécutées dans les premières années du XIXe siècle.*)

POLOGNE. — XIXᴱ SIÈCLE

COSTUMES DU PEUPLE.

```
5    4    1    3    2    6
7    10   8    11   9
```

Nº 1.
Paysan des environs de Cracovie.

Nº 2.
Jeune fille des environs de Cracovie.

Nº 3.
Garçon de ferme des environs de Cracovie.

Nº 4.
Servante de Cracovie.

Nº 5.
Paysan en tenue de travail.

Nº 6.
Paysan de la Samogitie.

Nº 7.
Paysanne de Lithuanie.

Nºˢ 8, 9.
Paysan et jeune fille d'Ukraine.

Nºˢ 10, 11.
Cosaques d'Ukraine.

(*D'après les aquarelles de Norblin, exécutées dans les premières années du XIXᵉ siècle.*)

HONGRIE ET CROATIE. — RUTHÈNE

LES MAGNATS OU NOBLES HONGROIS. — COSTUMES POPULAIRES DES MAGYARS, DES SLAVES DU NORD, DES YOUGO-SLAVES ET DE CERTAINES COLONIES, DITES *SAXONNES*, COMPRENANT LES HABITANTS DES PLAINES DANUBIENNES, ET CEUX DES CARPATHES, EN DEDANS ET AU DELA DE CETTE CHAINE DE MONTAGNES.

PLANCHE G Z.

Les broderies ruthènes.

PLANCHE H J.

Nos 1, 5 et 7. — Ruthènes.
No 2. — Polonaise de la Galicie.
No 3. — *Saxonne* des environs de la ville de Bistritz (Hongrie).

Nos 4 et 8. — Croates.
No 6. — Femme valaque.
No 9. — Slovaque.
Nos 10, 11, 12, 13, 14, 15 et 16. — Magyars.

Les deux zones du nord et du sud de l'Autriche sont presque exclusivement occupées par des Slaves; mais entre les deux s'en étend une troisième que se sont partagée les Allemands, les Magyars et les Roumains.

Trois peuples, — différents par la langue, l'histoire, les mœurs et les traditions, quoique de souche commune, — occupent la zone slave septentrionale : ce sont les Tchèques, unis aux Moraves et aux Slovaques, les Polonais et les Ruthènes.

Les Slaves de la zone méridionale, ou Yougo-Slaves, sont : les Slovènes de la Carniole et de la Styrie, les Serbes, les Croates et les habitants de la Dalmatie.

Il existe un autre élément ethnique fortement représenté en Autriche, c'est celui de la race dite latine, comprenant les Italiens du Tyrol méridional, ceux du Frioul, du littoral istriote, et les populations roumaines qui vivent autour des Magyars.

La carte ci-jointe indique l'emplacement de ces populations.

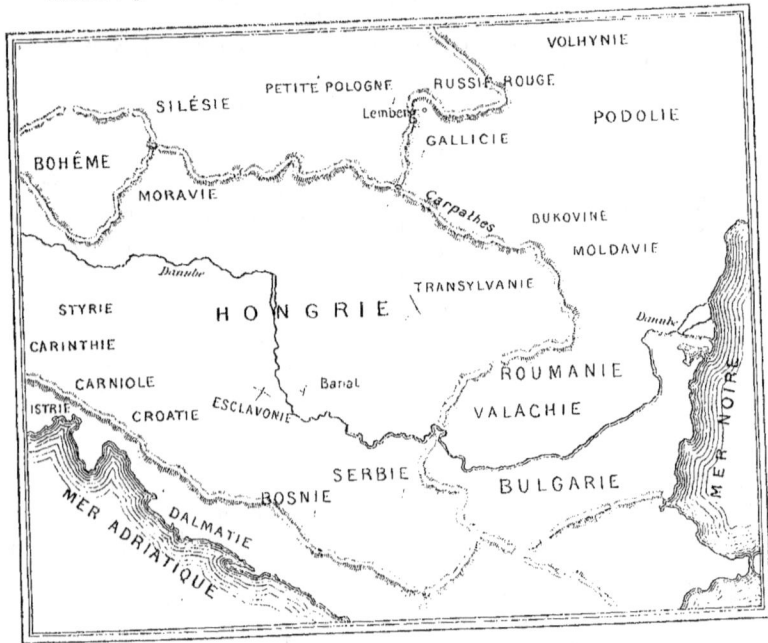

LES MAGYARS.

La plus grande partie de l'ancien lac danubien est occupée par les Magyars, dits *Hongrois*, peuple venu des steppes de l'Orient. Quoique devenus aujourd'hui parfaitement européens par la civilisation, ils sont encore « Touraniens » par leurs légendes, leurs traditions, et surtout par leur langue, d'origine finnoise.

Tandis que dans toutes les autres parties de l'Europe les envahisseurs ouralo-altaïques n'ont fait que passer ou se sont perdus au milieu des populations d'alentour, les Magyars se sont solidement établis dans la plaine et les régions montueuses des Carpathes; ils ont pu, après bien des luttes avec les races hostiles qui les environnaient, constituer une nationalité ayant sa langue, sa littérature, et un passé belliqueux qui se reflète encore dans l'allure, le geste et le regard de leurs descendants.

Les Magyars, que l'on se représente surtout comme un peuple de cavaliers, sont devenus, pendant le cours de notre siècle, un peuple de bergers; les plus grands troupeaux se trouvent dans les contrées où les habitants de cette race sont le moins mélangés.

En dehors de la région centrale de la Hongrie, on rencontre encore beaucoup de Magyars à l'ouest parmi les Allemands, au nord parmi les Slovaques et les Ruthènes, et au sud avec les Serbes; l'angle extrême du territoire hongrois, la Transylvanie, est habité par d'autres Magyars, les « Szekely », peuple qui sert d'avant-garde à la nationalité hongroise du côté de l'Orient.

N° 14.
Costume national du magnat.

Kucsma, coiffure de martre et de velours noir sur laquelle une agrafe artistement travaillée retient une plume d'aigle. Cravate de soie noire frangée. *Attila*, sorte de redingote, et *mente*, manteau, de velours noir, tous deux ornés de boutons en turquoises et de brandebourgs de soie. Une fourrure de martre garnit les bords, le collet et les manches pendantes de la mente. Ce vêtement est retenu sur les épaules par une chaîne aux riches agrafes et c'est à une ceinture de même riches-se qu'est suspendu le sabre recourbé, au fourreau et à la poignée garnis de turquoises (voir la planche ayant pour signe le Tirebouchon, joaillerie de la parure masculine en Hongrie). Culotte collante. Bottes de cuir garnies de galons de soie aux bords supérieurs.

L'attila et la mente sont parfois d'étoffes différentes; le premier vêtement peut être en drap et le second en velours. On choisit aussi, pour les garnir, tantôt de la martre, tantôt de l'astrakan ou d'autres fourrures de prix. Quant à la coupe, elle varie peu.

Au seizième siècle, le Hongrois portait alors journellement ce costume qu'il ne revêt plus que dans les jours de gala.

N° 15.
Dame noble; costume de gala.

Kucsma ornée d'une broche de perles et d'émeraudes surmontée d'une plume de héron. Pendants d'oreilles et lourd collier de perles. Corsage de velours rouge brodé d'or, à lacets garnis de pierres fines. Ceinture d'orfèvrerie, enrichie de perles et d'émerandes. Robe traînante de gros satin blanc. Petit tablier de dentelle. Sur les épaules, et retenue par une chaîne d'orfèvrerie, se trouve la mante brodée d'or et garnie de martre, l'étoffe de cette mante est aussi de velours rouge. Éventail de plumes.

Dans les cérémonies, les grandes dames hongroises n'ont pas la mente, et portent, à la place du kucsma, un diadème garni de pierreries, et un grand voile de dentelle. L'impératrice d'Autriche, dans certaines occasions, est vêtue de ce costume.

N° 16.
Magyar de Kaposvar.
Costume de fête.

Chapeau de feutre orné de rubans et de fleurs naturelles. Parfois, il arrive à l'adolescent Magyar de parer son chapeau de plumes de héron ou de cuscute, ornements qui, chez la plupart des nations européennes, caractérisent encore la coiffure des hussards. Les plis bouillonnés de la chemise apparaissent entre la veste brodée et la culotte bleuâtre soutachée de trèfles entrelacés. La partie de devant de cette culotte se rabat et est garnie d'une doublure d'étoffe brodée, en même temps que d'un mouchoir de dentelle qu'il est d'usage, le dimanche de placer en cet endroit; ces jolivetés sont mises en relief par l'attitude de ce jeune Magyar, qui, pour les faire valoir, s'en sert comme de contenance. Sur les épaules, et retenu par une torsade de soie, est jeté le dolman à manches pendantes et de même étoffe que la culotte. Bottes hongroises garnies de glands multicolores et munies d'énormes éperons « à la sarmate ». Presque toujours, le Magyar chausse des bottes à éperons; les domestiques des grandes maisons n'en portent qu'un seul, à la botte gauche.

C'est dans cet élégant costume de fête qu'il faut voir danser le paysan de la *puszta* (plaine), alors que la *czardas* fait tourbillonner les couples. « Le danseur hongrois est un artiste; ses mouvements ne sont pas réglés d'avance; il sait en improviser qui répondent à l'élan de ses sentiments et de sa joie, mais, dans sa fougue, il garde toujours une grâce virile. En poursuivant sa danseuse qui fuit, se dérobe, puis se rapproche, il aime à faire retentir ses éperons, il frappe ses bottes en cadence en s'exaltant par des cris de joie, fait voltiger ses franges, tourne et bondit, sans fatigue apparente, dans l'extase du mouvement et du bruit. »

N° 11.

Femme du Banat.

Toque brodée, garnie de fourrure, d'où les cheveux s'échappent et retombent sur une veste plastronnée d'arabesques sur fond clair. Cette veste, qui n'a d'ouvertures que pour le passage de la tête et des bras, laisse voir les larges manches de la chemise. Robe de velours noir. Bottes de cuir.

N° 12.

Jeune fille du comitat (district libre) de Neutracr.

Petit bonnet encadré de dentelle et orné d'un ruban noué sur le côté. Collier de corail à plusieurs rangs. Chemise aux manches bouffantes garnies de broderies multicolores. L'ouverture du corsage est décorée de fleurs naturelles.

N° 13.

Jeune fille du comitat de Békéser.

Les cheveux, disposés en bandeaux, se terminent en longues tresses ornées de rubans. Collier de corail. Chemise à l'encolure très montante, aux manches courtes et bouffantes montrant les bras nus. Corsage aux broderies relevées par l'éclat des fleurs naturelles symétriquement disposées. Jupe de soie à fleurs. Tablier de dentelle garni, par devant, de larges rubans brodés. Cette jeune fille tient à la main un mouchoir d'étoffe dont les riches broderies s'harmonisent avec celles des rubans du tablier.

N° 16.

Gorale (montagnard) du Tatra.

Chapeau à larges bords, couvrant des cheveux fortement imprégnés de graisse et d'huile. Petite chemise de toile très grossière généralement garnie, aux ourlets, d'une étroite broderie rouge; elle est fermée, sur la poitrine, au moyen d'une agrafe de cuivre ou d'étain. *Pass*, ceinture de cuir à larges boucles; on y suspend l'indispensable couteau, ainsi que la pipe et le briquet. Pantalon de feutre blanc à liserés rouges. *Gunia*, manteau de poils de chèvre jeté sur les épaules; ce manteau est en même temps une couverture de nuit pour le Gorale qui ne connaît pas le lit : l'été, il couche en plein air, et l'hiver, dans sa cabane, allongé sur un banc placé près de l'âtre. Les pieds sont entourés de chiffons et chaussés de *skirpse*, sandales de peau de chèvre ou de mouton garnies de lanières. Hache servant d'arme et de canne tout à la fois; les incrustations de métal dont est décoré le long manche sont l'orgueil du Gorale.

LES SAXONS.

Bien que les Roumains peuplent le pays presque tout entier, le territoire de la Transylvanie est officiellement divisé entre les Magyars, parmi lesquels sont compris les Szekely, et les Saxons. Ces derniers, Allemands d'origine rhénane et connus à tort sous le nom de Saxons, ont pu, grâce à leur civilisation supérieure, se maintenir jusqu'à nos jours en corps de nation distinct, mais plusieurs de leurs colonies éparses sont déjà « magyarisées » ou « roumanisées ».

velours très juste sur le corps, ornée, par devant, de longues rangées de broderies dont le dessin est répété transversalement sur le bord inférieur. Petites bottes de cuir.

N° 5.
Paysan ruthène de Marmaros :
Hongrie.

La figure énergique du paysan de Marmaros est encadrée de longs cheveux recouverts d'un chapeau de feutre plat et à larges bords. Cravate de laine. Chemisette aux manches allant en s'élargissant vers les poignets, et serrée à la taille par une large ceinture à boucles de cuivre. Pelisse sans manches, à fourrure intérieure, dont les bords et les coutures sont brodés de *zigzag* rouges et verts. A une large bretelle rayée pend une gibecière contenant des provisions de bouche, ainsi qu'une bouteille d'eau-de-vie de prunes (*sliwowitza*). Large pantalon d'étoffe grossière rentré dans des bottes de cuir. Gros bâton noueux en guise de canne.

N° 7.
Femme ruthène de la Bukovine.

Haut bonnet brodé, orné, par devant, d'une espèce de cocarde enrubannée et couverte de fleurs ; le fond de cette coiffure est entouré de petits faisceaux de plumes. Collier de corail à plusieurs rangs. Chemise brodée, froncée à l'encolure, et aux longues manches passant par les ouvertures d'une pelisse de velours doublée de fourrure. Large ceinture rayée, maintenant une jupe de velours noir très étroite. Petites bottes de cuir.

Sacher Masoch, dont les vivants récits sur ces populations sont lus en ce moment avec un si vif intérêt, montre ces femmes bottées comme les hommes et faisant du cheval un usage aussi fréquent ; cette botte féminine a son langage. Lorsque la femme qui, comme partout, semble avoir tant de peine à prononcer le mot du consentement, lors même qu'elle se sent touchée, le *oui* que lui demande ardemment dans le tête-à-tête l'homme énamouré, c'est en lui tendant son pied pour qu'il en tire la botte qu'elle lui fait savoir qu'elle n'a plus de résistance à lui opposer.

Les *Houzoules* ou *Hutsules* sont un rameau à part de la tige commune du peuple Ruthène. Ils se sont mêlés à celui-ci avec le temps, en embrassant la religion grecque et en adoptant en grande partie la langue ruthène, mais ils ont conservé un très grand nombre de mots que l'on ne rencontre pas dans les divers dialectes ruthènes ; d'où vient leur nom de *Hutsules*, on l'ignore, tout en sachant, par exemple, qu'en roumain il signifie « voleur, brigand. » Ce nom de Hutsule vient peut-être de la langue des Roumains qui en auraient flétri leurs voisins, car les Hutsules se donnent un autre nom, celui de *Werchowyncé*, c'est-à-dire habitants des hautes montagnes.

Au commencement de ce siècle, les Hutsules étaient connus comme des brigands émérites ; quoique leurs mœurs se soient adoucies, ils considèrent encore ce temps comme la plus brillante époque de leur passé, et ils conservent toujours une certaine propension au brigandage, qui est leur principale distinction de tous les autres Ruthènes. Montagnards comme les Kurdes, ils sont, comme ceux-ci, indomptables amateurs de chevaux et aiment à s'isoler aussi du reste du monde. Ils ont, en général, un sens fin et ingénieux de l'ornementation dont ils usent pour leurs pipes et aussi pour des ustensiles de bois, comme des bouteilles décorées par eux avec un style que l'on rapproche des produits indous.

Les *Hutsules* ont d'autres vêtements pour les jours de fêtes que pour les jours ouvrables. Le Ruthène n° 5 et le Magyar n° 16, si proche du Hutsule dans tout son accoutrement de montagnard, indiquent déjà des différences ; cependant elles ne sont point complètes. Le costume licie et débordent à l'ouest dans la Silésie autrichienne où ils sont connus sous la désignation de « Polaques d'eau », *Wasserpolaken*. Ceux qui habitent la plaine, au pied des Carpathes et le long de la Vistule, ont le nom de « Mazures ». Les Polonais des Beskides et de leurs contreforts sont connus sous le nom de « Gorales » ; ils ont la réputation d'être les plus intelligents des Galiciens, aussi ont-ils plus d'aisance que les habitants de la plaine.

A l'exception du comitat de Szépes, que domine le Tatra, le territoire de la Galicie, de même que celui de la Bukovine, fait partie de l'Autriche allemande.

N° 2.

Galicienne de Cracovie.

Krakowska, bonnet carré et très plat, en usage chez les paysans des environs de Cracovie, d'où lui vient son nom. Collier de corail à plusieurs rangs dans lesquels se trouvent des pièces de monnaie. Sur la chemisette festonnée, haute d'encolure, et aux larges manches bouffantes, un corsage brodé garni de glands de soie. Jupe à fleurs couverte d'un petit tablier brodé. Bottes montantes.

La variété des costumes est plus grande chez les hommes que chez les femmes. Chaque village a ses modes particulières ; et, malgré leur misère, les paysans se plaisent aux pompons, aux plumes, aux boutons de métal, aux fleurs, aux broderies et aux couleurs voyantes.

LES RUTHÈNES.

En Galicie, la vallée du San, l'un des grands tributaires orientaux de la Vistule, peut être considérée comme la zone de séparation entre le pays polonais et le pays ruthène.

Les Ruthènes ou Russes rouges appartiennent au groupe russe des nations slaves ; ils portent différents noms, suivant les districts : aux environs de Tarnopol, on les nomme « Podoliens » ; au sud de Lwow (Léopol, ou Lemberg), ils sont appelés « Boïkes » ; et dans les Carpathes orientales, on les connaît sous la désignation de « Houzoules ».

En Bukovine « pays des Hêtres », comme en Galicie, la population prépondérante est celle des Ruthènes, mais elle ne l'emporte que faiblement sur les Roumains.

C'est dans la Bukovine que les représentants du plus grand nombre de races se rencontrent en groupes entremêlés. Dix nations diverses se partagent les vallées supérieures du Pruth et du Sereth, telles que des Polonais, des Székely Magyars, des Tchèques, des Allemands, des Russes, des Arméniens, des Juifs et des Tziganes. En Bukovine, on ne pratique pas moins de huit cultes différents, mais la religion dominante est la religion grecque, celle de presque tout l'Orient slave.

N° 1.

Jeune fille de Wiznitz ; Bukovine.

Toquet brodé, garni de fleurs coquettement posé sur le côté de la tête ; de longs rubans s'en échappent en tombant très bas par derrière. Veste de cuir brodé, au poil en dedans, et garnie de petites épaulettes de velours noir ; par les ouvertures que ce vêtement laisse pour le passage des bras, apparaissent les larges manches rayées rouge de la chemise. Jupe de velours très juste sur le corps, ornée, par devant, de longues rangées de broderies dont le dessin est répété transversalement sur le bord inférieur. Petites bottes de cuir.

N° 5.

Paysan ruthène de Marmaros; Hongrie.

La figure énergique du paysan de Marmaros est encadrée de longs cheveux recouverts d'un chapeau de feutre plat et à larges bords. Cravate de laine. Chemisette aux manches allant en s'élargissant vers les poignets, et serrée à la taille par une large ceinture à boucles de cuivre. Pelisse sans manches, à fourrure intérieure, dont les bords et les coutures sont brodés de *ziczak* rouges et verts. A une large bretelle rayée pend une gibecière contenant des provisions de bouche, ainsi qu'une bouteille d'eau-de-vie de prunes (*sliwowitza*). Large pantalon d'étoffe grossière rentré dans des bottes de cuir. Gros bâton noueux en guise de canne.

N° 7.

Femme ruthène de la Bukovine.

Haut bonnet brodé, orné, par devant, d'une espèce de cocarde enrubannée et couverte de fleurs; le fond de cette coiffure est entouré de petits faisceaux de plumes. Collier de corail à plusieurs rangs. Chemise brodée, froncée à l'encolure, et aux longues manches passant par les ouvertures d'une pelisse de velours doublée de fourrure. Large ceinture rayée, maintenant une jupe de velours noir très étroite. Petites bottes de cuir.

Sacher Masoch, dont les vivants récits sur ces populations sont lus en ce moment avec un si vif intérêt, montre ces femmes bottées comme les hommes et faisant du cheval un usage aussi fréquent; cette botte féminine a son langage. Lorsque la femme qui, comme partout, semble avoir tant de peine à prononcer le mot du consentement, lors même qu'elle se sent touchée, le *oui* que lui demande ardemment dans le tête-à-tête l'homme énamouré, c'est en lui tendant son pied pour qu'il en tire la botte qu'elle lui fait savoir qu'elle n'a plus de résistance à lui opposer.

Les *Houzoules* ou *Hutsules* sont un rameau à part de la tige commune du peuple Ruthène. Ils se sont mêlés à celui-ci avec le temps, en embrassant la religion grecque et en adoptant en grande partie la langue ruthène, mais ils ont conservé un très grand nombre de mots que l'on ne rencontre pas dans les divers dialectes ruthènes; d'où vient leur nom de *Hutsules*, on l'ignore, tout en sachant, par exemple, qu'en roumain il signifie « voleur, brigand. » Ce nom de Hutsule vient peut-être de la langue des Roumains qui en auraient flétri leurs voisins, car les Hutsules se donnent un autre nom, celui de *Werchowyncé*, c'est-à-dire habitants des hautes montagnes.

Au commencement de ce siècle, les Hutsules étaient connus comme des brigands émérites; quoique leurs mœurs se soient adoucies, ils considèrent encore ce temps comme la plus brillante époque de leur passé, et ils conservent toujours une certaine propension au brigandage, qui est leur principale distinction de tous les autres Ruthènes. Montagnards comme les Kurdes, ils sont, comme ceux-ci, indomptables amateurs de chevaux et aiment à s'isoler aussi du reste du monde. Ils ont, en général, un sens fin et ingénieux de l'ornementation dont ils usent pour leurs pipes et aussi pour des ustensiles de bois, comme des bouteilles décorées par eux avec un style que l'on rapproche des produits indous.

Les *Hutsules* ont d'autres vêtements pour les jours de fêtes que pour les jours ouvrables. Le Ruthène n° 5 et le Magyar n° 16, si proche du Hutsule dans tout son accoutrement de montagnard, indiquent déjà des différences; cependant elles ne sont point complètes. Le costume des fêtes est composé d'une houppelande en gros drap rouge foncé, descendant jusqu'aux genoux et qui est agrémentée de cordonnets bleus et de petites houppes en laine, de couleurs voyantes, enrichies de filets de faux or.

Cette houppelande est passée par-dessus l'espèce de camisole en peau de mouton et sans manches, le poil en dedans, telle qu'on la voit n° 5. Cette camisole a surtout le caractère d'une parure, elle n'est ni fermée ni boutonnée pour se garantir du froid. Elle est bordée d'une étroite bande de peau de mouton noir et embellie de broderies en laine de couleur et d'ornements en maroquin.

Le pantalon large et de couleur rouge, toujours dans le costume habillé, est pris dans la tige des bottes fortes, ou marche avec la sandale en peau de bœuf teinte en brun. Dans ce dernier cas, le pantalon est serré au-dessus de la cheville par des courroies ou des cordons blancs. Lorsqu'il porte les sandales, le Hutsule enveloppe le pied dans une sorte de chausson de laine couleur ponceau. Sous la camisole de peau de mouton, il met pour les fêtes une chemise en toile fine qu'il a tissée lui-même ; elle descend jusqu'aux genoux et elle est bordée en bas par une étroite broderie. Les manches ne sont pas brodées.

Ainsi vêtu, le Hutsule porte encore en bandoulière un sac plat et large, cousu de galons ornés d'une multitude de boutons de métal ; il suspend ensuite une espèce de poire à poudre, de forme demi-circulaire lorsqu'elle est en bois, auquel cas elle est garnie de plaques de laiton et incrustée de dessins en fil de métal, ou encore d'incrustations en nacre. Autrement, cette poire à poudre, souvent fourchue, est en corne de cerf richement décorée de plaques de cuivre jaune. Le sac et la poire à poudre sont suspendus par des courroies garnies de boucles, courroies ornées de boutons de métal et se croisant sur la poitrine. A cet accoutrement, le Hutsule riche ajoute encore un petit sac plat en peau garni de plaques d'ornements de laiton ou de boutons de métal ; ce sac sert pour l'argent, et surtout pour porter la pipe en cuivre jaune, la pierre et le briquet.

Le chapeau rond, qui est la coiffure d'été, est orné d'un fin ruban de plaque de métal. En hiver, la tête est couverte par un bonnet rond, en peau de mouton. Tout Hutsule porte une large ceinture en cuir à trois ou quatre boucles, garnie de riches anneaux en cuivre jaune. Cette ceinture retient un couteau pointu semblable à un stylet, ou un étui avec un couteau et une fourchette ; jadis on y logeait le pistolet, mais aujourd'hui ce dernier n'y figure plus que le jour de Pâques, dans les assemblées de noce, ou pendant les fêtes solennelles. La monture de ce pistolet est en bois orné de cuivre jaune.

Le Hutsule endimanché tient à la main une forte canne dont la pomme est remplacée par une petite hachette, tranchante ou non. L'une aussi bien que l'autre est en cuivre jaune très ornementé. Le bois est lui-même recouvert dans la partie supérieure par des plaques de cuivre jaune décorées de nombreux dessins. La hachette non tranchante est ordinairement montée sur une canne courte ; elle servait anciennement comme un signe de distinction ; aujourd'hui les hachettes ne sont, soi-disant, que pour la parade. En réalité elles servent souvent dans les rixes, qui toutefois sont moins meurtrières qu'on pourrait le supposer, les Hutsules étant très adroits au maniement de cette arme, et sachant frapper du plat de la hachette de manière à ne jamais blesser gravement leur adversaire.

Lorsque le Hutsule va à la noce, surtout quand il y va à cheval, il met un manteau blanc sans manches attaché sur la poitrine avec des boucles en laiton.

Le costume de tous les jours diffère de celui de fête par l'emploi de la houppelande en drap noir au lieu de drap rouge. Le pantalon des jours ouvrables est en drap noir ou en laine blanche de poil de chèvre.

Chez les vieux Hutsules, hommes et femmes fumaient la pipe avec la même passion. C'est aujourd'hui la cigarette qui la remplace. Les femmes Hutsules ont aussi leur costume pour les fêtes, une houppelande ponceau, une camisole en peau de mouton et sans manches, plus richement brodée en couleurs voyantes que celles des hommes. Celles qui sont riches portent, au lieu de la camisole ouverte, la houppelande doublée de peau de mouton (voir n° 7). Si cette houppelande est en étoffe noire, on la borde de mouton blanc, si elle est ponceau, la bordure est en mouton noir.

Les femmes ne se servent de jupons que dans les grandes occasions, et les portent toujours bleus. Pour les jours ordinaires elles mettent en place de jupons, deux bandes d'étoffe, ou une seule fort longue, attachées à la taille et descendant jusqu'au-dessus de la cheville (voir n° 1), de manière à n'en être pas gênées pour monter à cheval. Cette sorte de jupon tendu, fabriqué à la maison, est fait de laine de mouton ; il est de couleur brune ou noire avec une large bordure rouge. Par-dessus ce vêtement on met parfois un tablier rouge, bordé de filets de faux or en bandes d'un doigt de largeur. Le jupon et le tablier, ordinairement très jolis, coûtent très cher.

Les femmes hutsules portent des chemises blanches peu longues et dont les manches sont richement brodées en fils de couleurs. Dans ces broderies, les fils de laine ou de coton sont surtout de couleur rouge, noire et verte, le bleu y est beaucoup moins fréquent.

Les broderies, que les femmes ruthènes confectionnent elles-mêmes sur des données toutes traditionnelles, sont d'un caractère et d'un goût qui ont été fort remarqués depuis quelques années. Leur facture les rattache à l'industrie des tapis manufacturés en Asie, en Perse particulièrement, et, selon la coutume des peuples orientaux qui n'emploient pas seulement les fleurs pour composer les motifs de décoration des tapis et des tentures, mais qui se servent aussi de combinaisons géométriques, offrant l'aspect de mosaïques de diverses couleurs, qui couvrent parfois la surface entière des tissus. Dans les broderies, dont nous avons formé la pl. G Z., si nécessaire pour compléter nos figures d'ensemble, on retrouve tout ce qui caractérise les ornements des tapis orientaux : des motifs composés de fleurs, dont on dessine seulement la silhouette, et dont la forme, disposée régulièrement, dépend du matériel employé. Parfois le décor consiste en arabesques fantastiques dont la source reste indécise, mais ce genre élastique se rencontre également dans les tapis de l'Orient. Cette analogie entre les productions ruthéniennes et le genre des dessins qui décoraient les tapis de Perse, du type primitif, exposés à Vienne en 1873, et que les Slaves de la Galicie, ceux qui ont formé le Musée industriel de Léopol ou Lemberg, ont fait ressortir avec un juste sentiment de la valeur de leur goût national, rend tout à fait intéressants les spécimens que nous avons rassemblés en les recueillant dans l'Exposition autrichienne de 1878, à Paris.

La femme hutsule serre sa chemise à la taille avec une courroie ou une ceinture ponceau à boucles de laiton. Les filles portent au cou et sur la poitrine des perles en verre (*rassada*), des croix, ou bien des colliers avec des chaînettes auxquelles se trouvent attachées beaucoup de petites croix, et souvent des pièces de monnaie d'argent, des médailles d'argent, de cuivre jaune et même d'étain. Elles portent des boucles d'oreille et, les jours de fête, des bandeaux de cuivre jaune appliqués sur le front. Le collier consiste parfois en une bande étroite de ruban rouge en laine, sur laquelle sont disposés des dessins formés par des perles de verre de couleurs enfilées sur du crin de cheval. Le bandeau en cuivre attaché sur le front est également appliqué sur un ruban de laine avec de la laine rouge effilochée.

Les bagues constituent un important et indispensable ornement. Les filles tressent leurs cheveux en nattes ornées, les jours de fête, de petits boutons de cuivre jaune ou de petites coquilles blanches. La manière de se coiffer est très variée. La Hutsule fait d'ordinaire deux tresses contournant la tête et retombant derrière en grosse natte. En carême, elle n'y met point d'ornements. Les jours de semaine, elle y ajoute des boutons, une laine un peu foncée, déjà portée ; aux fêtes, la quantité des ornements augmente, selon qu'il s'agit du jour de Pâques, d'une cérémonie nuptiale. En deuil, la Hutsule porte les cheveux épars, noués seulement derrière la tête. Enfin, en hiver, la coiffure est plus modeste qu'en été ; un mouchoir enveloppe la tête.

Pour sortir, pour aller à l'église, les femmes mariées mettent sur leur tête une sorte de châle en toile blanche, ouvrage de leur main ; les bouts de ce châle qui retombent sur le dos sont brodés de dessins très variés et de couleurs voyantes, dont on vient de voir les caractères par nos spécimens ; ce châle complète l'harmonieux effet du costume entier.

La femme hutsule n'a pas en main la hachette, mais une sorte de canne garnie en haut de cuivre jaune. Les femmes pauvres n'ont qu'un simple bâton.

La botte montante, en chevreau de couleur rouge, est la chaussure des jours de fête ; à l'ordinaire, ce sont des sandales et toujours des bas rouges ou de couleur voyante. « Les *Houzoules*, dit M. É. Reclus (nous avons conservé le nom *hutsule*, parce que c'est celui que nous trouvons employé par les Polonais de Lemberg), sont les plus forts, les plus gais et les plus heureux des Ruthènes. »

LES VALAQUES.

Les Valaques et les Moldaves, ne formant qu'un seul peuple, les Roumains, — sont devenus la race prépondérante sur le bas Danube et dans les Alpes transylvaines ; ils débordent même dans les pays environnants.

Le moindre paysan valaque se croit descendu des patriciens de Rome et se refuse à considérer les Gètes et les Daces comme ses ancêtres ; par sa grâce et sa souplesse, il se distingue en effet des hommes du nord et se rapproche plutôt des peuples méridionaux.

Les femmes sont la grâce même, soit qu'elles observent les anciennes modes nationales, soit qu'elles aient adopté la toilette moderne. « A ces avantages extérieurs, » dit M. Élisée Reclus, « la Roumaine ajoute une intelligence rapide, une gaieté communicative qui en font la Parisienne de l'Orient. »

Les femmes valaques sont aussi des agents irrésistibles des progrès des Roumains sur les bords du Danube pour l'assimilation des races voisines. Comme le dit un proverbe de la Serbie : « Dès qu'une Valaque est entrée, toute la maison est valaque. » Les jeunes Slaves de religion grecque les demandent fréquemment en mariage de préférence à leurs compatriotes, d'autant plus qu'il leur suffit alors d'une somme moins forte pour acheter leurs fiancées.

En Hongrie, il est encore certains comitats où le marché du mariage se fait publiquement, avec la naïveté des anciens jours. A Topanfalva, dans le haut bassin de l'Aranyos, les jeunes-gens accourent de plusieurs lieues à la « foire aux filles » qui se tient en juillet, le jour consacré aux patrons saint Pierre et saint Paul. Elles sont là par centaines, en compagnie de leurs parents et de leurs amis, couvertes de leurs atours, assises sur leurs coffres de vêtements, ayant même tout auprès le bétail qui leur est accordé en dot. Le notaire, campé sous un arbre, attend le moment de rédiger des contrats. On a compté jusqu'à cent quarante fiançailles dans une seule foire.

N° 6.

Jeune fille valaque d'Orsova ; Hongrie.

Les cheveux, entremêlés de fleurs et de rubans, ont un bandeau noué sur le côté de la tête. Pendants d'oreilles. Collier de grosses perles ; en Roumanie, les femmes riches portent trois rangées de pièces de monnaie en or, tandis que celles d'une position inférieure n'en ont qu'une seule composée de pièces d'argent. Le collier d'une rangée a une valeur de quatre à cinq cents marks, et celui de trois rangées de mille à douze cents. *Camasia*, longue chemise de lin blanc descendant jusqu'à la cheville, et munie de larges manches ; c'est la pièce principale du costume. L'encolure, le plastron, le bord des manches et le bord inférieur de la camasia sont plus ou moins richement brodés ; les dames roumaines introduisent parfois dans ces broderies des pièces de monnaie d'or et d'argent. *Cingatoria*, ceinture de laine tricolore à laquelle tient le *catrintia*, tablier aux longues franges multicolores, aussi nommé, selon les contrées, *fota* ou *zadle*.

En hiver, la femme valaque porte une camisole en peau d'agneau, sans manches, ressemblant beaucoup au *peptarin* des hommes. *Cisme* ou *ciobote*, chaussures de cuir.

LES CROATES.

De tous les Yougo-Slaves (Slaves du sud) de l'Austro-Hongrie, les plus purs de race sont, avec les Slavons, les Croates des campagnes. Ils sont grands, forts, mais leur courage les a souvent entraînés dans toutes les férocités de la guerre; le nom de « pandours », qui était celui d'un de leurs corps armés, a souvent répandu l'effroi, même jusqu'en Occident.

Dans la Croatie proprement dite, les éléments étrangers ne sont pas nombreux. Serbes-Croates, Croates purs, puis Croates-Slovènes et Slovènes se touchent et s'entremêlent de proche en proche jusqu'aux régions allemandes d'outre-Drave et à la zone ethnologique italienne des bords de l'Isonzo.

N° 4.
Montagnard croate des environs d'Agram.
Costume de fête.

Chapeau de feutre noir à bords étroits, et garni de franges jaunes au milieu desquelles est placée l'image coloriée du saint patron. Chemise courte à col rabattu et cousue à petits plis autour de la taille de façon à ce que la partie supérieure forme jupe; cette chemise se porte par-dessus le pantalon. Veste de drap brodée de fil blanc; dans l'une des boutonnières est passé le bouquet de la fiancée. *Gatyen*, pantalon de grosse toile enfoncé dans les bottes. Sac de cuir garni de franges de laine rouge.

Pour sa lointaine excursion, ce Croate s'est muni de provisions de bouche consistant en un cochon de lait embroché dans la perche qu'il tient à la main.

N° 8.
Jeune fille croate de Sissek.

En Croatie, où les jolis visages abondent, quelques femmes ont seulement un foulard noué sur la tête; d'autres portent une espèce de serviette blanche brodée de rouge ou de bleu, qu'elles disposent à peu près comme les paysannes italiennes de la Campanie et des Abruzzes. La coiffure consiste ici en un bonnet dont les broderies s'avancent sur le front; une épaisse couronne de fleurs le surmonte. Dans les autres vêtements, le rouge et le blanc dominent : longue chemise blanche ornée de dessins brodés couverte par un gracieux corsage composé de morceaux de velours de plusieurs couleurs. Collier de verroterie rouge aux rangs innombrables; parfois au milieu de ces grosses perles vermeilles étincellent quelques pièces d'or ou d'argent. Deux tabliers; l'un, celui de devant, comme le tablier valaque, est formé de longues franges fixées à une ceinture brodée, et l'autre, fixé derrière le corsage consiste en une épaisse pièce d'étoffe. Chaussures de cuir à lanières se croisant sur la jambe. Tous les vêtements de femmes sont l'œuvre de leur propre industrie.

Les n°s 4, 5, 6, 9, 14, 15 et 16 sont des dessins originaux pour lesquels les renseignements ont été fournis par les estimables « Blätter für Kostümkunde » de M. Von Heyden, Berlin, 1881.

Les n°s 1, 2, 3, 7, 8, 10, 11, 12 et 13 ont été dessinés sur les charmantes photographies coloriées du Osterreichisch-ungarische national-Trachten, publié à Vienne par la maison R. Lechner. Cet excellent recueil est comme un idéal du genre, et en fait de costumes nationaux, on peut dire que jusqu'à présent, il n'en est point qui égalent la valeur de ceux-ci.

Voir, pour le texte: Blätter für Kostümkunde. — M. G. Perrot: Souvenirs d'un voyage chez les Slaves du sud (Tour du monde, 1870-71). — M. Élisée Reclus: Géographie universelle et la belle publication faite par le Musée industriel de Léopol, 1880-1882, sur les Ornements de l'industrie domestique des paysans ruthéniens, tapis, broderies et métaux.

EUROPE

JOAILLERIES DE LA PARURE MASCULINE EN HONGRIE. — BIJOUX FÉMININS. — FILIGRANES.

N° 1.
Agrafe du bonnet.

N° 2.
Fragment de l'attache du sabre.

N° 3.
Développement en profil de cette attache.

N°ˢ 4, 5, 6.
Agrafes du manteau, formant la garniture complète d'un costume de gala hongrois. Elle est en or, enrichie d'émaux, et appartient à M. le comte Johann Mikes.

N°ˢ 7, 8, 9, 10 et 11.
Formant une seconde garniture du même caractère, appartenant à M. le comte Erdödy Jstvan Tulajdona. La grande agrafe n° 4 peut servir d'échelle de proportion ; de l'extrémité extérieure d'une crosse à l'autre, elle mesure 0ᵐ32.

Le type de ces joailleries ne remonte guère au delà du XVII° siècle.

L'introduction des fleurs sous leur figure réelle dans l'ornementation, qui date pour la sculpture des monuments seulement de la fin du XV° siècle, n'a été réalisée dans l'orfèvrerie qu'à partir de la seconde partie du siècle suivant, et ce n'est vraiment qu'au XVII° siècle que ceux que l'on appelle les petits maîtres, réussirent, par leurs travaux, leurs études gravées d'après nature, à mettre à la portée des artisans un mode de production bien éloigné de la convention quasi byzantine dans laquelle ils se renfermaient jusque là.

Les joailleries hongroises dont nous nous donnons la représentation réunissent et combinent, sans les mélanger, deux principes d'ornementation venus de deux points opposés. C'est la jonchée capricieuse de fleurs naturelles, dont l'origine est occidentale, jetée sur un fond filigrané de source orientale, de goût asiatique. Ce rapport avec la situation géographique de la Hongrie est assez curieux pour être signalé.

La flore dont on dispose dans ces parures n'est pas très riche ; ce sont toujours tournesols, jacinthes, roses, tulipes, etc., que l'on y rencontre semés, agencés sur leur tige. C'est sur les fleurs et aussi sur les feuilles que portent les émaux et que se combinent les pierres fines, et les perles. Tel est le type de cette parure brillante dont, est-il besoin de le dire, il est fabriqué nombre d'imitations avec des éléments de peu de valeur. C'est une colonie de paysans saxons, fixée en Transylvanie, qui possède depuis longtemps le monopole de cette fabrication. De là, l'émail employé a reçu le nom *d'émail de Transylvanie*.

Ce faste dans le costume civil provient des allures guerrières que les Hongrois ont toujours affectionnées. Les Madgyars, venus de l'Oural, qui conquirent la Hongrie au Xe siècle, qui, encore aujourd'hui, ainsi qu'en Transylvanie, y forment la race prépondérante, et qui eurent à lutter tour à tour, pendant des siècles, contre les Valaques, les Russes, les Polonais, les Bohémiens, contre le Turc comme contre le Croate, ont conservé un peu de l'apparat guerrier même dans les courts loisirs dont ils jouissaient. Ce faste, d'ailleurs, se trouvait facilité par les richesses du pays même, dont les mines d'or, de cristal de roche, émeraudes, topazes, hyacinthes, grenats, améthystes, opales (pour ne parler que de celles qui touchent à notre sujet) sont encore abondantes comme par le passé.

Vecellio, en parlant du *Croate, Hongrois, presque Polonais*, et en décrivant le *costume véritable du Hongrois*, montre qu'au XVIe siècle le Hongrois portait alors d'habitude le costume qu'il ne revêt plus que dans les jours de gala. « Tous font usage, dit-il, de gauses à boutons « d'or ou de verre. Ils marchent rarement sans un sabre large de trois doigts. »

Les n°s 12, 13, 14, 15, 16, 17, 18, 19, 20, 21, 22, 23, 24, 25, 26 sont des ouvrages en filigrane d'argent, de 1660-1740, réduits au quart environ de leur grandeur originale. On y trouve des croix de suspension, un médaillon contenant une vierge peinte, des boutons, des bouquets, des palmettes d'acanthe. Ce sont tous des bijoux féminins propres à être portés dans la coiffure, au cou, à la ceinture, et dont on agrémentait parfois aussi les rubans, les manches. Les orfèvres vénitiens s'étaient fait connaître dès le XIIe siècle par la délicatesse de ces sortes d'ouvrages; leur réputation s'étendait bien au delà des frontières de l'Italie et on appela longtemps les filigranes *ouvrages de Venise*. Au XVIIe et surtout au XVIIIe siècle la mode en était tellement perdue en France que l'*Encyclopédie* constate qu'il s'y trouvait fort peu d'ouvriers en état de les bien faire.

Les filigranes sont des fils métalliques ronds, extrêmement délicats, entrelacés les uns dans les autres, représentant divers ornements, et quelquefois revêtus de petits grains ronds ou aplatis; le mot est composé *de filum et de granum*, fil et grain. Les Latins appellent le filigrane *filatim elaboratum opus, aurum, argentum*. Il y avait des ouvrages seulement revêtus de filigrane, et d'autres, comme nos bijoux, qui en étaient faits entièrement. Les Maltais, les Arméniens et d'autres ouvriers orientaux ont montré beaucoup d'habileté dans ces sortes d'ouvrages. Il est probable que la commerçante Venise leur dut une grande partie de ceux auxquels on donnait son nom.

(*Les bijoux en filigrane proviennent de Munich. Les deux garnitures ont figuré à l'exposition hongroise faite à Buda-Pesth, en 1876, dans le palais du comte Aloïs Karolyi. Documents photographiques.*)

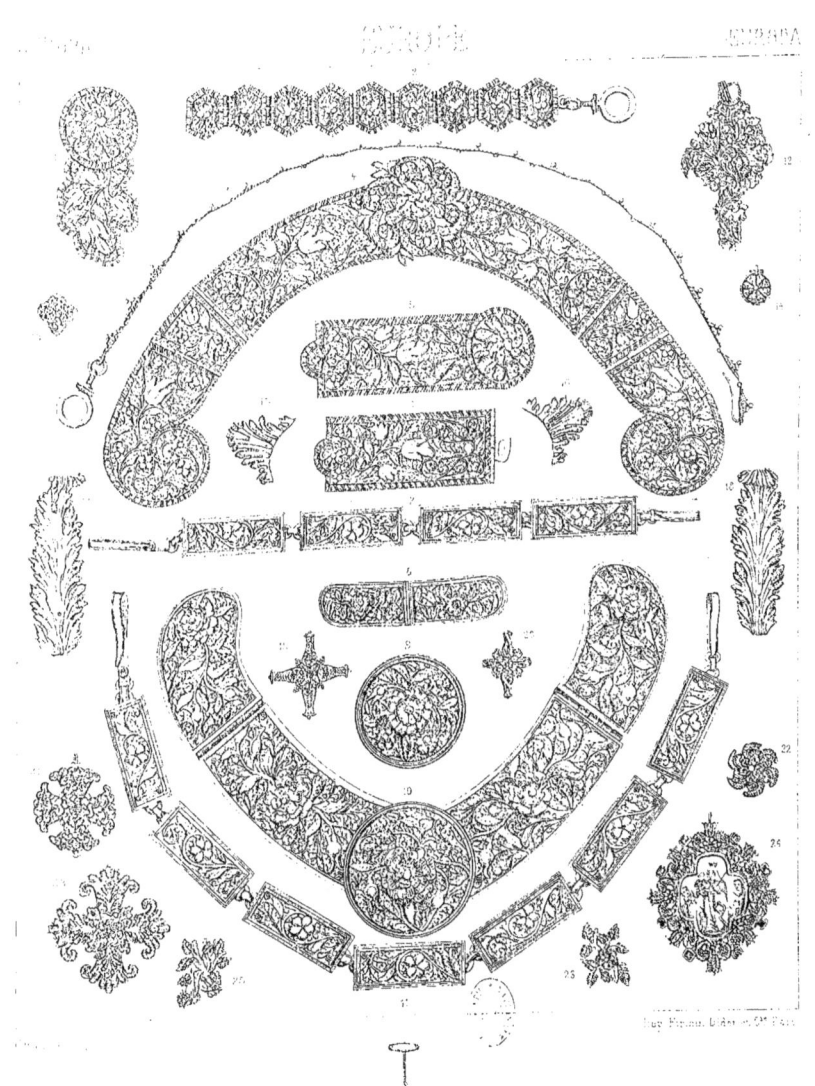

TURQUIE D'EUROPE ET GRÈCE

COSTUMES POPULAIRES.

N° 1.

Paysan grec de Monastir. Coiffure en astrakan, veste, culotte et guêtres en feutre. Chaussure en maroquin.

N° 2.

Paysanne grecque de Monastir. Coiffure d'étoffe peinte, composée de deux pièces, l'une en fichu, l'autre en voile retombant sur les épaules. Chemise de grosse toile, veste en feutre sans manches, tablier en tapis, deux ceintures dont l'une retombant jusqu'à terre. Chaussure en maroquin.

N° 3.

Femme de cultivateur de Scutari. Coiffure arrangée en toque, brodée, avec couvre-nuque. Grande chemise de toile, veste en feutre sans manches. Ceinture en argent, à laquelle est fixé le tablier en laine. La chemise dépasse la jupe par le bas, les pieds sont nus dans leur chaussure.

N° 4.

Femme bulgare de Ali Tchélébi. Bas de laine rayée, caleçon aux plis bouffants tombant sur les pieds Pantoufles en feutre.

N° 5.

Femme grecque de Hasskeuï. Coiffure, dite *bachlik*, d'où pend une pièce d'étoffe en guise de voile ou de mantille. Chapelets de verroterie. Veste échancrée, redingote, tablier, ceinture en tapis sous une seconde ceinture en argent avec agrafes. Bas à raies sans autre chaussure.

N° 6.

Paysanne de Baïdjas. Coiffure dont le développement est dû à l'adjonction d'étoupe, mariée aux cheveux et pendant en cordelettes parsemées de faux sequins et de perles de verre ; on y joint un petit fez et on roule autour une étoffe en grosse laine, nouée sous le cou. La chemise est brodée, mais se trouve cachée. La ceinture en feutre.

N° 7.

Habitant de Sofia. Vêtement de drap passementé de soie. Ceinture de laine faisant de nombreux tours.

N° 8.

Femme bulgare de Roustchouk. La coiffure se compose d'un simple mouchoir enroulé autour de la tête, dont les bouts retombent sur les épaules. Chemise de laine, brodée. Deux ceintures, dont l'une retient le tablier. Une redingote sans manches, doublée de fourrures, avec parements en fine pelleterie. Bas de laine.

N° 9.

Bulgare chrétien de Widdin. Coiffure en peau d'agneau noir. Robe courte de coton, ceinture de laine. Pelisse en peau de mouton au poil tourné en dedans, avec applications de drap coloré et réapplications de gansés en coton, en laine ou en soie; chausses serrées de cordelettes de laine; chaussure en peau.

(*Le dessin des personnages est emprunté aux photographies des* Costumes populaires de la Turquie, *ouvrage publié à Constantinople, par* P. Sebah, *sous le patronage de la Commission impériale de l'Exposition de 1873, à Vienne; et les détails du costume, ainsi que la coloration, pris d'après les modèles en nature exposés par l'Union centrale des Beaux-Arts appliqués à l'industrie (*Musée du Costume, *1874). Sur ces modèles ont été également relevées les coupes principales des pièces de vêtement représentées.*)

TURQUIE D'EUROPE

COSTUMES USUELS.

N°ˢ 1, 2, 3, 6, 8 et 9.
Costumes de Skodra (Scutari d'Albanie).

N° 1.
Hodja.

N°ˢ 2 et 8.
Dame chrétienne ; costume d'intérieur et de ville.

N° 3.
Prêtre chrétien.

N°ˢ 6 et 9.
Dame musulmane ; costume d'intérieur et de ville.

N°ˢ 4 et 7.
Berger et paysanne de Malissor.

N° 5.
Paysanne chrétienne de Matefré.

Ces exemples proviennent du vilayet de Prisrend (Prisrendi, Perserin ou Perzerim) et Skodra, dont les deux gouvernements comprenaient encore en 1873, époque où ces types ont été photographiés, l'ancienne Mœsie supérieure et la haute Albanie.

Les anciens Grecs connurent peu l'intérieur de ces contrées, que les rapides incursions des Scythes rendaient redoutables, et même après que la Mœsie eût été, de même que la Dacie et la Valachie, réunie sous Trajan à l'empire romain, ces provinces formèrent, de ce côté, la partie extrême et imparfaitement assimilée de l'empire.

C'est une singularité historique que le fait de cette barrière danubienne arrêtant jadis non seulement les armes des Grecs et des Romains, mais aussi leur civilisation et rebelle à leurs arts mêmes, si facilement envahissants sur tant d'autres points. Cette singularité est d'autant plus à remarquer que, dans les temps plus rapprochés de nous, malgré le voisinage du Turc, du Méridional oriental, et malgré la propagation de l'islamisme qui, sur le littoral du Danube inférieur, partage la population en nombre à peu près égal, malgré même la communion d'intérêts qu'ils ont avec ceux du Midi, professant le culte chrétien orthodoxe, les Slaves du sud sont restés eux-mêmes depuis qu'on les connait.

En examinant de près ce problème historique, on attribue aujourd'hui la puissance de cette résistance à l'antériorité de la civilisation que ces peuples représentent; les modes de leurs arts populaires y seraient étroitement liés. Les broderies et les vêtements tapissés slavons ont été vivement remarqués à la récente exposition universelle de Paris ; le goût moderne si fin, si mesuré, s'est laissé charmer par des productions dont les moyens primitifs, élémentaires, procurent des résultats qui égalent et souvent dépassent les meilleurs effets décoratifs des plus savantes industries. Il n'y a guère de hasards assez constants pour que, depuis les échantillons produits, allant des XIIIe et XIVe siècles jusqu'à ceux datant de nos jours, exécutés par des mains de paysans, on puisse attribuer l'unité, les franches et heureuses harmonies, le caractère enfin de ces productions anciennes et modernes à la seule succession d'inspirations individuelles qui n'auraient point eu de guide. Nous avons voulu savoir ce que l'on pensait de ces choses là où elles se font; or, l'origine à laquelle les investigateurs modernes semblent généralement d'accord pour les faire remonter paraît si intéressante, et la connaissance peut en être si utile aux artistes, puisque l'art populaire des Slaves du sud aurait pris ses racines dans les arts des civilisations-mères de la vieille Asie, que nous n'hésitons pas à résumer, quoiqu'il faille remonter haut, les preuves historiques et morales que les écrivains ont accumulées sur ce sujet.

On savait par le témoignage d'Hérodote que, quoique comprises dans les tribus scythiques, les hordes sarmates, les Slavoniens (nom qu'ils se donnaient eux-mêmes) en avaient toujours été distincts. On savait encore par lui qu'après avoir été un peuple nomade, c'est-à-dire pasteur, errant selon le besoin de ses troupeaux, les Slavoniens devinrent agriculteurs, lorsque, chassés de l'Asie centrale par ceux du nord-est, les Massagètes, et arrivés au nord du Pont-Euxin, la fertilité du sol les détermina à s'y fixer. Enfin, ce que l'on connaissait encore, c'est que, chassés de nouveau vers les IIe et IIIe siècles de l'ère moderne, les Slaves du sud entraient en Europe pour y demeurer. Voici maintenant quel aurait été leur point de départ. Les ethnologues reconnaissent sans hésitation dans le type du Slave pur le sang arien, condensation supérieure de races primitives qui se serait produite, selon des probabilités acceptées, vers le point central du continent asiatique. Sorties de la Bactriane à des époques préhistoriques, ce serait en marchant d'un pas inégal dans la direction de l'Europe que les populations ariennes se seraient trouvées dispersées. Ce serait ainsi que les quatorze tribus des Pélasges, selon Théopompe, cité par Strabon, passant par l'Asie Mineure, et s'imprégnant, chemin faisant, de sang sémitique, seraient arrivées en Grèce. Les Slaves auraient pris par le nord de la mer Caspienne et du Pont-Euxin.

A cet historique de leur marche, on ajoute que depuis qu'on les connaît, les Slaves du sud sont d'autant plus facilement restés semblables à eux-mêmes que, venus par les steppes centrales de l'Asie et ayant toujours vécu loin des grands océans, ils avaient plus de chances que beaucoup d'autres de conserver intégralement leurs traditions; que le Slave du sud a tous les caractères physiques et moraux de l'homme de la plaine, et que la ténacité, la persistance que montre presque partout l'homme de la terre, est surtout le propre du paysan de la vieille terre asiatique.

Ceci nous amène à esquisser les mœurs de ces populations, à en indiquer le caractère général, puisqu'on a lié les deux questions par des observations fort ingénieuses (1).

La famille est une association ayant son chef élu; on travaille les terres en commun; pertes et gains sont partagés. Grand-père, père, fils, petits-fils, cousins, restent ensemble, chaque couple marié ayant sa chambre particulière dans la maison. C'est une réduction de l'antique tribu comptant parfois une centaine de membres et même davantage. On prend le repas en commun, les femmes debout derrière les hommes assis; les enfants dans une autre pièce. L'existence est rude, les femmes sont surchargées de travaux; ce sont-elles qui tissent et confectionnent toutes les pièces du costume des gens de la maison. Levées en hiver à trois heures du matin, rassemblées dans la pièce commune, elles y tissent jusqu'au jour. Lorsqu'elles portent sur leur tête le lourd panier qui contient le repas des travailleurs des champs, elles s'occupent encore de la filasse; et le soir, à la veillée de chaque journée, qui se passe tour à tour dans les maisons amies, on tisse de nouveau et on brode les fins canevas. Les mères transmettent à leurs filles les recettes pour la pureté et la solidité des teintures, les instruisent à en faire l'application selon la nature des tissus ou le genre des dessins, et les initient au secret des harmonies de la couleur. Toutes ces choses transmises s'infusent si heureusement dans le sang de cette race, qu'il n'est pas rare de voir sortir de mains et de têtes d'enfants de quinze ans de nombreux et nouveaux modèles, chacun d'un dessin différent, quoique tous empreints du caractère consacré.

Ce qui est non moins remarquable que la production sortant de leurs mains, c'est de voir de quelle façon légère ces femmes accomplissent leurs travaux. Purs artistes de sentiment, accessibles par dessus tout aux deux harmonies-sœurs, celle du son musical et celle de la couleur, elles font marcher ensemble le chant et la broderie.

Quant à la source primitive de cet art des Slaves du sud, resté si indépendant et si original, et qu'ils n'ont pu emprunter aux rudes populations qui les avoisinaient au nord ou à l'est, il est permis de la chercher dans l'Orient assyrien ou médique, que plus d'une incursion heureuse fit à certaines époques leur tributaire. (Voir Maspero; *Histoire ancienne des peuples de l'Orient*, Paris, 1876.)

En somme, que ces types aient été acquis par les armes ou aient été procurés par le voisinage et les affinités de races (les Mèdes, par exemple, qui s'appelaient eux-mêmes *Aryas*, étant les congénères des Slavoniens) peu importe au fond. Ce point de départ nous paraît si intéressant que nous avons dû le signaler, puisqu'il en résulterait que l'on trouve dans

(1) Nous empruntons ces détails au très intéressant opuscule, publié à l'occasion de l'Exposition universelle de 1878, sous le titre : *d'Agram-Croatie*, tiré d'une notice allemande de M. Félix Lay, sur la civilisation des Slaves méridionaux, imprimée à Hanau en 1872; opuscule suivi depuis d'un ouvrage plus étendu, intitulé : *Ornamente südslavischer u. nationaler Haus u. Kunst Industrie*; Wien.

les ornementations slavonnes le moyen de suppléer sans trop de risques, à ce que la sculpture de la haute antiquité asiatique ne peut donner seule, c'est-à-dire, la nature même, la délicatesse, la franchise de ton et l'harmonie puissante de parures usuelles remontant aux temps les plus éloignés.

Quant à l'art des Slaves du sud, exercé par des mains populaires, il révèle un peuple doué de qualités exceptionnelles. Avoir su, sans sortir du cycle de leur tradition, sans rien emprunter au dehors, constamment rajeunir avec une mesure parfaite, un goût sûr, un charme nouveau, de vieilles formules, c'est assurément une chose rare et digne de remarque. Cette facilité à varier sans cesse un thème consacré rapproche des grandes facultés des Grecs les heureuses facultés de l'humble paysan de la Slavie méridionale.

C'est dans les vêtements tapissés, les broderies en couleurs et en soie métallique, en point de marque et autres, ainsi que dans leur orfèvrerie-joaillerie, que les traditions slaves paraissent appartenir à la plus haute antiquité. Quant aux dessins en applique, à l'aide de bandes en ton tranché, l'origine en remonte à l'usage de recouvrir les contours des vêtements de peau. On ne les rencontre guère dans les monuments de haute antiquité.

La toile fine et très solide, que l'on rehausse de dessins coloriés en points de tapisserie et de chaînette, offre un des plus fins canevas de la terre. Les broderies sont toujours régulièrement ordonnées. Le rayé simple, le mille-raies, le croisé, appelé communément à l'écossaise, dont on décore certaines soieries ou cotonnades, sont de vieilles formules asiatiques, employées fréquemment pour les tabliers en Bulgarie et en Roumanie (voir pl. Turquie d'Europe : la Coupe) ; on les trouve dans les peintures du *Térence* du Vatican, représentant les Barbares.

Quant aux vêtements en tapisserie, notre n° 7, le costume de la paysanne de Malissor, parle de lui-même : il est difficile d'en rencontrer d'un plus beau caractère. On y compte, paraît-il, vingt-neuf pièces, ayant chacune une destination définie : le *gueuchluk*, ou corsage collant ; le *dubliten*, jupe raide, sans un pli ; le *tablier* ; le *terba*, sac à ouvrage ; les *bas*, montant jusqu'à mi-cuisses, épais et forts. D'ordinaire, on n'y joint pas de chaussures, ces bas chauds en tenant lieu. Enfin, la dernière pièce de ces tapisseries, faites toutes en laine de premier choix et ornées de dessins ouvragés, est la ceinture frangée, maintenue par une seconde ceinture en galon d'or, fermée par une boucle d'argent, finement travaillée. Les sequins de la coiffure, entremêlés de chaînettes, descendent jusqu'aux yeux. L'ample *bachlik* qui la couvre et tombe sur l'épaule est un châle brodé d'or. L'*oustrougha*, le manteau jeté sur l'épaule, est plus simple et frangé ; il est agrafé par un *tchaprass*, formé de pièces d'argent réunies par des plaques d'orfèvrerie épaisses et en repoussé. Cette paysanne de Malissor est une de celles qui confectionnent chez elles des tapis pour la vente ; elle tient d'une main l'étui de ses ciseaux, de l'autre, son sac à ouvrage. C'est de ses propres mains que sont sorties toutes les pièces de son costume.

Le berger de Malissor, n° 4, est vêtu en peau d'agneaux à peine nés ; des passementeries et broderies de soie noire dissimulent toutes les coutures. Un *chalvar* (caleçon), un *entari* (veste) presque collants; une large et épaisse ceinture de laine; des bas de laine; des *tcharyk*, la chaussure que le paysan fabrique, en général, lui-même; et enfin le *fez* droit avec le *puckul* de soie, composent ce costume de pasteur. Il a à la ceinture un petit sac en forme de cartouchière et les deux *duduk* (flûtes) qui lui servent à charmer ses loisirs.

Enfin, le n° 5, une chrétienne de Matcfré, complète la série des costumes de nos paysans bulgares. Celle-ci porte une coiffure ornée de monnaies et de plaques de métal avec un couvre-nuque pouvant être ramené par devant; sa chemise de laine est décorée de broderies en bordures d'un beau caractère; le court tablier, très typique, est en tapisserie; ses *paboudj* ont des houppes en rosette; elle a des boucles d'oreilles. Ces deux femmes, n°ˢ 7 et 5, ne portent ni l'une ni l'autre le large caleçon, le chalvar. Les Bulgares, en général, n'en font pas usage, et, pour la plupart, ne mettent même pas de bas. D'habitude, les femmes des cultivateurs, vêtues seulement d'une chemise et du tablier, chaussent leurs pieds nus, pour sortir de la maison, simplement de la pantoufle en cuir rouge ou noir, ou d'une chaussure en feutre, si le terrain le permet. Le Bulgare laboureur, jardinier, habillé de peau de mouton, ôte d'ordinaire sa veste pour travailler, ne gardant que son pantalon. Son manteau ne lui sert guère que lorsqu'il va à la ville. (La planche Turquie d'Europe, au signe de la Coupe, offre, sous les n°ˢ 6, 8, 4, 3, 7 et 9, des exemples de costumes bulgares.)

Ainsi qu'on peut le voir, c'est en usant d'une ordonnance régulière, d'un dessin à répartitions claires, souvent en bandes, et en employant presque toujours les tons francs dans leur vêtement, obtiennent chise, que les Slaves du sud, ornant à peu près toutes les pièces de leur vêtement, obtiennent leur décor. Les vêtements de ceux qui suivent le mode plus méridional sont d'une autre nature : les étoffes sont unies, ou, lorsqu'elles sont ornées, ce qui est très fréquent chez les femmes, on n'emploie guère pour les grandes pièces de l'habit que des broderies d'un ton unique, dont le dessin abondant, savamment compliqué, offre une combinaison d'arabesques formant réseau. Cette décoration couvre en général le vêtement tout entier, mais parfois seulement une partie (voir n° 2); des fleurs brochées, peintes, tissées ou imprimées, de goût persan, se voient sur les chalvars, les mouchoirs, les serviettes, les écharpes portées par les femmes; mais le genre est si facilement reconnaissable qu'il est inutile d'insister.

Le Hodja, n° 1, a un costume ample, large, confortable, de drap solide. Sa coiffure est un fez à gros gland, entouré du *saryk* blanc; un *mintan* de coton imprimé lui couvre la poitrine; le gilet sans manches est garni de gros boutons coupés à facettes, en passementerie; ceinture de châle; chalvar de drap; le *dolama* sans manches, tombant jusqu'aux pieds, est recouvert par le *binich*; enfin, la chaussure *mest* et les *paboudj* en maroquin complètent ce costume. Les manches du mintan laissent passer, en forme de manchettes, l'extrémité d'une chemise de lin fin, dentelée sur les bords.

Le prêtre chrétien, n° 3, n'a pas même le *kalpak* traditionnel de la profession. Son costume est celui d'un bourgeois arnaute : le fez; chemise de soie cuite, dite *bourundjuk*; gilet croisé; chalvar d'étoffe lustrée, à mille plis; ceinture en laine; bas soigneusement tirés; pour chaussure, le *yéméni*; son pardessus à manches est le *djubbé*.

Les chrétiennes représentées sous les n°s 2 et 8 portent le caleçon ample, comme les musulmanes; il n'y a que les Bulgares qui ne l'aient pas adopté. Ces deux exemples représentent la même dame en costume d'intérieur et en tenue de ville. La coiffure d'intérieur qui, de face, a l'apparence d'un mortier, est une simple serviette de coton, brodée de soie et d'or, entourée d'un épais galon. Boucles d'oreilles en filigrane d'argent; collier de même, aboutissant à une croix renfermant des reliques; chemise en bourundjuk, retenue sur la poitrine par des boutons et des épingles d'argent; large ceinture d'orfèvrerie posée sur une autre de gaze, fixant à la taille le chalvar en étoffe mince et lustrée, à plis cassants, miroitants; paboudj largement échancrés, relevés au bout; manches de la chemise en jabots plissés couvrant la moitié de la main; long djubbé sans manches, tombant carrément, garni de boutons serrés en forme de grelots. Pour aller en ville, on ajoute le manteau de drap à manches flottantes (voir n° 2), avec revers et capuchon, et le voile de mousseline, rarement fermé, plus souvent noué sous le menton.

Les n°s 6 et 9 représentent une dame musulmane de Skodra, en costume d'intérieur et en tenue de ville. La coiffure est une espèce de casque en étoffe tissée d'or, surmonté d'une aigrette d'orfèvrerie vissée sur une épaisse plaque d'argent finement travaillée; le front est bordé d'une triple rangée de sequins suspendus à des chaînettes tenant au casque; les plus longues de ces chaînettes relient la coiffure à un poitrinal formé par les rangs multipliés de monnaies d'or et d'argent; la chemise en bourundjuk, couvrant seule les seins, est transparente; l'entari de soie brochée est tailladé aux manches; le djubbé, sans manches, descend à mi-jambes; entari et djubbé laissent la poitrine à découvert; c'est dans une boutonnière de ce dernier vêtement que l'on passe, pour la montre, le mouchoir de linon, brodé aux quatre coins de fleurons d'or; il en est de même pour la serviette de coton pelucheux, à sextuple étages de broderies en soie de couleur entremêlées de paillettes, que l'on porte à la ceinture; cette dernière est un épais tissu de fils d'or et de soie, frangé de tresses terminées en houppe; bas blancs; paboudj en velours, ornements en feuillages d'or et fleurettes en perles fines. Pour sortir, on dévisse l'aigrette du casque, le *tépélik*, afin de jeter sur sa tête le *féradjè*, le manteau, dont on s'affuble comme d'une vaste cape; on le ramène avec soin sur le visage à la rencontre d'un passant d'un autre sexe.

(*Le dessin des personnages est emprunté aux photographies des* Costumes populaires de la Turquie, *ouvrage publié à Constantinople par P. Sebah, sous le patronage de la Commission impériale de l'Exposition de 1873, à Vienne; et les détails du costume, ainsi que la coloration, sont d'après les modèles en nature exposés par l'Union centrale des beaux-arts appliqués à l'industrie, musée du Costume, 1874.*)

AY

ORIENT

PARURES DU TURKESTAN, DE L'ÉGYPTE ET DE LA BULGARIE.

N° 1. — Boucle d'oreille du Turkestan.

Anneau en argent avec pendants ornés d'émeraudes et de grains de corail; garnitures en or. Les boucles d'oreilles s'attachent souvent au turban.

La plus grande partie des bijoux sont en argent; le pâle éclat de ce métal ressort beaucoup plus que l'or sur la peau bronzée des femmes. Voir les n°⁸ 12, 13, 15 et 19.

N° 2. — Suspension de collier en argent repoussé et ciselé; Égypte. Largeur, 0ᵐ,09; certaines ont de 0ᵐ,30 à 0ᵐ,35. Épaisseur, 0ᵐ,12. — Voir le n° 18.

Ces étuis, attachés à un cordon de soie, renferment les *hegabs* ou amulettes et portent quelque verset du Coran en inscriptions minuscules, dans le genre de celui-ci : « Volonté de Dieu, arbitre suprême des « choses nécessaires. »

N°⁸ 3 et 4. — Lourds anneaux de jambes à l'usage des fellahs; argent repoussé. Le n° 3 a 0ᵐ, 07 de diamètre et le n° 4, 0ᵐ, 04.

Les anneaux des chevilles du pied, d'or ou d'argent massif, ne sont plus guère portés aujourd'hui; très lourds, se choquant entre eux, ils résonnaient dans la marche ainsi que l'indique une chanson d'amoureux : « Le son de tes anneaux de pied m'a privé « de la raison. » — Isaïe y fait aussi allusion dans ce verset ; « Les filles de Sion s'élèvent avec orgueil « parce qu'elles marchent la tête haute en faisant « sonner leurs pieds. »

N° 5. — Ancien *guerdanlik* (collier) en argent de la Bulgarie; estampages. — Hauteur, 0ᵐ,19; largeur, 0ᵐ,15. (Voir la pl. la Lampe, Turquie d'Europe).

N° 6. — Bonnet de femme en forme de casque; Turkestan. Velours doublé de soie; pierreries; ornement en argent repoussé.

N°⁸ 7 et 8. — Boucles d'oreilles en or ; Égypte. Le n° 7 est émaillé ; le n° 8, filigrané.

Les boucles d'oreilles sont variées à l'infini et consistent, soit en diamants montés en argent, dorés sur le revers pour ne pas être ternis par la transpiration, soit en branches de diamants montés en or. D'autres sont formées d'émeraudes ou de rubis montés en filigranes, entourés de boucles d'or.

C'est dans l'empire ottoman que se font les beaux ouvrages en filigrané; Damas, Beyrouth, Monastir, Orfa ont chacune leur célèbre *esnaf* de *kouyoumdji* (corporation des bijoutiers) qui se distinguent depuis longtemps par un goût délicat et de hautes qualités artistiques.

Ces bijoux, et particulièrement le n° 7, sont de cette joaillerie branlante, rythmique, si chère aux femmes de l'Orient. (V. la pl. de bijouterie orientale ayant pour signe le Seau.)

N° 9. — *Orya*, collier arabe en argent et orné de perles ; hauteur, 0ᵐ,17 ; largeur, 0ᵐ,15.

L'*Orya*, parure des personnes riches, est fait d'or ou d'argent creux; quelques femmes y ajoutent des sequins ou des médailles turques et égyptiennes. Ce pectoral est quelquefois assez long pour descendre jusqu'à la ceinture.

L'eckd est le collier favori des classes inférieures ; sa valeur est de quelques piastres ; il a souvent deux ou trois rangs.

Celui appelé tock est simplement un anneau d'argent ou de cuivre, ou même d'étain ; les petites filles surtout se parent de ce clinquant qui souvent n'est que du fer.

N° 10. — *Dibleh* (bague) en argent.

Une bague sans pierre s'appelle *dibleh* ; quant aux autres, les *khatims*, elles diffèrent peu des nôtres par la forme. Le présent d'un bijou de ce genre est la plus grande marque de confiance chez les musulmans qui le portent au petit doigt de la main droite.

La bague en cachet sert de seing pour les lettres et les documents officiels ; son empreinte est réputée plus valable que la signature.

N° 11. — Fragment d'un collier en argent.

N° 12. — Boucle d'oreille du Turkestan ; triangle d'argent repoussé et ciselé ; garniture d'émeraude et de corail.

N° 13. — Boucle d'oreille ornée de pierreries. Turkestan.

N° 14. — Boucle d'oreille en or ayant la forme d'un pulvérin et ornée de pendeloques ; Égypte.

N° 15. — Boucle d'oreille en argent, garnie de corail ; bâton horizontal que deux chaînettes, reliées par un anneau, suspendent à un petit crochet ; Turkestan.

N° 16. — Bracelet à mailles en argent ; la pièce du milieu est enrichie de corail et d'émaux cloisonnés.

N° 17. — Bracelet monté en or ; filigranes, turquoises et émaux cloisonnés ; Turkestan.

N° 18. — Suspension de collier ; argent repoussé et ciselé ; cordon en laine ; Égypte. Largeur, 0^m,06. — voir le n° 2.

N° 19. — Boucle d'oreille en argent ; une pièce cloisonnée et des pendeloques garnies de corail sont suspendues à l'anneau ; Turkestan.

N° 20. — *Tepelik* (frontal) en argent ; Bulgarie. Largeur, 0^m,17 ; hauteur, 0^m,10.

Sorte de ruban en mailles d'argent, garni de petites plaques indépendantes les unes des autres ; chaînettes recouvertes de motifs en argent et se terminant par des croissants en or ; chaîne transversale à laquelle se balancent des sequins. Les deux extrémités de ce frontal se rejoignent derrière la tête au moyen d'un crochet attenant à une petite chaîne. Voir la pl. la Lampe, Turquie d'Europe.

N° 21. — *Guerdanlik* en argent ; Bulgarie. Hauteur, 0^m,14 ; largeur, 0^m,18.

La rangée supérieure formant le collier est composée de motifs enrichis de pierreries ; de ces motifs tombent plusieurs chaînettes se reliant avec d'autres qui forment une triple rangée horizontale ; les deux premiers rangs sont ornés de petites palettes ; le troisième, de croissants ciselés et repoussés.

Ces deux dernières parures, composées de pièces métalliques superposées et mobiles, sont combinées pour la résonnance.

N° 22. — Ornement pour les cheveux ou pour le turban : manche en métal ; feuilles d'or posées sur du mastic ; Turkestan.

Les n°^{s} 1, 6, 12, 13, 15, 17, 19 et 22 sont la reproduction d'objets provenant de la mission de M. de Ujfalvy dans le Turkestan.

Les n°^{os} 2, 3, 4, 5, 7, 8, 9, 10, 11, 14, 16, 18, 20 et 21 *faisaient partie de la collection du vice-roi d'Égypte à l'exposition internationale de Paris en 1878.*

Voir, pour le texte : Mouradja d'Ohsson, Tableau général de l'Empire ottoman, Paris, Didot, 1821. — Lane, Manners and customs of the modern Egyptians. — Regnault (A.), Voyage en Orient, Grèce et Turquie, Paris, 1855. — Hamdy-Bey et Launay (Marie de), les Costumes populaires de la Turquie en 1873. — Mme Ujfalvy-Bourdon, D'Orembourg à Samarkand (Tour du monde), Paris, Hachette, 1879.

TURQUIE D'EUROPE

COSTUMES DES VILAYETS DE YANIA ET DE SÉLANIK.

(ÉPIRE OU BASSE ALBANIE; THESSALIE; MACÉDOINE.)

```
   1     2     3     4     5
   6     7     8     9
```

Le vilayet de Yania comprend l'Épire ou basse Albanie et la Thessalie; la ville principale est Yania ou Janina, capitale de l'Épire. Les Épirotes ou Albanais qui se nomment eux-mêmes *Arbenesce*, d'où les Byzantins ont fait *Arvanitœ*, les Turcs *Arnaout*, se donnent aussi le nom de *Skipetar*. Ce dernier nom paraît signifier l'homme toujours armé, celui qui se sert de l'épée, du *skiphos*. Les Albanais, qui, selon toute apparence, sont une tribu des anciens Illyriens, sont vigoureux et guerriers; ces soldats d'Achille, de Pyrrhus et de Iskender-bey (Scanderbeg) ont conservé toute leur réputation.

Le vilayet de Sélanik est l'ancienne Macédoine; il est limitrophe à l'ouest de celui d'Yania.

La principale industrie des Épirotes est le costume. Ce sont les tailleurs-brodeurs de Yania qui fournissent à toute la Grèce ces splendides vêtements dont l'étoffe disparaît parfois complètement sous l'or des broderies. En moyenne, un costume d'homme de ce genre est vendu à Yania, 1600 fr. (8000 piastres); un de femme, 1800 fr.; un d'enfant, 500 fr.

N° 7. — *Arnaout de Yania*, en costume riche.

Haut *fez* de feutre rouge, au long *puskul* de soie bleue maintenu par un gland d'or; *djamadan*, gilet croisé; *yelek*, gilet droit; *tchepken*, veste à longues manches ouvertes; *silahlik*, ceinture de cuir à plusieurs compartiments, propres à loger tout un arsenal de pistolets, tromblons, sabres et couteaux rehaussés de fourreaux et de garnitures en argent repoussé, gravé, niellé. (Ce silahlik est brodé d'or en point de couchure; on ne porte plus d'armes aujourd'hui qu'en temps de guerre, mais la ceinture désarmée reste dans l'usage pour conserver la bonne symétrie de l'ensemble du costume.) *Fistan*, jupe blanche à tuyaux raides, évasés; *dizlik*, guêtres brodées en or sur un modèle conforme à l'ornementation du haut de l'habillement ; ces guêtres sont rattachées au caleçon par des jarretières en tissu d'or dont les bouts retombent sur la jambe ; le bas couvre en partie les *tcharik*, l'élégante chaussure à pointe recourbée à la poulaine ; des pompons de soie flocouneuse se balancent tout le long de l'extrémité de ce soulier d'apparat.

N° 8. — *Dame arnaoute* de Yania.
(Cet élégant et somptueux costume a coûté, à Yania, 2,720 francs.)

Fez de forme basse, dont le feutre rouge et le *puskul* bleu sont garnis de fils d'or terminés par de petites boules de même métal ; la marche communique à ces fils suspendus un mouvement qui les balance et fait bruire les boules. Chemise de soie cuite crépelée, le *beurundjuk*, lamée d'argent et finement brodée à jour. *Entari* de satin, à jupe à la *franka*, à longues manches ouvertes ; ce vêtement est assujetti à la taille par un *yelek* à boutons en grelots, recouvert d'un *mintan* à manches plus larges et plus longues que celles de l'entari, qu'elles enveloppent sans les cacher entièrement. Ces trois pièces du costume, entari, yelek et mintan sont d'une même étoffe, et ornées de broderies finement exécutées. Le pardessus sans manches est le *djubbé* ; il est en velours, et l'art du brodeur se donne libre carrière sur le fond intense de sa couleur. Le *gansé*, le *soutache*, le *point de couchure*, la *finition*, tous les points imaginables concourent à la décoration du djubbé, sur lequel s'entrelacent les fleurs, les rinceaux, les épis d'or, au gré du caprice de l'artiste. Rien de mieux composé, de plus délicatement achevé que ces magnifiques broderies sur le velours qui, par sa note vigoureuse, relève ce qu'il y aurait de trop uniforme, de trop éclatant, dans le reste du costume. Les *paboudj* sont très simples, sans pompons ni fioritures ; il n'y a aucun autre bijou que des boucles d'oreilles discrètes, sans prétention.

N° 9. — *Arnaout* de classe moyenne.

Le *djamadan* a disparu du costume des gens de cette classe. L'Arnaout représenté ici porte le *yelek*, le *tchepken* et les *dizlik* en drap fin, avec des broderies de soie qui en ornent toutes les pièces. Le fez est un peu moins haut que celui des riches ; le gland d'or est supprimé tout en conservant l'ample et lourd puskul. Le *fistan* a des plis plus larges, moins compliqués ; les *tcharik* sont moins courbés à la pointe, et leurs pompons de soie sont en plus petite quantité. Le silahlik est simplement rayé d'or. Le pardessus, qui sert de complément à tous les costumes arnaouts, est le *ahlouka kébéi* ; c'est une sorte de paletot long et large sans manches, en étoffe feutrée d'un côté, à longs poils de l'autre. On le porte le poil en dehors ou en dedans, selon l'occasion. C'est un vêtement très chaud, très commode ; il est à bon marché et indispensable.

N° 6. — *Arnaout* de la classe pauvre.

Le fez est remplacé par un bonnet blanc tout aussi chaud ; pour préserver les cheveux du contact de son feutre plus rude que celui du fez, on met d'abord un *takké* de coton blanc. Les pièces du costume sont les mêmes que ce qu'on vient de voir ; ce qui les distingue c'est qu'au lieu de drap elles sont en une espèce de feutre qui s'appelle *aba*. Les broderies y sont aussi plus rares et d'un dessin moins recherché. Le silahlik est en cuir tout uni ; les *tchgrik* n'ont pas de pompons, les guêtres sont en *aba*, les jarretières en passementerie commune ; le *fistan*, à plis larges et irréguliers est en calicot grossier.

N° 3. — *Paysan* des environs d'Yania.

Le *fistan* cesse de figurer dans ce costume où tout revêt un cachet foncièrement utilitaire. Une chaude ceinture de laine épaisse remplace le cuir du silahlik ; des chausses, *des caltchoun*, au lieu de guêtres, et des *tcharik* sans pointe recourbée, attachés aux chausses par des lisières de cuir, enfin l'*ahlouka kébéi* plus ample, lourd, et une chemise de grosse toile fabriquée à la maison, tel est le costume de ce travailleur des champs.

N° 2. — *Haham-bachi* de Selanik.

Le *Haham-bachi* est un docteur juif ès-science religieuse. Ce docteur donne à ses administrés l'exemple d'une tenue simple où sont évitées les teintes trop éclatantes. La coiffure de celui-ci est le *kavézé*, d'où sortent les deux boucles de cheveux frisés qui caractérisent tout Israélite de la vieille roche. Son *entari* est de soie rayée, et ne fait pas un pli sous son *djubbé* de drap fin, de couleur sombre, contenue. Son pardessus est le *binich* ; il est de couleur foncée ; les manches comme le vêtement lui-même n'ont qu'une ampleur modeste. La chaussure traditionnelle, *mest* ou *paboudj*, est en cuir noir.

N° 5. — *Hodja* de Selanik.

Un *hodja* est un *aalim*, un membre du corps des ulémas dont la fonction est l'enseignement. Celui-ci porte le *saryk* blanc sur son fez; il a la ceinture en châle sur son *cutari* à larges fleurons imprimés; il est chaussé de bottines molles, les *laptchin*, et de souliers *yémini*. Son *mintan*, son *chalvar*, son *djubbé*, n'ont rien de particulier. Son *binich* offre seul quelque originalité : les manches en sont infiniment plus larges qu'il n'est d'usage à Constantinople; elles sont échancrées en rond, de sorte que les mains peuvent agir à l'aise sans cesser d'être couvertes.

N° 1. — *Bourgeois de Monastir.*

Monastir, ville principale du bassin de Bistritza (autrefois Érigon) ou Karasou, est le chef-lieu de l'un des *mutessariflihs* du vilayet de Sélanik. Le bourgeois aisé, représenté ici, paraît être quelque maître distingué de l'importante corporation des fabricants de filigrane, qui font la prospérité de cette ville. Les objets en filigrane d'or et d'argent qui se fabriquent là sont renommés pour leur bon goût, leur légèreté, le fini de leur ornementation, et leur bon marché relatif.

Ce bourgeois prospère ne porte pas le solide et chaud *aba* tissé dans sa province, mais du drap d'Autriche, un peu plus cher quoique moins bon. Son *djamadan*, son *mintan*, son *tchepken*, sont enrichis d'épaisses et gracieuses broderies d'or. Son *potour*, plus exposé aux injures du temps, n'est décoré que de quelques rosaces en broderies de soie. Lorsque, selon l'usage antique, ce vêtement de fatigue est légué aux enfants, c'est souvent avec quelque pièce par derrière. La ceinture de cet *ousta*, maître, est garnie d'une chaîne de montre en passementerie fabriquée dans la ville même; c'est une coquetterie toute locale. La montre, qui est dans le gousset du *djamadan*, est, le plus probablement, quelque oignon séculaire enfermé dans un boîtier *ad hoc*, comme on n'en confectionne plus qu'en Turquie. Cet écrin, lourd et superbe, se met dans une bourse en cachemire. Le fez de ce bourgeois de Monastir est épais et dur comme un chapeau européen. Les souliers sont des *goundoura* noirs, signalés comme des monuments impérissables.

N° 4. — *Dame musulmane de Salonique.*

Ce costume de ville ne diffère en rien de celui des dames musulmanes de Constantinople. C'est le voile de mousseline, le *yachmak* qui ne laisse voir que les yeux; le *féradjé* à manches larges, retombant par derrière comme un manteau; l'*cutari* court; le long *chalvar*; des *tchédik* dans des *paboudj* à pointes légèrement recourbées.

Le dessin des personnages est emprunté aux photographies des Costumes populaires de la Turquie, *ouvrage publié en 1873 à Constantinople, par P. Sebah (texte de Hamdy-bey et M. de Launay), sous le patronage de la Commission impériale de l'exposition de Vienne. Les détails du costume, ainsi que leur coloration, sont pris d'après les modèles en nature exposés par l'Union centrale des Beaux-arts appliqués à l'Industrie, Musée du costume, 1874.*

ITALIE. — XIXE SIÈCLE

COSTUMES DE FEMMES DU PEUPLE.

```
     3    4    5    1    2    6
     9   10    7   11         8
```

N° 1.

Femme de Transtévère, à Rome.

N° 2.

Femme de Rome.

N° 3.

Femme du pays de Frousolone, comté de Molisse (Abruzzes).

N° 4.

Femme de Nocera de Pagani (royaume de Naples).

N°s 5, 6.

Chuchardes de Mola (royaume de Naples).

N°s 7, 8.

Chuchardes de Fondi (royaume de Naples).

N° 9.

Femme de Padoue (États de Venise).

N° 10.

Femme du peuple, à Venise.

N° 11.

Femme de Milan.

(*Parmi ces costumes, dessinés en Italie vers 1810, il en est, comme les n°s 5, 6, 7, 8, qui se rattachent à la plus haute antiquité.*)

ITALIE

XIXᵉ SIÈCLE. COSTUMES POPULAIRES DE ROME.

LES TRASTÉVÉRINS.

1   2   3   4   5   6   7   8   9   10   11

Bartolommeo Pinelli, si estimé par les artistes, graveur fécond, alerte, charmant, est, par excellence, le dessinateur populaire des choses de la basse Italie, pendant la première partie du siècle ; né dans le faubourg de Trastévère, il reste le plus exact portraitiste et le meilleur historien des Trastévérins, ces laboureurs, jardiniers ou vignerons d'au-delà du Tibre, qui se donnent comme les vrais et seuls descendants des Romains.

L'assemblée que nous reproduisons, composée de *sgherri romaneschi*, tapageurs rodomonts, querelleurs, prompts à s'emporter, à défier, à se battre, un peu spadassins, qui s'enrôlent avec empressement pour suivre un chef ardent, hardi, un de ces *capo-popoli* qui, les jours de révolution, sont des Rienzi ou des Mas'Aniel, est une des cinquante-deux grandes gravures parues en 1823, où Pinelli, en illustrant le poème de Meo Patacca, une satire romaine où les scènes populaires abondent, mais qui remonte à 1695, ne s'est nullement préoccupé de l'ancienneté de l'âge, mais s'est servi des modèles qu'il avait sous les yeux et qu'il connaissait si profondément. Il Meo Patacca, un nom populaire un peu ridicule (*Patacca* veut dire *patard*, menue monnaie, *petecchia, taquin; Meo*, probablement l'abréviation de *Bartolommeo*) est un récit plein d'observations, où la langue, les allures locales sont retracées avec une vérité qui lui a valu un immense succès, et des plus durables parmi le peuple. Écrit par Giuseppe Bernari dans le dialecte populaire de Rome, *il lingguagio romanescho*, c'est un de ces poèmes comiques (*giocoso*) dont le badinage n'appartient qu'aux populations assez fines, assez bien douées, pour savoir rire d'elles-mêmes, c'est-à-dire de certains excès de leur caractère. Le sujet consiste dans l'émotion causée à Rome lors de l'investissement de Vienne par les Turcs ; nouvelle aggravée de la fausse annonce que l'étendard de Mahomet flotte déjà sur la ville assiégée, et va, infailliblement, parcourir toute l'Europe. Là-dessus, à Rome, remue-ménage extraordinaire, dont le principal auteur est Meo Patacca, le héros trastévérin. Il parle et agit avec une puissance d'entraînement irrésistible, fait des enrôlements, exerce ses compagnons, endosse enfin l'habit pompeux du commandement, et se trouve tout prêt à partir pour la victoire, lorsqu'arrive la nouvelle de la délivrance de Vienne par Sobieski : nouvelle qu'il a du moins l'honneur de recevoir le premier et de propager avec le même feu inextinguible qui l'anime tout le temps. Le poème se termine par l'heureux hyménée de Patacca et de Nuccia, une de ces belles Trastévérines à l'œil fier, à l'attitude dédaigneuse, pour lesquelles l'homme aimé doit être un sujet d'orgueil.

Dans ses *Tableaux de la ville éternelle* (1835), M. Joseph Regnier s'exprime ainsi : « Seuls les hommes du peuple ont gardé la carmagnole de velours, la ceinture ou *fascia* barriolée, le haut-de-chausses pareil à la veste, les boucles larges aux genoux, incommensurables sur le soulier. D'aucuns retiennent leur épaisse chevelure dans le réseau de soie noué sur une oreille, et campent sur l'autre un chapeau pointu, relevé d'un bord ; sur leurs épaules débraillées s'étale une manière de cravate rouge ; la petite veste se porte alors au vent comme un dolman de housard, et le gilet blanc ou rouge, à la napolitaine, se croise à l'aide de petites chaînes terminées par une boucle d'argent ciselé. On déboutonne la genouillère pour laisser voir un caleçon rouge qui serre le genou avec une rosette flottante, et tout cela forme un négligé galant. »

Nous joignons à la scène principale une suite de coiffures d'hommes et de femmes, toutes tirées de la même suite de planches.

N° 1. — L'un des témoins du mariage de Patacca, coiffé d'un bonnet lié d'un nœud de rubans, qui enveloppe les cheveux.

N° 2. — Jeune homme, dont la chevelure en partie nattée forme un chignon, traversé par une épingle, et orné d'un petit nœud de ruban.

N° 3. — Marco Pepe, le rival de Patacca, portant le bonnet enrubanné du n° 1 et par dessus, s'avançant jusque sur ses sourcils, un petit bonnet de coton à floche, qui n'occupe peut-être cette position que pour cacher le trou de la blessure que Patacca lui a faite au front en un combat singulier.

N° 4. — Nuccia, la maîtresse de Patacca ; chevelure en partie nattée bien dégagée, se relevant en belle masse et retenue par le haut peigne, marchant avec le nœud de rubans et des pendants d'oreilles en perle allongée.

N° 5. — Meo Patacca.

N° 6. — Homme du peuple, en longue résille, sous le chapeau de la famille des Bolivars. Cette grande résille est encore prolongée par deux cordons à petits glands qui pendent jusqu'à la hauteur de la ceinture.

N° 7. — Femme du peuple portant le chignon haut, surmonté du peigne habituel, et ayant la perle allongée à l'oreille.

N° 8. — Jeune homme paré d'une fleur, posée non à l'un des revers de la veste ouverte, mais dans le gilet à la base du cou.

N°s 9 et 10. — Chapeaux de modèles divers.

N° 11. — Aspect postérieur d'un chignon féminin.

Aquarelle de M. Stéphane Baron.

Voir pour le texte : *M. Eugène de Montlaur*, de l'Italie et de l'Espagne ; Paris, 1852. — Le *Magasin Pittoresque*, année 1857. — *Ch. de Brosses*, Lettres familières écrites d'Italie en 1739 et 1740 ; avec une étude littéraire et note, par *Hippolyte Babou* ; Paris, 1858.

H B

ITALIE. — XIXE SIÈCLE

COSTUMES POPULAIRES DES PROVINCES DE ROME ET D'ANCONE.

1 2 3 4 5
6 7 8 9 10

PROVINCE DE ROME.

N° 2. — Femme d'Ostie.
N°^{s} 3 et 7. — Femmes de Sonnino.
N°^{s} 4 et 6. — Femmes de Cervara.
N°^{s} 8 et 10. — Cociare (montagnardes).
N° 9. — Femme d'Agnani.

PROVINCE D'ANCONE.

N°^{s} 1 et 5. — Habitants de Loreto.

Dans les environs de Rome, les vêtements pittoresques des *contadini*, si finement retracés par Pinelli, sont bien près de ne plus exister. Aujourd'hui, hommes et femmes de la campagne romaine, suivant en cela l'exemple des Trastévérins, ont adopté les modes modernes et s'habillent de la friperie bourgeoise rencontrée chez les brocanteurs de la ville éternelle. Dans les provinces environnantes, les costumes nationaux ne s'arborent plus guère que les jours de fête ou dans de rares occasions; c'est ainsi qu'à Rome, indépendamment des « porteurs de costumes », membres de plusieurs dynasties de modèles, on voit de temps en temps des familles entières de campagnards qui, pour le voyage indispensable qu'elles viennent faire dans la capitale, ont revêtu le costume traditionnel de leur pays.

La pièce de toile ou de tissu composant la coiffe de la plupart des contadines des environs de Rome, se porte chez les unes comme un voile, à la façon des sibylles et des vestales de l'antiquité (n°^{s} 9 et 10); chez les autres, repliée plusieurs fois de manière à former une bande plus ou moins longue ne couvrant que la partie supérieure de la tête et retombant derrière les épaules. Ce dernier type est celui adopté par les femmes de Cervara (n°^{s} 4 et 6), celles d'Ostie (n° 2) dont l'extrémité de la coiffe est ramenée sous la chevelure; celles de Sonnino (n°ˢ 3 et 7) qui emploient une pièce de tissu brodé garnie, dans la partie qui doit couvrir la tête, d'une espèce de planchette; telle est encore la coiffe des femmes de Nettuno, célèbres par leur fière beauté. L'un et l'autre de ces deux types de coiffures se rencontrent chez les *Cociare* (n°ˢ 8 et 10), ainsi nommées à cause de leurs *cocie*, chaussure des montagnards, consistant en un morceau de peau rattaché avec des bandelettes.

A Rome, les Trastévérines sortent sans coiffe, même l'hiver ; mais, comme il est interdit aux femmes de pénétrer tête nue dans les églises, pour assister aux *funzioni*, elles se font un voile de leur châle.

Les femmes les plus pauvres ont le goût du clinquant; elles ne peuvent se passer de chaînes d'or, de colliers; toutes portent encore dans leurs cheveux l'épingle antique et les longues boucles d'oreilles appelées *navicella*. Mais c'est chez les femmes ombriennes que se sont le mieux conservées les traditions en ce qui concerne l'art de la bijouterie.

Les *devantiers* ou corsages, en usage chez les femmes romaines, affectent plusieurs formes, mais ne consistent généralement qu'en un simple *corps* passant sous les bras, lacé par derrière, et seulement maintenu par de minces bretelles. Cette pièce du costume laisse de l'importance à la chemise au col largement échancré, et aux longues manches bouffantes que viennent parfois enserrer, au-dessus du poignet, des brassards de même couleur que les bretelles du corsage (n° 2). Chez l'une des *Cociare* (n° 10) la chemise elle-même forme corsage, tandis que la paysanne de Cervara représentée sous le n° 6 cache la sienne sous un fichu croisé, et que celle des Sonninaises (n°ˢ 3 et 7) disparaît complètement sous une petite veste de soie s'enfonçant dans un corsage très bas placé.

Dans la plupart de ces localités, la coupe de la jupe ou celle de la robe ouverte ne change que rarement. Toute l'élégance consiste plutôt à faire ressortir les couleurs dont l'une et l'autre se trouvent composées à l'aide d'un large tablier d'étoffe unie, ou, au contraire, garni de riches arabesques et de broderies éclatantes.

Les figures n°ˢ 1 et 5 sont des habitants de la petite ville de Loreto, autrefois le pèlerinage le plus fréquenté du monde chrétien. La chevelure noire de la femme est rehaussée par une gracieuse coiffure qui consiste en une longue pièce d'étoffe encadrant la figure et repliée plusieurs fois sur les côtés ; la partie inférieure tombe très bas derrière les épaules. Le paysan est coiffé d'un de ces longs bonnets de laine rouge dont le *gorro* castillan est l'analogue (voir la planche M couronné, Espagne).

Les n°ˢ 2, 3, 4, 6, 7, 8, 9 et 10 sont des documents photographiques.

Voir, pour le texte : M. *Francis Wey*, Rome. — M. *de Toytot*, les Romains chez eux (Correspondant, *octobre-novembre* 1867). — M. *Du Bois-Melly*, Voyages d'artistes en Italie; 1877.

ITALIE. — XIXᴱ SIÈCLE

COSTUMES RUSTIQUES.
LES PAYSANS DE LA TERRE DE LABOUR.
LES PIFFERARI.

Ces figures proviennent du monte Cassino, l'ancien *Casinum*, situé dans la *Terra di Lavoro*. La Terre de Labour est la partie N.-O. de cette fertile Campanie, célébrée par les Latins comme le plus riche et le plus beau pays du monde ; sa capitale conserve le nom de Capoue, quoique ce ne soit plus la même (l'ancienne est un simple village voisin, Sainte-Marie) mais ce nom suffit pour évoquer le souvenir des célèbres délices classiques.

Le monte Cassino, si connu par l'abbaye fondée par saint Benoît sur l'emplacement même de l'antique citadelle romaine, est une de ces localités où se recrutent les nombreux émigrants qui viennent chez nous en famille, et dont tous les membres exercent, autant que possible, la profession de modèles pour nos artistes. La beauté corporelle de ces gens est connue ; ce sont des cousins de ces Romains du Trastévère, riches de « ce *ton des chairs* auquel les peintres, dit Chateaubriand (ô temps de l'école de David!), ont donné le nom de *couleur historique*, et qu'ils emploient dans leurs tableaux. » Toutefois ce ne sont pas les mêmes, car chez eux rien ne rappelle cette rudesse des Trastévérins, dont la fierté native est regardée comme un des caractères des anciens maîtres du monde. A Rome, on ne les confond jamais, et les *pifferari* promenant là, comme partout, leur flûte et leur cornemuse, y sont toujours tenus comme provenant des provinces de la Napolie.

Ceux de ces hommes qui émigrent conservent avec une certaine ostentation leur accoutrement de pasteurs qui, pour ces fainéants, n'est que trop souvent la livrée de la mendicité. Les femmes tiennent davantage encore à leurs chatoyants costumes traditionnels, et la mère joue, non sans goût, avec les oripeaux disposés sur les types consacrés dont elle habille ses enfants. Le bambino est un petit bonhomme portant toujours des vêtements faits à sa taille, ce qui contribue à lui donner cette physionomie particulière, si souvent tout à fait charmante que prend sa beauté native, et il en est de même pour les petites filles, plus vives, plus précoces, et naturellement gracieuses.

En somme, ces gens qui posent dans nos académies et dans nos ateliers, et venus de ces campagnes où Chateaubriand reconnaissait partout des traces profondes des anciennes mœurs, sont des malheureux qui apparaissent dépourvus du ressort moral que l'on rencontre si généralement chez nos paysans européens, et cela quoique ces derniers aient eu à subir, comme les Italiens, le lourd servage des temps féodaux.

Pour les montagnards du Casinum, la cause de leur abaissement pourrait bien être plus lointaine et plus profonde, et sans recourir autrement à l'histoire qu'à celle que l'on trouve toute faite dans les dictionnaires, il nous paraît d'un certain intérêt de signaler que les montagnards de la Terre de Labour descendent, selon toute vraisemblance, d'une race dont la condition fut toute servile dans la vieille société romaine. Les gens du Casinum seraient les descendants directs de ceux des Lucaniens dans lesquels, à la fin de la seconde guerre punique, les Carthaginois trouvèrent des alliés, ce qui les fit appeler par les autres Lucaniens des plaines, les *Bruttii* ou Bruttii, les *rebelles*. Les Romains enlevèrent toute indépendance à ces belliqueux, en déclarant esclaves publics les gens du Bruttium, qu'ils employaient comme licteurs ou serviteurs des magistrats. Et cette condition servile a peut-être duré jusqu'aux derniers temps de l'empire romain. Puis ce fut le joug des barbares, et enfin, quant aux abbayes, elles ne firent guère que des mendiants de ces Latins avilis; car ils sont singulièrement restés Latins, à en juger par leur langage à propos des pièces de leurs costumes, au sujet desquelles nous avons voulu nous renseigner auprès de deux de ces Italiennes portant des accoutrements du genre de ceux que contiennent nos planches, et appartenant à ces tribus qui logent dans nos faubourgs, y menant cette vie à part où personne ne pénètre, s'aimant entr'eux, comme les gueux de Béranger, et, selon toute apparence, insoucieux de leur destin avilissant préparé de si longue main, et accepté par eux plutôt avec gaieté qu'avec mélancolie.

Ces deux paysannes, également illettrées, ne sachant pas même lire, sont la mère et la fille : la mère ne comprenant pas un mot de français, la fille le parlant assez pour fournir, non l'explication, mais l'application des termes employés par la mère, une vieille parcheminée, à laquelle nous avons fait passer en revue les différentes parties du costume et surtout du costume féminin. Ces renseignements, d'une tradition tout orale, nous paraissent particulièrement précieux en un sujet comme le nôtre. La consultation ayant porté en même temps sur la planche ayant pour signe H B, il n'est pas inutile d'avoir aussi celle-là sous les yeux. Ce sont d'abord ces deux femmes, originaires du monte Cassino, qui nous ont donné la certitude de la provenance de la famille de nos *pifferari*, photographiés à Paris. Au pays natal, c'étaient des voisins. Le vieux chef de ce petit clan, c'est Angelo — pauvre Angelo, il est mort ici —; son fils aîné, c'est *Medesti*, le modeste ; le second c'est *Giulian,* le joyeux ; la mère c'est *Firense*, la florissante, la fille aînée, en plein âge, c'est *Jacinta*, la fleur.

Les instruments du pifferaro, littéralement « jouer du fifre », sont la flûte, la musette et le tambour de basque, dont le trio s'augmente souvent du triangle aux mains d'un jeune garçon ; c'est-à-dire, pour le quatuor, la *fistula*, l'*utricularis tibia*, le *cantabricum tympanum*, et le *trigonum*, tout antiques ; et on peut croire que les *pifferari* que Pinelli nous montre dans les rues de Rome, en 1817, allant de madone en madone, faire une pause symphonique devant la petite chapelle où brûlait toujours une lampe entretenue par les fidèles, y faisaient encore retentir plus d'un rythme qui avait dû être familier aux divinités païennes logées, jadis, à la même enseigne.

Nos Italiennes appellent la coiffure plate si typique que l'on voit ici et dans l'autre planche, n°s 2, 3, 6, 7 et 8, l'*amandille*, que nous écrivons sur la consonance, nos renseignements s'y arrêtant forcément. *Ama*, en latin veut dire moissonner, et *amandus*, *amœnus*, agréable à la vue, et la *mendicula* c'est la mandille. En italien le sens de *manto,* la mante, s'étend à celui de voile, prétexte. L'amandille est bien d'ailleurs une coiffure de moissonneuses.

Le fichu qui enveloppe la tête de la paysanne de Loreto, n° 5, pl. H B, est le *fascelete*, probablement de l'italien *fascettino*, petit paquet, et *fasciare*, entourer, environner ; en somme, du latin *fascia, fascis*, et son diminutif *fasciola*. Le mouchoir de cou porte d'ailleurs ce même nom de *fascelete*, d'un caractère générique. La *camisa* en toile est la tunique à longues manches, souvent très larges et flottant autour des bras dont le type originaire est ionien, et dont les Romains laissèrent l'usage aux femmes. Pour obvier à la gêne des manches trop larges, les paysannes font usage d'une espèce de brassard d'étoffe que l'on voit particulièrement à l'avant-bras de la femme d'Ostie, n° 2, pl. H B. On appelle ce bracelet des manches, *manec*, du latin *manicæ*, de l'italien, *manicottolo*, manche pendante, et *manicotto*, manchon. C'est ce bracelet retenant la large manche à la hauteur de l'arrière-bras, qui lui fait former les espèces de gigots libres qui donnent aux costumes des Italiennes l'un de leurs principaux caractères.

On ne connaît point d'exemple antique du corset palissadé dont ces paysannes font souvent usage. Elles appellent simplement *corset* cette pièce du corsage lorsqu'elle est renforcée de joncs plutôt que de baleines, ce qui la rapproche du *corsaletto*, cuirasse. Pour désigner les autres corsages, montant plus ou moins haut, on emploie, sans distinction, le terme de *jaquette*, en italien c'est la casaque, *casacca*.

La ceinture, portée communément, est la *scinda*, expression toute latine, et dont le sens est bien l'antique, *scindo*, trancher, diviser, retenir.

La robe, c'est-à-dire la jupe, c'est la *veste*, le *vestis* latin, l'habit fait de toute étoffe qui sert à couvrir.

L'étoffe est la *panne*, de *pannum*, drap, linge, et de *panniculus*, chiffon ou drapeau, haillon ou guenille. Le tablier est de toile, d'étoffe légère, parfois de velours. Les tabliers les plus riches sont des espèces de tapis, avec ornements tissés ou brodés, ou encore appliqués, que la paysanne confectionne elle-même, et que nos Italiennes appellent des tabliers *artistés*. Le nom de cette pièce importante de la parure est du latin le plus pur : c'est le *scenatis*, le décoratif, le théâtral.

Le châle, du type de ceux des femmes de Cervara et Cociara, n⁰ˢ 6 et 8, pl. II B, est le *fascelettone*, de *fascetto*, paquet, *fasciata*, bandage, et *fasciare*, entourer, environner, peut-être aussi *fascio*, fardeau, et pour la terminale, du latin *tonus*, ton de couleur et de l'italien *tonica*, tunique. Encore peut-être aussi de *fascino*, *fascinazione*, sorcellerie ; car ces paysannes ont souvent offert plus d'un rapport avec les Bohémiennes classiques, et plus d'une a su jouer chez nos devanciers le rôle de la *Zingara*, sachant lire dans la main des crédules l'avenir des gens en commençant selon la tradition par y mettre le vieux teston de bon ou mauvais augure, selon que, la main ouverte, il se présentait croix ou pile. Elles sont d'ailleurs facilement enclines aux superstitions, et l'on ne sait jusqu'où elles se croient elles-mêmes quand la chiromancienne prophétise.

Selon nos dames, on donne à ceux qui portent le soulier de cuir du type de celui de la femme de Cervara, n° 6, ou toute chaussure forte le nom de *jugeurs*. C'est le *jugarius* du latin, le bouvier, celui qui conduit les bœufs sous le joug, le *jugator* qui les attelle. Quant aux chaussures de la famille des carbatines, surtout en usage chez les montagnards, ce sont des *scarpes*.

Le collier est le *cannae* ou *canae*, dont le nom provient peut-être du fil de chanvre, le *cannabis* sur lequel les perles métalliques sont enfilées, comme il se pourrait encore que cette joaillerie bruissante soit le *cano*, *cantum* employé par Cicéron dans le sens de chanter.

Les boucles d'oreille sont des *rocchines*. *Rocco* veut dire crosse, en italien, et *recino*, encore selon Cicéron, rechanter, chanter une seconde fois.

Le long bonnet retombant du paysan de Loreto, n° 1, que l'on rencontre de même sorte en Espagne, et qui se porte avec ou sans le chapeau, se nomme *barrettino*, ce qui paraît dû à sa couleur qui est celle de la barrette des cardinaux.

Documents photographiques.

Voir, pour le texte : *Chateaubriand*, Voyage en Italie, *Lettres adressées à Joubert*. — M. Francis *Wey*, Rome. — M. Ernest de *Toytot*, les Romains chez eux (Correspondant, octobre-novembre 1867).

AI

ESPAGNE

COSTUMES DE LA FIN DU XVIIIᵉ SIÈCLE.
DIVERTISSEMENTS ET JEUX DE CARACTÈRE NATIONAL.

En 1779, Francisco Goya, remarqué pour des toiles de genre pleines de gaieté, mais dont cependant on ne connaissait pas encore toute la valeur, recevait une commande considérable de cartons destinés à être reproduits par les métiers de Santa-Barbara, la manufacture de tapisseries fondée en 1720 par Philippe V, qui affranchissait ainsi l'Espagne de la nécessité de recourir aux Italiens et aux Flamands, comme elle avait dû le faire jusqu'alors. Charles IV, en s'appliquant à donner un essor nouveau à cette industrie devenue nationale, invitait les peintres de son temps à chercher des sujets qui lui fussent propices, et en dehors des sujets religieux, des toiles historiques, etc., à la reproduction desquels elle était le plus généralement appliquée jusque-là.

Goya voyant qu'on lui laissait le choix de ses sujets, et considérant que ces tapis étaient surtout destinés à orner les appartements de maisons de plaisance, telles que des rendez-vous de chasse, des palais d'été, etc., eut l'idée de prendre ces sujets dans la vie de chaque jour, les promenades, les jeux, les épisodes de la vie élégante. Parmi les déjeuners sur l'herbe, les chasses, les pêches, les excursions, on rencontre des scènes populaires et des jeux comme ceux que nous reproduisons, auxquels leur caractère national ajoute un intérêt d'autant plus vif, que ces jeux se perpétuent en Espagne.

La composition du personnel des jeunes gens alertes qui forment la ronde du colin-maillard montre, par le mélange des costumes locaux avec des habillements se rattachant aux modes françaises, la place que ces modes tenaient alors dans les milieux distingués. *Del cucharon*, le jeu de la cuiller, est resté dans les divertissements des jeunes gens de bonne éducation. La forme en spatule du petit bâton avec lequel l'aveugle doit désigner, sans qu'elle soit exposée à être palpée indiscrètement, la personne qu'il nommera, nous semble avoir été donnée à cette baguette divinatoire pour que, lorsque le bâton touchant quelqu'un commande un arrêt, on puisse déposer dans la cuiller, et toujours sans contact, quelque petit objet personnel servant de furtif renseignement sur la main qui l'y apporte. Plus d'une épingle, d'une clé, d'un étui, d'une bague, a dû être ainsi livré à l'instinct de l'amant, bien doucement récompensé lorsque ses yeux débandés lui montraient qu'il ne s'était point trompé.

La course des échasses est franchement un divertissement populaire, et cet exercice, qui demande une grande habitude (car l'homme lié à de hautes échasses est exposé à des chutes dangereuses, surtout lorsque dans les luttes de vitesse le désir de triompher fait oublier la prudence), est un de ces spectacles auxquels une foule espagnole prend toujours un vif intérêt. On voit ici que les coureurs sont accompagnés par des *clarines* à pied, qui sont encore avec eux en arrivant au but, vrai tour de force pour ces piétons qui jouent à deux mains de leur flûte. Ces lutteurs de vitesse, montés sur des échasses, portent le costume orné du genre de celui des *espadas* de l'époque, et il est probable que ce sont, en effet, des rois de *corridas* qui figurent ici. Certains d'entre eux se sont fait gloire de montrer leur intrépidité en combattant le taureau du haut de leurs échasses, bravant ainsi le danger d'une chute presque assurément mortelle, l'homme renversé et lié à ses échasses étant dans l'impossibilité de se relever lui-même. Le célèbre Miguel Lopez Gorrito, *espada* de Madrid, donnait encore ce spectacle à Séville en 1862. « Nous le vîmes, dit M. le baron Davillier, courir avec une agilité tellement merveilleuse que nous n'eûmes plus la moindre inquiétude sur son compte... » Après le toast d'usage au *señor presidente*, Gorrito pirouettant sur ses échasses s'élance résolument sur son adversaire, qu'il tue d'une fort belle estocade. Cette facile agilité est heureusement exprimée par Goya, en la personne de celui de ses lutteurs qui gagne l'autre de vitesse comme en se jouant.

Les deux cartons destinés aux tapisseries de la résidence royale du Pardo, se trouvent au musée du Prado, à Madrid. Ils font partie de la suite intitulée : *Divertissements au bord du Manzanarès*.

Voir pour le texte : La Biographie et le catalogue de l'œuvre de Goya, par M. Ch. Yriarte. — Goya, par M. Laurent Matheron. — Étude sur Francisco Goya, par M. Gustave Brunet.

ESPAGNE

LA *CUADRILLA* DE LA TAUROMACHIE MODERNE.
TYPES POPULAIRES.

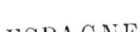

Le sabre. { 1 2 3 4 / 5 6 7 }   La scie. { 8 9 10 11 / 12 13 14 15 16 }

Les *fiestas de toros* sont depuis longtemps le plus puissant des divertissements populaires de l'Espagne. Les Maures aimaient ces jeux sanglants; la place du Champ-clos dans lequel ils s'y livraient à Grenade existe encore. Pendant le moyen-âge, les XVIe et XVIIe siècles, il n'y eut guère de solennité publique, comme réceptions du roi, mariages princiers, qui n'ait donné lieu aux combats de taureaux; mais cette ancienne tauromachie différait sensiblement de la moderne. La noblesse seule figurait activement dans ces fêtes; et ceux qui jadis assaillaient le taureau, comme le Cid campeador, *torero* consommé, l'empereur Charles-Quint lui-même, et ce roi catholique des Espagnes, Philippe IV le Grand, qu'au XVIIe siècle J. Pellicer de Tovar appelle le *roi-torero*, tous ceux des anciens temps, le combattaient à cheval, armés de la lance.

Ce ne fut que vers la fin du siècle dernier qu'apparurent en *cuadrilla* régulière les *picadores*, les *banderilleros*, les *chulos*, et enfin l'*espada*, expédiant le taureau à pied, sans autre arme qu'une épée flexible, sans autre ressource pour épuiser l'animal en l'abusant que la *muleta*, le petit morceau d'étoffe rouge appelé aussi l'*engano*, le leurre, la tromperie. La muleta, fixée à un bâton de la longueur du bras, est un peu moins grande qu'une serviette; cette tradition, relativement jeune, a fait naître un art véritable, dont l'exercice est devenu une profession entre des mains populaires. Le métier en est souvent héréditaire; la famille de Francisco Romero, l'Andalous qui, le premier, avait imaginé cette manière de combattre, offrit l'exemple d'une succession allant du père au fils et au petit-fils; après son fils Jean, instruit par lui, Pedro Romero, son petit-fils, tint la place et eut, dans son âge avancé, ce singulier honneur d'occuper la chaire principale de l'académie, d'existence éphémère, qui fut fondée à Séville, en 1830, par Ferdinand VII, sous le nom d'*Université tauromachique*.

La tenue de combat des fondateurs du genre, dont nous donnons quelques représentations, comparée aux costumes du quadrille contemporain, montre que, sans doute par suite de l'expérience acquise dans ces jeux dangereux où l'entrave la plus légère peut être une cause de mort, on a de plus en plus tendu à l'adhérence du costume, en en retranchant toute partie volante ou lâche. La veste à épaulettes, largement ouverte, sans revers, ne conserve plus rien de flottant; la culotte est aussi collante que possible, la ceinture moins lâche est aussi moins épaisse, la longue résille est remplacée par un chignon fixe; nos exemples n°s 4 et 1, sont de 1778, époque à laquelle ils ont été gravés à Madrid. L'un est le fameux Joaquin Rodriguez, connu en Espagne sous le nom de *Costillares*, à qui remonte l'invention de la plupart des *suertes* ou coups d'épée usités depuis. L'autre, aux pieds duquel gît le taureau, a passé son épée dans sa main gauche pour saluer le public de la droite, selon l'usage : c'est Pierre Romero. Le n° 2, dont le costume est de 1804, montre que la simplification avait marché rapidement. Ce torero tenant une montre à la main, probablement au sujet de quelque pari sur la durée de la mort du taureau, est le pauvre Pepe Illo, dont Goya a représenté la fin affreuse. Il mourut sur la *plaza* de Madrid, à la suite de coups de cornes répétés. Il maniait la plume et avait écrit que « le spectacle du taureau fait la joie des enfants et la jubilation des vieillards; » audacieux, académique, il soutenait que son métier offrait peu de dangers. Le n° 3 offre l'exemple d'un torero, première épée, en costume de ville, de la fin du siècle dernier, d'après Bayen.

Venons au quadrille contemporain. Son entrée sur l'arène est précédée par un ou deux *alguaciles*, montés sur des chevaux noirs couverts de housses de velours cramoisi, et portant un costume entièrement noir, sans altération sensible de ce qu'il était au XVI° siècle. (Voir n° 6.) Chapeau à bords relevés avec large cocarde, surmonté d'une épaisse touffe de plumes aux couleurs des principales *ganaderias* (troupeaux), représentées dans le combat du jour; fraise blanche empesée; justaucorps de velours serré par une ceinture de cuir; petit manteau flottant en drap; culotte courte en tricot de soie; bas de soie, souliers à boucles, parfois recouverts de la longue guêtre de cuir noir. Ce cavalier a de grands éperons d'acier; agent de l'autorité, participant de l'officier de police et de l'huissier, il porte une canne, emblème de son emploi, appelée *vara de justicia*. Il figure d'ailleurs en tête de toutes les cérémonies publiques et, entre autres, précède le cortège des condamnés à mort. C'est à l'alguacil que, selon le cérémonial, le président de la place, remet la clef du *toril*, et c'est lui qui donne cette clef ornée d'un gros nœud de rubans au *muchacho*, en la laissant tomber dans le *sombrero* tendu vers lui. L'alguacil n'est pas combattant et doit quitter l'arène; seulement la porte du *toril* étant immédiatement ouverte, la sortie de l'officier de justice a toujours lieu avec un peu de hâte, ce qui lui vaut généralement une belle bordée de sifflets. Celui que représente notre planche est appuyé sur l'enceinte en bois, peinte en couleur de sang, ayant quatre portes à double battant, qui renferme l'arène proprement dite. Le marchepied, qui des deux côtés sert à sauter par-dessus la muraille, y figure; on voit la proportion de ces deux choses réglementaires.

Après l'alguacil viennent *los peones*, les gens à pied : *espadas, banderilleros, chulos* appelés aussi *capeadores* : Les costumes de ces divers toreros sont absolument de même caractère; ils ne diffèrent que par la richesse des ornements. Les mieux rétribués, à cause de l'importance de leur rôle, comme les *espadas*, sont naturellement parés avec le plus de luxe; conçus pour l'agilité, ces costumes coquets, où les tons vigoureux se combinent avec des nuances tendres, donnent à la cuadrilla l'aspect d'un quadrille de danseurs. La *monterilla* de velours noir, ornée de chaque côté d'une grappe de pompons de soie, la petite tresse de cheveux, la *coleta*, que tout torero se laisse pousser, à laquelle s'attache la *mona*, espèce de chignon de soie noire, donnent aux toreros un aspect quelque peu efféminé. Ils portent une chemise brodée, à jabot, et une mince cravate nouée à la Colin. La veste courte, à poches de chaque côté, d'où déborde le fin mouchoir de batiste, le gilet, *chaleco*, sont couverts de broderies épaisses, de paillon, de franges, d'agréments de soie. La culotte courte, étroitement ajustée, est en satin, généralement de nuance légère, bleue, rose, verte, lilas. Les bas sont de ton de chair; les souliers à rosettes découverts. La ceinture de soie, la *faja*, est toujours de couleur vive, ainsi que le long manteau dans lequel les élégants toreros savent se draper si fièrement; la *capa*, qui sert à détourner l'action du taureau, doit toujours être de couleur éclatante.

Le quadrille est complété par les *picadores*, montés sur des chevaux dont on connaît la qualité. (Après Alexandre Dumas, Théophile Gautier, le voyage en Espagne de M. le baron Davillers, etc., etc., il est inutile de parler du combat lui-même.) Le picador (n°s 13 et 15), est coiffé d'un chapeau de feutre à larges bords, de forme basse, arrondie, et surmonté sur le côté d'une énorme touffe de rubans. La veste et le gilet surchargés d'ornements dans le genre de ceux déjà décrits, sont de la même coupe que ceux des gens de pied; la chemise est également brodée; seulement la ceinture de soie recouvre un pantalon de cuir jaune, cachant des jambarts de tôle, pour parer aux nombreux coups de cornes à recevoir. La selle, de mode arabe, est très élevée, et les étriers en bois ont le même caractère; l'éperon est long et puissant. On sait que les yeux du cheval sont bandés avec un foulard rouge au moment de l'assaut, et que la lance du picador avec son bourrelet d'étoupe est à peu de chose près rendue inoffensive; un doigtier de peau fixé au pouce du cavalier empêche l'arme de glisser.

Au milieu des couleurs variées et des épaisses broderies, souvent en soie d'or ou d'argent du costume des divers toreros, celui des banderilleros, tantôt jaune, tantôt gris, etc., est toujours passementé de noir, et n'a jamais de broderie métallique. (Voir n° 14.) Les *banderillas, palillos, zarcillos, rehiletes*, sont des bâtons enjolivés dans leur longueur, de papier découpé, frisé, de différentes couleurs, finissant par un fer en forme de hameçon; entré dans la peau, ce dard n'en sort plus; on pique les banderillas par paires.

Parmi nos toreros contemporains, le n° 5 est une première épée, au moment de l'entrée dans la place. Son manteau en soie est brodé d'or. — Le n° 7 représente un torero au moment où, le clairon donnant le signal pour la mort du taureau, une des premières épées vient faire le salut. L'usage veut que l'espada, ayant fait passer dans sa main gauche l'épée et la muleta, salue gracieusement de sa montera le *señor presidente*, en lui demandant la permission d'immoler le taureau et en promettant de bien faire. C'est ce qu'on appelle *echar el brindis :* porter le toast.

Le n° 12 est un de ces *chulos* ou *capeadores* dont il est parlé plus haut.

Le n° 11 offre encore un type de *picador*, comme les n°ˢ 13 et 15.

Les n°ˢ 8, 9, 10 et 16, appartiennent aux costumes portés couramment dans les classes populaires. — 8. Bohémien ou Gitano, province de Grenade. — 9 et 10. Villageoises de la province de Tolède. Leur mouchoir d'épaules est en coton, et leur jupe en coton peint. — Le n° 16 est en costume de *majo* ou andalous. La veste qu'il porte sur le bras, la *calesera*, ne se met jamais. Ce vêtement de ville est celui des cochers de calèches anciennes.

(Documents photographiques, d'après divers types, tirés de la belle collection de M. Laurent. — Aquarelles de M. Garcia.)

ESPAGNE

COSTUMES POPULAIRES.

VIEILLE CASTILLE. — ROYAUME DE LÉON.

| 1 | 2 | 3 | 4 | 5 |
| 6 | 7 | 8 | 9 | 10 |

Tous ces costumes sont encore actuellement portés ; il n'en est pas un cependant que l'on puisse considérer comme moderne, autrement que par son usage persistant.

N° 1.

Maire de village ; province de Ségovie. — Il est coiffé d'un petit mouchoir noué sur le devant de la tête. Sa veste est en peau de mouton. Il porte dans sa ceinture de cuir son couteau fermé, attaché à un cordon.

N°s 2 et 6.

Costumes de fête des femmes de Santa-Maria de Nueva, même province. — L'une d'elles a les bas rouges de la mariée. Ces femmes portent une natte de cheveux tombant de la nuque, terminée par un nœud de ruban de velours ; leur *montera* noire, ornée de boutons d'argent, est aussi en velours de soie. Leur corsage est en laine et garni de dentelles d'or. Dans son parcours intérieur la manche est ouverte, et cette ouverture est maintenue par des rubans de soie. C'est le seul endroit, avec le haut du corsage, recouvert d'ailleurs de bijouterie, où le linge soit entrevu. La jupe ainsi que le tablier sont de drap fin. Le tablier est décoré, comme le corsage, de légères passementeries ou de dentelles d'or. La jupe est largement bordée en passementerie d'un dessin régulier, or ou velours. Le soulier est à rosette. Le collier de corail fait plusieurs tours ; des médailles, des croix de diverses dimensions y sont suspendues ; cet amas de joyaux, formant presque un plastron, descend jusqu'à la ceinture.

N° 3.

Paysan de la même province jouant à la barre. — Gilet en coton peint, bordé de drap de coton. La large ceinture de laine rouge est maintenue par une ceinture plus étroite, en cuir, sur laquelle il est d'usage de broder, en soie de couleur, une devise, le nom de la fiancée de celui qui la porte, ou plus simplement et plus fréquemment son propre nom. La culotte est en drap grossier ; elle est attachée par-dessus la guêtre en drap qui recouvre le pied et fixée par la chaussure, *alpargatas* ou *espardeñas*. On porte sous la guêtre des bas ou des chaussettes de coton blanc.

N°s 4 et 5.

Femmes de Santander, province de Burgos. — On rencontre fréquemment ce costume à Madrid, où il est porté par des nourrices recherchées dans les familles aisées. La physionomie de la nourrice, vêtue selon l'usage de son pays natal, flatte les gens de la ville, qui recherchent d'ailleurs ces femmes à cause de leur vigoureuse constitution. Leur madras de couleur vive est noué avec un art particulier, il recouvre en partie la longue natte de cheveux, terminée par un léger nœud de ruban, qui tombe dans le dos. Un corsage court, ouvert par devant, sur un plastron peu élevé laissant voir le linge de la chemise ; une jupe de couleur éclatante, assez courte pour dégager franchement le pied finement chaussé de souliers à boucles ; des bas blancs ; un tablier de soie ; un nœud de ruban ample, à bouts flottants, fixé au-dessous du corsage, par derrière ; de larges anneaux aux oreilles, anneaux parfois terminés en triglènes ; un tour de cou en corail ; tel est le costume de ces nourrices, rehaussé de passementeries de velours en bandes, de galons et de boutons d'or ou d'argent, selon le caprice, ou plutôt selon le goût et l'harmonie des couleurs.

N° 7.

Charra. Riche fermière de la province de Salamanque. — La plupart des *charras salamanquinos* habitent des espèces de métairies. Ce sont des gens de mœurs simples et patriarcales. Leurs femmes sont renommées pour leur beauté, que fait encore valoir leur costume de fête. Le luxe traditionnel de ces paysans, dont le nom particulier n'a peut-être pas d'autre origine que la charrue ou le charroi (*carrus*), aurait fait entrer dans la langue espagnole l'adjectif *charro*, par lequel on désigne une chose surchargée d'ornements. La chevelure des charras est ornée d'épingles et nouée à l'arrière par un large ruban. Leur fichu ou *rebozillo* couvre les épaules et la poitrine ; ce fichu est en soie ainsi que le corsage de la robe. La jupe écarlate est de drap fin, ornée d'appliques de velours contourné d'or, représentant des oiseaux, des fleurs ; le bas de cette jupe est découpé en festons. Le tablier étroit, partie en velours, partie en soie, est aussi brodé d'or fin. Les bas sont blancs ; le soulier très fin, très découvert, est à boucle. Les charras portent de longues boucles d'oreilles. Leur bijouterie en filigrane se tire du Portugal. La chaîne du collier étalé sur le fichu fait généralement plusieurs tours et aboutit à une croix ornée d'émeraudes, dont la couleur est très répandue parmi les *joyas* populaires.

N°s 8 et 9.

Paysannes de la province d'Avila. — Leurs costumes sont plus rustiques que celui des charras. Le chapeau est en paille noire, avec des rubans en velours gaufré. Le petit châle frangé, à fond blanc, est en laine. La jupe, de couleur éclatante, est en gros drap ; elle est ornée, en bordure, d'appliques de velours noir d'un large dessin régulier, offrant une suite de rosaces ; cette bordure n'est souvent qu'imprimée. La jupe de la robe est assez courte ; le jupon, dont le bas est de même couleur que le dessus, la dépasse légèrement. Le tablier est peu large et peu long, il est simplement bordé d'une ganse de velours ou de soie d'or. Les bas sont bleus ; les souliers à boucles ou à rosettes. La joaillerie grossière consiste en boucles d'oreilles, anneaux ou rondelles, et en un large médaillon suspendu au collier. On orne le chapeau, déjà chargé de rubans, avec des branches de fleurs, et parfois on le pose par-dessus un mouchoir rayé, destiné sans doute à amortir les rayons du soleil, à la manière du haïck africain.

N° 10.

Bourgeoise de la province des Asturies. — Son costume se compose d'une robe en mérinos et d'un fichu en velours avec une passementerie d'argent. Le tablier, très ample, est bordé par en bas d'un large ruban de velours accompagné d'une passementerie de même nature que celle du fichu, c'est-à-dire en argent et disposée en dents découpées ; les bords de la manche sont garnis de même. Un *rebozillo* de lingerie est jeté sur les épaules et négligemment noué. Cette femme porte un médaillon au cou.

La province des Asturies et celle de Salamanque font partie du royaume de Léon. Celles de Ségovie, Burgos et Avila dépendent de la Vieille Castille.

ESPAGNE

TYPES POPULAIRES.

LÉON. — GALICE. — ASTURIES. — ARAGON. — VIEILLE-CASTILLE.

1 2 3 4 5
6 7 8 9 10

N°s 1 et 10.

Maragatos de Villafranca del Vierzo, province de Léon.

N°s 2, 3, 8 et 9.

Galiciens ; les n°s 2 et 3 de la province d'Orense ; les n°s 8 et 9, de la province de Lugo.

N°s 4 et 7.

Asturiennes.

N° 5.

Aragonais ; crieur public de village.

N° 6.

Castillan, paysan des environs de Valladolid.

N°s 1 et 10. — Les Maragatos occupent les montagnes d'Astorga, dans la province de Léon, au nord de la Vieille-Castille. C'est une tribu ancienne, aujourd'hui dispersée dans les villages, mais ayant conservé un caractère, un costume et des mœurs qui diffèrent de ceux de ses voisins. Ces montagnards ne vivent qu'entre eux, ne se marient qu'entre eux, sont soumis à des règles dont personne ne s'écarte, et professent un véritable mépris pour tout ce qui leur est étranger. Il semble qu'un pacte tacite survit à leur dispersion.

Les mœurs tenaces des Maragatos ainsi que leurs occupations héréditaires attestent la haute antiquité de leur race. Leur nom et quelques faits historiques font attribuer à cette tribu une origine mauresque, dont le costume des femmes, robustes et courageuses, semble encore être un vivant souvenir.

Le Maragato a un tempérament sec ; il est maigre de visage, alerte et vigoureux. La profession de la plupart est celle de muletiers, *arrieros* ; mais c'est un arriero d'un caractère exceptionnel en Espagne, car il ne chante jamais sur les chemins en conduisant ses mules. Il est à croire que ceux des Maragatos qui, comme celui représenté sous le n° 10 parcourent les localités en vendant du poisson frais, des conserves, des huiles, n'ont pas la même taciturnité. Les Maragatos modernes sont déjà un type très altéré; s'ils ont conservé, en général, la jaquette serrée au corps par une ceinture, les larges culottes attachées au genou, assez amples pour pendre par-dessus la jarretière qui est invariablement rouge; s'ils ont toujours des guêtres de drap fixées avec des boutons, ils n'ont plus la fraise qu'on leur a connue autrefois, ni le chapeau pyramidal représenté sur une médaille que les antiquaires disent celtibérienne, et font remonter à l'époque de la domination carthaginoise. Ils portent maintenant le chapeau tronqué à bords assez larges, toujours orné de cordons, jamais de rubans. En Espagne on donne le nom de Maragato au costume lui-même.

Nos 2, 3, 8 et 9. — Galiciens. — Le n° 2 est un paysan de la province d'Orense, les trois autres sont de la province de Lugo, en pleine Galice. Nous renvoyons à la notice de la planche ayant pour signe le Patin, pour ce qui concerne les Gallegos dans leur caractère général. Ceux que nous représentons ici appartenant à la province de Lugo, dont la principale ville Santiago a été appelée *el orinal de España*, fournissent l'occasion de compléter ce que nous avons dit au sujet de ce pays de montagnes, au climat humide exigeant des précautions dont le costume fermé des habitants est une des conséquences. Le parapluie en est une autre, dans un pays d'averses. Celui du paysan est en coton et de grande dimension. L'homme auquel il appartient et qui est assis à terre a l'un de ces gilets dont on fait montre, qui font partie du costume endimanché et que l'on porte sans la veste. Selon l'usage général, ce gilet est en drap rouge avec des ornements soutachés dans le dos; il est passé par-dessus la ceinture, et lorsqu'il est, comme ici, l'objet principal de la parure, les jeunes gens ne le boutonnent guère. La culotte de ce paysan est à poches sur le côté; le bas n'est pas boutonné et laisse passer le caleçon de toile. Le col droit de la chemise dépasse le col du gilet et, selon l'habitude aussi, n'est point assujetti par une cravate. Le n° 3 représente un jeune paysan célibataire, comme l'indique la disposition de sa *montera*; les pompons en sont dirigés vers la droite, ce qui est le contraire pour les gens mariés. Ce Gallego robuste, bien pris dans sa taille moyenne, porte un costume sombre, égayé seulement par des rangées de boutons dorés, dont les pièces, de couleurs apparentées, composent un ensemble du meilleur goût que nous ayons rencontré jusqu'ici. Au n° 8, on voit un Gallego d'un âge beaucoup plus avancé; celui-ci, sauf la coiffure, porte le costume complet comme celui que nous venons de voir; il a la veste à larges revers et à poches extérieures, le gilet traditionnel, rouge, à revers noirs, la ceinture à plusieurs tours par-dessus le gilet. La culotte en drap épais est large, non boutonnée jusqu'en bas pour ne pas gêner l'articulation du genou; elle laisse voir le caleçon qui est pris dans les guêtres, lesquelles sont de drap, bordé en haut de velours. Cette culotte disgracieuse donne à ce Gallego une tournure qui n'explique que trop les *romanceros* populaires courant sur les Galiciens. Il y a entre autres une *satirilla* où il s'agit d'un Galicien inquiet de se voir en mal d'enfant, plaisanterie que, nous le répétons, la tournure de notre vieux Gallego fait comprendre. Ce paysan a un gourdin, *garrotte*, garni de clous de laiton; c'est une véritable massue, qui, maniée par le bras robuste d'un Gallego, est vraiment redoutable. La campagnarde, n° 9, porte un costume de peu de caractère et sur lequel nous n'insisterons pas. C'est une femme âgée, de condition misérable, pour laquelle sont passés les jours de la *Gallegada*, les belles soirées de *fiesta* où l'on montre si volontiers et bien dégagés le bas blanc ou bien et le soulier à petits talons et à petites boucles. Cette femme est coiffée d'un mouchoir ample, d'un fichu brodé en couleurs ; sa jupe, selon l'ordinaire, n'est pas semblable à son corsage ; le grand tablier, le *manteo*, d'étoffe commune comme le reste, la cache d'ailleurs presque complètement ; les souliers sont presque des bottines qui ne sont pas attachées.

N°s 4 et 7. — Asturiennes. — Ces deux femmes représentent deux variétés des types populaires. L'une, le n° 4, est une campagnarde ; son costume chaud, en laine et drap, bien clos, répond aux nécessités locales ; le *principado de Astúrias* dont, d'ailleurs, le climat est sain, est un pays de montagnes abruptes où il fait plus froid que dans tout le reste de l'Espagne. Ce costume est typique. Le mouchoir de soie qui couvre la tête est noué sous le chignon. Le *dengue* porté par les Asturiennes est le même que celui des Gallegas, leurs voisines ; il est en drap rehaussé de bandes de velours. Les bijoux sont aussi de même sorte, et en aussi petite quantité. Les souliers sont à boucles, mais les bas foncés diffèrent de ceux des alertes Gallegas.

Le n° 7 représente une de ces Asturiennes comme on les voit à Madrid ; c'est une bonne endimanchée. Un grand nombre d'Asturiens sont domestiques comme les Galiciens. Celle-ci a un mouchoir de coton noué sur la tête ; son mouchoir d'épaules en filet de laine avec franges est brodé en couleurs, le corsage a des manches fermées par des poignets de velours brodé. Le tablier court et étroit est en velours orné d'appliques de rubans d'argent. La jupe est en indienne ou en laine ; la chaussure n'est rien moins qu'élégante.

N° 5. — Aragonais. — Celui-ci est un *pregonero*, crieur public de village. Il a les cheveux coupés courts, le mouchoir de couleur roulé en corde, la chemise sans cravate, la veste portée si souvent sur l'épaule, le gilet, la large ceinture, la culotte de cuir, les bas bleus ne montant pas au genou, souvent coupés à la cheville de manière à laisser le pied nu dans la chaussure de chanvre tressé, les *alpargatas* attachées avec des rubans noirs. C'est le costume des contrebandiers des Pyrénées qui, dit une chanson populaire sur ces héros à tromblon et à cartouchière, « sont des hommes de cœur ; ce qu'ils chargent en Catalogne, ils le vendent en Aragon. »

N° 6. — Paysan des environs de Valladolid. — Cet habitant de la Vieille-Castille porte un de ces costumes dont l'aspect peut être attribué aux traditions militaires. La Castille qui doit son nom aux châteaux-forts (*castillo*) dont elle s'était hérissée dès le IX° siècle fut une vieille terre de combats plus renouvelés encore là que dans les autres parties de l'Espagne. La *montera* rappelle le casque, les guêtres de cuir prennent le pied comme les grèves de fer ; le manteau en drap grossier, d'une coupe si particulière ressemble à une casaque d'homme d'armes du dix-septième siècle. Ce costume convient au caractère de gens qui, au dire d'un voyageur du siècle dernier, échangent entre eux des titres honorables quand ils s'abordent. « Lorsqu'un laboureur en rencontre un autre dans les champs, il le salue gravement, et lui dit : bonjour, seigneur chevalier. L'autre répond avec le même sérieux et sur le même ton ; et le tout se passe avec autant de majesté que l'entrevue de deux monarques. » Ces honnêtes gens de la terre, ces paysans, qui se donnent du Don, entre eux, ont de sérieuses vertus, et valent mieux que ces autres bons Castillans, les mendiants vus à Burgos par Théophile Gautier, qui semblent, en général, se croire aussi quelques gouttes de sang noble dans les veines. « Ce que l'on voit le plus à Burgos, dit-il, ce sont les guenilles et les haillons sous lesquels s'abritent les mendiants castillans, qu'on a comparés à des tas d'amadou séchant au soleil. Tout cela est si sec, si inflammable, qu'on les trouve imprudents de fumer et de battre le briquet. Les petits enfants de six ou huit ans ont aussi leurs manteaux, qu'ils portent avec la plus ineffable gravité. » Pourvu, dit la chanson populaire, que le Castillan ait du vin, de l'ail, du blé et de l'orge, il ne quitte pas sa place en juillet, ni son manteau en janvier.

(*Aquarelles de MM. Garcia et J. Bastinos, d'après des compositions de Becker et des documents photographiques. Voir pour le texte,* Voyage en Espagne, *par M. le baron Ch. Davillier, illustré par Gust. Doré.*)

ESPAGNE

CATALANS ET ARAGONAIS.

1	2	3	4	5
6	7	8	9	10
11	12			

CATALOGNE.

Les Catalans ne se considèrent pas comme Espagnols. Leur langage est un idiome particulier qui se rapproche beaucoup de la langue *limousine* ou provençale ancienne, du moyen âge; ce dialecte a ses grammaires, ses dictionnaires et, naturellement, ses poètes. Ses ports de mer, l'industrie de ses habitants, font de la Catalogne l'une des provinces les plus belles et les plus riches de toute la péninsule. On a dit d'elle que, jouissant de toutes les productions de la nature, elle pourrait se passer de l'Espagne et du reste de l'univers.

Les costumes nationaux représentés ici appartiennent surtout aux campagnards, aux petites localités, à ces montagnards de la Catalogne qui ont fourni jadis les intrépides fantassins connus sous le nom de *miquelets*, remarqués entre tous dans cette infanterie espagnole qui au XVIII° siècle passait encore pour la meilleure de l'Europe. Ce qui attirait l'attention sur les miquelets, ce n'était pas seulement leur adresse militaire, la vie dure qu'ils menaient, ni même l'inhumanité, signalée par les contemporains, avec laquelle ils faisaient la guerre; c'était aussi leur « habillement plus leste que celui des troupes réglées, consistant en une veste, une petite redingote dont ils ne passaient jamais les manches, et des souliers de corde ». La manière dont l'ouvrier de Barcelone porte sa veste sur l'épaule est, ainsi qu'on le voit une tradition ancienne et particulièrement propre aux Catalans.

Nos 1 et 9. *Femmes de la haute montagne.*

Toutes deux portent le capuchon de laine, le fichu en coton peint, le tablier de même espèce. On voit au n° 9, qui montre une montagnarde aisée, les longs bouts de manche fixés par un ruban de velours à boucles d'argent, et les pendants d'oreilles d'or ou d'argent allongés, d'un travail grossier, mais dont les formes à demi barbares ne manquent pas d'originalité, et qui sont quelquefois si pesants qu'il faut les soutenir par un fil. Les bijouteries de ce genre, ainsi que les bagues ornées de pierres rouges ou vertes, qui se vendent à Barcelone, sont principalement destinées aux *pagesas,* les paysannes riches.

N° 4. *Maire d'un village de la haute montagne.*

Il porte le *gambeto* ou pardessus. Il est coiffé du *gorro,* le long bonnet de laine qui se porte rouge ou brun.

N° 2. *Riche fermier des environs de Lérida.*

Bonnet de laine rouge; veste courte, dite le *marsille,* et culotte de velours bleu; gilet de toile ou de coton rayé rouge; cravate de coton peint, passée dans un anneau d'argent; ceinture en laine rouge; guêtres ou plutôt jambards de cuir jaune, boutonnés sur le côté; bas de laine; *capa de muestra* frangée; espardilles. La veste courte des Catalans est parfois l'objet de certaines décorations; le *marsille* du *mayoral* ou conducteur de diligence est orné de broderies et d'aiguillettes, avec des pièces de drap rouge ou vert aux coudes; un grand pot de fleurs dont les ramages s'étendent est brodé au milieu du dos.

N° 6. *Femme d'Agramunt* (gros bourg du même district).

Mouchoir noué sur la tête laissant apercevoir les nœuds de la résille; collier d'or; ample fichu en tulle bordé de dentelles, brodé en paillettes d'or; grand tablier blanc; corsage en velours ou en soie, toujours noir, dont les manches justes se terminent au-dessus du coude. Bouts de manches en soie ou en laine soutenus par le ruban de velours bouclé d'argent.

N° 8. *Riche fermier des environs de Vich,* province de Barcelone.

Bonnet et ceinture en laine violette; veste, gilet et culotte en drap ou en mérinos noir; bas de laine; brodequins de cuir noir.

N° 10. *Cultivateur de la province de Tarragone.*

Bonnet en laine brune; gilet de laine; ceinture rouge; chemise de toile rayée bleue; culotte en velours de coton; veste de drap grossier portée sur l'épaule; bas de laine; chaussettes de coton; espardilles.

N° 11. *Jeune femme de la même province.*

Résille en soie noire avec des nœuds de velours; pendants d'oreilles en argent et émeraudes; corsage de velours lacé par devant, dont la manche courte et les bouts de manches ou mitaines de laine ou soie sont conformes aux types décrits; fichu de soie bordé de dentelle, brodé en soie mêlée de paillettes d'or. Jupe en indienne; tablier en coton peint. Les Espagnoles n'ont point en général l'habitude de faire valoir l'opulence naturelle de leur poitrine. L'ample fichu des Catalanes a plutôt pour résultat de la rendre moins sensible que de la faire ressortir.

N° 12. *Jeune homme de la même localité.*

Bonnet violet; gilet en soie cramoisie soutachée de blanc; culotte de velours; bas de coton bleu sur lequel est passée une guêtre de cuir; espardilles. La ceinture est en laine violacée, et la petite veste de drap est jetée sur l'épaule.

N° 7. *Bedeau de la Confrérie du Sang de Jésus-Christ.*

Cette confrérie, dont les pénitents portent le long capuchon pointu percé seulement de deux trous pour les yeux, assiste les condamnés à mort, qui, comme on le sait, sont suppliciés en Espagne par la *garrotte.* On donne d'habitude une grande publicité à ce genre de spectacle; plusieurs jours à l'avance le public est prévenu; ordinairement l'exécution a lieu dans une plaine à proximité des faubourgs; la foule y afflue. La distance que doit parcourir le condamné est souvent assez considérable; il fait le trajet monté sur un âne, et vêtu d'une longue robe jaune, la couleur du deuil en Espagne. Un ou deux prêtres l'assistent; une longue file de pénitents, les uns avec des cierges en main, d'autres portant des bannières et des christs, parfois de grande dimension, précèdent et suivent le cortège en psalmodiant le chant des morts. L'exécuteur, simplement vêtu de noir, porte la veste courte des ouvriers des villes. Le corps supplicié reste exposé plusieurs heures sur l'échafaud; les pénitents ne l'abandonnent pas pendant ce temps, et ils quêtent pour le mort, c'est-à-dire dans le but de faire dire des messes pour le repos de son âm-

PROVINCE D'ARAGON.

Les n°ˢ 5 et 3 représentent le costume masculin et féminin propre à la province d'Aragon.

N° 5. — L'Aragonais à la face brûlée par le soleil, aux yeux généralement petits, aux oreilles larges, ressortant sur le côté, se coiffe ordinairement d'un mouchoir roulé en cravate, contenant les cheveux coupés à la Titus par derrière, mal peignés, collés sur les tempes en oreilles de chien. Sa *capa de muestra,* ample couverture de laine grise, le plus souvent rayée de noir, est d'une simplicité qui semble la rapprocher du type originaire mauresque. La chemise, le plus souvent sans col, est rarement boutonnée; la poitrine est nue. La ceinture mise à plat couvre parfois le ventre, la moitié des cuisses et de la poitrine; le gilet n'est pas boutonné; la culotte est étroite et courte, de velours communément noir ou vert; les bas sont ordinairement bleus; ce campagnard ne porte pas de veste. Ce costume, moins modernisé que l'ajustement des Catalans, est assez en harmonie avec l'entêtement proverbial des *zaragozanos,* entêtement qui a enfanté des anecdotes de ce genre : Quand un Aragonais vient au monde, sa mère prend une assiette et lui donne un coup sur la tête; si l'assiette se casse, la tête est dure, l'enfant est un bon Aragonais; si c'est la tête qui est cassée, alors c'est un mauvais Aragonais. Ces gens ont l'habitude de porter un scapulaire au cou; ils chaussent les espardilles ou alpargatas attachés avec des rubans noirs, comme les Catalans. Il n'y a peut-être pas de province en Espagne où l'on use autant d'alpargatas qu'en Aragon.

N° 3. — Cette figure montre que, dans le costume des jeunes femmes, il y a des rapports avec celui des Catalanes, en même temps que des différences fort sensibles. La *muchacha* ou jeune fille des environs de Sarragosse représentée ici a son mouchoir de tête tombé sur les épaules; ce mouchoir est un foulard assez souvent rouge; sa chute sur les épaules est une coquetterie dont même on se passe souvent en ne conservant pour parure qu'une fleur dans les cheveux. Son *corpino,* le spencer de velours noir, lacé par devant, serrant la taille, est à manches ajustées se prolongeant jusqu'au poignet ; le fichu, plus dégagé que chez les Catalanes, est de coton ou de soie peinte; la jupe courte, ample et plissée aux reins, est en laine bordée par une bande de velours noir, le pied est chaussé du petit escarpin à rosettes qui le dégage si finement. Le tablier léger et exigu est de soie. Il n'y a qu'une perle à l'oreille. Cette jeune femme est dans une de ces attitudes propres aux danses espagnoles où les pas, ni vifs, ni sautés, consistent en des balancés, des mouvements du corps qui en font des pantomimes. La danse nationale en Aragon est la *jota.* La *seguidilla* accompagnée de chants est de celles en usage parmi les Aragonaises des mêmes classes; leur cavalier, fileur ou simple ouvrier tisserand, porte le marsille des Catalans, et aussi la cravate de couleur voyante passée dans un anneau d'argent.

Cette jolie fille, bien découplée, est une dévote de *san Anton,* comme on appelle vulgairement san Antonio abbé, le patron des chevaux, des mulets et des ânes, sans compter les *cerdos* auxquels on doit le jambon et les saucissons. Les jeunes filles le connaissent pour les services qu'il leur rend lorsqu'elles sont en quête d'un fiancé. Il est probable que cette gentille Aragonaise n'a pas, toutefois, besoin de recourir au singulier expédient qu'emploie la *muchacha*, pour rencontrer son *novio*. Elle descend au fond d'un puits l'image du saint, en lui disant : « Tu resteras là jusqu'à ce que j'aie mon fiancé ! » « N'est-ce pas toi qui mis — saint Antoine dans un puits, et qui l'abreuvas d'eau — pour qu'il te fît trouver un fiancé ? », dit un couplet populaire. Le saint ne paraît pas s'être jamais formalisé de ce procédé, et parmi les Aragonaises, justement célèbres par leur beauté, les filles disgraciées de la nature continuent à compter sur lui. « Toutes les femmes laides du monde — se réunirent un soir — pour demander à Saint-Antoine — qu'il y en eût de plus jolies », dit une autre de ces chansons qui sont dans toutes les bouches.

Reproductions d'après les aquarelles de M. J. Garcia.

Voir pour le texte : Voyage en Espagne, *par M. Ch. Davillier;* Deux artistes en Espagne, *par M. Desbarolles, Paris, 1876, Barba, éditeur ;* L'Espagne, splendeurs et misères, *par P. L. Imbert.*

ESPAGNE

TYPES POPULAIRES.
VIEILLE-CASTILLE. — ARAGON. — MURCIE. — PROVINCES *VASCONGADAS* OU BASQUES.

```
 1    2   3   4   5   6   7   8   9
   10   11  12  13     14     15
```

N°ˢ 1 et 2.
Castillanes.

N°ˢ 3, 4, 5, 12, 13 et 14.
Aragonais.

N°ˢ 6 et 7.
Murciens.

N°ˢ 8, 9, 10, 11 et 15.
Basques.

VIEILLE-CASTILLE.

L'âpreté du climat et l'avarice du sol de la Vieille-Castille se sont toujours opposées à l'accroissement de sa population ; mais à ces causes naturelles sont venues s'en ajouter d'autres appartenant à l'histoire, tel que le dépeuplement occasionné dès le neuvième siècle par les grands feudataires de la couronne qui s'emparèrent du sol et le rendirent une véritable terre de combat, et, au seizième siècle, l'émigration au Nouveau-Monde des habitants qu'enflammèrent les exploits des *conquistadores*. En même temps que la population diminuait, elle perdait en culture acquise ; après avoir été, pour un certain nombre d'industries, l'initiatrice de l'Europe, elle cessa même de pouvoir l'imiter, et, de toutes les parties de l'Espagne, la Vieille-

Castille devint, après l'Estramadure, celle où la ruine du commerce et de l'industrie fut la plus complète.

Les habitants de cette contrée sont les véritables représentants du caractère espagnol ; dignes et majestueux, ils conservent avec soin, chez les élégants comme chez les loqueteux, les vieilles traditions de l'honneur castillan.

Nos 1 et 2.
Villageoise et sa petite fille en costume de travail ; province de Ségovie.

N° 1. — Cette enfant porte un mouchoir de tête noué sous le menton, un corsage lacé par derrière, une jupe de laine et un tablier de coton peint.

N° 2. — Mouchoir noué derrière la tête. Colliers de corail. Corsage de coton peint. Jupe et tablier en *paño pardo*, laine grossière fabriquée dans le pays et servant à l'habillement de la plupart des femmes et des hommes des deux Castilles. Souliers lacés.

Le costume des hommes et celui que les femmes de cette même province portent les jours de fêtes, sont représentés dans la planche ayant pour signe la Roulette.

ARAGON.

L'Aragon, relativement plus populeux que la Castille, est une contrée essentiellement continentale, dont les habitants, privés des ressources de l'industrie et du commerce, ont dû rester, en grande majorité, pâtres, agriculteurs ou soldats, et n'exercer leur action que sur leurs voisins de la péninsule, contrairement aux Catalans qui représentent un élément mobile et changeant. Cette contrée est en même temps l'une des provinces espagnoles où l'on retrouve le plus de souvenirs de la domination musulmane.

Les Aragonais ont une grande force de volonté, et, par leur vaillance, font honneur à leurs ancêtres, les Celtibères. Les hommes sont toujours prêts à se battre. Encore à la fin du siècle dernier, il était de coutume, entre villages ou confréries, d'en venir aux mains pour le seul plaisir de lutter et de montrer sa bravoure ; ce combat, qui ne se terminait point sans mort d'homme, était ce qu'on appelait la *rondalla*. Dans les petites choses, les Aragonais apportent le même entêtement que dans les grandes ; ainsi que le dit le proverbe, « ils enfoncent des clous avec leur tête ». Voir la notice de la planche M couronné.

Nos 3 et 4.
Segadores ou moissonneurs.

N° 3. — La moissonneuse, avec son mouchoir de tête en coton, a un petit corsage décolleté en *justillo* ou velours de coton. Collier de verroteries ; sous la robe, une jupe de drap grossier garnie d'une bande rouge. *Albarcas* (chaussure) de peau de bœuf.

N° 4. — Chez les Aragonais, la tête est entourée d'un mouchoir de soie que recouvre parfois un large sombrero (n° 14). Veste de drap sur un gilet de laine. Large *faja* ou ceinture maintenant une culotte de velours de coton. *Espardilles*.

N° 5.
Curé de village.

Sur la soutane, un vaste manteau à collet. Les prêtres

se coiffent ordinairement de l'immense chapeau traditionnel de Don Basile.

N° 12.

Petite fille du village d'Alteca.

N°ˢ 13 et 14.

Costumes de mariés.

La dame a une mantille de soie bordée de velours. L'habit de cérémonie chez les hommes est, quelle que soit la saison, le manteau noir à large collet.

MURCIE.

Voici le jugement sévère porté sur les habitants de Murcie par leurs voisins et même par quelques-uns des natifs de cette contrée : « Les gens de la chaude province de Murcie, eu contact avec une nature hostile, sont ceux qui savent le moins réagir contre le sol, l'air et le climat ; ils s'abandonnent avec un fatalisme tout oriental et prennent les choses comme elles se présentent, sans essayer d'y rien changer par leur initiative. Se plaisant beaucoup à la nonchalance, pratiquant la sieste en temps et hors de temps, on les voit toujours absorbés comme s'ils poursuivaient un rêve intérieur. Rarement gais, ils ne dansent pas, eux, les voisins des Andalous sauteurs et des Manchegos, chanteurs de *seguedillas*. »

Aux travaux agricoles, qui ont été de tout temps l'occupation principale des habitants, la province de Murcie, comme celle de Valence, joint aussi des travaux industriels d'une certaine importance. Les spartes ou *espartos*, que produisent en abondance les pentes ensoleillées d'Albacete et de Murcie, servent à la fabrication de sandales, de nattes, de paniers, etc. — Les veines métallifères des montagnes s'y comptent par centaines. — Albacete, sur le plateau murcien, est à l'Espagne, ce que Châtellerault est à la France et Scheffield à l'Angleterre ; les *navajas*, les *cuchillos*, les *puñales*, s'y fabriquent par milliers.

N°ˢ 6 et 7.

Riches paysans d'Albacete.

N° 6. — Chez le paysan, la tête est enveloppée d'un foulard de couleur posé en turban, sur lequel doit reposer l'inévitable *sombrero*, chapeau qui règne, avec quelques modifications, dans presque toutes les provinces de l'Espagne. Large *faja* ou ceinture, retenant une culotte de même étoffe que la veste ; ces larges ceintures bien étoffées sont d'un grand secours aux tireurs de *navaja*. *Alpargatas* maintenus au moyen de rubans croisés sur des bas bleu foncé.

Le paysan, avec ces vêtements, porte habituellement une veste ornée de passementeries et d'agréments brodés qui annoncent le voisinage de l'Andalousie ; il revêt également, comme les Valenciens, la mante de laine rayée ; celles fabriquées à Murcie ont quelque réputation.

N° 7. — Dans la coiffure de cette paysanne, deux nattes rondes couvrent les tempes, comme chez les Trasteverines, et s'enroulent en chignon ayant la forme d'un huit ; un petit peigne crânement posé sur le côté, et parfois un œillet rouge et un dahlia, complètent cet arrangement. Chez les femmes du peuple, la jupe courte laisse voir des bas de soie bien tirés que quelques élégantes portent couleur de chair et brodés de dessins en zigzags.

PROVINCES VASCONGADAS.

On donne le nom de *provincias vascongadas* ou simplement celui de *provincias* aux trois provinces d'Alava, de Guipuzcoa et de Viscaya, qui occupent la plus grande partie de la contrée montagneuse du nord-ouest de la péninsule; elles forment le pays basque et navarrais que l'on doit considérer comme étant complètement à part dans l'ensemble de l'Espagne.

Les Basques, qui se donnent à eux-mêmes le nom d'« Euskaldunac » ou d'« Euskariens », sont la race mystérieuse par excellence; « ils restent seuls au milieu de la foule des autres « hommes; on ne leur connaît point de frères », dit M. Élisée Reclus. Ce peuple a gardé son vieil idiome, ses mœurs, et certains droits ou prérogatives politiques dont il jouit depuis des siècles.

Sans qu'il y ait de type basque proprement dit, la plupart des hommes, dans les provinces espagnoles comme dans la Navarre française, ont des traits nettement dessinés et une taille bien proportionnée; presque toutes les femmes se distinguent par leur beauté et leur élégance naturelle, au point que, dans certains districts, la laideur constitue un véritable phénomène. On doit ajouter que, chez les Basques, la beauté de la forme s'allie à une grande dignité de maintien.

L'*euskara*, qui est la langue de ce peuple, semble tout à fait unique par la structure de ses mots et le mécanisme de ses phrases; les Espagnols l'appellent *vascuence*, mot qui désigne une langue obscure et confuse que personne ne peut comprendre.

N°˚ 8, 9, 10, 11 et 15.
Paysannes et paysans.

Le costume des hommes se compose du béret, que l'on porte légèrement incliné du côté de l'oreille, d'une veste rarement mise et qui s'enroule autour du bras ou se jette sur l'épaule; d'un gilet sur lequel est rabattu le large col de la chemise, et d'une large ceinture retenant un pantalon garni, dans sa longueur, de pièces de velours symétriquement disposées.

Les femmes ont des robes de drap grossier et ne montrent de leurs cheveux, coquettement couverts d'un mouchoir de coton, que deux longues nattes pendantes. Ces paysannes modestement vêtues se distinguent par une attitude fière provenant de l'habitude qu'elles ont de placer leurs fardeaux sur la tête. Elles ont généralement le cou et les épaules remarquables par la pureté des lignes, beauté bien rare chez les femmes adonnées au dur travail de la terre.

Deux de ces figures, les n°˚ 8 et 9, montrent une paysanne et un paysan de la vallée de Loyola, endroit particulièrement célèbre par la beauté de ses habitants, hommes et femmes. On dit qu'il serait difficile d'y trouver une jeune fille qui ne fût pas un modèle parfait.

Aquarelles de MM. Garcia et Bastinos.

Voir, pour le texte: Voyage en Espagne, *par le baron Davillier.* — Géographie universelle, *par M. Élisée Reclus.*

ESPAGNE

COSTUMES DE LA GALICE.

N°s 1, 2, 3, 4, 5 et 6.

Paysans de la province d'Orense, parés du costume du dimanche, dansant on accompagnant la *muyneira* (*danse de la meunière*). L'orchestre se compose de la *gaita*, espèce de cornemuse particulière au pays, du *tamboril*, du *pandero* (tambour de basque) et des *castañuelas* aux mains des danseurs. Dans les noces villageoises, la danse, la *baila*, comme disent les Galiciens, commence immédiatement après le repas et se prolonge généralement fort avant dans la nuit.

N°s 9, 10.

Jeunes gens de la même province.

N° 7.

Femme de Vigo, province de Pontevedra.

N°s 8 et 11.

Paysan et paysanne de la Corogne.

Les *Callaiques* ou *gallaiques* (de *gails* ou *gaels*, Gaulois), l'une des cinq grandes tribus celtiques de l'Espagne, ont donné leur nom à la Galice; les habitants actuels sont leurs descendants. La Galice, située entre l'océan Atlantique, le Portugal et la Vieille Castille, est divisée en quatre provinces : la Corogne, Pontevedra, Orense et Lugo. Le chef-lieu est Santiago ou Saint-Jacques de Compostelle. C'est un pays boisé, traversé par les monts Cantabres, mais dont le climat est généralement tempéré et même humide, les pluies y étant plus abondantes que dans le reste de l'Espagne.

L'industrie languissante de ces localités oblige les *Gallegos* à émigrer pour aller travailler aux moissons ou à se diriger vers les grands centres, à Madrid surtout, où, comme les Auvergnats et les Savoisiens chez nous, ils remplissent, avec les Asturiens, les fonctions de commissionnaires, de domestiques, de porteurs d'eau. Économes et robustes comme les enfants de l'Auvergne auxquels ils ressemblent, ce sont les Béotiens de l'Espagne que les voyageurs appellent ses Auvergnats; leur nom y est presque une injure ; on rit d'eux là-bas comme des autres chez nous, et le chapitre est long des brocards qui depuis longtemps les poursuivent. Sans nous occuper des chansons et dictons sans nombre sur ce sujet, faisons remarquer que les Galiciens ont avec leurs frères de l'Auvergne d'autres points de ressemblance que le ridicule : c'est la bravoure, la ténacité, l'énergie avec lesquelles ils ont défendu leur coin stérile contre les Romains, bravoure qui leur a permis, pendant les trois siècles de l'invasion arabe, de conserver seuls avec les Asturiens leur indépendance.

Le costume des montagnards galiciens se ressent naturellement de la nature du climat et de la pénurie locale. Celui des hommes se rattache, comme dans toute l'Espagne, aux traditions militaires. Ce sont ces traditions qui, selon la remarque faite par Pons au siècle dernier, dans son *Viaje de España*, judicieusement relevée par M. le baron Ch. Davillier, font retrouver dans les *monteras*, les sevillanes, grenadines, manchoises, valenciennes, galiciennes et autres casques d'autrefois; comme on retrouve dans les *colotos* (espèce de pourpoint), dans les *polaynas* (longues guêtres de drap), les *abarcas* (espèce de guêtres) et jusque dans les *alpargatas*, l'image vivante des anciennes armures.

Dans le costume des paysannes galiciennes, fait d'étoffes de qualité la plus ordinaire, on ne rencontre pas les broderies dont sont surchargés les vêtements des *charras* par exemple, des environs de Salamanque; elles ne sont pas parées non plus, comme celles-ci, de chaînes d'or à plusieurs tours s'étalant sur le fichu. Ce fichu ou mantelet, le *dengue*, croisé sur la poitrine, est simplement en drap rouge bordé d'un large velours noir. Les coiffures ne consistent qu'en un mouchoir habilement arrangé. Le grand tablier, le *manteo* attaché en arrière par une double agrafe métallique et qui cache presque entièrement la jupe, est bordé plus ou moins largement, mais dépourvu aussi de toute broderie. La jupe, toujours bordée de velours en bandes, dont le nombre ainsi que la largeur varient, est tout aussi simple. Cette jupe atteignant au corsage sans manche est propre à des gens alertes comme le sont les fraîches et jolies *Gallegas*; on la fait assez courte, dégageant bien le pied et même la naissance de la jambe. Un nœud de ruban aux bouts flottants, posé par derrière à la hauteur de l'agrafe du tablier, complète le costume endimanché avec lequel on porte les bas blancs ou bleus et les souliers découverts à petits talons et à petites boucles. La boucle d'oreille longue, un collier à un rang d'or ou d'étoffe avec quelque médaillon, ou croix à la base du cou, sont à peu près les seules joailleries en usage. Presque toutes les femmes tiennent à porter l'émeraude au col comme à l'oreille; on en emploie pour cet usage de toutes les qualités, y compris le verre qui l'imite.

Le *dengue* est de drap. Le *manteo* est aussi en drap ou en mérinos; pour la jupe et le corsage, le drap est l'étoffe ordinaire. Les mouchoirs de tête sont en cotonnade ou en soie.

En somme, ce costume de la Gallega est de coupe sobre et de réelle austérité, dans la forme comme dans le fond; l'exemple de la Corogne, n° 8, le fait bien voir. Celui de la paysanne de Vigo, malgré les pieds nus de celle qui le porte, est d'une forme beaucoup plus élégante et disposé avec une coquetterie plus heureuse. On le voit d'ailleurs facilement. Le corsage, ouvert par devant et n'attenant à la jupe que par derrière, est à épaulettes, sans manches et lacé, liant les deux côtés sans les réunir. Le corsage, ne montant qu'à la hauteur des seins, est coupé à angle droit. La chemise, qui recouvre la poitrine, a de larges entournures, et les manches amples n'ont pas de poignet fermant. Le dengue étroit qui ne descend pas sur les bras et qui, en se croisant sur la poitrine, ne dissimule aucune des ouvertures du corsage, le tablier peu large, rectangulaire, d'aspect italique, rehaussé de soutachés en bandes de velours noir, tout contribue à la grâce de ce costume et à son caractère qui doit être d'une antiquité fort reculée.

Le costume des hommes, chaussés fortement, se compose d'une chemise à col assez haut, boutonnée au cou et se tenant debout sans le secours de la cravate que l'on ne porte pas ; d'un gilet sans manches, assez court, sans collet ou à collet droit, avec un petit revers, et que l'on met par dessus la ceinture lorsqu'il est ouvert, ou que la ceinture à plusieurs tours recouvre haut lorsqu'il est fermé ; d'une culotte dépassant plus ou moins le genou, plus ou moins ajustée, quelquefois presque collantes, et dont l'extrémité restant ouverte, non boutonnée, recouvre, sans gêner les articulations, le haut de la guêtre longue dont le pied est largement enveloppé. Cet ensemble se complète par une veste à manches peu amples et à poches extérieures, avec un petit collet droit et un revers court, mais assez large ; par un chapeau en pain de sucre, avec un large revers frontal qui de face se présente en triangle élevé partant des oreillettes formées par les deux pointes latérales, d'où repart encore le revers beaucoup plus bas de l'arrière ; chapeau de drap dont les revers sont de velours, comme les deux pompons dont on l'orne au sommet et à mi-hauteur. Enfin, la *manta*, qui est l'enveloppe dont on se sert à la manière de la toge antique, en la croisant sur la poitrine, la faisant passer sur l'épaule et la laissant retomber par derrière ; la manta est en drap, et la ceinture est en laine.

Dans la pratique, et il faut l'entendre aussi du costume endimanché, beaucoup restent en manches de chemises ; les jeunes gens n'usent guère les boutons du gilet, porté ouvert, par dessus la ceinture à bouts flottants. Le gilet, de drap rouge, à revers de velours noir, destiné à être surtout porté sans la veste, est un vêtement solide, dont le dos fait de peau chamoisée est embelli de dessins en broderie qui font une parure de ce négligé apparent. Les élégants, comme le jeune homme n° 9, affectent deplacer la ceinture assez bas pour que le linge de la chemise soit visible entre elle et le gilet. C'est une vieille mode qui remonte aux pourpoints des XV°, XVI° et XVII° siècles. Les danseurs ont de chaque côté du gilet, près de l'ouverture, une pochette triangulaire pour y placer les castagnettes. La culotte est forte aussi, en drap épais, grossier, ou même en cuir d'un ton fauve ; on la termine souvent par une bande noire et haute qui reste ouverte sur le côté, et recouvre les houseaux. La *montera* se porte ici de façons variées, motivées. La pointe est inclinée et les pompons sont disposés du côté gauche pour les hommes mariés ; pour les garçons, la disposition est inverse et sur la droite. Les guêtres sont en cuir ou en drap, avec de nombreux petits boutons que l'on néglige souvent d'attacher dans tout leur parcours.

Le n° 11 en costume habillé est à remarquer. C'est un farand du pays, ressemblant fort aux *mozos de cordel*, les commissionnaires de Madrid, et aux *aguadores* au bonnet en pointe et à la culotte courte d'où sort un caleçon de toile, qui, dit M. Davillier, descendent chaque année (au mois de juin) des montagnes abruptes de l'ancien *principado de Asturias*. Sa chevelure en *oreilles de chien*, rappelant celle de nos muscadins ; son chapeau conique posé de travers, dont un revers est relevé et l'autre abaissé; sa veste courte, son gilet fermé avec ses rangées de boutons métalliques, la ceinture placée haut pour ne pas contrarier l'usage du grand pont de la culotte dont les boutons s'étalent en garniture horizontale; le foulard de soie ou de coton aux couleurs vives sortant de l'un des côtés de la culotte, côtés non cousus, mais à boutonnières de deux calibres, fort nombreuses et serrées vers le bas où on ne les boutonne jamais; le pantalon de toile blanche, les guêtres en drap avec un pompon à l'avant du pied, enfin jusqu'au grand et lourd parapluie de coton rouge, tout dans ce costume de paysan habillé est à considérer avec attention.

Il n'est pas une seule partie de l'Espagne qui n'ait sa danse particulière et favorite. La *gallegada*, ou danse des *Gallegos*, est fort connue et bien dansée à Madrid même. Elle commence par une pantomime que l'orchestre accompagne par quelques mesures lentes où les partenaires dos à dos semblent vouloir se bouder; puis, sur la mesure de plus en plus vive, les pieds s'agitent; enfin, les deux danseurs s'élancent, et les castagnettes résonnent. Le *gaitero gallego*, le joueur de cornemuse galicien, et le *musico tamborilero* sont de toutes les réjouissances publiques et privées, noces et fêtes patronales. Le *magosto* qui se célèbre le jour de la Toussaint en Galice et dans la province de Léon, à l'occasion de la récolte des châtaignes, est le jour de *fiesta* le plus brillant de l'année. Les Gallegos, dont la réputation est d'être plus robustes qu'agiles, y deviennent vifs et non moins lestes que leurs plantureuses *boleras*. Le *macho* unit sa voix grave au son plus clair de la *hembra*, et les deux castagnettes, mâle et femelle, retentissent en suivant tous les mouvements du corps, des bras et des jambes. La *castañuela* espagnole, à très peu de différence près, est le même instrument que les *crotalia* antiques; tous deux composés de deux parties creuses qui, frappées l'une contre l'autre, produisent un son sec. La forme, la dimension sont à peu près semblables. Si les *crotalia* étaient en bronze, on en faisait aussi en bois comme les castagnettes; et celles-ci mêmes étaient aux mains des *gadilanas* dansant les pas espagnols dans la Rome de Martial, de Pline le jeune, de Pétrone, qui ont célébré ces danseuses comme habiles et séduisantes entre toutes.

Aquarelles de M. Garcia.
(*Voir pour le texte*, Voyage en Espagne, *par MM. Gustave Doré et le baron Ch. Davillier.*)

ESPAGNE

L'HABITATION ANDALOUSE. — TYPE DE LA MAISON BOURGEOISE. — LA CHAMBRE. — LE PATIO. — L'EXTÉRIEUR SUR LA RUE. — COSTUMES POPULAIRES.

(PLANCHE DOUBLE.)

1   2   3   4   5   6   7   8

Le *patio*, la cour de la maison espagnole, est régulièrement un espace rectangulaire environné de bâtiments; il comporte un entourage de galeries couvertes sous une toiture inclinée des quatre côtés vers le centre qui reste à ciel ouvert; au-dessous de cette couverture on trouve fréquemment un bassin disposé pour la réception des eaux pluviales. Cette disposition est celle même du *cavædium* des Latins. La toiture en *compluvium* soutenue par des colonnes, selon la mode antique, ou par des arcades, selon la pratique des Arabes, toiture procurant de l'ombre et cependant ouverte pour la libre circulation de l'air, c'est la couverture de la cour de la maison pompéienne, avec l'*area* de son atrium comme de son péristyle et leur bassin récepteur, l'*impluvium*. Le principe de cette construction issue des nécessités du climat est une tradition que les Maures ainsi que les Espagnols devaient conserver : les mêmes besoins commandaient le même aménagement. Plus on avance vers le midi de la péninsule ibérique, et plus s'accusent, sous ce rapport, les habitudes semblables à celles des anciens qui, dans la Campanie par exemple, mettaient sous la toile l'ouverture de leur cavædium aux heures du soleil, de même qu'ils en protégeaient leurs rues étroites. Le *tendido* espagnol couvre de même le patio et la voie publique ; il est enroulé le soir pour que l'on puisse jouir de la fraîcheur, ainsi qu'en usaient les Pompéiens pour lesquels les brises de la mer rendaient si délicieuse cette fraîcheur de la soirée.

Le nom du patio (*pateo*, être ouvert) qui, à lui seul, indiquerait son origine, se prête encore à de certaines interprétations qui semblent de même source, tout en appartenant en propre aux mœurs espagnoles. A la différence de l'antique maison romaine, dans laquelle une famille unique jouissait des douceurs de la cour reculée du péristyle, la cour de l'habitation chez les Espagnols de moyenne condition est ordinairement commune à des locataires différents. Les mœurs en ont fait un endroit neutre, où chacun conserve l'indépendance de son action; on peut se promener dans le patio, dit Théophile Gautier, y lire, être seul ou avec les autres; on s'y rencontre sans passer par l'ennui des visites formelles et des présentations; on finit par s'y connaître; on s'y lie selon son goût. Les dérivés du nom latin de la cour de la maison espagnole expriment les traits de son caractère. Sans compter *pace*, en temps de paix, *patiens*, qui supporte, souffre, endure, et *patior*, acquiescer, s'accommoder à l'humeur de tous, il semble que jusqu'à *pactio*, pacte, accord, traité, soient autant d'expressions à sous-entendre dans le nom générique du patio.

Cette cour méridionale comporte d'ordinaire le rez-de-chaussée et un premier étage dont les portes-fenêtres donnent sur une galerie qui en fait le tour. Théophile Gautier a laissé la description du patio d'un bel hôtel de Tolède qui est d'une valeur typique. Entouré de colonnes et d'arcades, avec un filet d'eau dans son milieu, ce patio de riche maison est pavé de marbres de couleurs formant mosaïque; il est orné de puits de marbre blanc et d'auges revêtues de carreaux de faïence pour laver les verres et les jattes; la galerie supérieure, sur laquelle s'ouvrent les fenêtres et les portes des appartements, a un balcon de fer travaillé circulant tout autour. C'est ce genre de patio, enjolivé de pots de fleurs et de caisses d'orangers, qu'il appelle une *cour-salon*, que Gautier a pris plaisir à peindre; on y descend les tableaux, les chaises, les canapés, jusqu'au piano; et lorsque, comme à Grenade ou à Séville, l'agrément d'un jet d'eau ou une fontaine s'y ajoute, il n'est rien de plus délicieux. Ce qui est agréable à Madrid, où l'animation des réunions du patio est un des grands charmes de la soirée, devient indispensable dans les maisons d'Andalousie. Là, où le pavé brûle, où le fer du marteau des portes rougit, où la terre se fend comme l'émail d'un poêle trop chauffé, où le blé éclate dans l'épi sous l'averse de feu tombant du ciel, où pendant des heures le peu d'air qui arrive semble soufflé par la bouche de bronze d'un calorifère, où principalement de midi à une heure, à l'heure du feu, *fuego*, comme on dit en Andalousie, chacun se renfermant chez soi pour faire la sieste, la vie est comme suspendue, les rues absolument désertes, les boutiques fermées, et où pour tout l'or du monde on ne déciderait pas un marchand à se déranger pour vendre quelque chose, là enfin, conclut Gautier, où le séjour même des appartements est insupportable (on n'y entre que pour s'habiller, dîner, faire la sieste), la maison ne serait pas habitable sans la disposition architecturale du patio.

La condition de la maison d'où sont tirés les fragments représentés montre assez que le patio, la cour à ciel ouvert, avec sa galerie ombrée répondant aux chambres supérieures, est une nécessité qui s'impose à tout le monde. L'exemple d'un patio de luxueuse architecture ferait volontiers inférer que le bien-être résultant de cette disposition est un des privilèges de l'opulence. Le nôtre a pour objet de montrer que le patio entre dans l'ordonnance de toute maison méridionale de véritable caractère espagnol. Les renseignements sur les choses simples, à l'usage du plus grand nombre, ne sont cependant pas les plus communs. Ayant à opter entre le patio de la maison riche, dont le plan est facile à concevoir, et où d'ailleurs, dans ceux d'ancienne construction, les ornementations sculpturales de beau caractère, comme celles de certains chapiteaux mauresques, s'enfouissent de telle sorte sous le badigeonnage usuel qu'on les y retrouve à peine aujourd'hui, et le patio tel qu'on l'aménage chez les gens de petite condition, notre choix s'est arrêté sur un type qui se rapporte aux mœurs les plus générales.

Notre exemple provient de Grenade. Cette maison, louée en partie à des voyageurs, n'est cependant pas une de ces auberges comprises dans leur ordre hiérarchique sous les noms de *fonda, parador, posada, meson, venta* et *ventorillo*, ces singulières auberges où, pour la plupart, selon l'unanimité des voyageurs du siècle dernier, et même de quelques-uns du nôtre, l'hôtelier accueillait l'arrivant en lui offrant une chaise, mais rien à manger; il fallait alors pour voyager être pourvu de ses vivres, ou aller soi-même chez le boucher et le boulanger, et ne pas faire de tapage, car cela, avec son prix spécifié, était ajouté sur la note.

Notre maison est une de ces *casas de pupillos* ou de *huespedes*, que M. John Lemoinne indique en les recommandant, assimilées par lui, comme par M. le baron Davillier, aux pensions bourgeoises de Paris, et aux *family-houses* de Londres. On jouit dans la casa de pupillos de plus de familiarité, de laisser-aller, que dans le nord de l'Europe. Ce n'est pas un hôtel; le nombre de pensionnaires qu'on y reçoit est ordinairement limité à quelques-uns. Ces locations sont faites par d'honnêtes bourgeois, quelque veuve, une famille éprouvée par des revers de fortune, voulant tirer parti d'un appartement trop vaste pour eux. Ces maisons, fort proprement tenues, sont ordinairement peu fréquentées par les étrangers; l'accueil y est simple, presque toujours patriarcal, plein de cordialité. Elles ne s'annoncent aux passants que par un petit carré de papier blanc grand comme la main, attaché avec une ficelle à l'une des extrémités de la fenêtre ou du balcon. S'il est placé au centre, ce papier signifie qu'il y a un logement à louer.

La sécheresse propre à toute chambre d'hôtel, même dans l'agréable casa de pupillos à ce qu'il paraît, se révèle ici par de certaines absences qu'il importe d'indiquer en examinant l'intérieur de la pièce représentée. Carrelage en briques, selon l'usage général pour toutes les chambres, plafond en solivage apparent conservant sa couleur naturelle, murs couchés de lait de chaux, meubles en bois garni de paille, les canapés comme les chaises, voilà pour le fond. La décoration de la muraille, uniformément badigeonnée, consiste en quelques lithographies de taille exiguë largement espacées, et un miroir de Venise dans un cadre du XVIIe siècle qui est, en réalité, le seul luxe. Avec l'habitation de la famille, cette chambre à coucher, car telle est sa destination, ne conserverait pas cette sécheresse. Outre que le carrelage serait revêtu de l'une de ces nattes que l'on fait en roseau pour l'hiver, en jonc pour l'été, généralement tressés avec beaucoup de goût, les murs sur lesquels en Espagne on ne met pas de buis bénit, seraient ornés de grands rameaux en formes de palmes, tressés, nattés, tirebouchonnés, non seulement avec beaucoup d'élégance, mais encore avec ce soin et cet amour que les meilleures gens du monde ne sauraient avoir pour la chambre banale où passe le voyageur.

Dans ces grandes chambres carrelées, où les cheminées sont fort rares, on se chauffe l'hiver avec le *brasero*, grande bassine de cuivre jaune posée sur un trépied et remplie de braise ou de petits noyaux en combustion recouverts de cendre fine qui entretiennent un feu doux.

Le lit est, pendant la journée, tenu sous le rideau; il occupe un espace des plus restreints et se trouve en une espèce de réduit disposé en retour d'angle près de la porte d'entrée. Cette exiguïté rappelle celle de l'alcôve pompéienne, *zotheca*, où il n'y avait guère de place que pour la couche et dans laquelle on ne pouvait demeurer sans laisser la porte ouverte.

Le seul vestige architectural qui indique la vieille ville mauresque se trouve dans la forme et le profil de l'ouverture du fond, commune à l'entrée de la pièce et à son alcôve. Quant au mobilier dépareillé, rangé le long de la muraille, il justifie pleinement ce que dit Théophile Gautier à propos de l'abondance extraordinaire de chaises et de canapés de paille dans les habitations espagnoles, et aussi ce qu'il ajoute en parlant du goût affreux des meubles, rappelant le goût *messidor*, le goût *pyramide*, et toutes les formes démodées du premier empire qui, selon lui, bien que l'ancienne Espagne ait en grande partie disparu, y fleurissent toujours dans toute leur intégrité.

La galerie supérieure du patio montre que cette partie de la maison reçoit d'autres proportions que celles d'un couloir; sa profondeur, en de certains côtés, est doublée. Il y a là une pièce recevant le plein air, s'ajoutant aux chambres d'habitation, et d'une jouissance commune; elle est pavée de larges carreaux de briques, et c'est l'endroit où, d'ordinaire, l'Espagnol de mœurs rustiques, couché sur la dure, étendu sur sa *manta*, fait sa sieste.

Il n'est pas sans intérêt de faire remarquer que, sous le couvert de son toit en pente qui la dégage intérieurement, cette pièce à air libre, quelle que soit sa profondeur, est toujours pourvue d'une abondante lumière; c'est à peine si sous cette toiture qui préserve de l'atteinte directe des rayons de soleil on est ce qui s'appelle dans l'ombre. La pénombre est si réellement claire sous le ciel espagnol que le peintre, habitué aux oppositions septentrionales, ne sait comment s'y prendre pour établir des plans dans sa translucidité, et c'est ce que nous disait notre ami Sabatier qui s'y est efforcé dans son aquarelle, où, malgré sa délicatesse scrupuleuse, obligé de forcer des oppositions en réalité à peine saisissables, il a cependant réussi à le faire comprendre.

L'extérieur de la maison montre que les mêmes précautions y sont prises pour se préserver des inconvénients du soleil, en éviter l'atteinte, et cependant respirer. La toiture avancée conserve l'*imbrex* romain, la tuile courbe, bon et durable préservatif, d'une disposition heureuse pour la division et le déversement des eaux pluviales; pas de vitres échauffantes à la fenêtre, mais une porte en bois à deux battants dont le panneau supérieur s'ouvre à l'intérieur pour procurer quelque lumière ; le seuil de cette porte-fenêtre s'élève d'une marche au-dessus du balcon avancé dont la plupart des maisons se trouvent pourvues. La boutique est ouverte et sous une toile tombante, qu'un bâton transversal à demeure permet de tenir à quelque distance, de manière à ne pas priver de l'air extérieur. Le pied du mur est bordé de petites dalles en talus pour empêcher le déchaussement causé par la pluie et la pénétration de l'humidité. Amoureux du badigeon, les Espagnols en couvrent tous leurs murs, avec une singulière fréquence dans certaines provinces méridionales ; à Séville, régulièrement, cela se renouvelle trois ou quatre fois par an. A Grenade on en varie les tons, de manière à éviter aux rues étroites, généralement tortueuses, tout aspect monotone ; sans compter les crudités de la craie blanche, les maisons y sont peintes en rose tendre, en vert clair, en jaune beurre frais, enfin de toutes nuances des couleurs les plus gaies. Le seul inconvénient de cette chemise de chaux, comme l'appelle Gautier, c'est qu'elle ensevelit de plus en plus, de manière à les dérober aux investigations des antiquaires, les restes des sculptures arabes et gothiques qui ornaient les maisons anciennes. En somme, l'absence de toute teinte sombre produit un ensemble plein de vie et de gaîté. L'homme qui passe dans la rue devant la maison représentée, sur le pavé en petits cailloux que l'on trouve dans toutes les villes d'Espagne, et sur lequel, lorsqu'il est rayé, en manière de trottoirs, de bandes de pierres plates assez larges, la foule marche à la file, cet homme qui passe, c'est l'*aguador*, portant en bandoulière le baril plein d'eau fraîche, à cannelle étroite, et lançant à chaque instant son cri : *agua ! quien quiere agua !* On est grand buveur d'eau en Espagne.

Les costumes représentés proviennent de la Vieille et de la Nouvelle Castille, de l'ancienne province de la Manche et de celle de Valence.

N° 1. Paysan des environs de Tolède.

Chapeau rond, veste de drap avec dessin passementé en velours ou en coton.

N°s 2 et 3. Maquignon, marchand de mules, et son domestique ; province de la Manche.

Les meilleures mules d'Espagne sont les castillanes et surtout celles de la Manche. Au siècle dernier, on n'y connaissait guère que les attelages de mulets, même aux carrosses. On sait qu'ils servent aussi hardiment qu'adroitement dans les montagnes, et semblent nés pour porter docilement et longtemps de gros fardeaux. Ceux de la grande espèce, provenant du croisement de l'âne avec la jument, ainsi que ceux de la petite espèce, les *bardeaux*, issus du cheval et de l'ânesse, se vendent cher ; comme ils remplacent partout les chevaux de trait, que tout est transporté par des mules qu'on attelle aux chariots ou aux charrettes, et que le mulet est d'autant plus précieux qu'il passe en sureté dans des endroits où un cheval n'ose avancer, le trafic en est naturellement considérable.

N° 4. Petite fille de Castillon ; province de Valence.

N° 5. Arriero, charretier ; même province.

N° 6. Cultivateur de riz, à Cullera ; même province.

Ces deux derniers costumes peuvent être l'objet d'une description commune, d'autant plus propre à faire ressortir leurs différences provenant de la profession, et les ressemblances tenant aux traditions locales. Ces deux hommes portent également les bas sans pied ou jambards de laine et les *alpargatas* de chanvre tressé et battu, qu'on appelle aussi *espardines*, laissant à découvert le cou-de-pied. Tous deux ont sur l'épaule la *capa de muestra*, la longue pièce de laine bariolée, rayée de couleurs vives, qu'on range de mille manières, et dans les coins de laquelle le Valencien serre son argent, son pain, son melon d'eau, sa *navaja*; c'est à la fois un bissac et un manteau. Tous deux enfin ont la chemise attachée au cou par un bouton double et sont ceints de la *faja* de soie ou de laine. Mais, tandis que l'arriero porte la culotte et la veste, et que sa tête enveloppée du foulard est recouverte du chapeau bas de forme à bords retroussés, l'autre, le cultivateur, l'homme de la terre, a conservé le caleçon de toile, les *zaragüelles de lienzo*, qui flottent jusqu'à la hauteur des genoux, rappelant le jupon des Klephtes et provenant assurément des Maures. Ce cultivateur a un chapeau de paille haut de forme, à bords étroits et dont le caractère indique la modernité. Selon la coutume ordinaire, il ne porte que le gilet, la veste étant réservée aux jours de fête. A son cou est suspendu un scapulaire ; dans sa ceinture est passé un pistolet ; il est occupé à rouler une cigarette dont on sait l'usage universel en Espagne parmi les hommes. Les jours de travail, le Valencien cultivateur ne conserve guère que la chemise et le caleçon. Son visage brûlé du soleil, son regard farouche, ses bras et ses jambes couleurs de bronze, et, s'il défait son mouchoir, son crâne rasé à l'orientale et bleu comme une barbe fraîchement faite, lui donnent tout à fait l'air d'un Bedouin, dit Théophile Gautier, qui l'appelle le Kabyle européen.

N° 7. *Muletier des environs de Burgos.*

Sauf les houseaux, ce costume a beaucoup de rapports avec celui de l'arriero valencien. La veste courte est du commencement du siècle. Cet homme est coiffé du chapeau en tricorne posé de face, *el tricornio*, qui est le chapeau même des *estudiantes de la tuna*, de l'ancienne *tunante* de Valence. Ils l'ornaient de la cuiller de bois indispensable aux gens nomades ; elle y était passée comme un plumet.

N° 8. *Gitana.*

La population bohémienne est assez nombreuse dans la province de Murcie, mais encore plus en Andalousie. La grande affaire des femmes c'est toujours de dire la *buena ventura*, ou la *baji*, selon leur langage ; elles lisent l'avenir dans les lignes de la main, ou dansent d'une manière toute particulière. Le corsage dégagé pour l'aisance des mouvements est un des caractères du costume de ces femmes auxquelles il faut toujours quelque fleur ou quelque ruban de couleur éclatante dans leur chevelure. Nombre d'entre elles ont conservé l'usage de la jupe à deux et trois volants, qu'elles restent seules à porter en Espagne.

Les trois fragments de la maison sont reproduits d'après les aquarelles de M. Sabatier.

N°⁸ 1, 5, 6 et 8. Documents photographiques fournis par M. Laurent.

N° 7. Dessin d'H^ie Lecomte. N°⁸ 2, 3 et 4. Dessins de M. Garcia. Coloration de MM. Bastinos et Garcia.

Voir pour le texte : Tra los Montes, *par Théophile Gautier,* 1843. — Deux artistes en Espagne, *par M. Desbarolles,* 1855. — Quelques jours en Espagne, *par M. John Lemoinne* (Revue des deux Mondes 15 juillet 1858). — L'Espagne, *par M. le baron Davillier,* 1873. — L'Espagne, splendeurs et misères, *par M. L. Imbert,* 1875.

ESPAGNE

LE SALON DE PORCELAINE DU BUEN-RETIRO. — PALAIS-ROYAL
DE MADRID.

L'HABILLEMENT EN TRIANON.

La mode des revêtements en porcelaine remonte aux époques où, sur les relations écrites par les missionnaires, on tenait la fameuse tour de porcelaine, dite de Nankin, pour la huitième merveille du monde.

L'architecte Dorbay se conformait à cette mode régnante en construisant le château élevé par Louis XIV en l'honneur de Mme de Montespan, sur l'emplacement du petit village de Trianon, dont cette construction retint le nom.

Saint-Simon esquisse ce palais en ces termes : « D'abord maison de porcelaine, agrandie après pour y coucher, enfin palais de marbre. » La maison de porcelaine, dit Félibien, fut regardée par tout le monde comme un enchantement. Ce premier Trianon étalait sa pierre au dehors, et les cheminées étaient encore de cette brique rouge qui rappelle le Versailles de Louis XIII. Les faïences émaillées ne se montraient qu'au-dessus des fenêtres ; elles formaient une balustrade au-dessus de l'entablement ; et sur les combles, où elles étaient blanches, leur éclat se combinait avec la dorure des faîtages et les vases bleus.

Le titre donné à la maison ne se justifiait pleinement que dans le salon du château, entièrement revêtu d'un stuc très blanc et très poli avec des ornements d'azur, dont on a retrouvé quelques échantillons dans les magasins du musée de Versailles. La corniche qui régnait autour de ce salon et le plafond étaient aussi décorés de diverses façons d'azur sur un fond blanc, « le tout travaillé, dit Félibien, à la manière des ouvrages qui viennent de la Chine, à quoi les pavés et les lambris se rapportent, étant faits de carreaux de porcelaine. »

Cette porcelaine était surtout de la faïence et du stuc. Les comptes des bâtiments ne donnent que le nom de faïence émaillée aux produits fournis par Morin pour les revêtements de Trianon, commencé en 1670 et terminé en 1674 ; Morin, établi à Saint-Cloud, y avait précédé la manufacture de porcelaine fondée à Saint-Cloud par Chicaneau en 1695.

La maison de porcelaine eut un retentissement dont témoigne le *Mercure galant* en 1672 :

« Le Trianon de Versailles avait fait naître à tous les particuliers le désir d'en avoir ; tous les grands seigneurs en firent bâtir dans leur parc, les bourgeois qui se voulaient épargner la dépense de ces petits bâtiments avaient fait habiller des masures en Trianon, ou du moins quelque cabinet de leur maison, ou quelque guérite. »

On connaît la fortune du nom de *Trianon*, devenu un terme générique qui, dit l'*Encyclopédie*, signifie tout pavillon isolé, construit dans un parc, et détaché d'un château. Le *casino* des Italiens est un bâtiment de cette espèce, en usage pour servir de retraite et se procurer de la fraîcheur à la campagne. Ce qui est moins connu c'est que l'*habillement en Trianon* c'est celui du revêtement dit de porcelaine, qui fut d'un luxe tout royal.

Il résulte de l'expression du *Mercure* de 1672, que l'idéal de la décoration intérieure du Trianon, c'est l'emploi de la porcelaine, et que la menuiserie avec un décor sur fond blanc dont on fit si grand usage au dix-huitième siècle « dans ces petits appartements destinés au délassement de l'esprit, où l'on ne doit rien négliger pour rendre la décoration enjouée et galante, » que cette menuiserie, dit Blondel, « sur laquelle est passé un vernis et dont les ornements sont dorés, » eut son véritable prototype dans la faïence émaillée du premier Trianon. La plus complète expression du genre se rencontre dans les cabinets comme celui du Buen-Retiro de Madrid, et le fameux cabinet de la *China*, au palais d'Aranjuez.

La fabrication de la porcelaine avait pris un important développement en Espagne au dix-huitième siècle. Charles III, roi des Deux-Siciles, avait, en 1736, fondé la célèbre manufacture de Capo di Monte. Roi d'Espagne en 1759, il y amena une cinquantaine d'artistes et tout le matériel de leur fabrication. Installés à Madrid, dans les jardins de Buen-Retiro, ces Italiens y fonctionnaient dès 1760. Cette manufacture, qui a cessé d'exister en 1808, produisait des objets en pâte dure et en pâte tendre ; du biscuit, tantôt blanc, tantôt en couleur, avec dorure et glaçure suivant le caractère des pièces. Jusqu'en 1789, toute sa fabrication était exclusivement destinée à la famille royale ; on en faisait des cadeaux aux cours étrangères. Ses produits sont très rares dans les collections privées. Le salon de porcelaine du palais de Madrid, avec ses grandes glaces encastrées dans les lambris, ses bas-reliefs à figures, sa riche corniche, son plafond, le marbre du cadre de ses portes, et le stuc incrusté de son parquet, reste assurément comme l'un des plus intéressants spécimens de l'habillement en Trianon.

Reproduction d'après une photographie de M. J. Laurent, et une aquarelle faite d'après nature par M. J. Garcia.

Voir pour le texte : Le Château de Versailles, par *M. L. Dussieux*, 1881, Bernard, édit., à Versailles. — La Fabrique de porcelaine du Buen-Retiro, par *M. Juan F. Riano*, Gazette des beaux-arts, 1879.

ESPAGNE

ILES BALÉARES ET PITYUSES OU ÉBUSES. — COSTUMES POPULAIRES DE MAJORQUE, D'IVIÇA ET DE VALENCE.

1 2 3 4 5 6 7 8 9
10 11 12 13 14

Les costumes qui figurent ici, tirés les uns des îles Baléares (Majorque, Minorque et Cabrera), les autres des îles Ébuses, autrefois Pityuses (dont la principale est Iviça); d'autres, enfin, de la province de Valence, ont été donnés par des voyageurs de la fin du siècle dernier et des artistes du commencement de celui-ci, et ne sont pas exempts des défauts communs aux documents de cette époque, le manque de naïveté et l'oubli de la véritable proportion des gens représentés. Nos reproductions d'après des documents photographiques pareront à cet inconvénient; et comme, en somme, celles-ci montrent les Majorquins sous un aspect du passé assez intéressant, nous ne devions pas les passer sous silence.

George Sand, dont l'ouvrage (*Un Hiver à Majorque*, 1837) a si bien dépeint la mollesse et l'incurie des débiles populations de ces îles si bien partagées par la nature, dit que les costumes portés à Majorque par les riches et dans la bourgeoisie ont perdu toute originalité primitive, et que l'on ne retrouve de traces des vieilles traditions que dans les vêtements des femmes et des paysans.

D'après Alexandre de Laborde (*Itinéraire descriptif de l'Espagne*), la richesse des étoffes et des ornements distingue seule les dames de leurs servantes et des paysannes. La coiffure, nommée *rebozillo*, qui est une variété du capuce, de la capeline, est formée par une guimpe double; la partie supérieure couvre la tête et s'arrête sous le menton, laissant le visage seul à découvert; puis, s'étendant sur les épaules et tombant jusqu'à la moitié du dos, les deux pointes viennent se croiser et s'attacher par devant. Nos n°s 2, 5, 7, 10, 13 et 14 offrent des exemples plus ou moins conformes à cette description. L'habit est composé d'un corps baleiné; les manches, fort étroites, s'arrêtent au plis de l'avant-bras (n°s 10 et 14). Ce corset est garni de boucles d'argent ou de boutons. Les femmes ont des colliers, portent des bagues, et font usage de bracelets, de montres et autres bijoux. Lorsqu'elles sortent, elles portent la mantille, n° 11, comme dans tout le reste de l'Espagne, et prennent à la main, avec leur éventail, un chapelet fort long, orné de glands d'or et d'une croix de ce métal. En général, et comme les autres Espagnoles, les femmes de Majorque tiennent à être bien chaussées. Leurs souliers sont élevés sur le talon, larges vers les orteils et percés de petits trous, ce qui tient le pied frais et facilite la marche. La jupe est courte, et souvent descend à peine au gras de la jambe; George Sand dit qu'on la plisse sur les hanches et que cette partie du vêtement, d'étoffe de couleur ou de toile peinte, est attenante à la camisole. Les bas, bleus, rouges ou verts, ont des coins d'une autre couleur. Les servantes et les paysannes portent le tablier. Dans nos exemples, les n°s 11 et 14 appartiennent à la bourgeoisie, et présentent un compromis entre les modes du jour et la tradition; ils remontent à 1820 environ. Les n°s 2, 4, 5 et 7 sont non seulement plus anciens, mais aussi beaucoup plus purs dans leur exiguïté, malgré la faiblesse du dessin.

Il y a peu de différence entre le costume des Majorquins et celui des Minorquins et l'on peut se borner à signaler, chez ces derniers, l'emploi habituel du jaune pour le vêtement de femme appelé *rebozillo*.

Dans les costumes des hommes, on retrouve beaucoup de choses d'origine mauresque : l'ample ceinture, le large caleçon, la chemise dont ils laissent apparaître les pans (n°s 1, 8 et 9). Les autres pièces du costume, qui se rapprochent de celui du littoral de la terre ferme, et lui font perdre le caractère africain si accusé lorsque la chemise et le caleçon se trouvent portés seuls, sont : la jaquette; la camisole; le pantalon non fermé descendant à la cheville; les gros bas de fil blanc, noir ou fauve; les souliers de peau de veau, sans apprêt, sans teint, plats, sans talons; la ceinture à réseau ou en cuir; les guêtres longues, suivant la saison; enfin, pour coiffure, un chapeau à larges bords, en poils de chat sauvage, avec des cordons et des glands noirs en fil de soie ou d'or. Dans les maisons, les Majorquins roulent un foulard autour de leur tête. L'hiver, ils ont souvent une calotte de laine noire qui couvre leur tonsure; car ils se rasent comme des prêtres au sommet de la tête, soit par mesure de propreté, soit par dévotion, laissant d'ailleurs croître leurs cheveux rudes, les taillant seulement sur le front d'un trait de ciseaux horizontal, à la mode du moyen âge. Enfin, ils se couvrent encore l'hiver d'un froc, d'une cape grise, ou d'une peau de chèvre d'Afrique dont le poil est tenu en dehors.

(*Les n°s 1, villageois, 2, bourgeoise, 7, femme de condition, 9, pâtre, 10, 11 et 14 proviennent de Majorque. Les n°s 5, bourgeoise, et 6, batelier, sont de Minorque. Les n°s 3 et 4, paysan et paysanne, et 8, jardinier, sont d'Iviça. Les n°s 12 et 13 proviennent de Valence. Les cinq grandes figures sont d'après Lante.*)

ESPAGNE

ILES BALÉARES.
COSTUMES POPULAIRES DE MAJORQUE ET DE MINORQUE.

1	2	3	4	5	6
7	8	9	10	11	

N°s 2, 3, 4, 5, 7, 8, 9, 10 et 11.

Majorquins.

N°s 1 et 6.

Minorquins.

Peu de contrées ont reçu, de la part des anciens, plus de dénominations que les îles Baléares. Elles sont tantôt appelées les Eudémones ou *îles des Bons Génies,* tantôt les Aphrodisiades ou *terres de l'Amour,* ou encore les Chiriades, à cause des écueils qui les environnent ; les Grecs les divisent en Gymnésiennes ou *îles des Hommes nus,* et en Pityuses ou *îles des Pins ;* dans la suite, et en raison de l'adresse extraordinaire déployée par les insulaires dans le maniement de la fronde, elles reçoivent le nom qu'elles ont toujours conservé depuis, celui de Baléares, de Βαλλῶ, lancer.

Les monuments parsemés dans les îles Majorque et Minorque attestent que les Baléares étaient habitées même avant l'époque historique. Quel que soit le fonds de la population première de ces îles, il a dû être singulièrement modifié par les envahisseurs de toute race et de toute langue, Phéniciens, Carthaginois, Grecs, Massaliotes, Romains, colons latinisés d'Ibérie,

Goths, Vandales, Arabes, Génois, Pisans, Aragonais, etc. En présence d'un pareil croisement, il serait téméraire de vouloir classer les Baléariotes suivant les affinités de la race primitive.

Les *payeses*, ou paysans majorquins, ont eu de tout temps la réputation d'être d'excellents agriculteurs; leur âpreté au gain, leur passion de la terre, font qu'ils emploient toutes leurs économies à conquérir sur le roc ou sur le marais un petit lopin de terre, aussitôt mis en culture; mais, comme la superficie des terres agricoles ne suffit plus à la population qui se presse dans l'île, l'excédent de beaucoup de familles est contraint d'avoir recours à l'émigration. Les habitants de l'ancienne *Balearis major*, de même que leurs voisins de Minorque, les excellents jardiniers *mahonnais*, sont fort nombreux dans les villes du littoral méditerranéen, en Algérie et dans tous les ports des Antilles espagnoles.

Les Majorquins se livrent en outre à l'exportation des étoffes de laine et de toile, des ouvrages de vannerie, des vases de terre poreuse; mais ils n'ont plus le monopole de ces faïences si célèbres à l'époque de la Renaissance et que l'on appelle encore *majolica*, mot qui, d'après les lexicographes, est la forme italienne du nom de Majorque.

Des huit Baléares désignées par Pline l'Ancien, — les deux Pitynses, les Gymnasies, Capraria, Colubraria, Ménariés, Tiquadre et la petite île d'Annibal, — les trois dernières nous sont entièrement inconnues aujourd'hui; nul ne sait à quel cataclysme remonte cette disparition qui n'a laissé aucun souvenir dans le passé si effacé de ces Baléariotes qu'on ne peut considérer ni comme Européens, ni comme Africains.

MAJORQUINS.

N° 8.

Paysan en costume du dimanche; 1778.

Chapeau en poils de chat sauvage (*moxine*) aux bords relevés des deux côtés; large rabat en toile; tunique blanche boutonnée jusqu'à la ceinture et formant une jupe qui couvre une partie de la culotte bouffante; veste de soie; frac; cape noire à large collet; bas blancs; souliers à boucles; canne de jonc.

N° 11.

Berger; 1818.

Chapeau à larges bords; le cou est nu; deux tuniques en étoffes de couleurs différentes sont croisées sur la poitrine et serrées à la taille par une ceinture à large boucle de cuivre; besace portée en bandoulière; caleçon bouffant d'étoffe falsiquée dans le pays; jambes seulement couvertes de guêtres de cuir; souliers lacés.

N° 9.

Fermier des environs de Palma; 1835.

Chapeau à larges ailes; cheveux taillés à la mode du moyen âge; visage complètement rasé; cape étroitement boutonnée; culotte bouffante; bas bleus; souliers découverts.

N° 10.

Garçon de ferme; 1835.

Mouchoir d'indienne roulé sur la tête en manière de turban; veste courte sur une chemise bouffante; cravate de laine; large culotte; bas blancs et souliers. Le fardeau qu'il porte oblige ce garçon de ferme à tenir son chapeau à la main.

N°s 2, 4 et 7.

Cultivateurs; costume actuel.

Chapeaux de feutre (fig. n°s 4 et 7); sur la chemise, d'un blanc toujours irréprochable, le *guarde-pits*, gilet, et le *sayo*, veste de drap courte et collante;

culotte bouffante; bas de fil; souliers à boucles ou à cordons. La fig. n° 7 a de plus une ceinture en cordelière.

N°s 3 et 5.
Femmes de cultivateurs; costume actuel.

Rebozillo, guimpe blanche de dentelle ou de mousseline composée de deux pièces superposées : l'une, nommée *rebozillo en amount*, est posée un peu en arrière de la tête et passe sous le menton comme une guimpe de religieuse ; l'autre, appelée *rebozillo en volant*, forme pèlerine sur les épaules. Cette coiffure, commune à toutes les classes, est en indienne chez les femmes du peuple (voir la fig. n° 7 de la planche la Grue, Espagne), ou d'une mousseline moins fine relevée par un ruban de soie de couleur.

Les cheveux sont séparés en bandeaux sur le front; autrefois, ils étaient attachés par derrière et, en sortant du rebozillo, retombaient en une grosse tresse flottant dans le dos et se relevant sur le côté, passée qu'elle était dans une ceinture, comme le montre la fig. n° 2 de la planche ci-dessus désignée; les jours de semaine, la chevelure non tressée restait en *estoffinée*, c'est-à-dire flottante.

Corset baleiné recouvert de soie noire ; les manches fort étroites, s'arrêtent à l'avant-bras; jupe d'indienne chez la fig. n° 3, et de percale chez la fig. n° 4. Ces dames ne portent pas de tablier, cette pièce du costume étant généralement réservée aux femmes de condition inférieure. Éventail à la main et point de bijoux, contrairement à ce qui caractérisait le costume des Majorquines d'autrefois.

MINORQUINS.

N° 1.
Paysan en costume du dimanche; fin du dix-huitième siècle.

Costume empreint de la tradition arabe : chapeau de feutre à larges bords; mouchoir autour du cou; tunique ornée d'une ceinture en cordelière; pantalon large descendant jusqu'à la cheville; souliers plats; grand manteau rouge drapé sur les épaules.

N° 6.
Paysanne de la même époque.

Sur le rebozillo garni de rubans noués sous le menton, les Minorquines portent la *mentèle*, variété de la mantille, pièce de drap qui se retire dans l'intérieur de la maison. Ces femmes se parent quelquefois du *floqué*, espèce de collerette rappelant les anciennes fraises (voir les figures n°s 4 et 5 de la planche la Grue).

Camisole d'étoffe ouverte sur le cou, aux manches étroitement fermées sur le poignet ; jupon court attenant à la camisole; les plis de ce jupon sont disposés de manière à exagérer la largeur des hanches. Bas à coins brodés. Souliers taillades au-dessus des orteils et garnis de larges talons. Éventail et chapelet.

Les n°s 1 et 6 sont tirés de l'*Encyclopédie des Voyages*, de *Grasset de Saint-Sauveur*.
Les n°s 2, 3, 4 et 5 ont été reproduits d'après des aquarelles de MM. *Bastinos* et *Garcia*.
Le n° 7, d'après une photographie de M. *Laurent*.
Les n°s 8 et 9 proviennent de la Collection de trajes de España, de la *Cruz*; Madrid, 1777.
Le n° 11 est reproduit d'après une lithographie de *Lecomte*, datée de 1818.

Voir, pour le texte : *Grasset de Saint-Sauveur*, Voyage dans les îles Baléares et Pityuses, 1807. — *Alex. de Laborde*, Itinéraire descriptif de l'Espagne (tome V), 1809. — *Georges Sand*, Un Hiver à Majorque, 1837. — *F. Lacroix*, Iles Baléares et Pityuses (Univers, *Didot*, 1863). — *M. Élisée Reclus*, Géographie universelle, *Hachette*, 1875.

PORTUGAL

MONTAGNARDS DE LA PROVINCE DU MINHO ;
RUSTICOS ET *TRIGAUAS*, PAYSANS ET PAYSANNES.
POPULATION MARITIME. — COSTUMES RELIGIEUX.

Les éléments ethniques originaires dont se compose la population portugaise sont à peu près les mêmes que ceux des provinces espagnoles limitrophes. L'antique Lusitanie était peuplée de tribus celtiques et ibériennes qui luttèrent longtemps contre les invasions et qui arrivèrent à se modifier peu à peu sous l'influence de ces diverses dominations. Parmi les conquérants, ce sont les Romains qui ont eu le plus d'action sur les mœurs du pays ; leur civilisation a surtout laissé une impression profonde dans les contrées du nord. Quant aux Barbares, comme les Alains, les Suèves et les Visigoths, aucune trace n'en a subsisté.

Les mahométans, d'origines diverses, qui s'emparèrent ensuite du pays, contribuèrent aussi puissamment à changer le sang et les mœurs des habitants ; dans l'Algarve, où leur domination se maintint jusqu'au treizième siècle, la population est à demi mauresque.

A ces deux grands éléments ethniques, Romains et Maures, vient s'ajouter la part d'influence prise par les Juifs espagnols, qu'une persécution acharnée força à se réfugier en Portugal où, grâce à une conversion apparente, ils fondèrent d'importantes communautés. Il reste encore de nombreuses traces de cette population israélite dans les environs de Bragance et dans tout le Tras-os-Montes.

Enfin, les Portugais sont non seulement mélangés d'éléments latins, arabes et israélites, mais encore fortement croisés de nègres, notamment dans la partie du sud et sur le littoral maritime ; car c'est dans les ports méridionaux de l'Espagne et du Portugal qu'étaient vendus les esclaves africains ; au seizième siècle, Lisbonne en recevait dix à douze mille par an. Par les croisements, ces éléments provenant des populations les plus diverses de l'Afrique tropicale, sont entrés peu à peu dans la masse du peuple et les Portugais ont pris ainsi dans leurs traits et leur constitution physique un caractère plus méridional que ne le comportait leur origine première ; ils sont devenus en réalité un peuple de couleur.

En fournissant des détails sur l'habillement des anciens habitants du Portugal, Strabon dit que les *Lusitani* s'enveloppaient de manteaux noirs, parce que la plupart de leurs moutons étaient de cette couleur. C'est probablement pour le même motif que les habits des Portugais sont en général noirs ou bruns ; la forme de ces habits ne présente aucun caractère particulier et ne diffère pas beaucoup de celle qu'on rencontre en Espagne et dans le midi de la France.

Les femmes portent avec aisance la courte jupe et le large chapeau de feutre. Elles n'ont point la beauté fière des Espagnoles, mais elles se distinguent par l'éclat des yeux, l'abondance de la chevelure, la vivacité de la physionomie et l'amabilité des manières.

MONTAGNARDS DE LA PROVINCE DU MINHO.

C'est dans la partie cultivable de la province du Minho que les habitants sont le plus rapprochés les uns des autres. Aussi, pour trouver dans cet espace étroit la nourriture suffisante, faut-il que ces Portugais du nord travaillent avec beaucoup de zèle. Néanmoins, la culture, le commerce, l'industrie et enfin la contrebande ne suffisent pas à nourrir tous les habitants ; le pays, surpeuplé, doit se débarrasser chaque année de milliers d'émigrants qui vont pour la plupart chercher fortune au Brésil.

Nos 1, 3 et 6.
Paysannes du Minho, en habit de fête.

Chapeau de feutre noir, à bords relevés ; dans les figures 3 et 6, il est orné de pompons. Sous ce chapeau, on voit le *lenço*, mouchoir de linon très gommé dont les plis se répandent sur le cou et les épaules. Corsage avec ou sans manches ; en habit de fête, celles de la chemise sont toujours longues. Robe qu'il est d'usage de relever avec la main pour montrer le jupon. Longues boucles d'oreilles, collier et chaîne avec coeur en or ou en argent filigrané (voir le détail de ces bijoux dans la planche E T). Chaussures à semelles de bois.

La figure n° 3 est enveloppée dans les larges plis de la *capa* ou manteau.

Toutes trois tiennent à la main leur *chapeo de sol* ou parasol.

N° 2.
Paysanne du Minho.

Costume contemporain de la guerre civile provoquée par les prétentions de don Miguel, guerre où les populations furent amenées à se soulever en faveur de l'un ou l'autre des deux partis, les chartistes et les absolutistes.

Sur le *lenço* flottant, un haut chapeau de feutre. Chemise aux manches larges et relevées. Corsage décolleté ; il est séparé de la jupe et laisse bouffer la chemise autour du corps. Jupe courte et plissée. Larges boucles d'oreilles. Souliers à semelles de bois. Cette femme est armée d'un pistolet et d'une espèce de hache emmanchée au bout d'un bâton informe.

N° 4.
Bouvier.

Chapeau à larges ailes. Veste courte et gilet. Le corps est serré dans une large ceinture. Culotte et *alpargatas* recouvrant le dessus des souliers. Il tient son aiguillon.

N° 5.
Marchande de volailles.

Lenço dont l'arrangement forme une coquette coiffure. Manches de chemise larges et relevées. Corsage décolleté en rond. Fichu de cou. Robe couverte d'un large tablier. Souliers à épaisses semelles de bois.

Les Portugais ont une folle passion pour les poulets bouillis dans l'eau et assaisonnés d'huile et d'ail.

N° 7.
Berger.

Chapeau à larges ailes. Longue pèlerine de paille ; plastron de paille sur lequel se trouvent le gilet et la veste ; jupon de paille.

Sans son grand feutre, ce *rustico* aurait l'air d'une ruche animée ou d'un homme des forêts vierges.

N° 10.

Marchand de bétail.

Chapeau à larges ailes. Chemise ouverte; gilet et veste. Culotte et alpargatas descendant jusqu'au cou-de-pied. *Houva de miranda*, large manteau aux couleurs criardes. Carabine; larges buffleteries auxquelles sont suspendues deux gibecières.

N° 11.

Marchand de cochons de lait.

Petit bonnet et surtout enveloppant le corps. Jambes nues.

POPULATION MARITIME.

L'industrie de la pêche est très importante au Portugal et constitue une grande ressource pour les populations du littoral. Elle n'emploie pas moins de trente mille pêcheurs.

La pêche maritime la plus considérable est celle de la sardine qui a lieu sur toute la côte, et celle du thon et du merlan, spécialement sur la côte de l'Algarve.

N°s 8 et 12.

Marchandes de poisson.

N°s 9 et 10.

Marchandes d'*aceiros* (moules).

N° 13.

Marchande de crevettes.

A l'exception de la marchande de crevettes, ces femmes ont le chapeau de feutre à bords relevés sur leur *lenço* flottant. Les paniers et terrines qui contiennent la marchandise ont une forme originale; toutes ces marchandes les placent volontiers sur la tête. Cette habitude, en les forçant à se tenir droites, contribue à leur fierté de maintien.

Les marchandes de poisson (n°s 8 et 12) se distinguent par des chemises aux manches hardiment relevées et par un corsage indépendant de la robe; leur jupe est serrée à la taille par une écharpe pittoresquement posée.

La figure n° 8 tient d'un bras un enfant qui, son costume l'annonce, est destiné au dur métier de pêcheur; la main gauche est introduite dans une pochette suspendue à la ceinture.

Les marchandes d'*aceiros* (n°s 9 et 10) ont un corsage à boutons d'or attenant à la robe et un fichu croisé sur la poitrine. L'une a sa jupe retroussée dans la ceinture; l'autre s'enveloppe d'une *capa*.

La marchande de crevettes (n° 13) tient son écharpe à la main; chez elle le corsage décolleté a des manches longues, étroites, et couvre le fichu croisé sur la poitrine.

Toute cette population maritime a les jambes et les pieds nus.

N° 14.

Pescadore, pêcheur.

Ce costume est exactement celui si connu du pêcheur napolitain : petit bonnet; chemise ouverte et aux larges manches relevées; ceinture serrant la large culotte à la taille. Jambes et pieds nus.

COSTUMES RELIGIEUX.

Dans cette nation éminemment catholique, l'État pourvoit seulement aux traitements des hauts fonctionnaires de l'Église; la masse du clergé ne se maintient que par ses revenus, le casuel et une contribution spéciale des paroisses nommée *congrua*.

Il en est de même des séminaires; les dépenses en sont défrayées par le revenu provenant de la vente de la bulle de la *Sainte-Croisade*. Le produit de cette bulle, dont l'acquisition dispense de certaines prescriptions en matière de jeûne et d'abstinence, est spécialement affecté à l'entretien des séminaires et à subvenir aux besoins des paroisses les plus pauvres.

Quant aux riches monastères d'autrefois, on les a supprimés pour la plupart en 1834; les dernières communautés de moines, qui s'éteignent peu à peu par suite de l'interdiction d'accepter des novices, font retour les unes après les autres au domaine public. Beaucoup de couvents de femmes ont été aussi supprimés.

Clergé régulier.

N° 15.

Prêtre de paroisse.

Barrette ornée à son sommet d'un gros pompon en fil de soie. *Batina e capa*, longue soutane. Ceinture avec un large nœud étalé sur le côté. Long manteau. Souliers bouclés.

Ordres monastiques.

N° 17.
Frère de Saint-Antoine.

Chapeau de feutre s'étendant en avant et en arrière en larges ailes relevées de côté ; forme de coiffure en usage chez presque tous les religieux et ecclésiastiques du Portugal et de l'Espagne. Robe à larges manches ; ceinture de corde ; scapulaire. Large manteau à capuchon.

N° 18.
Dominicain.

Grand chapeau à trois cornes. Manteau, pèlerine et capuchons noirs passés sur la robe blanche. Le rosaire ou chapelet suspendu à la ceinture, est marque distinctive de l'ordre.

N° 19.
Carme.

Chapeau à larges ailes relevées de côté. Double robe noire. Chape avec cupace. Autour du cou, un chapelet auquel est suspendu un crucifix. Cette figure représente sans doute un supérieur ; il tient en main un bâton pastoral, insigne d'un grade dans la hiérarchie de l'ordre.

N° 20.
Bénédictin.

Chapeau à larges ailes relevées de côté. Ample surtout de serge noire recouvrant entièrement un habit composé d'une robe et d'un scapulaire noirs.

Exemples reproduits d'après les figurines exhibées à l'Exposition internationale de Paris, en 1878 ; section du Portugal.

Voir, pour le texte : *M. Ferdinand Denis*, Portugal (*collection de* l'Univers). — *M. Olivier Merson*, Voyage dans les provinces du nord du Portugal (Tour-du-Monde, 1861). — *M. É. Reclus*, Géographie universelle. — *M. le baron de Wildik*, introduction du Catalogue de la section portugaise, *Exposition internationale de Paris*, 1878.

ET

PORTUGAL

LA JOAILLERIE POPULAIRE. — UNE PAYSANNE PARÉE.
LE SOULIER FÉMININ. — ÉTUDE RÉTROSPECTIVE ET CONTEMPORAINE.

Les paysannes portugaises se parent de bijoux nombreux et variés, dont les dames de la bourgeoisie et même celles du plus haut rang ont longtemps fait usage en certaines circonstances, ce qui donne à ces joyaux populaires un caractère national. Cette bijouterie dans laquelle l'art du lapidaire ne se montre qu'exceptionnellement, consiste surtout en une orfèvrerie d'or ou d'argent, généralement filigranée, et d'un genre plus ou moins oriental, mauresque. La nature de ces fabrications, dont Porto et Lisbonne ont conservé le monopole, est le résultat de la présence des Maures en Portugal pendant le moyen âge, et aussi du voisinage des côtes barbaresques ; mais le luxe des paysannes est, en quelque sorte issu du sol même du pays.

Les Romains connaissaient les richesses minérales de l'Hispania ou Ibérie ; et l'or roulé en abondance par le Tage et le Douro, était célèbre chez eux, ainsi que l'argent des mines de la péninsule, avant même qu'ils n'eussent une connaissance exacte de ces contrées, c'est-à-dire avant l'époque de l'invasion romaine dans la seconde guerre punique. Strabon dit que, dès la plus haute antiquité, on mettait en œuvre sur place les pépites d'or recueillies dans l'eau du Tage et sur les sables de ses rives ; l'industrie locale qui s'est maintenue remonte donc à ces lointaines origines, que le géographe arabe Edrisi, observant les orpailleurs d'Almada, vers l'embouchure du Tage, a confirmées, en reconnaissant combien leur profession devait être ancienne. Telle était encore l'abondance des paillettes métalliques roulées par le fleuve, vers le commencement du seizième siècle, que Marineo Siculo parle d'un sceptre et d'une couronne portés par D. Manoel, et provenant tous deux de l'or du Tage.

La connaissance du travail des métaux fut probablement apportée à cette extrémité de la vieille Europe par les Phéniciens, les Carthaginois. A leur défaut, elle l'aurait été par les Celtibériens.

La matière recueillie sur place, et ne prenant surtout de valeur que par le travail, il est facile de comprendre que les parures d'or ou d'argent se soient généralisées parmi la population, et qu'elles s'y soient maintenues en raison de traditions constantes. En l'absence des prescriptions somptuaires qui ont pu être édictées en Portugal comme dans toute l'Europe du moyen âge, et dont nous n'avons point connaissance, on peut douter que l'emploi des matières précieuses y ait été interdit aux classes populaires, comme on n'y manquait point tout autre part. Dans tous les cas, l'extrême richesse du Portugal du seizième siècle aurait facilement permis de revenir aux vieilles coutumes, et il n'était plus besoin de l'or du Tage aux époques où l'on rapportait les butins immenses recueillis dans l'extrême Orient, à Malacca, à Goa, etc.

C'est l'énormité de ces butins, aux nomenclatures fabuleuses, qui explique le nombre des artisans qui eurent à mettre en œuvre les métaux conquis aux Indes par Vasco de Gama et les héros qui lui ont succédé, en allant à leur tour arracher l'or des temples indous pour l'envoyer à leur patrie, agissant tous avec cette bravoure, tranquille et communicative au milieu des plus grands périls, qui fit dire un jour à Gama, alors que son navire était soulevé par un tremblement de terre sous-marin « *c'est la mer qui tremble devant nous* »; c'est, disons-nous, la quantité de l'or et de l'argent importés en Portugal à cette époque, qui explique comment dans le « Tableau des gens de métier, existant à Lisbonne de 1550 à 1551, et dont la liste figure dans le livre de Rodriguez de Oliveyra, le nombre des orfèvres est de quatre cent trente, c'est-à-dire autant de maîtrises de fabrication et de débit spéciales, parmi lesquelles on doit comprendre la joaillerie, mais non la lapidairerie, car les lapidaires, au nombre de trente-deux, sont comptés à part.

L'importance de ce chiffre de 430 orfèvres dans une seule ville ressort d'autant plus que l'on rapproche l'orfèvrerie des autres « *offices mécaniques* » comme les appelle de Oliveyra. En nous en tenant à ce qui concerne exclusivement les choses de l'habillement et de la parure, on comptait alors dans cette même Lisbonne 10 brodeurs, 133 passementiers, 159 tailleurs, 173 chaussiers, 15 bonnetiers vendant bonnets, 14 bonnetiers vendant capuchons, 119 fripiers; sans spécialisation, 24 fripiers tenant les pourpoints, 6 coiffeurs, 20 boutonniers, 206 chapeliers, etc. Dans cette curieuse statistique, ordonnée par l'archevêque, on voit encore que douze individus avaient pour unique office de chercher l'or sur le rivage. Huit femmes étaient occupées à parfumer les gants; douze autres à fabriquer uniquement des cosmétiques. Il y avait six maîtres d'atours, en regard de sept maîtres de grammaire; et on ne comptait que deux femmes ayant pour office d'enseigner la lecture aux jeunes filles; mais cette insuffisance était réparée par le fonctionnement de douze écrivains publics, sans cesse occupés à la rédaction des messages. Toute la vieille civilisation de Lisbonne est là, dit M. Ferdinand Denis, auquel nous empruntons ces renseignements.

La légèreté de l'orfèvrerie en diminue naturellement la valeur intrinsèque, et cette économie était nécessaire pour le populaire, habitué d'ailleurs et de longue date à la sincérité du métal.

Les filigranes, et les reliefs en fins feuilletés, comme on les voit aux saillies des n°s 3 et 11, particulièrement, où les boutons d'orfèvrerie affectent l'apparence de l'artichaut épanoui, ont été les expédients auxquels recoururent des négociants qui voulaient conserver leurs débouchés, en servant leur clientèle selon ses goûts, et en lui procurant une joaillerie brillante, de nature à lui paraître la plus belle du monde, les délicatesses et les adresses de métier égalant, au moins, aux yeux du vulgaire les productions artistiques dont la sobriété ou le cachet personnel font le mérite. Ce qui rend intéressant la joaillerie populaire des Portugais, c'est son caractère national, et c'est tout ce que nous ferons remarquer au sujet de cette bijouterie branlante, ajourée, délicatement filigranée, d'un orientalisme si prononcé sous les formes de ses croix et de ses médaillons en cœur, reliquaires de la fiancée et de la mère, dont la figure est si fréquente parmi les joyaux villageois de l'Europe, là même où la jeannette et le médaillon composent tout l'écrin de la paysanne, comme en Bretagne.

La réduction uniforme de ces bijoux est dans la proportion de huit pour quatorze environ. L'original du n° 7, par exemple, mesure en hauteur un peu plus de 13 cent. 1/2 ; notre réduction a 8 cent.

BIJOUX D'OR.

N°s 11 et 19.

Pendant d'oreille et broche en pendeloque, composés de pièces articulées, d'un genre très typique, et le plus riche de cet écrin ; quelques pierres fines brillent parmi les filigranes de ces deux joyaux, appartenant à la même parure.

N° 1.

Fragment d'un collier pour la suspension des médaillons ou des pendeloques.

N° 2.

Broche, avec pendentifs mobiles ; type d'une parure dont la boucle d'oreille et le bijou de suspension sont semblables, en variant de grandeur.

N°s 5 et 15.

Médaillons en forme de cœur, avec leur anneau de suspension. Ils sont de dimensions variables, allant jusqu'à 15 et 20 cent. de longueur, et servent alors de médaillon ouvrant.

N° 6.

Pendant d'oreille, dont les trois croissants mobiles sont indépendants les uns des autres.

N°s 7 et 24.

Grande croix à boutons très saillants, ornée de pendentifs mobiles, et pendant d'oreille, même parure.

N°s 12 et 27.

Croix de suspension, dont l'une a la forme rayonnante ou *astrale*.

N°s 17 et 20.

Pendants d'oreille, à pièces intérieures en pendeloques.

N° 25.

Broche, avec pendentifs à l'extérieur, et perles en poire mobiles dans l'ajouré de la pièce.

BIJOUX D'ARGENT.

N°s 3, 3 *bis* et 4.

Collier de corsage, dont les boutons en forme d'artichaut vont en rapetissant. Le n° 3 *bis* en montre la saillie. Le n° 4 est le bracelet de la même parure, qui se complète par l'épingle de tête, se terminant par un de ces boutons, ainsi que le pendant d'oreille.

N° 8.

Pendeloque de collier, dont la suspension indique l'emploi du cordon de velours noir, ou celui de la chaîne en maillons du n° 10.

Nos 9 et 10.

Pendeloque de la forme du cœur, mais régulière, suspendue au collier; le pendant d'oreille, du même caractère, appartient à cette parure.

N° 14.

Pendant d'oreille, à intérieur mobile.

Nos 13 et 16.

Pendant d'oreille et broche, composant une parure.

N° 18.

Pendeloque de collier.

Nos 21 et 26.

Pendeloque de collier et pendant d'oreille, même parure.

La paysanne endimanchée que l'on voit ici parée de cette joaillerie branlante, comme pour répondre par son doux bruissement aux clochettes des animaux et aux sonnettes des troupeaux, a une physionomie des plus intéressantes. Cette agréable rustique est la Portugaise par excellence, dans un pays où les 700,000 habitants des villes se trouvent en regard d'une population rurale de 3,580,000 individus, et son type est celui de la paysanne de la partie sud du Portugal, formée des deux provinces de l'Alemtejo et de l'Algarve, la plus chaude et la plus sèche des quatre régions agricoles du pays. Cette villageoise appartient au district de Vianna, dont la ville principale est Béja, le chef-lieu administratif, Porto. Cette figure est doublement intéressante, car elle est celle d'une femme dont l'industrie européenne est bien près de supprimer définitivement le type antique, le costume représenté étant généralement confectionné par la femme qui le porte.

Ces vieilles mœurs s'expliquent dans un pays où, malgré les richesses métalliques conquises au seizième siècle, le numéraire est encore relativement si rare parmi les populations rurales, que l'on voit, par exemple, la caisse d'épargne de la banque de Portugal recevoir des dépôts de cent reis (0,55 centimes), et que l'apogée du salaire de certaines ouvrières, comme les dentelières de Lagos, dont l'apprentissage commence quelquefois à quatre ans, et dont toutes les dentelles sont faites à la main sur le coussin à fuseaux, varie de 0,28 cent. à 0,56 cent. par jour; et encore les *rendeiros*, hommes ou femmes se livrant au commerce des dentelles, et pour lesquels ces ouvrières travaillent, paient le moins possible en numéraire, le plus souvent en comestibles ou en articles de vêtement.

A Vianna, à Horta dans l'île du Fayal, à Peniche, à Setubal et à Villa do Conde, c'est une industrie exclusivement réservée aux femmes que la fabrication des dentelles portugaises du genre *honiton*, imitation de guipure et de Chantilly, et qui sont ainsi toutes faites à la main sur le coussin à fuseaux.

Dans la province d'Algarve, c'est une industrie tout à fait domestique que celle des quatre cents métiers environ qui produisent la bure et les couvertures; et c'est encore avec le travail manuel d'une simplicité toute primitive que, dans la province d'Alemtejo, on tisse la laine, et que l'on y produit les couvertures, les étamines, les ceintures, les châles, les baïettes, le drap ordinaire, bleu et noir, dit *serguilha*, les draps, dits *saragoça*, les draps de couleur à raies et à carreaux; sans compter les tissus de coton filés, et ces tissus de soie, dont l'industrie est fort ancienne en Portugal, où souvent on mélange à la soie l'or et l'argent.

Les conditions de cette existence rustique ne sont nullement, d'ailleurs, celles de populations malheureuses, bien loin de là; et pour bien comprendre le caractère souriant de la villageoise de l'arrondissement de Vianna, il faut voir cette paysanne sous son ciel presque africain, sur sa terre où croît le palmier nain, le caroubier, l'olivier, le figuier, l'oranger, le riz, le millet à grappes, des blés de toutes les saisons, le *rijo*, ou blé d'hiver, le *ribeiro* ou blé de printemps, le blé *candial*, etc. Il faut voir, sur ce sol où l'on peut cultiver le bambou, les quarante variétés du maïs, avec ses grains jaunes ou blancs, et la récolte du seigle « gallicien » ainsi que celle des châtaignes, des oignons et des haricots depuis le blanc, le *vassoura*, jusqu'à ceux de toutes les couleurs, y compris le noir.

Sur ce sol particulier, dont les entrailles contiennent plus de marbres que de charbon minéral, la richesse se manifeste de toutes parts. Ce sont les grands troupeaux de bœufs que l'on rencontre dans les pâturages naturels qui abondent partout; c'est l'énorme population des *serranos*, du type *bordaleiro*, parmi lesquels les moutons noirs sont plus nombreux que les blancs; les chèvres à poil ras et à poil long, laitières de couleurs variées, de grande et de petite taille, et c'est, en aussi grand nombre, le peuple roux de ces porcs de l'Alemtejo, de l'Algarve et de toute l'Estramadure aux bords du Tage que, dans le district de Vianna, on nourrit avec les pépins de raisins, ainsi, du reste, que tous les animaux de basse-cour. C'est partout l'abondance, outre l'huile d'olive et le beurre salé que l'on trouve dans toute maison, on y rencontre aussi généralement quelques jambons de Melgaço, des poissons conservés dans l'huile de sardine. On consomme les fromages de chèvre et de brebis, on relève les mets les plus ordinaires avec le vinaigre de vin du Douro, mais la paysanne a toujours une réserve d'oignons et de fruits confits, abricots, pêches, reine-claude, poires, figues, etc. Elle a toujours quelque marmelade à offrir, et cette bonne gourmandise, la citrouille sucrée. Enfin on retient pour la consommation sur place quelques-uns de ces vins rouges, dits *verts* dans le négoce, qui ont tant d'importance dans le pays viticole de l'arrondissement de Vianna, tels que le vin de Barbeita, celui du Campo da Agonia, etc., jusqu'au *clairet* de Masudo, si agréable avec les noix.

C'est surtout dans les milieux où la culture de la vigne donne aux paysages leur tournure la plus caractéristique qu'il faut placer la jolie et souriante figure représentée, avec son costume aux couleurs pimpantes et sa joaillerie des jours de fête. Les vins désignés particulièrement sous le nom de « vins verts » sont fabriqués avec des raisins récoltés sur des *hautains* ou sur des treillages en forme de contre-espalier qui garnissent les champs destinés aux récoltes céréales, sarclées, fourragées. La vigne qui forme la clôture de ces champs est principalement mariée à des châtaigniers et à des érables sur lesquels on taille chaque année ses sarments. Tel est le pays où l'on fabrique encore du vin d'orange, et qui, avec ses nombreux chevaux, ses mulets et ses ânes, bêtes de charge et bêtes de selle, justifie pleinement le surnom que les anciens, considérant le nombre exceptionnel de ses fleuves et de ses rivières, avaient donné à la Lusitanie, celui de la *Terre bienheureuse*.

Le *lenço* qui couvre la tête de cette paysanne, est un mouchoir de laine posé à plat, selon la coutume des femmes qui ont l'habitude de porter des fardeaux sur leur tête. La veste, indépendante de la jupe, est conçue dans ce même sens, pour l'indépendance du torse pendant la marche. Cette veste en drap rouge, est un corsage à épaulettes, qui se ferme sur le côté par des boutons en cuivre doré; la bordure en velours noir dessine le plastron, arrêté au bas par une garniture de dentelle noire. La chemise en toile blanche et apprêtée, est apparente aux manches, à la taille et à la partie supérieure de la poitrine; elle est pudiquement close partout et son col rond et plissé retombe sur les épaules. La partie rayée de la jupe est en mérinos, le bas, en large bordure, est du drap. Le tablier est un tapis de laine. Les bas blancs sont également en laine; enfin la sacoche en forme de gibecière portée à la ceinture paraît de la même nature que le soulier, dont le n° 28 donne un spécimen détaillé, c'est du cuir laqué, dont les ornements sont en broderie de soie. La chaussure avec son talon haut et son quartier de derrière largement évidé est presque une mule; sa semelle en bois et garnie sur les côtés par des clous en cuivre doré, lui conserve toutefois le caractère rustique.

On a observé depuis longtemps que les Portugaises mettent une singulière coquetterie en ce qui concerne leur chaussure; on lit dans les *Silhouettes portugaises*, publiées dans la *Réforme* en 1843, que depuis quelques années le nombre des cordonniers pour femmes s'était si étrangement répandu à Lisbonne, que non seulement les importations de l'étranger étaient devenues superflues, mais que la ville fournissait assez de cordonnerie pour en fournir une partie du Portugal. Le nombre relativement important des chaussures exposées au Champ de Mars, dans la section portugaise, justifie ces assertions, et les villageoises ont suivi sous ce rapport le goût des citadines; leur soulier est un élément important de leur parure. A la joaillerie, portée avec une certaine liberté capricieuse par cette paysanne, se joint un collier de perles de corail. Le mouchoir sert au maintien, et d'ailleurs dans le costume habillé, il n'y a peut-être point de poche pour lui et il gonflerait disgracieusement la sacoche.

Tous ces spécimens de joaillerie proviennent des fabriques de Porto, et ont figuré à l'exposition internationale de 1878, dans la section portugaise.

Le soulier est au musée du Trocadéro.

La paysanne est la reproduction d'une photographie obligeamment offerte par M. Carlos Relvas, de Gollega, et complétée par la coloration du costume de la villageoise des environs de Vianna, qui figurait également dans la section portugaise en 1878.

Voir, pour le texte : Le Catalogue spécial de la section portugaise à l'exposition universelle de Paris, en 1878, dont la remarquable introduction est de M. le baron de Wildik, et le Portugal, par M. Ferdinand Denis, dans l'Univers pittoresque.

FRANCE. — XIXE SIÈCLE

COSTUMES POPULAIRES DE L'AUVERGNE, DU VELAY ET DU BOURBONNAIS.

N°s 1 et 7. — *Moulinoises* coiffées du chapeau bourbonnais, et les épaules couvertes de la *cape*.

N°s 2, 3, 4, 5 et 6. — *Podotes* (habitantes du Puy).

Figures n°s 2 et 5 : petit chapeau rond par-dessus la coiffe. La première tient son carreau ; l'industrie dentellière est en effet une des grandes ressources du Puy. — Figure n°s 3 et 4 : bonnets ruchés et garnis de rubans. — Figure n° 6 : simple coiffe.

N°s 8 et 9. — Femmes d'Issoire (Puy-de-Dôme) ; basse Auvergne.

La figure n° 8, toute moderne, n'a conservé du costume auvergnat que le petit chapeau garni de velours noir. — La figure n° 9 porte une coiffe à fond arrondi et le mouchoir traditionnel croisé sur la poitrine.

N° 10. — Paysan de Langeac, arrondissement de Brioude (Haute-Loire) ; Velay.

Ancien costume : tricorne ; habit à gros boutons ; gilet croisé ; culotte à pont ; larges guêtres dépassant le genou ; sabots.

N° 11. — Femme de Saint-Germain-Lembron, arrondissement d'Issoire (Puy-de-Dôme) ; basse Auvergne.

Toilette du dimanche : grande coiffe à fond arrondi ; châle d'indienne ; petit corset passant sous les bras ; robe qui s'échappe par derrière en un long manteau à plis bouffants, laissant ainsi le jupon à découvert ; long tablier à poches.

N° 12. — Femme des environs de Riom (Puy-de-Dôme) ; basse Auvergne.

Coiffe à fond développé et à passes retombant sur un châle d'indienne qu'elles cachent ; corsage à manches garnies de brassards en velours noir ; robe relevée de manière à ce que le devant forme poche ; long tablier ; sabots.

N° 13. — Paysan de la haute Auvergne.

Chapeau à grandes ailes ; veste entr'ouverte montrant un gilet ; ceinturon de cuir ; *braye*, guêtres et sabots.

N° 14. — Homme de Chamalière, arrondissement de Clermont-Ferrand ; basse Auvergne.

Chapeau à deux cornes, type disparu ; longue veste ; gilet croisé ; *braye* ; guêtres boutonnées sur le côté ; sabots.

N° 15. — Paysanne de Mont-Dore-les-Bains, arrondissement de Clermont-Ferrand ; basse Auvergne.

Chapeau de paille garni de velours noir ; châle enfoncé dans un petit corset ; le devant de la robe est relevé.

N° 16. — Femme des environs de Thiers (Puy-de-Dôme) ; basse Auvergne.

Chapeau à larges bords, comme en portent les femmes

de certaines parties du Velay ; même petit corset qu'à la figure précédente.

N° 17. — **Paysanne de Saint-Germain**, arrondissement d'Aurillac (Cantal) ; haute Auvergne.

Elle tient d'une main son chapeau et de l'autre une grosse jarre ; *capote* ou capuchon pardessus le serre-tête ; corsage à manches garnies de brassards ; un petit panier est placé dans la poche que forment le tablier et la robe relevés.

N° 18. — **Femme de Latour**, arrondissement d'Issoire (Puy-de-Dôme) ; basse Auvergne.

Mouchoir de tête maintenu par le *serre-malice*, espèce de diadème en laiton ; châle d'indienne ; brassards de la même étoffe que la robe ; celle-ci est relevée selon la coutume et montre un jupon rayé.

N°s 19 et 20. — **Habitants de Beauregard-Lévêque**, arrondissement de Clermont-Ferrand ; basse Auvergne.

Figure n° 19 : bonnet à longues passes ; collier auquel est suspendue une petite croix ; corsage décolleté montrant une gorgerette couverte d'un châle de mousseline ; petit corset à ornement pailletés se répétant dans la garniture des demi-manches ; robe froncée à la ceinture et retombant en larges plis. — Figure n° 20 : chapeau à deux cornes ; habit blanc court et plissé ; *braye* serrée au-dessous du genou par une jarretière ; guêtres et sabots.

AUVERGNE.

Cette province se divisait autrefois en haute et basse Auvergne : la première a formé le département du Cantal et une partie de celui de la Loire ; la seconde est aujourd'hui le département du Puy-de-Dôme. La population est uniformément forte et laborieuse, mais les montagnards, les plus Celtes des Celtes à en juger par leur physionomie et leur taille, se distinguent des habitants des vallées par la façon dont ils restent immuables dans leurs mœurs ; ils mettent à conserver cette immobilité autant de soin que d'autres mettraient à la perdre.

Le nombre des habitants a considérablement diminué. La rudesse du climat, la cherté des fermages, l'accumulation dans un petit nombre de mains de la propriété foncière, provoquent depuis de longues années un mouvement important d'émigration. Bon nombre de gens quittent leurs villages pour aller gagner leur vie, soit dans les grandes villes par une profession sédentaire ; soit dans les campagnes comme marchands nomades d'étoffes, de bestiaux, etc. Cette émigration qui se faisait d'abord avec esprit de retour, a insensiblement changé de caractère et est devenue durable pour un grand nombre d'expatriés.

Haute Auvergne. — Il y a quelques années on pouvait encore voir les Cantaliens vêtus du costume traditionnel généralement fait de *raze*, drap grossier fabriqué dans le pays. Il comprenait la veste longue, munie de grandes poches ; le *poulacro*, espèce de surtout en flanelle, serré autour des reins par une ceinture de cuir ; le gilet, de même étoffe que la veste ; la *braye* des Gaulois et les longues guêtres recouvrant presque tout le sabot. Deux coiffures étaient en usage : le bonnet, pour les jours de travail, et le chapeau rond à larges ailes pour ceux où l'on se rendait à la ville.

On porte toujours la *coubertie* (ancien *sagum*), manteau rayé appelé *argo peilloux* lorsqu'il est vieux et rapiécé ; mais le reste du costume est complètement modifié. Aujourd'hui, c'est la *casaque* de velours bleu ou gris, ornée d'énormes boutons en os ; le gilet et le pantalon de même étoffe, excepté l'été où tous deux sont en coutil bleu ; enfin le petit chapeau rond. Les dimanches, le *gougou*, long couteau à gaîne, est attaché par une double chaîne en cuivre à la dernière boutonnière de la casaque et remonte jusqu'à une poche pratiquée dans la doublure de la veste, sur la poitrine. Les montagnards ont, en outre, un bâton terminé par une boule ferrée ; à l'occasion, ils savent s'en servir avec une redoutable dextérité.

Les femmes conservent assez l'ancien vêtement ; dans quelques endroits on rencontre encore chez elles le corsage dont la manche est ornée de doubles parements de soie ouvrée simulant le brassard ; un corset, gracieux parfois, passant sous les bras et de formes capricieusement variées selon les localités ; le mouchoir, tantôt d'indienne, tantôt de soie, croisé sur la poitrine ; la robe de grosse bure relevée par devant pour faire une vaste poche et le tablier à bavette. — Il existe une particularité au sujet de cette pièce du costume : le jour des fiançailles, l'obligation s'impose au futur de parvenir à dénouer librement, et sans que sa fiancée s'y oppose, les cordons de son tablier. C'est comme le symbole du consentement. — Les riches paysannes portent à leur cou des chaînes d'or avec des *Saint-Esprit* d'émail enrichis de quelques pierres précieuses. — Les coiffures varient beaucoup et affectent des formes différentes se reproduisant dans des localités quelquefois très éloignées les unes des autres. Dans les environs d'Aurillac, la coiffe est généralement longue, tandis que dans les arrondissements de Saint-Flour et de Murat, les femmes portent sur leurs cheveux lissés en bandeaux un mouchoir qui y demeure fixé au moyen d'un cercle de laiton. Cet ornement que les Cantaliennes affectionnent a la forme du diadème antique ; on l'appelle *serre-malice*. Lorsqu'il pleut, on s'enveloppe de la *capete*, sorte de capuchon bleu doublé d'écarlate et se rapprochant assez de la coiffure des Pyrénéennes.

Entre les nombreux traits communs à l'Auvergne, au Velay et au Bourbonnais, il en est un que l'on constate dans bon nombre d'endroits ; c'est l'adjonction d'un chapeau sur la coiffe. La toilette est pour ainsi dire incomplète si elle n'a que l'un ou l'autre de ces deux objets. — Cet usage existait depuis longtemps dans le Cantal où les montagnardes avaient une certaine coiffure qui pouvait, par son ampleur, rivaliser avec celle de leurs maris ; aujourd'hui elles ont presque toutes adopté le petit chapeau noir garni de velours.

Basse Auvergne. — La Limagne « diaprée de la verdure de ses prairies et de l'or de ses moissons », est un vaste bassin d'une fertilité proverbiale ; elle occupe une partie considérable du centre de la basse Auvergne. Ses habitants diffèrent des montagnards par le costume, le langage et les mœurs.

Ils forment deux catégories : le *paysan-propriétaire* et le *paysan-journalier* ; la mutation de cette seconde catégorie dans la première est continuelle, et c'est surtout au Limagnien que peut s'appliquer ce vieux dicton : « Les Auvergnats et Lymosins — font d'abord leurs affaires — puis celles de leurs voysins. »

Au siècle dernier, les habitants de la basse Auvergne avaient un large chapeau à deux cornes ; un habit blanc court et plissé ; de larges culottes d'étoffe grise et des guêtres.

Actuellement, l'habillement, toujours fait de grosse bure, est d'une grande simplicité. On porte la veste à taille courte avec des poches sur le côté ou la *biaude* (l'ancien *bliaud*), blouse de bure grisâtre ; un gilet garni d'énormes boutons en métal et un pantalon ; comme coiffure, la casquette de feutre gris en forme de mitre ou le chapeau de haute forme. Par les mauvais temps, chacun se couvre d'un manteau de grosse laine et de poil de chèvre. Partout les sabots sont la chaussure ordinaire ; on les remplace le dimanche par de gros souliers garnis de clous. — Le *tailladou* ne quitte jamais la poche de la veste ; à la moindre provocation, ce couteau entre en jeu.

Le paysan a deux vêtements : celui des jours de fête et celui des jours de travail ; le vêtement de travail n'est autre que celui des fêtes arrivé à l'état de vétusté.

Le costume des femmes échappe à toute description par son infinie variété. Chez celles qui n'ont pas encore fait de concessions aux modes actuelles, il se compose généralement d'une robe de bure dont le corsage est recouvert d'un foulard d'indienne, du petit corset et d'une robe que, les jours de travail, on relève en larges plis, comme dans le Cantal. Les bonnets ont tantôt le fond arrondi et bouffant, tantôt le fond long et étroit recouvert de longues passes flottantes. Par-dessus le bonnet, on met un chapeau dont les formes diverses procèdent toujours de celui en usage dans le Bourbonnais ; on le garnit de velours ou de crêpe noir.

VELAY.

Il n'y a plus de Velay comme il n'y a plus d'Auvergne, mais cette province est devenue partie intégrante du département de la Haute-Loire dont une portion s'étend sur le territoire de l'ancienne Auvergne.

Les *Vellaviens* forment aussi une population montagnarde qui, sans avoir les mêmes apparences que celle de l'Auvergne, n'est pas moins robuste, infatigable aux plus rudes labeurs. Toujours troublés par les douloureux souvenirs des guerres de religion, leur caractère s'en est longtemps ressenti ; sombres, vindicatifs, on les voyait, jusqu'en 1789, constamment armés d'un fusil et munis de leur *coutelière* à lame aiguë.

La fabrication de la dentelle a son centre au Puy et dans les environs. Il y a quelques ateliers dans la ville, mais, en général, les ouvrières restent chez elles ; on les voit, dans la belle saison, travailler à leur carreau devant leurs demeures ; en hiver, elles se réunissent pour veiller dans la maison dite *d'assemblée*.

Les *Podotes* ont la réputation d'être très actives, amoureuses du travail ; leur esprit net, positif, justifie ce vieil adage « qu'avec femme du Puy et homme de Lyon, on doit faire excellente maison ».

Pour retrouver un souvenir des anciens costumes dans la manière dont s'habillent aujourd'hui les paysans vellaviens, il faut remonter aux endroits les plus retirés de la montagne et encore, presque partout, disparaissent-ils de jour en jour.

La large *braye* n'existe plus, mais le lourd camail à capuchon (la *capete*) de quelques femmes de l'Auvergne est toujours en usage aux alentours du Mezenc ; l'antique *sagum* gaulois se reconnaît dans le manteau de serge blanche rayée de noir dont se couvrent les pâtres.

C'est surtout par la coiffure que se distinguent les habitants des campagnes. Les hommes conservent le chapeau à larges bords et les femmes le portent aussi. Pour elles, c'est un feutre rond, presque plat, dont le diamètre varie suivant les localités et qu'elles placent par-dessus leur coiffe. Ce chapeau est quelquefois une parure élégante, puisqu'aux jours de fête on le voit sur le chef des riches paysannes, chargé de grandes plumes noires, de dentelles, de pompons, d'ornements en jais et en filigranes d'or. Ce chapeau sert de support pour tenir en équilibre jusqu'au fardeau le plus pesant ; car c'est un usage dans le Velay, chez les femmes aussi bien que chez les hommes, de tout porter sur la tête.

Un trait caractéristique des mœurs vellaviennes, c'est le goût exagéré des femmes pour les joyaux. Ajouter un rang et une plaque à son collier, attacher son mouchoir ou ses rubans avec des épingles aux lourdes têtes, allonger ses *pendants*, acheter une bague nouvelle, voilà leur suprême ambition.

BOURBONNAIS.

L'ancienne province du Bourbonnais est devenue, sans grands changements de limites, le département de l'Allier ; la région du plateau, est celle des vallées de l'Allier et de la Loire ; la contrée ne présente un aspect montagneux que du côté du Forez. Ces diverses régions, distinctes par la nature et l'aspect, le sont aussi par le caractère des populations qui d'un côté se rattachent plus à l'Auvergne, de plusieurs autres côtés au Forez et à la Marche.

Le chapeau est ce qui caractérise le costume des *Bourbonnichonnes*. Il est tressé en paille et se compose de trois parties : celle du milieu qui a la forme d'un cône tronqué ; la partie antérieure s'évasant comme la *capote* moderne ; la partie postérieure se rétrécissant en volute renversée. On le double en soie ou en percaline tantôt rose, tantôt bleue. — Ce chapeau ne se porte que dans le centre du Bourbonnais ; ailleurs, c'est à peu près le chapeau auvergnat qui est en usage. A Montluçon, les femmes ont seulement un bonnet dont le fond est très varié.

La coiffe que l'on porte dessous le chapeau a des formes très différentes. Le plus souvent, elle est garnie de dentelles ou de barbes unies retombant sur le dos.

Les cheveux forment par derrière un chignon épais ; en avant, ils sont lisses et parfaitement cachés par un serre-tête.

Les filles les plus coquettes marchent avec le siècle ; mais pour l'ordinaire, les femmes de la terre s'habillent très simplement ; elles portent un corset piqué et baleiné après lequel s'attache la jupe de la robe; c'est l'ancienne mode. Toutes les paysannes ont un long tablier en général de couleur rouge, serré bien au-dessus des hanches. Il se termine par une *pièce* carrée qui s'étend sur la poitrine; un simple fichu couvre le cou et les épaules.

Pour se garantir de la pluie, les femmes de la campagne portent une *cape* en toile bleue, d'une forme particulière. C'est un petit manteau peu étoffé, sans manches, s'agrafant par devant et se terminant par une espèce de capuchon pointu.

En fait de joyaux, la paysanne a de grandes boucles d'oreilles d'or, une croix et un cœur également d'or, attachés au cou par un petit ruban de velours noir. Quand elle se marie elle achète une alliance et une chaîne en jaseron.

Les bas blancs sont de rigueur. — On a des souliers, mais on porte encore plus de sabots. Ceux-ci sont très découverts, ornés de dessins gravés dans le bois et munis, à la hauteur du cou-de-pied d'une large *recolle* de cuir ouvré.

Les n°s 1, 2, 3, 4, 5, 6, 7, 8 *et* 9 *sont des documents phothographiques; les* n°s 10, 11, 12, 13, 14, 15, 17, 18, 19 *et* 20 *ont été reproduits d'après des gravures; le* n° 16 *est tiré de l'*Auvergne et le Velay *d'Ad. Michel.*

Voir, pour le texte : Dulaure, Description des principaux lieux de France; *tome IV,* Auvergne; *Paris,* 1789. — *Lewis (pseudonyme de L. Bâtissier),* Physiologie du Bourbonnais; *in-*18, 1842. — *Michel (Ad.) en collaboration, l'*Ancienne Auvergne et le Velay; 1843-51. — *Legoyt,* l'Auvergne (*les* Français peints par eux-mêmes, *tome VII*). — *Mandet (Fr.),* Histoire du Velay; *Le Puy,* 1860. — *Élisée Reclus,* la France (Géographie universelle); 1881.

CV

FRANCE

COSTUMES POPULAIRES DU BORDELAIS.
PREMIÈRE PARTIE DU DIX-NEUVIÈME SIÈCLE.

N° 1. — Laitière de Gradignan, arrondissement de Bordeaux.

Coiffe cachée par un mouchoir béarnais ; brassière couverte d'un petit châle croisé ; longues poches par-dessus la jupe, suivant l'usage du pays.

N° 2. — Marchande des environs de Canderan ; faubourg de Bordeaux. Mouchoir du Béarn enveloppant le bonnet.

N° 3. — *Grisette* de Bordeaux.

Madras ajusté sur la tête ; col ruché ; châle quadrillé ; robe de percale ; tablier de taffetas ; petite montre suspendue au cou par une chaîne en cheveux ; souliers découverts.

N° 4. — Marchande portant une *balustre* de volailles ; un *capedur*, bourrelet d'étoffe, garantit la tête.

Comme coiffure, un foulard ou madras ; *cape* laissant apercevoir le tablier et les grandes poches de basin ; chaussons de drap et larges souliers sans quartiers.

N° 5. — Poissarde.

Bonnet d'organdi à fond très développé ; brassière aux manches collantes ; châle d'indienne et fichu de mousseline étroitement serrés sur la poitrine ; poches indépendantes de la robe ; large tablier à raies ; escarpins en *cothurne*.

N° 6. — *Grisette*.

Petit bonnet de blonde garni de satin blanc ; ruban de velours dans les cheveux ; collerette rabattue et festonnée ; petit châle en bourre de soie ; robe de toile ; tablier de taffetas ; souliers lacés.

7. — Jeune fille de Laroque ; arrondissement de Bordeaux.

Petite coiffe des jours de travail ; châle croisé sur une brassière bleue, tablier à carreaux ; poches en percale rayée rouge. Laroque a eu longtemps la spécialité d'envoyer à Bordeaux des jeunes filles qui s'y plaçaient comme servantes ou bonnes d'enfants.

N° 8. — *Fille de peine* ; nom donné à une domestique pour la distinguer de la cuisinière et de la femme de chambre.

Coiffe d'organdi, parure des grands jours ; collier avec croix d'or *à la Jeannette* ; mouchoir quadrillé ; tablier ; poches en basin ; souliers à cordons noués autour de la jambe.

N° 9. — *Portanière* (femme du peuple) en costume du dimanche.

Bonnet d'organdi à passe ornée d'un tulle brodé ; mouchoir croisé sur la brassière ; tablier à grande poche ; jupon rose ; souliers de prunelle.

N° 10. — Femme de Blaye.

Madras posé sur une coiffe moins haute que les précédentes. Blaye est à douze lieues de Bordeaux ; l'habillement subit déjà une influence saintongeoise.

N° 11. — Laitière de Cauderan.

Coiffe à simple garniture de batiste, surmontée d'un petit fichu béarnais; châle de coton et fichu de mousseline ; ouverture pratiquée de chaque côté de la brassière pour montrer la blancheur de la chemise. Cette femme tient sous le bras une baguette qui lui sert à toucher son âne.

N° 12. — Vendeuse de pommes cuites.

Même genre de bonnet qu'à la figure précédente. Celles des portanières, en général de petite taille, qui conservaient ce bonnet en garnissaient l'intérieur de manière à garder la hauteur de l'édifice.

N° 13. — Poissarde de Bordeaux en toilette du dimanche.

Haute coiffe d'organdi à petites brides détachées ; châle gracieusement croisé sur la brassière dont les côtés sont échancrés pour laisser dépasser la chemise ; tablier bleu ; longues poches ; souliers découverts.

N° 14. — Fillettes de Cauderan.

Bonnet ample et recourbé ; châle par-dessus une brassière d'une couleur différente de la robe ; poches tablier ; souliers lacés.

N° 15. — Poissarde.

Coiffe d'organdi à fond très large et gaufré ; anneaux d'oreilles et triple collier ; châle de coton et fichu de mousseline, ce dernier fixé au milieu du corsage par une broche de forme carrée ; tablier ; escarpins à bouffettes.

N° 16. — Femme du peuple.

Mouchoir de coton par-dessus la coiffe ; petit châle couvrant une brassière de ratine.

17. — Laitière de Pessac ; arrondissement de Bordeaux.

Madras dont les bouts sont noués au-dessus de la tête ; châle étroitement enroulé autour d'une brassière blanche; longues poches en percale par-dessus une jupe noire ; petits escarpins.

Le département de la Gironde porte le nom que la Dordogne et la Garonne, réunies au bec d'Ambez, prennent à leur confluent. Enclavé autrefois dans l'ancien gouvernement de la Guienne, son territoire embrasse presqu'en totalité la Guienne propre ou *Bordelais* et cette partie de la basse Gascogne appelée le *Bazadais*.

Ammien Marcellin raconte que de son temps, au quatrième siècle, les Aquitains, célèbres par la magnificence de leur table, l'étaient aussi par l'élégance de leurs vêtements et que les femmes, même les plus pauvres, aimaient la parure.

Dans cette contrée longtemps bouleversée par les invasions et les dominations étrangères, habitée pendant des siècles par une foule d'hommes de tous pays, le type national, entraîné par les mélanges de races, a pu disparaître ; mais les principaux traits sous lesquels l'histoire a peint le caractère et les mœurs des anciens peuples de l'Aquitaine conviennent encore à leurs descendants : si les formes ont changé, le fond est resté le même.

Les Bordelaises, aux mœurs douces, sont toujours l'élégance et la recherche personnifiées, et on rencontre plus que jamais chez elles tout ce que la mode invente de brillant et de gracieux ; ces avantages, joints à une grâce originale, piquante, ont fait dire « qu'il y a bien des femmes partout, mais que la femme n'existe réellement qu'à Bordeaux. »

La classe populaire laisse aussi percer dans sa mise le même esprit aquitain ; cependant le faste lui est moins facile à déployer qu'autrefois, lorsqu'elle avait encore le gai costume qui lui était propre et non celui de confection moderne.

Rien n'était en effet plus coquet que le vêtement de la grisette de Bordeaux vers 1820 : sa robe de soie juste assez écourtée pour dégager des petits pieds finement chaussés d'escarpins ; son *fripon*, coquet tablier de foulard ; le madras laissant voir deux bandeaux de cheveux partagés sur le front ; le fichu enveloppant un corsage dont la nuance était quelquefois en guerre ouverte avec celles de la robe et du tablier, tout enfin contribuait à donner à sa toilette un charme plein de séductions.

Puis venait la *portanière* ou femme du peuple, à la mise d'un éclat plus pittoresque, surtout les jours de fête où presque toutes arboraient la coiffe haute, large, recourbée, plissée en éventail et aux longues barbes de batiste. Le vêtement comprenait un jupon très froncé, aux couleurs éclatantes, toujours recouvert du tablier de rigueur ; deux longues poches extérieures en basin blanc, se balançant à la ceinture et ayant toutes les apparences de paniers placés à droite et à gauche de la robe ; une brassière aux manches collantes ; par-dessus un fichu entr'ouvert devant et derrière le cou afin de révéler l'existence d'une chemise en batiste de qualité très modeste. La blancheur du linge se certifiait encore au moyen de petites ouvertures pratiquées de chaque côté de la brassière.

La haute coiffure a disparu peu à peu pour faire place à un mouchoir enveloppant la tête et s'élevant au-dessus d'elle en turban au moyen d'un peigne ; deux des coins sont noués sur le devant, un autre se détache sur le côté et forme comme une aile plus ou moins développée ; une boucle de cheveux s'échappe de chaque côté du front.

Les villageoises des environs, celles que l'on voyait les jours de marché portant sur la tête une *balastre* garnie de fruits ou de volailles, avaient un costume à peu près analogue à celui des *portanières*. Sauf le bonnet nécessairement plus bas, c'était encore la brassière, la jupe, le tablier et les mêmes grosses poches de percale ou de basin accompagnées d'un *clavier*, longue chaîne d'argent à laquelle se suspendaient des ciseaux, des clefs, des pelotes, etc. Ces femmes se garantissaient du froid ou de la pluie avec une *cape* qu'elles ramenaient sur leurs bras. La chaussure se composait de gros sabots peints.

A cette époque, l'habillement distinguait encore les rangs ; aujourd'hui la mode actuelle a pénétré dans les communes les plus reculées.

D'après la *Statistique de la Gironde* (1837), Bordeaux possédait dans un de ses faubourgs une population qui conservait une dénomination spéciale, à l'instar des Transtéverins. Elle habitait les Chartrons, et les natifs de ce quartier s'intitulaient *Chartronnais* plutôt que *Bordelais*. Le mot *chartronne* fut même trouvé pour signifier une promenade faite le long du quai des Chartrons.

D'ailleurs les habitants de Bordeaux ont toujours aimé les distinctions ; anciennement, ils se divisaient eux-mêmes en Bordelais *francs*, et en Bordelais *métis*. Les premiers étaient ceux qui comptaient plus de trois générations dans cette ville ; parmi les autres on rangeait les étrangers dont les pères seulement s'y étaient établis. D'où venait le vieux dicton : « N'est pas Bordelais qui veut. »

Cet amour-propre local s'explique dans une vieille cité qui a toujours exercé une sorte de protectorat sur un certain nombre de villes : au quinzième siècle, toutes celles qui l'environnaient prenaient la désignation expressive de *filleules de Bourdeaux*.

Les n°s 1, 2, 3, 4, 6, 7, 8, 9, 10, 12, 14 et 16 *sont tirés du* Recueil des divers costumes des habitants de Bordeaux et des environs, *par de Galard et Géraud; Bordeaux*, 1818-19.

Les n°s 5, 11, 13, 15 et 17 *proviennent des* Costumes des femmes de Hambourg, du Tyrol, de la Hollande, *etc., par Lanté et la Mésangère, Paris*, 1827.

Voir, pour le texte : Saint-Sauveur, Voyage à Bordeaux et dans les Landes, *an VI (1798). - Bernadau,* Tableau de Bordeaux, 1810. — *De Jouy,* l'Hermite en province. — *Jouannet,* Statistique de la Gironde, 1837. — *Ducourneau et Monteil,* la France nationale, 1844. — La Bordelaise, *par André Delrieu (*les Français peints par eux-mêmes, *tome VI).*

FRANCE FRANKREICH

FRANCE. — XIXE SIÈCLE

COSTUMES POPULAIRES DES LANDES ET DES PYRÉNÉES OCCIDENTALES.

PREMIÈRE PARTIE DU SIÈCLE.

1	2	3	4	5
6	7	8	9	10	11

N°s 1, 2, 3 et 4. — Département des Landes.

N°s 5, 6, 7, 8, 9, 10 et 11. — Pyrénées occidentales : n° 7, département de la Haute-Garonne ; n°s 6, 8, 10 et 11, Hautes-Pyrénées ; n°s 5 et 9, Basses-Pyrénées.

LANDES (DÉPARTEMENT DES).

Le mot « landes » se trouve dans beaucoup de noms propres appartenant aux contrées du nord de l'Europe et c'est probablement par allusion à la stérilité d'une partie des terres de l'Allemagne (*land*, terre), que nous avons appelé de ce nom une grande étendue de pays qui se trouve au-dessous de Bordeaux.

En plusieurs endroits, cet espace ne présente que sables et marécages ; on dirait le désert. Cependant ces déserts français ont aussi leurs oasis ; certaines portions de terrain offrent çà et là de gras pâturages et une assez riche culture ; on rencontre parfois des abris construits en bois et recouverts de chaume où les bergers se retirent avec leurs moutons. Tout le long de la voie ferrée ont été opérées des plantations de pins, de chênes, de châtaigniers, de chênes-lièges ; des *bordes* (métairies) et de nombreuses *oustaous* (maisons) s'y sont élevées. Enfin, aujourd'hui, il n'est que peu de régions où l'on puisse voir la lande rase, telle qu'elle se montrait aux générations passées.

La race landaise proprement dite habite dans le voisinage de l'Océan, depuis la tour de Cordouan jusqu'à la Teste et de la Teste à Bayonne. Divers noms populaires sont donnés aux habitants des grandes Landes : à Bordeaux, on les appelle *parents*; à Mont-de-Marsan, *cocozales*; à Saint-Sever, *lanusquets* (nom spécial aux bergers); à Dax, ainsi qu'à Bayonne, ils sont qualifiés de *maransins*.

N°s 1, 2, 3 et 4. — *Lanusquets* (bergers des Landes) montés sur des *escusses* ou *tchanques* garnies, ainsi que le long bâton qu'ils tiennent en main, d'un morceau d'os de bœuf en guise de ferrure.

N° 1. — Berger au repos; il tricote, son bâton lui sert de siège. Accoutrement d'hiver : dolman de peau de mouton dont la laine est en dehors; jambes enveloppées d'un *camauo*, peau de brebis garantissant les pieds toujours nus; *capot* de gros drap blanc, espèce de pelisse appelée aussi *manteau de Charlemagne*, avec capuchon à bandes terminées en pointes garnies de crin de cheval; les coutures de ce capot forment un passe-poil rouge. Sous les pièces de costume qui viennent d'être énumérées, le paysan a encore deux gilets et une culotte s'arrêtant au-dessous du genou.

N° 2. — Autre aspect du même costume. Le capuchon est surmonté d'une houpette de crin de cheval.

N° 3. — Femme vêtue d'une brassière et d'une jupe : cette dernière laisse apercevoir le *camauo* couvrant les pieds; fichu croisé sur la poitrine; tablier; comme coiffure, des serviettes plissées formant capuchon. Les jours de fête ou de cérémonie, les femmes portent un bonnet à larges barbes dentelées de rouge. Ce sont elles qui ont la direction du ménage; mais, sitôt que l'ordre règne au logis, elles vont travailler dans les champs; la plus âgée reste à la maison pour préparer les repas.

N° 4. — Berger en costume d'été : *barrette*, bonnet plat en laine tricotée de la même forme que le béret du Béarn; manière de petit dolman en peau d'agneau et *camauo*. Une gourde est suspendue à son côté.

Pour parcourir rapidement des étendues considérables de terrain à l'aide d'échasses (*escasses* ou *tchanques*), les Landescots ou Lanusquets sont uniques dans le monde. Ainsi juchés sur leurs jambes d'emprunt, ils surveillent de haut leurs brebis cachées dans les broussailles et franchissent impunément les flaques, les marais et les tourbes. Il n'est pas jusqu'au grand bâton, objet contribuant aussi à l'étrangeté de leur aspect, qui ne soit manié par eux avec une adresse admirable, remplissant, suivant l'occasion, les fonctions de balancier, de siège ou d'organe de préhension.

Dans les régions encore dépourvues de chemins, les enfants, les femmes, les vieillards, les facteurs ruraux emploient tous ce moyen de locomotion qui ne peut manquer de disparaître un jour avec les landes elles-mêmes.

Les bergers portent ordinairement sur eux tous les objets nécessaires à leur nourriture, comme le poëlon à *cruchades* (farine de maïs cuite dans l'eau), le paquet de sardines ou de harengs salés, enfin le pain et le vin nécessaires pendant les longues journées passées hors de la ferme.

Pyrénées occidentales.

Trois départements sont représentés dans les costumes de la seconde partie de cette planche : la Haute-Garonne, les Hautes et Basses-Pyrénées, toutes régions s'appuyant sur les crêtes des Pyrénées occidentales.

Presque toutes les populations pyrénéennes, de Port-Vendres à Bayonne, sont incontestablement d'origine ibérique; elles ignorent aujourd'hui leur parenté, mais elles n'en sont pas moins sœurs.

Haute-Garonne. — Languedoc et Guyenne, chaque province a fourni sa part à la Haute-Garonne. Le versant pyrénéen, les petites Pyrénées, les coteaux avancés et la plaine, enfin les collines extérieures du plateau central se succèdent dans cette étroite bande de territoire.

N° 7. — Paysan des environs de Bagnères-de-Luchon. Dans toutes les Pyrénées, le costume des hommes se compose des mêmes éléments : la veste, le gilet croisé, la culotte, les hautes guêtres, enfin la mise traditionnelle du montagnard ; ce paysan des environs de Bagnères-de-Luchon peut donc en donner ici une idée générale. Quant au chapeau à cornes, vestige du siècle dernier que l'on a rencontré longtemps chez les Auvergnats et les Cévenols (voir planche ?N, France XIX° siècle), c'est une coiffure complètement disparue.

Hautes-Pyrénées. — A en croire certains historiens, l'ancienne Bigorre, qui constitue actuellement la plus grande partie des Hautes-Pyrénées, aurait reçu son nom de la peuplade des *Arebaci*, qui habitaient autrefois le territoire de Numance, sur les rives du Douro, et que Pompée força à s'établir sur le versant septentrional des Pyrénées.

N° 6. — Jeune fille de Bugard (arr. d'Argelès.) — Capulet d'un rouge éclatant faisant ressortir la blancheur de la cornette ; jupe de laine ; sur la poitrine, un ruban auquel est suspendue une petite croix d'argent ; fichu et tablier de toile de coton. Cette jeune fille tient à la main un vase de terre du pays.

N° 8. — Femme de la vallée du Louron. — Capulet posé sur un bonnet ruché ; châle croisé sur le corsage d'une robe de futaine ; tablier ; pelisse portée sur le bras.

N° 10. — Jeune dame des environs de Bagnères-de-Bigorre. Capulet de casimir très fin, orné d'un liseré de velours. Cette Bigorraine est habillée à la parisienne (mode d'environ 1820) ; une fontange de ruban ponceau rend la cornette très élégante.

N° 11. — Jeune femme des environs de la vallée d'Aure. Capulet posé sur une cornette dont on aperçoit les brides ; croix d'argent ; fichu croisé à pointes retombant sur un tablier à carreaux ; robe de laine ; chaussures à pointe recourbée. C'est dès l'âge le plus tendre que, dans cette vallée, on apprend à tricoter ou à filer.

Basses-Pyrénées. — Les anciennes provinces du Béarn, de la basse Navarre, des pays basques, une partie de la Chalosse et de l'élection des Landes, ont formé le département des

Basses-Pyrénées : la plus grande partie de ce territoire se trouve en effet dans la région des basses montagnes et des coteaux pyrénéens.

Dans cette région dominent à la fois le costume basque et le costume béarnais. La Basquaise se coiffe d'un madras dont elle sait plus ou moins bien tirer parti, tandis que la Béarnaise porte le capulet en usage dans les autres départements pyrénéens. La mise, sans notable différence dans l'une et l'autre de ces populations, offre à peu près les mêmes caractères : c'est presque uniformément la large chemise de toile attachée au cou et que serrent sur les hanches les cordons d'une simple jupe de futaine noire, très courte, laissant les jambes à découvert ; quelquefois cependant, des bas de laine mélangés de bleu et de blanc, descendent jusqu'à la cheville ; ils sont bordés d'une petite frange et laissent passer le pied nu.

Quant aux populations maritimes de ce pays, elles sont très mal vêtues :

N°s 5 et 9. — Femmes de pêcheurs (Biarritz) tenant à la main leur *tistet* ou panier.

N° 5. — Mouchoir dont la disposition est comme le commencement du capulet ; chemise de toile ; jupe de laine. L'espèce de cape à franges qui est enroulée autour de la taille se porte de cette manière lorsqu'on ne s'en couvre pas.

N° 9. — Bonnet dont les brides se rejoignent derrière la tête ; chemise à manches courtes et jupe de laine.

Entre Bayonne et Saint-Jean de Luz, on rencontre souvent des troupes de jeunes femmes lancées au pas de course et portant des corbeilles sur la tête : ce sont des *cascarottes*, les intrépides courriers de la sardine, qui vont livrer aux Bayonnais la pêche de la nuit.

Les n°s 1, 2, 3 et 4 sont tirés du Recueil des divers costumes des habitants de Bordeaux et des environs, par de Galard et Géraud ; Bordeaux, 1818-19.

Les n°s 6, 10 et 11 proviennent des Costumes des femmes de Hambourg, du Tyrol, de la Hollande, etc., par Lanté et La Mésangère ; Paris, 1827.

Les n°s 5 et 9 sont des documents photographiques.

Les n°s 7 et 8 font partie d'une série de costumes dessinés par Pingret et de Bénard.

Voir pour le texte : le recueil de Galard et celui de Lanté et La Mésangère cités plus haut. — Saint-Sauveur, Voyage à Bordeaux et dans les Landes, in-8°, an VI. — V. Gaillard, les Landes (les Français peints par eux-mêmes, tome 7). — Ad. Joanne, Itinéraire général de la France, tome 3. — M. Bergues la Garde, les Landes, in-8°, 1868. — M. Justin Jourdan, Atlas-Guide historique et descriptif des Pyrénées, in-12, 1874. — M. Élisée Reclus, Géographie universelle, Hachette, 1881.

FY

FRANCE. — XIXᴱ SIÈCLE

COSTUMES POPULAIRES.
NIVERNAIS, DAUPHINÉ, ANCIEN COMTÉ DE NICE, SAVOIE, MACONNAIS, BRESSE ET BOURBONNAIS.

Nº 1.	Nᵒˢ 7, 8, 10, 12 et 14.
Nivernais.	Mâconnais.
Nᵒˢ 2, 4 et 6.	
Dauphiné.	Nᵒˢ 11 et 13.
Nº 3.	Bresse.
Ancien comté de Nice.	
Nº 5.	Nº 9.
Savoie.	Bourbonnais.

NIVERNAIS.

Le Nivernais est divisé en huit petits pays : les Vaux de Revers, les Amognes, le Bazois, les vallées de Montenoison, les vallées de l'Yonne, le Morvan, le pays d'Entre-Loir-et-Allier et le Dionzois. Cette province forme aujourd'hui le département de la Nièvre.

Malgré toutes ses ressources, la Nièvre est trop montagneuse pour que sa population soit aussi pressée qu'elle l'est en moyenne dans le reste de la France ; elle ne s'accroît que faiblement, les Morvandiaux émigrant volontiers. C'est au bord des rivières que les habitants sont de beaucoup les plus nombreux et que s'est porté presque tout le travail de l'industrie.

Il y a quelques vieux proverbes peu favorables aux Morvandiaux dont les mœurs, évidemment adoucies de nos jours, n'ont guère conservé que la rudesse inhérente aux habitants des montagnes.

Il ne vient du Morvan ni bon vent ni bonnes gens, disaient les anciens. La seconde partie du proverbe rappelle sans doute le temps où les belliqueux montagnards Éduens, rebelles au joug des Romains, les massacraient sans pitié quand ils se hasardaient dans le pays.

N° 1.
Paysanne morvandelle.

Chapeau de paille relevé en avant et en arrière, en forme de bateau ; cette coiffure se ressent du voisinage du Bourbonnais. Large chignon contenu dans un bonnet que l'on aperçoit sous le chapeau. Courte robe de poulan, étoffe du pays, à corsage sans manches ; mouchoirs de cou aux couleurs éclatantes, disparaissant dans la bavette d'un long tablier.

DAUPHINÉ.

Cette belle et grande province de l'ancienne France forme, depuis 1790, les départements de l'Isère, de la Drôme et des Hautes-Alpes.

Le département de l'Isère, partie septentrionale de la province, est occupé surtout par des massifs de montagnes. Quoique la majorité de sa population se compose de cultivateurs, les terres labourables, y compris les prés et les vignes, n'atteignent pas même la moitié de la superficie totale du département. Les beaux pâturages des montagnes, bien utilisés par les habitants, ont donné une grande importance à l'élève du bétail et à la fabrication du fromage.

Les exemples empruntés à ce département sont :

N° 2.
Paysanne de la Verpillière ; arrondissement de Vienne.

Petit chapeau de paille en forme de casquette posé sur un bonnet blanc ; corsage sans manches ; robe courte et fichu de cotonnade aux couleurs vives.

N° 4.
Femme du village de Saint-Albin ; arrondissement de La Tour-du-Pin.

Large chapeau de paille à bords rabattus ; corsage sans manches couvert d'un fichu rouge ; robe retroussée découvrant un court jupon rayé.

N° 6.
Paysanne de Saint-Laurent ; arrondissement de Grenoble.

Coiffure en mousseline blanche, rappelant la mitre antique. Corsage décolleté ; fichu de cou ; jupe et tablier de couleurs éclatantes.

ANCIEN COMTÉ DE NICE.

Cette contrée, dont on a fait le département des Alpes-Maritimes, est un véritable pays de transition entre les deux États voisins. La limite des langues la partage en deux régions naturelles ; car si le français est l'idiome populaire dans les vallées du Var et de la Tinée, l'italien domine dans le bassin de la Roya et jusque dans un quartier de Nice ; d'ailleurs, le dialecte local, le niçois, est un parler distinct tenant à la fois des trois langues sœurs, le provençal, le français et l'italien.

Dans ce pays ; peu ou pas d'industrie, la richesse et le travail ont leurs sources dans la culture et la récolte des jasmins, des roses, des géraniums, des fleurs d'oranger, etc.

Les mœurs des habitants ont un caractère particulier, mais le contact des voyageurs dans les villes du littoral ne peut manquer d'effacer rapidement ce qui reste de l'antique originalité provinciale.

N° 3.

Paysanne du village de Briga.

Corsage rouge agrémenté de nœuds d'épaules en ruban noir ; ces mêmes rubans ornent également les manches dans la moitié de leur longueur. Chemise plissée à col tuyauté. Robe attenant au corsage. Cette paysanne porte un lourd pot de terre sur la tête, selon la mode alpestre.

La coiffure consiste généralement en un large chapeau de paille appelé *capellina*, ou en espèce de résilles (*scuffia*) vertes, noires ou rouges dans lesquelles les cheveux sont renfermés. La plupart des femmes réunissent leur chevelure en faisceau, la retiennent par la spirale d'un ruban de velours, la roulent autour de leur tête en forme de couronne, et la couvrent parfois d'un petit fichu blanc (*kairen*) bordé de dentelle, retombant par derrière et s'attachant sous le menton.

SAVOIE.

La Savoie, avant la révolution française, était divisée en sept provinces : la Savoie propre, le Genevois, le Faucigny, le Chablais, la Maurienne, la Tarentaise et la province de Carouge.

Dans les montagnes, les villages sont absolument séparés du monde pendant l'hiver. Par une sorte de compensation, nombre de Savoyards emploient ce temps à s'instruire. La moyenne des connaissances est plus grande dans ces contrées que dans les régions basses de la plaine, et autrefois, la Savoie, comme les Hautes-Alpes, avait le privilège de fournir d'instituteurs les départements riverains du Rhône ; actuellement, la plupart des émigrants chassés de leur patrie par la nécessité, ont pour industrie le petit commerce de détail.

D'après les statistiques, en deux siècles, la population des hautes vallées de la Savoie a diminué d'un quart, tandis que celle des plaines basses, d'Annecy, de Moutiers, de Chambéry, s'est accrue dans la même proportion.

N° 5.

Montagnard des environs de Saint-Jean de Maurienne.

Sur le bonnet de laine, un chapeau de feutre à larges ailes ; l'aile postérieure, plus importante, doit couvrir entièrement le cou lorsqu'elle est rabattue ; gilet croisé ; culotte recouverte de fortes guêtres fixées au-dessous du genou par une lanière de cuir ; larges chaussures ; habit à gros boutons muni de poche sur les côtés.

(Les n°s 1, 2, 3, 4, 5 et 6 sont de la première partie du siècle.)

MACONNAIS.

Le département de Saône-et-Loire a été formé de l'Autunois, du Mâconnais, du Châlonnais et du Charolais.

Les habitants de ce département conservent, de nos jours, quelques-uns des caractères distinctifs de leurs anciens usages ; le costume des femmes du Mâconnais, surtout, n'a presque pas subi de modifications. Toutes portent encore l'antique chaperon ou *cape* dont la forme offre une analogie frappante avec l'*huiken* des Rhénanes et des Brabançonnes du dix-septième siècle (voir les femmes houppées, planche la Pensée, Europe, XVII° siècle).

Cette coiffure affecte deux formes : elle est quelquefois ornée à sa partie supérieure d'un épanouissement de dentelle additionné d'une houppe ; tantôt cette même partie supérieure reste sans ornement, sauf le bord plat du chapeau garni d'une immense voilette entourant complètement la coiffure, laquelle offre ainsi le même caractère que celle en usage dans la Bresse.

Le costume des Mâconnaises et des Bressanes rappelle, par l'abondance des bijoux, la recherche dans les étoffes, les dentelles, etc., une époque et des usages disparus, et présente un souvenir très direct de la domination espagnole dans la Franche-Comté.

N° 7.

Bonnet à ruban bleu. Chapeau entouré d'un double tuyauté de dentelle tombant assez bas ; la partie supérieure, en ruché de dentelle et ornée d'un galon d'or, s'épanouit autour d'une houppette de soie.

N° 8.

Chapeau à bord plat, garni de peluche et d'un rang de dentelle ; il est orné d'une longue voilette ; sa partie supérieure a un large galon d'or bordé d'une petite couronne de peluche.

Sous ce chapeau un béguin tuyauté. Pendants d'oreilles. Colliers dont l'un est orné d'une croix. Fichu de cou disparaissant sous la bavette d'un tablier au bord supérieur de laquelle est placée une petite broche. Collerette de dentelle.

N° 10.

Costume de fête.

Bonnet de dentelle fixé au moyen d'un ruban de soie passant sous le menton, et sur le côté, par un large et long ruban tombant sur la robe. Chapeau posé sur le côté de la tête et maintenu par un ruban passant derrière les oreilles et sous la nuque : ruché de dentelle à la partie supérieure et sur le bord plat de la coiffure. Pendants d'oreilles. Triple collier auquel sont suspendus de riches médaillons. Large collerette. Robe de soie rose avec une petite veste de même étoffe dont les manches courtes sont additionnées de brassards en soie blanche brodée. Cette petite veste de soie et le corsage d'un tablier tissé se relient par derrière au moyen d'un bouillonné de dentelle. Sur le premier tablier, un second en dentelle noire. Mitaines. Petits escarpins.

N° 12.

Riche costume de cérémonie.

Chapeau garni d'un rang de dentelle et d'un gland d'or tombant de côté ; immense voilette. Double collier avec médaillon. Chaîne de cou à laquelle est suspendue une montre placée dans le gousset du tablier. Collerette plissée. Robe de soie noire. Tablier de soie claire avec corsage et manches brodées d'or ; le devant de ce corsage est orné de chaînes et de médaillons. Brassards et mitaines de dentelle.

Cette toilette, portée de nos jours, est fort dispendieuse. La soie, les dentelles fines, les nombreux bijoux, forment les caractères principaux du costume traditionnel que modifient à peine les modes actuelles.

N° 11.
Costume de ménagère de la première partie du siècle.

En descendant la vallée de la Saône, le chapeau diminue et ne consiste plus qu'en une petite coiffure de feutre noir enjolivée de rubans. Bonnet à coiffe de dentelle. Robe en drap vert-clair avec corsage décolleté. Tablier à bavette.

BRESSE.

Les campagnes du nord du département de l'Ain constituent la Bresse, tandis que la région du sud est connue sous le nom de Dombes; le Bugey est formé par la région de la montagne.

La population de ce département est un peu plus clairsemée que dans le reste de la France; elle s'occupe principalement d'agriculture, de l'élève des bestiaux et de la fabrication des fromages.

On dit que les habitants de plusieurs villages des environs de Bourg-en-Bresse se distinguent de leurs voisins par une taille plus petite, des traits plus réguliers, une constitution plus nerveuse; ils se feraient remarquer par leur intelligence et leur esprit d'initiative, mais aussi par leur défiance et leur ruse. Quelques auteurs pensent qu'il faut voir dans ces *Burins*, les descendants de fugitifs sarrasins, auxquels les gens du pays auraient accordé des coins de terre incultes. Les anciens du pays appellent encore les Burins, les *Sarrasins*.

N°s 11 et 13.
Anciens costumes des environs de Bourg.

La partie septentrionale du département de l'Ain où est située la Bresse, confine au département de Saône-et-Loire; c'est pourquoi la coiffure des Bressanes et celle des Mâconnaises sont absolument identiques.

Le costume se compose d'une robe de drap ou de soie à fleurs courantes et d'un corsage, également de drap, recouvert d'ornements en argent plaqués sur l'étoffe. Large tablier à bavette ornée de chaînes d'or fixées à chaque épaule. La chaussure, suivant la saison, consiste en sabots, souliers ou galoches, avec des chaussons de feutre, des bas de laine, de coton ou de fil.

BOURBONNAIS.

(Le costume ci-joint fait suite à ceux de cette province donnés dans la planche C N.)

N° 9.
Bourbonnichonne, coiffée du chapeau de paille à forme basse dont l'arrière se retourne en volute; l'intérieur est garni de soie bleue. La paysanne riche et coquette porte une dentelure de paille autour de son chapeau.

Les cheveux, recouverts d'une coiffe, sont réunis sur la nuque en un chignon épais et s'attachent par un cordon ou se fixent au moyen d'un petit peigne. Ornement en jaseran suspendu à un ruban de velours. Cape en drap bleu.

Les n°s 1, 2, 3, 4, 5 et 6 sont tirés de la collection de Costumes de l'empire français, *publiée par Martinet, au commencement du siècle.*

Les n°s 7 et 8 sont des documents photographiques.

Les n°s 10, 11, 12 et 13 ont été reproduits d'après les modèles qui figurent au Musée Ethnographique du Trocadéro.

Le n° 9 provient d'un croquis original.

Le n° 14 appartient au recueil de Costumes des femmes de Hambourg, du Tyrol, etc., de Lanté et de la Mésangère.

Voir, pour le texte : Statistique de l'empire, 1808. — Les Français peints par eux-mêmes, tomes 6 et 7. — *Ducourneau et Monteil*, la France nationale. — M. *Élisée Reclus*, Géographie universelle.

FRANCE

ALSACE. — COIFFURES DE CLASSES DIVERSES. — LE *BENDEL*, LE *PELZKAPPE*; XVII° SIÈCLE.
COSTUMES POPULAIRES, XIX° SIÈCLE.

N°ˢ 4, 6, 7, 10, 11, 13, 20 et 21.

Coiffures du dix-septième siècle.

N°ˢ 9, 12, 14, 15, 16, 17, 18 et 19.

Détails de ces coiffures.

N°ˢ 1, 2, 3 et 5.

Costumes de la première partie du siècle.

N° 8.

Type moderne.

En vertu du traité de Westphalie, l'Alsace (d'*Ilsass* ou *Elsass*, pays de l'Ill) fut cédée à la France en 1648, moins Strasbourg, ville libre et impériale, que Louis XIV ne réunit à notre pays qu'en 1681.

Quelques années avant cette annexion, une sévère hiérarchie séparait rigoureusement les classes de la société alsacienne ; comme au moyen-âge, des lois somptuaires et de minutieuses ordonnances réglaient l'étalage du luxe, en déterminant la qualité de la soie, du velours, des rubans, de la fourrure, le degré de richesse des bijoux et des joyaux, que les austères *landvogts* toléraient chez leurs administrés. Leurs ordonnances s'occupèrent même des perruques, lorsque la mode vint de se couvrir la tête avec cet édifice de crin.

La première des six catégories qui divisaient la population, se composait de la riche noblesse alsacienne, des sénateurs, des *Ammeister* (échevins) et des *Stadtmeister* (municipaux). Cette classe avait la précieuse faculté de pouvoir s'habiller selon ses convenances et sa fantaisie, mais il lui était essentiellement recommandé de donner le bon exemple et de ne pas abuser de son privilège, de peur d'exciter l'envie des classes inférieures.

La même recommandation était adressée à la bourgeoisie, non moins favorisée dans le choix de ses accoutrements; mais cette classe ne souffrait pas de ces quelques restrictions, habituée qu'elle était à toujours observer dans ses habits une simplicité relative. Comme le disent les légendes de *l'Alsace française, Recueil de ce qu'il y a de plus curieux dans Strasbourg*, ouvrage à gravures de la fin du dix-septième siècle, la haute bourgeoisie a toujours « conservé une manière ancienne et modeste dans ses habillements ; les dames emploient dans leurs vêtements, qui sont très propres et magnifiques, la soie, l'or et les dentelles, mais cela avec tant de modération qu'elles en sont louables. »

On trouve une preuve évidente de la richesse de la population dans le détail des règlements somptuaires de cette époque. Il était alors une coiffure, déjà en usage au seizième siècle, que le sénat permettait de porter ; on la nommait *bendel* et elle consistait en une sorte de tiare, simple ou de formes diverses, selon la position sociale des personnes ; brodée d'or ou d'argent, garnie, pour les classes élevées, de perles et de pierres fines, sa valeur atteignait généralement trois à quatre cents florins. Ainsi, sans parler du prix des chaînes d'or, des colliers et des bagues dont elle pouvait se parer, la simple coiffure d'une dame de haut rang ou d'une femme riche des classes plébéiennes, formait alors un véritable trésor qui se transmettait dans les familles.

Comme cette riche coiffure était pour ainsi dire obligatoire aux noces et aux grandes fêtes, elle devint un article de location pour les femmes qui devaient s'en parer, sans avoir le moyen d'en faire l'acquisition.

Les hommes portaient aussi ce bonnet, coiffure commode par elle-même et ayant encore l'avantage de pouvoir être décorée plus ou moins richement, de manière à représenter le rang de la personne qui en faisait usage.

Lorsque Strasbourg fut réunie à la France, les hommes suivirent les modes françaises, mais les femmes, surtout celles appartenant à la bourgeoisie, restèrent fidèles au costume traditionnel de leurs mères ; cet état de choses se maintint jusqu'à la Révolution.

L'accoutrement des campagnards, fort simple pendant le moyen-âge, ne s'enrichit que lorsque les lois somptuaires cessèrent d'être en vigueur et lorsqu'il fut permis aux dernières classes d'apporter quelque luxe ou quelque originalité dans leurs vêtements. Ce costume s'est conservé et perfectionné à travers beaucoup de générations, tout en subissant l'influence du goût dominant de chaque époque, mais c'est surtout aux femmes que revient l'honneur d'avoir conservé la tradition dans toute son intégrité.

Néanmoins, depuis bon nombre d'années, le costume alsacien disparaît ; les campagnardes risquent encore le petit tablier blanc, les larges rubans de soie sur la tête, mais on ne voit plus les jupons écarlates, les larges chapeaux de paille enrubanés, ni les longues tresses de cheveux, les tabliers de soie et le corset bariolé.

BENDELS DE FORMES DIVERSES.

N° 4.

Bonnet de soie, orné de passementeries de plusieurs couleurs et de broderies d'argent.

Nos 10 et 11.

Bonnet brodé sur fond or, vu sous ses deux faces.

Nos 9 et 12.

Détails de la broderie.

Passementeries de plusieurs couleurs lamées d'argent ; garnitures de perles au centre et sur les côtés du bonnet.

Le derrière de la coiffure consiste en un fond de soie rouge foncé avec des fleurs et des ornements de couleur claire ; broderies d'or et d'argent.

N° 13.

Bonnet entièrement couvert d'or filigrané.

Nos 14, 15, 16, 17, 18 et 19.

Détails de la coiffure.

Dans ce bonnet, les parties saillantes, perles et bandes, sont unies ; le travail en cordonnet, ainsi que celui en perles d'or, se trouvent détaillés dans les nos 14, 15, 16 et 17 ; entrelacs irréguliers de petites bandes et de cordons enveloppant d'autres bandes en paillettes croisées (n° 18) ; gros cordons nattés (n° 19)

N° 21.

Dix-septième siècle. Haut personnage coiffé du bonnet brodé d'or. Rabat de dentelle.

Le *Pelzkappe*.

N° 20.

Dame Marie-Sabine Krezni, née Kieterin de Kornburg ; 1608-1657.

Pelzkappe, bonnet de fourrure. (Pour d'autres applications de cette coiffure, voir la planche EK, Allemagne, XVIIe siècle.) Fraise à triple rang.

COIFFURE DE FEMME ; XVIIe SIÈCLE.

Nos 6 et 7.

Coiffure haute, vue sous ses deux faces.

Bonnet circulaire dont les côtes étaient probablement tendues au moyen de fil d'archal ; cette coiffure est garnie par derrière de trois cocardes ornées au centre d'un bouton d'or.

COSTUMES POPULAIRES DE LA PREMIÈRE PARTIE DU DIX-NEUVIÈME SIÈCLE.

N° 1.

Jardinière de Strasbourg.

Petite coiffe de soie rose très ajustée et serrée au moyen d'un large ruban noué sur le devant de la coiffure ; corsage décolleté au haut duquel on aperçoit la broderie de la chemise ; les épaules sont couvertes d'un léger fichu de mousseline, aux extrémités se dérobant dans le corsage ; robe rayée bleu ; large tablier couleur prune ; escarpins à boucles d'argent ; gants blancs.

N° 2.

Paysanne des environs de Colmar.

Bonnet brodé d'or, garni, derrière, d'un nœud de ruban, et devant, d'une passe de tulle ruché dont la cambrure encadre gracieusement le visage ; corsage et robe fond blanc ; large fichu couvrant les épaules et dont les pans, croisés, viennent tomber sur le devant d'un large tablier de soie bleue ; mules ornées d'une petite rosette ; grand chapeau de paille à fond plat et à bordure découpée, orné d'une rosette en peluche. Gants blancs.

Nos 3 et 5.

Paysannes du Kochersberg.

Ce pays est compris dans le canton de Truchtersheim, ancien département du Bas-Rhin.

Les costumes des femmes et des filles du Kochersberg, quoique ayant généralement le même cachet, différent cependant, de commune à commune, par quelques distinctions de couleur et de forme.

N° 3. Jeune fille catholique. — Le costume des catholiques se distingue par ses couleurs éclatantes. Bonnet brodé d'argent et garni de larges rubans; dans quelques localités, les nœuds de tête sont portés très petits, tandis que dans quelques autres, ils forment d'énormes ailes. Chemise brodée montant jusqu'au cou; longues manches bouffantes. Corsage lacé par devant, en étoffe de coton brochée de fleurs brillantes et garnie de paillettes; rubans de soie rose. Robe rouge avec une bande verte sur l'ourlet et un froncé de même couleur au-dessous de la ceinture; c'était une tradition d'attacher cette robe assez haut pour substituer une taille factice à la taille naturelle. Dessous la robe et la dépassant, plusieurs jupons de couleur. Mouchoir de soie lié en flot derrière le cou. Souliers découverts. Chapeau de paille à fond plat, orné d'une cocarde et de rubans.

N° 5. Jeune fille luthérienne. — Bonnet brodé et orné de larges rubans; les cheveux pendent en longues tresses garnies, à leurs extrémités, d'un petit ruban de soie noire. Fichu de même couleur, faisant plusieurs tours. Chemise à large col rabattu et à manches bouffantes. Corselet rayé vert. Jupe verte, avec un froncé de couleur claire à la ceinture; les femmes et les filles luthériennes portent leurs robes de serge verte plus courtes que celles des catholiques, et dans beaucoup de communes plus rapprochées des Vosges, la couleur verte est remplacée par le bleu, mais toujours avec un liseré de couleur tranchante au bas. Jupon dépassant la robe. Tablier blanc. Chapeau de paille suspendu au côté. Petits souliers à rosettes.

COIFFURE FÉMININE, TYPE MODERNE.

N° 8.

Bonnet à larges rubans de soie formant devant un grand nœud et retombant assez bas derrière la tête; cette coiffure, également en usage dans le grand-duché de Bade, est ici combinée avec le costume moderne. Fichu à franges, rejeté en arrière.

Les n°s 1, 2, 3 et 5 font partie du recueil de Lanté et de La Mésangère, Costumes des femmes de Hambourg, du Tyrol, etc.; 1827.

Les n°s 4, 10, 11 et 13, dont les détails sont représentés aux n°s 9, 12, 14, 15, 16, 17, 18 et 19, appartiennent aux collections de MM. Muntz, Goupil, Baur, etc., et ont figuré au Musée du Costume de l'Exposition de l'Union centrale de 1874.

Les n°s 6, 7 et 21, proviennent de très fines gravures du temps, sans nom d'artiste.

Le n° 8 est un document photographique.

L'original du n° 20 est une gravure allemande signée Georges Feniher.

Voir, pour le texte : Richard, Histoire de l'Alsace, 1835. — Piton, Strasbourg illustré, panorama pittoresque, historique et statistique, 1855.

E P

FRANCE. — XVIIIE ET XIXE SIÈCLE

COSTUMES POPULAIRES DU LITTORAL DE LA MANCHE.
PÊCHEURS DIEPPOIS : LES *POLLETAIS*

| 1 | 2 | 3 | 4 | 5 | 6 |
| 7 | 8 | 9 | 10 | 11 | 12 |

N°s 2, 3 et 5.

Dieppois et Polletais ; seconde partie du dix-huitième siècle.

Les costumes n°s 2 et 5 ont conservé leur originalité pendant une bonne partie du dix-neuvième siècle.

N°s 7, 8, 9, 10, 11 et 12.

Polletais ; première partie du siècle.

N°s 1, 4 et 6.

Types modernes de pêcheurs des deux sexes.

Dieppe fut longtemps célèbre par ses entreprises maritimes ; à la fin du moyen âge, lorsqu'elle se gouvernait elle-même en cité républicaine, ses marins, *les plus expérimentés et les plus hardis navigateurs de l'Europe*, trafiquaient avec tous les pays déjà connus, faisaient des découvertes et créaient de nombreux établissements aux Indes. La ville, enrichie par le commerce, devint très puissante et atteignit sa plus grande prospérité sous François Ier; mais différentes guerres, le bombardement de 1694 et l'envasement du port réduisirent la cité à l'ombre d'elle-même.

Depuis le premier empire, toute l'activité de Dieppe s'est tournée vers la pêche ; cette ville pourvoit à une bonne partie de l'approvisionnement de Paris.

Le Pollet, mentionné dès 1285 dans des lettres patentes de Philippe III sous le nom de *villa de Poleto*, est toujours le faubourg où habitent la plupart des pêcheurs. Cette petite localité, à peine séparée de la ville par un étroit chenal, a longtemps conservé une physionomie particulière avec ses rues tortueuses et ses maisons basses et lézardées, aujourd'hui disparues ; sa population, autrefois en état d'hostilité constante avec les Dieppois, ne se compose que de marins et de pêcheurs.

D'après quelques écrivains, ces *loups de mer* et ces fortes brunes au teint hâlé auraient une origine vénitienne. Il est reconnu que, vers les douzième et treizième siècle, époque où la colonie du Pollet semble s'être formée, les Vénitiens entretenaient de fréquents rapports avec les Normands, et qu'ils avaient coutume de faire escale à Dieppe, en se rendant en Hollande ou dans la Baltique. Les vestiges de leurs passages successifs pourraient à la rigueur se reconnaître dans le costume polletais, remarquable par un bariolage et un clinquant qui n'ont certainement pu être imaginés que par des hommes du Midi, et dans le langage des habitants dont la prononciation molle et efféminée est pour ainsi dire toute vénitienne.

Dans son tableau du *port de Dieppe*, Joseph Vernet, en groupant les costumes pittoresques de la localité, a eu soin de placer au premier plan plusieurs Polletais dans leur accoutrement particulier ; il n'a pas oublié non plus le marchand d'objets d'ivoire, car l'art de la sculpture sur ivoire est très ancien à Dieppe ; seulement, si l'industrie en est prospère aujourd'hui, elle ne laissait pas, au dix-huitième siècle, que de péricliter d'une manière assez sensible ; c'est le caprice de la mode qui l'a relevée.

Actuellement, on ne retrouve guère de différences extérieures bien accentuées entre les Polletais et les autres pêcheurs du littoral ; presque tous portent des habits de mêmes formes et de mêmes couleurs. Il en est de même au moral ; partout le pêcheur normand participe du Polletais par une honnêteté proverbiale ; laborieux et intrépide, sa simplicité provient de l'ignorance complète de tout ce qui est en dehors de ses occupations habituelles.

Les femmes prennent part aux travaux de leurs maris, pêchent le long du rivage et vont vendre le poisson.

XVIIIᵉ SIÈCLE.

N° 2.

Groupe de paysannes.

Deux de ces femmes sont coiffées d'un bonnet à longues barbes ; robe courte à corsage décolleté ; brassards autour desquels flottent les larges manches de la chemise ; la paysanne de droite porte un petit fichu de cou.

L'accoutrement de la troisième femme est d'un caractère plus citadin : coiffure plate ; corsage échancré en pointe et recouvert d'un col rabattu ; ruban de velours autour du cou.

N° 3.

Marchand ambulant d'objets en ivoire.

N° 5.

Pêcheur polletais ; costume de travail.

Bonnet rouge ; longue veste en drap à boutons de corne ; sur la culotte, un cotillon de toile grise semblable à celui que portent les brasseurs ; mules de cuir noir.

XIX° SIÈCLE.

N°s 10 et 12.
Polletais en costume de fête.

Ce costume endimanché, et encore plein des souvenirs du dix-huitième siècle, s'est conservé jusque vers 1820.

Toque de velours avec ornements de laine et d'argent, garnie d'un nœud de soie servant à maintenir une aigrette en verre filé; perruque poudrée; boucles d'oreilles encore en usage chez beaucoup de matelots dieppois; cravate à glands de fil d'argent; casaque de laine bleue galonnée de soie sur toutes les coutures; veste de soie brodée de fleurs; culotte flottante en laine passementée de soie et effilochée sur les côtés; cette culotte peut être regardée comme de la famille des rhingraves; bas de soie avec coins brodés bleu et rouge; souliers de cuir à boucles d'argent.

N°s 7 et 11.
Polletaises en habits de fête.

Le costume des femmes avait moins d'excentricité que celui des hommes et se rapprochait des modes générales de cette partie de la Normandie.

N° 7.

Bonnet à barbes se rejoignant au cou; fichu avec garniture de dentelle; boucles d'oreilles: ruban de velours orné d'un cœur et d'une croix en or émaillé s'étalant sur le fichu; corsage brodé de fleurs et à manches courtes; jupe écourtée; mitaines serrées au-dessus du poignet par un ruban garni d'une petite boucle; escarpins à boucles d'argent.

N° 11.

Coiffe de toile surmontée d'un fond plus développé que dans l'exemple précédent; collier et croix d'or; petit fichu de mousseline; corsage de soie bariolé de fleurs et attaché sur le devant au moyen de rubans; cette partie du costume s'allonge et se plisse derrière la robe; robe de laine sur un jupon de drap; tablier de soie; bas de laine aux coins brodés de soie bleue; souliers de drap avec boucles d'argent. Cette femme tient une tabatière.

N°s 8 et 9.
Pêcheur polletais et son enfant: costume de travail.

On retrouve dans ce pêcheur appartenant à la première partie de notre siècle, celui que Joseph Vernet a représenté en costume de travail (voir n° 5); c'est toujours le même habit porté sur un gilet croisé et le même cotillon serré à la taille par une forte ceinture. Bonnet rouge.

La petite fille a une mise identique à celle des femmes de pêcheur, excepté en ce qui concerne le bonnet qui au lieu d'être fermé comme dans cet exemple, possède des barbes aux extrémités rejetées en arrière. Fichu bleu posé sur le corsage; courte jupe aux côtés de laquelle se balancent de grosses poches de percale ou de basin; petit tablier. En véritable riveraine de l'Océan, cette fillette a les jambes et les pieds nus.

COSTUMES MODERNES.

N°s 1, 6 et 4.
Pêcheurs et pêcheuse.

Les n°s 1 et 4 sont habillés de vêtements imperméables; tous deux tiennent leur ancre à câble de chanvre; le n° 6 a de plus un filet sur l'épaule.

La femme est coiffée d'un petit bonnet et a le cou garanti par un mouchoir blanc noué sous le menton. Veste de grosse toile goudronnée, croisée sur la poitrine et serrée à la taille par une simple corde; court jupon rapiécé montrant la culotte; le tout très fatigué par l'usage. Gros bas et chaussons de laine; sabots.

Les agrès de pêche employés en Normandie, sont les cordes garnies de *haims* ou hameçons, les *folles*, filets dormants munis de pierres pour le bas et de bouées par le haut, les *seines*, les *manets*, etc.

Quand le fils d'un pêcheur a terminé son apprentissage et est arrivé à l'âge de naviguer, sa mère et sa sœur lui font un filet: c'est sa dot. La famille l'accompagne ensuite jusqu'à sa barque; on l'embrasse, puis il se lance dans l'Océan pour terminer en péchant son cours de pilotage.

Il y a dans chaque village plusieurs sociétés de pêcheurs formées seulement au moyen de conventions verbales; ces sociétés sont représentées par un *écoreur*, syndic chargé de diriger les entreprises, de percevoir les sommes dues et de répartir les bénéfices entre les pêcheurs associés.

Les pêcheurs pauvres ont la faculté d'emprunter des filets.

Les n°s 1, 4 et 6 sont des documents photographiques.

Les n°s 2, 3 et 5 ont été reproduits d'après le tableau de Joseph Vernet, le Port de Dieppe, appartenant au musée du Louvre.

Le n° 7 fait partie du recueil de Lanté et de La Mésangère : Costumes des femmes du pays de Caux ; 1827.

Le n° 9 est tiré d'une collection de Costumes français, éditée par L. Bourdin.

Les originaux des n°s 10, 11 et 12 appartiennent au Musée ethnographique du Trocadéro.

Voir, pour le texte : L. Vitet, Histoire de Dieppe, 1844; *Em. de la Bedollière,* le Normand *(tome VI des* Français peints par eux-mêmes*) ; M. E. Reclus,* Géographie universelle.

D M

FRANCE. — XIXE SIÈCLE

COSTUMES FÉMININS DE LA NORMANDIE.

PREMIÈRE PARTIE DU SIÈCLE.

1 2 3 4 5 6 7 8 9
10 11 12 13 14 15 16

N°s 1 et 4. — Rouennaises endimanchées.

Ces ouvrières portent le *bavolet* (voile qui descend bas); leur chignon, tout en l'air, est séparé de la tête par un bandeau.

N°s 2 et 7. — Costumes du bois d'Embourg, à trois lieues de Rouen.

N° 3. — Femme du Val-de-la-Haye, près de Rouen.

N° 5. — Parure de Pont-l'Évêque (Calvados).

N° 6. — Jeune Hâvraise.

Le fond du bonnet s'élève en pointe; les femmes élégantes mettaient sur ce bonnet un ruban faisant deux tours et qu'elles nouaient en rosette. Un fichu blanc, garni d'une petite dentelle, est enfoncé dans la robe de soie.

N°s 8 et 16. — Costumes dessinés à la foire de Saint-Gorgon, près de Rouen.

Le bonnet a une échancrure pratiquée dans sa partie inférieure, et il est posé sur un bandeau de velours; à ce velours est cousue une garniture de batiste à petits plis.

N° 9. — Cauchoise dessinée à Limpiville, arrondissement d'Yvetot. C'est la prieure d'une confrérie; elle porte à l'église le pain bénit.

Le voile est coupé en deux parties et chaque moitié est froncée sur une bande étroite rapportée. Les jours de grande cérémonie, les jeunes filles portent un bonnet dont les barbes sont excessivement longues.

N° 10. — *Bayeusaine*.

Par leur arrangement, les barbes pendantes produisent un angle sur le devant du bavolet. Le *juste-au-corps* ou casaquin est échancré dans le dos et entre dans la jupe.

N° 11. — *Caennaise*.

La *calipette* des femmes de Caen a une grande élévation et ses barbes sont croisées de manière à figurer une mitre; une épingle d'or la fixe sur la tête. Les cheveux sont retroussés en bourrelet. Par devant, la robe monte très haut. Deux tabliers sont placés l'un sur l'autre; leurs bavettes ont des coins pointus.

N° 12. — Paysanne de Rolleville ; arrondissement du Hâvre.

Bonnet déjà très rare en 1827. La garniture du devant et celle qui tombe sur le chignon sont cousues au bonnet.

N° 13. — Costume de Saint-Valery en Caux.

N° 14. — Cauchoise.

C'est le costume cauchois tel qu'il s'est conservé dans les campagnes. La manière de monter à cheval est aussi très ancienne ; c'est celle que l'on nommait à *la planchette* et qui consistait à avoir, étant assise, une planchette suspendue sous les pieds. — Brantôme, en parlant du butin que fit M. de Salvoison au château de Verceil qui appartenait au duc de Savoie, dit « qu'il y prit une *planchette d'or* qui était à la « haquenée de la duchesse quand elle chevauchait « dessus ».

Une des parures favorites des paysannes du pays de Caux, est une grande croix d'or surmontée d'un cœur.

N° 15. — Costume de Varangeville ; arrondissement de Dieppe.

En Normandie, le type féminin offre quelques variétés où se rencontrent les traits particuliers et personnels à chaque petit pays. Dans toutes les contrées de grande culture comme le Roumois, le pays de Caux, le Vexin, les femmes sont roides, longues, sèches, hâlées, mais vigoureuses ; la taille est plus petite chez celles qui habitent les bords de la Seine. Comme contraste, la Normande des environs de Bayeux est grande, forte, superbe, jouissant d'une fraîcheur incomparable. Cette splendeur s'adoucit et se tempère dans les environs de Caen. En se dirigeant vers l'Ouest, les traits vont toujours en se féminisant ; les Viroises sont fines et coquettes ; les femmes du département de la Manche ont encore plus de séductions ; enfin c'est chez les Granvillaises que se voit la beauté exquise, la perfection du type normand dans ce qu'il a de plus gracieux.

Le bonnet cauchois, que l'on a toujours pris comme base pour rechercher l'origine du bonnet normand, se composait d'une carcasse en soie richement brodée d'or ou d'argent et affectant la forme d'un cône ou d'une longue corne un peu recourbée ; à l'extrémité supérieure de cette corne, s'attachaient des barbes plissées ou tuyautées en forme de sabot et retombant ensuite jusqu'à mi-corps. Quelquefois même ces barbes étaient assez longues pour descendre jusqu'au bas de la robe ; mais alors on les redoublait et on rattachait le bout à la hauteur du chignon. L'emploi de la riche carcasse, qui devint la pièce principale de la coiffure, et l'absence complète de passe et de fond, constituent la différence qui existe entre le bonnet cauchois et les autres bonnets normands.

Le véritable ancêtre du bonnet normand, c'est le hennin en forme de corne porté pendant de longues années en Allemagne, en Angleterre, et qui est une des coiffures qui persistèrent le plus longtemps en France où toutes les classes de ce côté-ci de la Loire l'avaient adoptée.

On pourrait peut-être aussi attribuer une origine scandinave à la coiffure normande ; voir la jeune Islandaise de Reykiawik (pl. B R, Suède) qui porte, pour chevaucher les jours de fête, un mouchoir de tête surmonté d'un cimier donnant exactement le principe de certains bonnets de la Normandie.

Excepté ceux des Cauchoises, tous les bonnets sont formés de trois pièces : le fond, la passe, les barbes qui sont un prolongement de la base et qui, quelquefois, s'en détachent complètement.

Chez les *Bayeusaines* et les *Caennaises* (voir les nᵒˢ 10 et 11), la passe est droite, couverte de rubans; le fond presque perpendiculaire se trouve haut, large, évasé; les barbes, rapprochées l'une de l'autre au milieu de la passe, se séparent et vont se rattacher à chaque extrémité du fond, d'où elles retombent sur les épaules.

A Lisieux, au contraire, le fond, très petit, placé tout au sommet, ne coiffe pas la tête; la passe très élevée est aussi un peu flottante; les barbes cousues à l'entour lui servent de bord, elles sont habituellement tuyautées dans la partie qui tourne par derrière.

Le bonnet des Argentinaises a quelque ressemblance avec celui des *Lexoviennes* (de Lisieux); mais il est plus retroussé, plus coquet, plus hardi.

Quelques femmes des bords de la Seine, à Jumièges, à Duclair, etc., se coiffent comme les ouvrières de Rouen de la première partie de ce siècle (voir les nᵒˢ 1 et 4). Dans ce bonnet, la passe et le fond sont entièrement recouverts par les barbes. Celles-ci se composent d'une longue pièce de mousseline doublée dans le sens de sa largeur et posée par le milieu sur le front; où on relève ensuite les extrémités pour les entrecroiser l'une sur l'autre, après avoir formé des deux côtés un large pli tombant jusqu'au-dessous de l'oreille.

A Honfleur, le bonnet se réduit aux proportions d'une modeste cornette. A Vire, il découvre entièrement le front et est posé presque horizontalement.

Dans le département de la Manche, les barbes ressemblent à de grandes ailes, les fonds se développent dans des proportions extravagantes, quelques-uns se replient sur eux-mêmes comme un cimier démesuré; de plus, ils se partagent en deux parties et forment ainsi, au-dessus des barbes, une seconde paire de larges ailes blanches dont le contour est maintenu par un fil de laiton.

La *calipette* de Caen (voir nᵒ 11) est un serre-tête dont le bord, agrandi et relevé, entoure la tête d'une sorte d'auréole formée d'une large dentelle ruchée, à gros tuyaux; un cercle de carton de la largeur de trois doigts environ soutient la partie supérieure du fond; le haut du bonnet est maintenu par un grand peigne; un nœud, dont les longs bouts descendent jusqu'au milieu du dos, s'attache par derrière.

Le *bonnet de coton* se porte chez les femmes de la basse Normandie, surtout dans les environs de Lisieux et de Falaise.

L'arrangement des barbes fait toute l'originalité du bonnet de Granville. Il est collant sur la tête; on couche les deux barbes l'une sur l'autre au lieu de les entrecroiser, puis on les ramène du côté opposé où elles restent flottantes. Les plis qu'elles forment des deux côtés découvrent les oreilles; mais cette coiffure ne demeure point aplatie sur le front comme elle est posée d'abord; on y chiffonne au milieu, avec les doigts, deux espèces de petites cornes.

D'après les dessins originaux publiés par M. Philippe en 1834, il est facile de suivre les variantes de la coiffure normande dans le département de l'Eure. — Les jeunes filles de Quillebœuf se montrent parées du *bavolet* des Rouennaises; les femmes de Louviers et de Pont-de-l'Arche portent un bonnet dont la passe très haute se développe en longues ailes plissées, le fond est entouré d'un petit ruban, forme qui se rencontre aussi d'Évreux à Nonancourt ; dans le Liévin, les passes deviennent flottantes ; puis on les voit se rejoindre derrière la tête chez les paysannes de Beaumont-le-Roger. Ces localités ont leur coiffure de deuil consistant en une grande pièce de tulle noir enroulée autour du bonnet, lequel possède alors toutes les apparences d'un haut turban.

Le complément indispensable de l'ancienne coiffure normande, c'était le chignon. Il formait une énorme coque étalée sur le cou entre les barbes flottantes du bonnet. Son ampleur représentait la fortune escomptable de celle qui le portait, car le chignon ne se composait que de faux cheveux, et loin de vouloir le dissimuler, les belles Cauchoises affectaient plutôt de le choisir d'une couleur différente de leur chevelure, afin qu'on ne doutât pas que leur bourse seule en avait fait les frais.

Les costumes qui accompagnent les bonnets ont varié suivant les époques ; mais ils sont toujours, plus ou moins, la reproduction des modes déjà arriérées de la ville.

Les Cauchoises avaient autrefois adopté les doubles jupes ; les catholiques et les protestantes se distinguaient entre elles par la couleur de ces vêtements : les catholiques portaient la jupe de dessus, rouge ; les protestantes la mettaient bleue.

Au dix-huitième siècle, le costume d'une Cauchoise se composait d'un corsage de soie jaune brodé d'or, à longue pointe, orné au milieu de nœuds à rubans ; jupe et manches d'étoffe bleue, ouvertes, rattachées de place en place par des nœuds et laissant voir par leurs ouvertures une robe rouge plus longue de quelques doigts que la première ; tour de gorge très haut et tuyauté.

Au dix-neuvième siècle, ce costume s'est complètement transformé ; on a porté le bonnet cauchois avec le soulier beurre frais, les jupons en fourreau de parapluie et les petits corsages du premier empire.

Aujourd'hui, les riches fermières du pays de Caux, comme celles du Vexin, ont complètement adopté les modes de la ville.

Figures provenant de l'ouvrage intitulé Costumes des femmes du pays de Caux et de plusieurs autres parties de l'ancienne province de Normandie, *dessinés par Lanté, gravés par Gatine; Paris, 1827, in-4°.*

Voir, pour le texte, les renseignements fournis par La Mésangère dans le recueil de Lanté. — La remarquable Normandie illustrée *publiée en 1852 sous la direction d'André Potter et de M. Georges Mancel. — Viollet-le-Duc,* Dictionnaire du mobilier français, *à l'article* Coiffures.

BRETAGNE

COIFFURES DE FEMMES ET D'ENFANTS : LES *BIGOUDENS* DE PONT-L'ABBÉ
ET LES *CABELLOUS*. — FEMMES *SABLAISES*.
POPULATION SALICOLE DE LA PRESQU'ILE DE GUÉRANDE :
COSTUMES DE MARIÉS ; LE *VENTEL*, MANTEAU DE RELEVAILLES.
PARALLÈLE DU COSTUME FÉMININ SAVOISIEN.

COIFFURES D'ENFANTS : LES *cabellous*.

Les *cabellous*, petits bonnets communs aux enfants bretons des deux sexes, sont d'une grande variété de couleurs. Les garçons, qui portent la robe jusqu'à l'âge de six ou sept ans, se distinguent des filles par une houppette ou un gland ornant leurs *cabellous* ; c'est le seul signe qui les fasse reconnaître dans les nombreux groupes d'enfants que l'on rencontre à l'entrée des villages.

COIFFURES DES FEMMES DE PONT-L'ABBÉ, DÉPARTEMENT DU FINISTÈRE : LES *bigoudens*.

Le *bigouden* est la coiffe de linon ou de coton dont les paysannes de Pont-l'Abbé recouvrent leur serre-tête brodé de soie ; non seulement cette coiffure prend une forme différente chez la jeune fille ou la femme mariée, mais elle subit encore, dans chacune de ces catégories, plusieurs variantes dont quelques exemples sont ici représentés.

Les temps ont voulu que l'harmonieuse appellation, si longtemps réservée aux bonnets, fût donnée à celles qui les portaient : on dit aujourd'hui, en parlant de ces paysannes, dont la coquetterie est proverbiale en basse Bretagne, les *Bigoudens* de Pont-l'Abbé.

Nos 1, 2, 7 et 8.	Nos 3, 10 et 11.
Bonnets de petites filles.	Bonnets de petits garçons.

N° 4.

Bigouden de linon, garni de brides nouées sous le menton, et posé sur un serre-tête brodé de soie. Derrière, les cheveux sont relevés sous la coiffe.

Ainsi encadré par la coiffe et ses brides, le bord du serre-tête qui entoure le visage rappelle la templette de l'époque d'Anne de Bretagne.

N° 5.

Bigouden de coton ; une bride indépendante, passant sur le dessus et nouée sous le menton, doit maintenir cette coiffe sur le serre-tête brodé.

N° 6.

Coiffe de coton, s'éloignant par son caractère et ses proportions des exemples précédents ; la longueur des côtés ne semble pas la destiner à recouvrir un riche serre-tête, et, contrairement aux autres coiffes, c'est au fond que sont fixées les longues brides que l'on voit ici flotter dans tout leur développement.

Quel que soit le mode de coiffures spécial à chaque région, les femmes bretonnes, dans toute espèce d'acte religieux, ont l'habitude de détacher les brides de leurs bonnets : en Cornouaille, le jour des offices, c'est avant d'arriver au bourg qu'elles enlèvent les épingles qui maintiennent reployées les brides de fin lin ; dans les campagnes du pays de Tréguier et de Lannion, les femmes laissent flotter sur leurs épaules les deux ailes de leurs coiffes blanches.

N° 9.

Ce bonnet est tout à la fois une coiffe et un serre-tête : étoffe brodée d'or, d'argent et de soie ; fond en linon plissé ; brides de couleur.

FEMMES SABLAISES.

Les Sables-d'Olonne sont habités par une des populations les plus robustes de la France ; les hommes sont d'habiles pêcheurs de sardines, les femmes secondent leurs maris et se livrent, de plus, à la culture ; la plupart demeurent dans le faubourg de la Chaume, situé à l'ouest du port.

Leur costume a un caractère général que varient surtout plusieurs genres de coiffures ; la plus élégante est celle dont on voit un exemple dans la figure n° 16, la *coiffe frisée* ou *cabriole*.

Dans leur travail, les Sablaises marchent presque toujours pieds nus. Par les grands froids, elles sont chaussées de sabots et de *patines*, avec des bas sans pieds, appelés *viroles*, et vêtues de cette même mante que portent les femmes de Batz pour leurs relevailles (voir n° 12), c'est-à-dire du *ventel* descendant à mi-corps, recouvert de huit à dix livres de laine teinte en bleu ou en noir et tordue en écheveaux nommés *bouchons*. Les veuves des marins portent cette mante, même pendant l'été, comme vêtement de deuil.

N° 16.

Poissonnière sablaise ; costume du dimanche.

Cabriole de toile aux brides flottantes. Collier et boucles d'oreilles d'or. Camisole de laine aux manches bouffantes, et recouverte d'un châle à franges croisé sur la poitrine. Jupe de molleton. Tablier rayé, dont l'une des poches contient un couteau suspendu à une chaîne d'argent accrochée dans la ceinture. Bas de laine. Chaussures de cuir.

N° 12.

Maraîchère des Sables.

Petite coiffe de toile, garnie d'une seule bride noire se nouant sur l'un des côtés et encadrant étroitement le visage. Casaque de laine légèrement décolletée, aux manches ornées de parements de velours. Robe de même étoffe que la casaque. Tablier à corsage couvrant un châle de laine tissée croisé sur la poitrine. Bas de laine. Souliers de cuir garnis de rubans de soie. Cœur et croix d'or suspendus à une gance noire.

POPULATION SALICOLE DE LA PRESQU'ÎLE DE GUÉRANDE ; DÉPARTEMENT DE LA LOIRE-INFÉRIEURE.

A l'extrémité ouest de la Loire-Inférieure, s'étend une péninsule uniquement habitée par des paludiers, répartis dans une demi-douzaine de villages entourés de marais salants.

Le village de Saillé, à une lieue de Guérande, et le bourg de Batz, placé à une distance double, peuvent être regardés comme les deux points les plus importants et les plus curieux de la presqu'île. Là se trouvent les types de cette race péninsulaire qui tient au celtico-aquitain de la Loire par la haute taille, et au celtico-breton de l'Armorique par sa vitalité et son énergie.

A Saillé comme à Batz, la population est restée pure de tout alliage ; car la coutume des habitants de la région, de ne se marier qu'entre gens de la même commune, a été observée dans ces deux localités plus rigoureusement qu'ailleurs, à cause de l'industrie toute spéciale des habitants, de la langue bretonne et du costume traditionnel fidèlement conservé. Mais il en est résulté, à Batz et à Saillé, un nombre considérable de personnes portant un même nom de famille ; aussi ne s'y reconnaît-on qu'en ayant recours aux surnoms qui sont d'un usage général.

N° 13.

« Hienne » du bourg de Batz, costume de relevailles.

La pièce capitale du costume des « Hiennes » de Batz est le *centel*, mante faite d'un tissu extrêmement grossier, garni en dehors, et surtout au bord supérieur, de longs poils de laine peignée et teinte en vert ou en noir, selon les circonstances. Depuis un temps immémorial, on se transmet, dans les familles, ces singuliers vêtements dont la trame est inusable, et on les entretient toujours neufs en y repiquant, de temps à autre, une nouvelle toison.

Lorsqu'une femme de Batz se présente à l'église pour la cérémonie de ses relevailles, elle met des vêtements noirs et se couvre de son épais *centel* à laine verte ; puis, prenant au bras un panier rempli de petits morceaux de pain, elle se dirige vers le bourg, accompagnée de quelques proches parentes.

La messe pieusement entendue, la nouvelle accouchée parcourt l'église, offrant aux assistants le pain que le prêtre a béni, puis elle reprend la route de son village. Chemin faisant, elle offre encore aux personnes qu'elle rencontre quelques morceaux de pain bénit qu'on mange en se signant et en récitant à l'intention de la jeune mère un *Pater* et un *Ave*.

N°s 14 et 15.

Costumes des mariés de Saillé.

N° 14. Les cheveux de la jeune mariée sont divisés et tressés avec soin, enroulés dans une bandelette et ramenés sur le front de manière à former une couronne. Petite coiffe de batiste terminée en pointe et dont les deux ailes flottent sur le cou. Sur cette coiffe, est posée une couronne de fleurs d'oranger. Grande collerette de dentelle. Corsage violet aux manches rouges garnies de parements en drap d'or brodé de soie ; sous ces manches apparaissent deux ou trois autres manches blanches étagées. *Pièce* haute et roide, composée de rubans dorés cousus ensemble et montés sur une espèce de plastron qui couvre toute la poitrine. Jupe de laine. Tablier de soie violette sur lequel retombe une écharpe de soie aux bouts frangés. Bas rouges à coins dits *à fourchettes*. Souliers à rubans.

N° 15. Grand chapeau à trois *pies* dont l'un est relevé sur le côté. Col de chemise rabattu. Premier gilet de basin blanc croisé sur la poitrine, à hauteur de cou, et cachant complètement la chemise ; il est très long et couvre le ventre. Second gilet un peu moins long, en flanelle blanche boutonnant droit et laissant paraître celui de dessous. Troisième gilet de drap bleu foncé moins long que les deux autres, un peu fendu sur les hanches et garni, autour des boutons et des boutonnières, d'un liseré vert. Sur ces trois vêtements, se porte la *chemisette*, espèce de veste rouge tombant droit et moins longue que les gilets. Culotte de toile courte et bouffante serrée aux genoux par une rosette flottante. Bas blancs et souliers de daim jaune.

Les jours de travail, le paludier porte un long sarrau de toile blanche, muni, sur la poitrine, d'une large poche ayant deux ouvertures verticales. Lorsqu'il est en deuil, il jette sur ses épaules un petit manteau noir.

PARALLÈLE DU COSTUME FÉMININ SAVOISIEN.

N° 17.

Montagnarde savoisienne.

Il n'est pas indifférent de rapprocher des costumes féminins de la Bretagne, le type d'une Savoisienne de Saint-Colomban des Villars. Comme chez la mariée de Saillé, le corsage de cette montagnarde est recouvert d'une sorte de *pièce* qu'en Savoie on nomme *devantier*, et à laquelle sont ici cousus deux longs rubans. Le ruban cousu derrière le devantier est rejeté par dessus l'épaule et retombe, comme le ruban de devant, qui est d'une couleur différente, sur un tablier de soie à fleurettes brodées. Le châle croisé sur la poitrine et disparaissant dans le devantier ou dans le corsage d'un tablier, tel que chez la Sablaise, est un exemple fréquent chez les campagnardes de la France. Quant à la croix et au cœur d'argent, ce sont des bijoux que l'on rencontre dans la plupart de nos provinces.

Saint-Colomban des Villars est un de ces villages de la Savoie où la difficulté des chemins ne permet d'autre mode de transport que le traîneau et le mulet. Comme dans les hautes vallées éloignées des grandes voies de communication, le costume national s'y conserve traditionnellement depuis des siècles, et cela, sans que les caprices de la mode lui aient fait subir plus de modifications qu'en Bretagne, chez les gens de la terre en général, ou parmi les populations maritimes.

Les n°s 1, 2, 3, 4, 5, 6, 7, 8, 9, 10, 11 et 13 sont reproduits d'après des études faites sur place et les photographies de M. Villard jeune, de Quimper.

Les n°s 12 et 16 proviennent de photographies de M. Collin, des Sables-d'Olonne.

Les n°s 14 et 15 font partie des types du Muséum d'histoire naturelle de Nantes.

Le n° 17 se trouve au Musée ethnographique du Trocadéro.

Voir, pour le texte : Pitre-Chevalier *et* Emile Souvestre, Nantes et la Loire-Inférieure ; 1850. —
M. le baron *Achille Raverat*, Promenades historiques en Maurienne et en Tarentaise ; 1872. —
M. *Léon Bureau*, Costumes traditionnels des provinces de la France (Mélusine, 1878). —
M. *Elisée Reclus*, Géographie universelle.

FRANCE. — XIXᴱ SIÈCLE

BRODERIES
ET OBJETS DE PARURE DES PAYSANS BRETONS.

Nᵒˢ 1 et 3.

Broderies de *chupen* (veste de dessus, sans manches) portées par les hommes de Douarnenez, arrondissement de Quimper (Finistère).

Fond en drap; broderies de soie ou de laine selon la richesse du costume. Le noir est du velours, plus souvent de la soie ou du drap.

Nᵒ 2.

Boucle-agrafe; parure des femmes de Guérande, arrondissement de Saint-Nazaire (Loire-Inférieure).

Nᵒˢ 4 et 5.

Agrafes de chemise pour hommes et femmes.

Nᵒ 4, de Sainte-Radegonde, arrondissement de Fontenay-le-Comte (Vendée); nᵒ 5, avec perles de verre, de Lesneven, arrondissement de Brest (Finistère). Les glands sont en laine.

Nᵒ 6.

Cœur et croix d'or gravés; ruban de velours noir. Parure de femme.

Nᵒ 7.

Bague sur laquelle se trouvent gravés en relief une croix, un cœur et une ancre. Bijou de femme.

Nᵒˢ 9 et 12.

Agrafes de chemise à l'usage des deux sexes; Sainte-Anne, arrondissement de Lorient (Morbihan).

Nᵒ 9. Pendeloques terminées par des plaques de cuivre brillantes; nᵒ 12, fil de laiton, perles de verre, glands de laine.

Nᵒˢ 13 et 15.

Cocardes de Sainte-Anne d'Auray que les hommes placent sur leur *toc* (chapeau) et les femmes sur leur *justin* (corsage) en souvenir du pèlerinage. Le milieu est occupé par un petit miroir entouré de fils de cuivre où rayonnent des fils de soie; le tout piqué sur du papier ajouré.

Nᵒˢ 14 et 16.

Épinglettes de Plonevez-du-Faou, arrondissement de Châteaulin (Finistère) : la tête du nᵒ 16 est en plomb naturel; celle du nᵒ 14 est peinte, de façon à rappeler l'émail. La touffe de laine de cette dernière épinglette est parfois en verre.

Nᵒˢ 18 et 19.

Épinglettes en fil de laiton : perles de verre, glands de laine. Sainte-Anne, arrondissement de Lorient (Morbihan).

Nº 21.

Broderie de *rokedennou* (gilet); Ploaré, près Douarnenez, arrondissement de Quimper. — Le gilet croisé se porte le dimanche, en changeant le côté exposé à la vue pour prendre le plus orné.

Nº 22.

Gouriz, ceinture de cuir avec plaques en cuivre jaune, gravées et repoussées : repoussées pour ce qui fait corps et incisées pour le trait simple; clous saillant modérément pour river; cuir toujours blanchi à neuf. Cette ceinture se porte bas (Voir planche BY, France, nº 11). — Plonevez-du-Faou, arrondissement de Châteaulin (Finistère).

Nº 23.

Bordure de pantoufle; Riec, arrondissement de Quimperlé (Finistère).

Nº 25.

Épinglette de Kerlouan; arrondissement de Brest (Finistère).

Nº 27.

Broderie de *justin*; Fouesnant, arrondissement de Quimper.

Nºˢ 28 et 31.

Broderie de *chupen*; Riec, arrondissement de Quimperlé (Finistère).

Nº 29.

Croix en argent ou en acier des paysannes de Locmaria, arrondissement de Châteaulin (Finistère).

Nº 30.

Broderie de *corquen* (gilet d'homme); Pont-Aven, arrondissement de Quimperlé (Finistère).

FIBULES ANTIQUES.

Nºˢ 8 et 24.

Fibules de bronze trouvées dans le cimetière des Crons, à Vertus, arrondissement d'Épernay (Marne).

Nº 10.

Fibule provenant du cimetière de Flavion.

Nºˢ 11 et 26.

Fibules trouvées dans un des cimetières du département de la Marne.

Nº 17.

Fibule de bronze; musée de Vannes.

Nº 20.

Fibule trouvée à Sérancourt, environs de Bourges.

De nos jours, les habitants de la vieille Armorique, *le pays de la mer*, conservent encore une grande partie de leur originalité : les clans, comme au temps des rois Judicaël et Nomenoë, se distinguent entre eux par la couleur de leurs vêtements. Quimper est le pays des *glazeiz*, des bleus; Pleyben (arr. de Morlaix, Finistère), celui des *ardaaeded*, des bruns; Pontivy (Morbihan), celui des *quenedouriens*, des blancs; Plougastel (arr. de Brest, Finistère), celui des bonnets rouges et Kerlouan (même département), celui des bonnets bleus.

Les bleus, les blancs, les rouges, tous se rencontrent toujours dans le Finistère, seul département où la langue bretonne soit exclusivement conservée.

En général, les hommes portent un chapeau rond en feutre, à bords plus ou moins larges. Presque partout on l'orne de grands velours noirs tombants, liés par une ou plusieurs boucles d'argent ou d'étain; sur le velours ils placent de la chenille diversement nuancée et quand ils accomplissent un pèlerinage, ce velours est garni d'un miroir, orné de filigranes pour Sainte-Anne d'Auray, d'une petite figurine de plomb pour Saint-Mathurin de Moncontour, de la graine d'un chardon de la côte pour Saint-Cornély de Carnac, tantôt de fleurs, tantôt de plumes de paon pour tel saint ou telle sainte.

Les coiffures de femmes varient de bourg en bourg.

Elles portent généralement trois espèces de cotillons : le *bros-uhelen*, jupe de dessus; le *lostenn-groiz*, jupe intermédiaire; le *bros-gueleden*, jupe de dessous. Ces trois pièces sont bordées de galons. Les jours de *pardon*, on y ajoute le *tavanger* fait avec ce qu'il y a de plus beau comme moire antique, soie gorge-de-pigeon, étoffe pompadour, etc.

La simple croix d'or, l'épinglette aux glands rouges ou bleus, l'antique fibule armoricaine et une petite bague forment tout le fond du trésor des Cornouaillaises.

Le rapprochement des fibules antiques (n°s 8, 10, 11, 17, 20, 24 et 26) avec les broches et épinglettes toujours en usage (n°s 4, 5, 9, 12, 14, 16, 18, 19 et 25), montre combien les Bretons ont persisté, jusqu'à présent, dans leurs vieilles coutumes.

Documents communiqués par M. Henri du Cleuziou, avec une grande partie des notes qui les concernent.

FRANCE

MOBILIER RUSTIQUE. — LE BAHUT OU L'ARCHE EN BRETAGNE.

La nature primitive du *bahut, bahu, bahur*, fut d'être un coffre transportable. Viollet-le-Duc le dépeint comme un coffre de bois à enveloppes d'osier recouvertes de peau de vache, renfermant des effets d'habillement et tous les objets nécessaires en voyage. Le bahut devint avec le temps un meuble fixe où l'on renfermait des habits, de l'argent, du linge, des objets précieux ; il servait au besoin de table ou de banc, et figurait toujours avec le lit et l'armoire dans les pièces principales du mobilier privé des gens riches, comme des plus humbles particuliers. Le nom de bahut fut cependant conservé aux coffres de voyage jusqu'à la fin du quinzième siècle, rappelant ainsi le caractère original de ce meuble domestique. Le général Daumas, rencontrant le bahut sous la tente arabe, a fait heureusement ressortir comment ce meuble, de beaucoup le plus usuel au moyen âge, fut conçu par des nomades.

« Le seul meuble qu'il y ait dans chaque tente, c'est un *senndouk*, grand coffre solide, plus ou moins incrusté de cuivre, qui, chez les riches, sert à enfermer les étoffes précieuses, les titres, les papiers importants ou les bijoux que les femmes ne peuvent emporter sur elles. Ce coffre, arche de famille, est fait de manière à pouvoir être jeté rapidement sur les bêtes de somme en cas de départ précipité. Il n'y a pas si longtemps qu'en France le paysan n'avait guère d'autre meuble à lui. Le colon, le fermier non possesseur de terre, quoique attaché au sol par contrat, n'avait pas d'autre fortune que son arche ou bahut, grand coffre, et souvent peu rempli, qui contenait son avoir.

Les manuscrits de quelques coutumes du quinzième siècle présentent une série de miniatures qui accompagnent les différents textes de la loi ; toutes les fois qu'à l'occasion de bail, de colonage, de cheptel, de saisie, de saisie surtout, il y a des paysans à représenter, le peintre a mis à côté d'eux le coffre rustique ; c'est le seul meuble légal du vilain.

Entrez encore aujourd'hui chez certains métayers, en Vendée et en Bretagne ; au pied du lit drapé de serge verte, entre le foyer où pend un fusil, et le poteau où le berceau s'appuie, vous verrez l'*arche*, c'est le mot consacré : elle sert de marchepied au lit ; le maître seul s'assied dessus ; elle se transmet par héritage. »

Le meuble unique chez l'Arabe, jamais attaché au sol, restant chez les peuples nomades l'éternelle expression de la vie errante, et le coffre de voyage qui fut le meuble de l'ancien colon non encore propriétaire du sol, sont peut-être une seule et même chose. Qu'après sa prise de possession du sol, le paysan breton conserve toujours son bahut dans sa forme primitive, devenue sans objet, cette persévérance est le fait de ces habitudes traditionnelles pour lesquelles les Armoricains montrent tant d'attachement; la tradition ici est peut-être singulièrement ancienne, et il n'est pas invraisemblable que le Celtique, dans ses migrations, ait apporté son coffre avec lui. Le *senndouk* arabe et l'*arche* bretonne pourraient bien avoir, en ce cas, la même origine asiatique.

Les deux exemples de la décoration du bahut, qui figurent ici, réunissent à une ornementation de caractère ancien quelques figures naïves dont les costumes rudimentaires appartiennent au plus tôt à la fin du seizième siècle, mais plus vraisemblablement à la première moitié du dix-septième. Les entrelacs rappellent ceux du genre celtique; la flore, qui se joue dans quelques panneaux, est reproduite avec ses projections naturelles, conformément aux principes que les Bretons observent dans les broderies de leurs vêtements. La tendance au naturalisme est de haute antiquité chez les Celtes ; elle est signalée comme une des marques de leur race par certains observateurs modernes. Les figures qui, dans le bahut inférieur, forment une espèce de scène, rappellent dans leur naïveté, qui n'est pas sans esprit, certains bas-reliefs des monuments mexicains.

La décoration de ces meubles massifs, œuvres de charpentiers, montre l'amour que le Breton ressent pour son arche. Si l'on ignorait l'origine celtique de l'Armoricain, on peut dire que l'ornementation de meubles aussi rustiques décélerait à elle seule sa provenance asiatique. Il y a là tels panneaux dont, non seulement la combinaison égale les meilleurs dessins byzantins et arabes, mais dont la sage physionomie, de finesse et de richesse orientale sous quelques légers caprices, est tout à fait frappante.

Documents photographiques.

Voir pour le texte : La Vie arabe et la société musulmane, *par le général Daumas.* — *Viollet-le-Duc,* Dictionnaire raisonné du mobilier.

FRANCE   FRANCE.   FRANKREICH

AD

G D

BRETAGNE

INTÉRIEUR DE LA MAISON DE *DEMEURANCE* DU FERMIER.
LES APPRÊTS D'UNE NOCE.
COSTUMES POPULAIRES DU FINISTÈRE ET DE LA LOIRE-INFÉRIEURE.

(PLANCHE DOUBLE.)

La maison bretonne (*ti* ou *kear*) ne se compose que d'une pièce de rez-de-chaussée au-dessus de laquelle se trouve un grenier pris dans les combles. Aux murs extérieurs de ce logis principal sont ordinairement adossés, pour les besoins du ménage et de l'agriculture, quelques petits bâtiments de pierre, de bois ou de terre.

Le seuil de la porte de la maison de demeurance est généralement élevé de trente à quarante centimètres au-dessus du sol, et forme une espèce de banc; d'où lui vient son nom, l'*assié de lu*. En été, les fermiers s'y asseyent pour souper ou s'y reposer; dans les bourgs et les villages, certains assiés de lu deviennent des centres de réunion autour desquels les voisins se groupent pour entendre des contes et se faire mutuellement part des événements de la localité. On appelle *lu* (de l'ancien français *huis*) une porte pleine que l'on ne ferme qu'à la nuit ou lorsque tout le monde est aux champs, et *contre-lu*, une demi-porte presque toujours fermée afin d'empêcher les enfants de sortir de la maison ou le bétail d'y entrer.

Dans la plupart des fermes et des maisons de campagne, la *place* (c'est ainsi qu'on nomme le sol de l'habitation) est formée de terre soigneusement débarrassée de tout caillou; on l'arrose et on y mêle parfois de la chaux ou de la balle d'avoine.

Comme dans la plupart de nos provinces, les cheminées des maisons rustiques de la Bretagne sont vastes et surmontées de grands manteaux dont une sorte de lambrequin d'étoffe fait souvent le tour. La tablette de dessus est occupée par une petite croix de bois noir au christ en os d'un travail absolument sauvage, ou par une « sainte vierge » de faïence grossièrement colorée ; ces images sacrées ne doivent jamais être vendues, cela porterait *malechance*, mais on peut les donner. Autour de ces objets, sont généralement placés des vases chez lesquels on retrouve le caractère des poteries gauloises, ou des ustensiles, tels qu'un chandelier, une lanterne, un fer à repasser, etc. Le foyer proprement dit forme une estrade composée de larges pierres ; son importance permet d'y introduire des *chipots* ou sièges de cheminée. C'est la place d'honneur ; dire à quelqu'un « sourd'ons diqu'au fouyer (montez jusqu'au foyer) », c'est lui faire la plus gracieuse des invitations. L'aïeul s'y met ordinairement et, comme dans cet exemple, y surveille parfois la cuisson des crêpes, ce mets national par excellence. L'hiver, lorsqu'à la veillée toute la famille est réunie et travaille en commun, le foyer est aussi la place du mendiant, lequel est d'ordinaire le conteur attitré des vieilles légendes et le préféré des *pennerès* (jeunes filles), à qui il indique plusieurs moyens de savoir si elles se marieront dans l'année. Sur l'un des murs intérieurs de la cheminée, est placé le *gf'llaomé*, morceau de bois articulé faisant l'office d'un bras dans lequel on fiche la chandelle de *rosine* (résine) qui, le soir, est souvent l'unique éclairage de la maison. D'un autre côté sont pendus quelques ustensiles, la crémaillère, la plaque ronde servant à faire les crêpes, ainsi que des provisions d'andouilles et de jambons fumés.

Le mobilier breton ne paraît point remonter au delà de 1600 et les plus vieux bahuts ne portent guère de date antérieure à 1630. Les meubles de ce pays n'ont point le caractère de l'ébénisterie ; ils sont l'œuvre d'un *malvmuzein*, menuisier ou charpentier de campagne. « Ces artisans », dit M. Louis Tisbères dans son intéressant travail sur le *Mobilier rustique breton*, « ont appris à décorer leurs ouvrages d'ornements et de figures dans les églises et les calvaires. Aussi ont-ils répandu à profusion et à toutes occasions, les rosaces et les saints. Les *gâteaux* à pointe de diamant sont la copie modifiée du clou moyen-âge que l'on rencontrait à cette époque sur toute armure et tout coffret. Enfin l'imagination de chacun a complété l'art de la sculpture bretonne ; la grossièreté du travail, la sauvagerie et la naïveté de l'artiste lui ont imprimé un cachet particulier. »

Les meubles en usage, généralement en chêne noirci et ciré, sont :

Le *gwilé* ou lit, toujours apporté par la femme et faisant partie de sa dot. Dans le Finistère, où plus que partout ailleurs le mobilier breton a conservé son architecture spéciale, on fait usage du *gwilé cloz*, lit clos dit à *laussiaux*, c'est-à-dire fermé par des portes ou panneaux glissant l'un sur l'autre ; c'est le lit ici représenté. Il forme une grande caisse carrée plus ou moins ornée d'ajourés destinés à donner de l'air, et montre des panneaux décorés de sculptures au milieu desquelles on aperçoit l'*H* surmonté d'une croix qui orne habituellement les autels ; les rideaux et les couvertures de drap sont enjolivés de dentelles dites de « Quimper ». Dans les nombreuses familles, ces lits, rapprochés les uns des autres, forment comme une boiserie continue. Parfois, la caisse du lit, au lieu d'être fermée par des panneaux, est simplement percée d'une ouverture cintrée par le haut, laquelle avec sa galerie et ses rideaux de cotonnade, donne au meuble l'aspect étrange d'un guignol. — Du côté de Tréguier, les lits, souvent superposés les uns au-dessus des autres dans une même ouverture, offrent une série de couchettes comparables à celles des dortoirs de nos paquebots. Le lit breton, contenu dans une armoire à un seul ou plusieurs étages et qui nécessite une ascension pour s'y coucher, est exactement de la même sorte que le lit des paysans de la Frise; celui-là aussi est une indication, sinon de la parenté des races, au moins de la route suivie par ceux qui ont passé par le Nord en y laissant des traces de leurs mœurs. (Voir la planche A X, Hollande.) — Dans l'Ille-et-Vilaine et dans la Loire-Inférieure, il n'est pas rare de voir des lits à colonnes tournées en quenouilles et qui supportent un baldaquin recouvert d'étoffe ou de papier peint; ce sont les *gwiléou-steuy*.

Tout lit, en Bretagne, est accompagné d'une huche placée devant et qui sert à y monter. Dans cette huche, on renferme quelquefois les vêtements, la plupart du temps, le pain, le beurre ou le lait.

Les coffres, ceux propres à renfermer les hardes (*arch'iou*, voir la planche A D), ceux propres à serrer les grains (*grinoliou*), offrent la plus grande variété d'ornementation dans la sculpture. Le paysan, c'est le cas qui se présente ici, pose quelquefois un vaisselier au-dessus de ces coffres. Ce vaisselier est composé de galeries à jour formant, dans la hauteur du meuble, plusieurs divisions toutes remplies de faïences de Quimper, de Nantes et du Croisic.

L'*armel*, ou armoire, servait primitivement à serrer les armes; elle contient les vêtements, le linge, l'argent et les souvenirs de famille. Elle doit sa dénomination d'*armoire à gâteaux* à la décoration extérieure de ses grands panneaux.

La seconde armoire, dans notre exemple, est placée à côté de l'armel, près de la fenêtre à petites vitres; elle porte le nom de *presse* et sert à ranger les écheveaux de lin récemment filés.

La *taol*, table à manger, est presque toujours placée de manière à être éclairée en plein par la fenêtre. Elle consiste, le plus souvent, en une espèce de coffre destiné à recevoir la farine, et sur le couvercle duquel le paysan pose les quelques objets indispensables à son repas. Ordinairement, à l'une des extrémités de la taol, est un tiroir qui sert à renfermer les fourchettes de fer blanc et les cuillers de bois; mais ici, ces ustensiles sont introduits dans le *cliquet*, porte-cuillers en bois ouvragé, suspendu au milieu de la chambre comme un lustre. Lorsque le paysan s'absente et laisse sa table non desservie, il la couvre au moyen d'un panier en jonc tressé suspendu au plafond et que l'on fait descendre à l'aide d'une poulie.

Ainsi que les escabeaux à trois *quilles*, les bancs sont les sièges les plus usités. La *kador*, chaise, est en Bretagne d'un usage récent et ne date guère que de Louis XVI. Beaucoup de grandes fermes ne possèdent pas plus de deux ou trois de ces chaises grossièrement paillées ou seulement couvertes d'une planche de bois.

La vaisselle bretonne, des plus sommaires, se compose d'écuelles et de plats en terre vernissée provenant en général des fabriques du pays. Les verres sont en petit nombre et ne servent que lorsqu'on veut faire honneur à un étranger. A part ce cas, on boit le cidre dans des *moques*, bols à anses. On va le chercher au tonneau dans des *briques*, ou, s'il s'agit de le porter à ceux qui travaillent aux champs, dans des *tougues*, sortes de dames-jeannes.

Aux poutres qui soutiennent le plancher du grenier sont attachées des claies ; l'une d'elles, qui sert de planche à pain, s'appelle *râté* ; sur les autres, on place des bottes d'oignons et d'échalottes, des quartiers de vache salée, des *bouzines* ou vessies de porc, et des *trochées* (branches) de pommes qui doivent préserver les habitants du mauvais air et des épidémies.

La scène représentée comporte les apprêts d'une réjouissance nuptiale. En attendant le moment du départ pour la mairie et l'église, une paysanne, coiffée d'un frontal brodé recouvert d'un bonnet (ce qui indique une femme de Pont-l'Abbé), s'occupe, à l'aide d'un fort bâton, à battre la pâte des crêpes contenue dans un grand bassin de cuivre, tandis qu'un *glazeiz* (bleu) des environs de Quimper, logé sous le manteau de la cheminée, surveille la cuisson en se préparant à retourner une crêpe avec la latte dont il est armé. L'assistance étrangère ou les invités sont représentés par un paludier de Batz et sa femme faisant leur entrée avec un livre d'heures à la main. Le corsage de la femme est brodé de paillettes d'or ; son bonnet est recouvert d'un capuchon d'origine gauloise. L'homme a un grand chapeau de feutre dont l'un des *pics* est relevé ; il porte plusieurs vestes superposées, un large manteau, des culottes bouffantes et des souliers de cuir fauve. Devant la table est assis le marié vêtu d'une veste rouge couvrant plusieurs gilets, et coiffé d'un *toc* (chapeau) orné de chenilles multicolores ; ce paysan de Plogonnec confère avec le *kerniad*, joueur de binion, personnage qui, en Bretagne, remplace le ménétrier ; son costume est celui des *ardaaded* (bruns) de Pleyben. A côté de ces deux hommes, une paysanne de Plougastel-Daoulas met la dernière main à la toilette d'une mariée dont le costume est celui de Kerfeunteun. Elle porte une coiffe de dentelle, un corsage de soie sur lequel pendent deux scapulaires, une jupe de drap rouge brodée d'or, un *tavanger* de mousseline et des souliers de drap ornés de boucles d'or. (Voir la planche ayant pour signe la Clef anglaise ; bijoux bretons.)

D'après un intérieur exposé au Musée Ethnographique de Paris ; les costumes sont représentés par des effigies de grandeur naturelle.

Voir, pour le texte, *Émile Souvestre*, les Derniers Bretons ; 1858. — M. *Louis Tishères*, le Mobilier rustique breton (La Bretagne artistique, pittoresque et littéraire ; mars 1881). — M. *Paul Sébillot*, les Maisons rustiques en haute Bretagne (Revue ethnographique, mars-avril 1885).

DEUXIÈME PARTIE.

LE MONDE EN DEHORS DE L'EUROPE,

(OCÉANIE, AFRIQUE, AMÉRIQUE, ASIE),

REPRÉSENTÉ PAR DES MODERNES D'ANTIQUE CIVILISATION ET DES GROUPES RESTÉS AUX DIVERS ÉCHE-
LONS DE LA BARBARIE, ET COMPRENANT LA GÉNÉRALITÉ DES POPULATIONS MUSULMANES.

PLANCHES 60 à 180 INCLUS.

DIVISION :

	Planches.
OCÉANIE. — Noirs et bruns; Alfourous, Papons, Australiens. — Jaunes et bistrés; Malais et Malayo-Polynésiens.	60 à 66
AFRIQUE. — Régions équatoriales et australes. — Les familles noires : guinéenne, sénégambienne, soudanienne, abyssinienne, abantou ou cafre. — La famille jaune : Hottentots et Boschjesmans.	67 à 75
AMÉRIQUE, du sud extrême au pays des grands Esquimaux. — Naturels du Brésil, du Paraguay, du Chili, du Tucuman, du Nouveau-Mexique, de la Sonora, des États du Colorado, du Kansas, de Nébraska et de l'Orégon; haute Californie. — Les *Minas,* noirs d'origine africaine, du Brésil et de l'État de Buenos-Ayres. — Les Chiliens d'origine espagnole, et les métis. — Les Mexicains, [...] conquérante et les sang-mêlés.	76 à 82

	Planches.
AMÉRIQUE ET ASIE. — Les Esquimaux	83 à 84
ASIE, Chinois	85 à 93
— Japonais	94 à 106
— Chinois et Japonais	107
— Indo-Chinois	108 à 109
— Indous	110 à 131
— Singhalais et Malais	132 à 134
— Types généraux (coiffures : le turban)	135 à 136
— Persans	137 à 143
— Attirail de fumeur (Turkestan, Perse, Inde)	144
— La prière musulmane ; le salut oriental	145 à 146
ORIENT. — Moines et religieux chrétiens	147
ASIE. — Syrie. — Montures de voyage	148
AFRIQUE (Partie septentrionale). Montures et moyens de transports	149
— Algérie, Tunisie, Égypte. — Les Kabyles, les Arabes, les Maures, etc.	150 à 168
TURQUIE D'ASIE. — Constantinopolitains, Arméniens, Kurdes, Grecs, Turcomans, Bithyniens, Syriens, Druses, Bédouins, etc. — Musulmans, Chrétiens et Israélites.	169 à 180

TROISIÈME PARTIE.

LE MONDE EUROPÉEN,

A PARTIR DU MOYEN AGE.

PLANCHES 181 à 410

	Planches.
BYZANTIN, ABYSSIN, FRANCO-BYZANTIN.	181 à 183
EUROPE, du ve siècle à la fin du xve siècle et partie du xvi^e	184 à 254
— xvie siècle et partie du xvii^e	255 à 311
— xviie siècle et partie du xviii^e	312 à 365
— xviiie siècle et partie du xixe siècle	366 à 407
— xixe siècle	408 à 410

QUATRIÈME PARTIE.

L'EUROPE DES TEMPS MODERNES,

PAR NATIONALITÉS DISTINCTES,

COMPRENANT LE RÉTROSPECTIF POUR QUELQUES-UNES D'ENTRE ELLES.

PLANCHES 411 à 500.

DIVISION :

	Planches.
SUÈDE, NORVÈGE, ISLANDE et LAPONIE, y compris le rétrospectif	411 à 418
HOLLANDE (a)	419 à 424
ÉCOSSE, y compris le rétrospectif	425 à 427
ANGLETERRE (b)	428 à 431
ALLEMAGNE (c), y compris le Tyrol et la Bohême	432 à 433
SUISSE	434 à 436

(a) Voir en outre, dans les parties précédentes, Pl. 276, 287, 312, 318, 319, 320, 321, 323, 324, 325 et 350.
(b) Voir en outre, dans les parties précédentes, Pl. 234, 265, 277, 280, 299, 300, 302, 303, 337, 338, 339, 377, 378, 379.
(c) Voir en outre, dans les parties précédentes, Pl. 198, 257, 260, 262, 270, 271, 272, 278, 279, 285, 296, 336, 338, 339, 360, 361, 387, 405.

	Planches.
Types généraux (attirail de fumeur).....................	437
Russie d'Europe et d'Asie, y compris le rétrospectif............	438 à 448
Pologne (d), y compris le rétrospectif.....................	449 à 457
Hongrie, Croatie, Bulgarie, Roumanie, Moldavie, Valachie, Grèce	458 à 464
Italie (e)..	465 à 468
Espagne (f), par provinces............................	469 à 481
Portugal..	482 à 483
France, par régions provinciales.......................	484 à 500

(d) Voir en outre, dans les parties précédentes. Pl. 198.
(e) Voir en outre, dans les parties précédentes, Pl. 199, 226, 239, 240, 241, 242, 243, 244, 252, 260, 261, 262, 264, 265, 278, 280, 287, 288, 332, 333, 359.
(f) Voir en outre, dans les parties précédentes. Pl. 200, 258, 259, 260, 278, 361.

N. B. — Nous ne faisons pas de renvois aux parties précédentes pour la France et les Flandres, les exemples étant trop nombreux et, comme il était naturel de notre part, la France fournissant, dans notre recueil, le contingent principal dans la chronologie du costume européen.

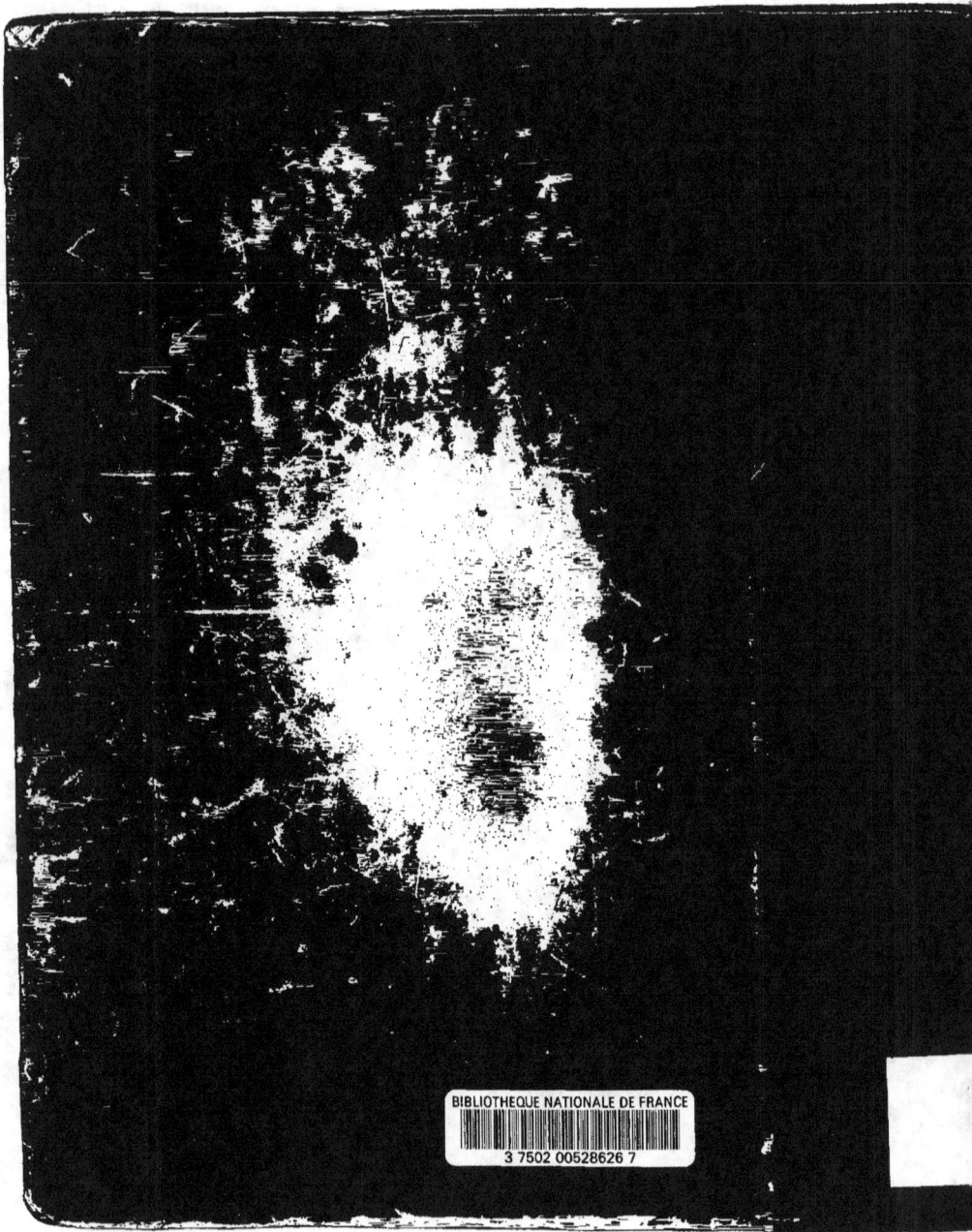